Kohlhammer

Denkanstöße
herausgegeben von Rainer Völker

Peter Mudra/Matthias Sellinger/Rainer Völker (Hrsg.)

# New Work

## Gestaltung der digitalen Arbeitswelt

Verlag W. Kohlhammer

1. Auflage 2024


Gesamtherstellung: W. Kohlhammer GmbH, Stuttgart

Print:
ISBN 978-3-17-039105-5

E-Book-Formate:
pdf: ISBN 978-3-17-039106-2
epub: ISBN 978-3-17-039107-9

# Inhaltsverzeichnis

# 1 Zur Einstimmung auf das Bandthema

## 1.1 Einführung und Überblick

*Peter Mudra/Matthias Sellinger/Rainer Völker*

### 1.1.1 Veränderungen in der Arbeitswelt

Die Arbeitswelt befindet sich seit der ersten Industriellen Revolution in einem ständigen Wandel, womit immer auch signifikante Umbrüche in der Produktion einhergingen. Ausgangspunkte waren durchgängig die durch neue Technologien getriebenen Entwicklungen mit ihren direkten Auswirkungen auf die menschlichen Tätigkeiten im Rahmen der Produktion.

An die herausragenden Wegmarken von der *ersten Industriellen Revolution* mit der Entstehung von Fabrikarbeit über die *zweite Stufe* mit der Prägung durch die arbeitsteilige Massenproduktion bis hin zu der die *dritte Stufe* ausmachenden IT-bezogenen Produktionssteuerung schließt sich, so Neuburger (2019, S. 590), die *vierte Industrielle Revolution* an. In Verbindung mit dem Einsatz von cyber-physischen Systemen und dem Internet der Dinge wurde diese Etappe bereits vor einiger Zeit mit dem Merkmal der produktionsbezogenen Vernetzung und Flexibilität eingeläutet. Wie groß die Dynamik in diesem Zusammenhang ist, lässt sich an dem aktuellen Hype hinsichtlich des Einsatzes von künstlicher Intelligenz erkennen, die eine weit über die Arbeitswelt hinausgehende Relevanz mit sich bringt und einen Quantensprung im Kontext der Digitalisierung und den damit verbundenen vielfältigen Transformationsprozessen in sich tragen dürfte. Es zeichnet sich aktuell sehr deutlich ab, dass wir schon bald im Kontext der begonnenen Klimakrise die für Unternehmen und Gesellschaften erforderlichen Veränderungen im Sinne einer notwendigen, mit Dekarbonisierungsstrategien einhergehenden Klimatransformation als *fünfte Industrielle Revolution* bezeichnen werden.

Unternehmen sehen sich aktuell jenseits der technologischen Transformation mit weiteren Veränderungen und Herausforderungen konfrontiert. Diese verbinden sich mit Themen wie Globalisierung unter Berücksichtigung neuerer geostrategischer Implikationen sowie Gefahren der Lieferketteneinschränkungen und ausufernden Kostensteigerungen für den Bezug von Waren und Dienstleistungen. Von besonderer Bedeutung ist einerseits auch der demografische Wandel und die damit einhergehende Verknappung von Fachkräften sowie andererseits die starke Maßgeblichkeit der Wertehaltungen der in den Beruf kommenden Alterskohorten, die üblicherweise in abgrenzbaren Generationen geclustert werden. Zudem sind Unternehmen gefordert, geeignete Maßnahmen und Strategien zu entwickeln, um sich in einem verschärfenden Wettbewerbsumfeld behaupten zu können. Vor allem jene durch die Digitalisierung und die damit einhergehende digitale Transformation hervorgerufenen Veränderungen haben dabei weitreichende Auswirkungen, welche die wirtschaftliche und gesellschaftliche, aber auch die politische Ebene betreffen. Bezogen auf die Arbeitswelt entstehen neue Formen der Zusammenarbeit. Parallel dazu werden Organisationsstrukturen, Unternehmenskulturen, Wertschöpfungsprozesse, Branchen und Märkte durch die gegebenen Entwicklungen im Kontext von Informationstechnologien, künstlicher Intelligenz, digitalen Geschäftsmodellen und neuen Medien einem sehr dynamischen Wandlungsprozess unterzogen.

Die vielfältigen Aspekte und Handlungsfelder der auf die Arbeitswelt bezogenen Veränderungen lassen sich funktional als *Treiber* begreifen. Darstellung 1-1 verdeutlicht die zentralen Treiber und deren differenzierte Wirkungsadressaten.

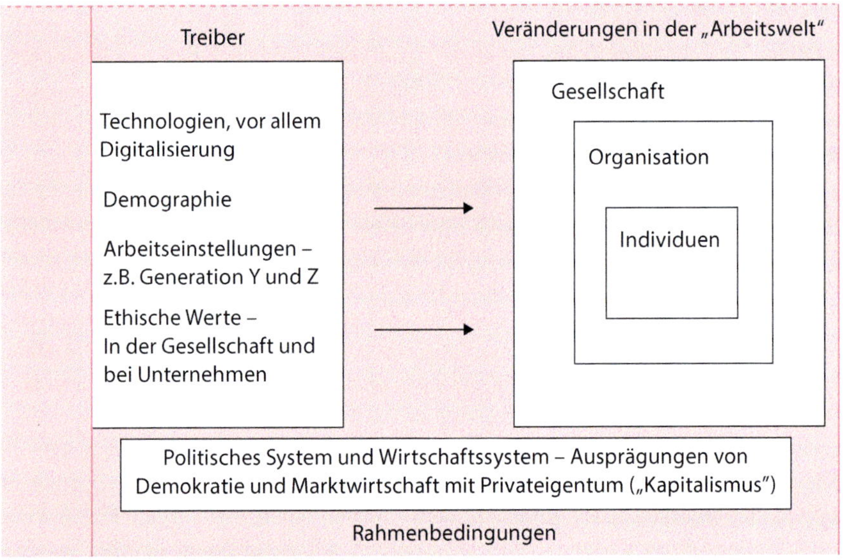


**Dar. 1-1:** Treiber der Veränderungen in der Arbeitswelt

### 1.2.1 New Work – Schlüsselbegriff für eine Neugestaltung der modernen und digitalen Arbeitswelt?

Im Bereich der Arbeitswelt besteht ein weitgehender Konsens darüber, dass es mit Blick auf die großen Herausforderungen der Neugestaltung hin zu einer *modernen und digitalen Arbeitswelt* bedarf. Hierbei ist eine Begegnung mit »New Work« als

Schlüsselbegriff fast zwangsläufig. Da sich mit dem Begriff »New Work« so vieles – und durchaus unterschiedliches – verbindet, erscheint es sinnvoll, sich des Themas, welches von manchen bereits als Mythos angesehen wird, intensiver anzunehmen. Es gilt dabei neben der *Begriffsperspektive* insbesondere auch die *Konzeptperspektive* aufzunehmen und relevante Ausgangspunkte zu betrachten. Als weitere wichtige Ausrichtung ist auch die Befassung mit der *Steakholder-Perspektive* anzusehen. Denn es erscheint durchaus spannend und bedeutsam, die Blickwinkel von Arbeitsmarkt-, Management- und Zukunftsforschern ebenso wie jene von Unternehmensvertretern, Politikern und auch Meinungsbildnern im Internet aufzunehmen, um hieraus möglichst spannende Denkanstöße zu geben.

Wer *New Work* sagt, meint vielleicht auch »*New Leadership*« sowie »*New Learning*« – oder auch nicht? Es sollen insofern auch die Verbindungslinien zu aktuell diskutierten Konzeptansätzen der Mitarbeiterführung und des Lernens in den Blick genommen werden. Damit könnte das Buch helfen, die Frage zu beantworten, welche Relevanz eine Ausrichtung auf einen New-Work-Ansatz (oder mehrere) für den Arbeitsmarkt und die Unternehmen in Deutschland haben kann. Und: Wo liegen Chancen und wo Grenzen?

### Die Begriffsperspektive

Dass der Begriff »New Work« zu einer fast schon inflationär erscheinenden Verwendung gefunden hat, war ihm vermutlich nicht in die Wiege gelegt. Die Suchmaschinenrecherche im Internet weist mehr als 20 Milliarden Treffer aus, womit »New Work« zu einem der am häufigsten verwendeten Begriffe im Internet zählt. In Erscheinung getreten ist der Begriff erstmals in relevanter Form Anfang der 1980er Jahre, als der österreichisch-amerikanische Sozialphilosoph Frithjof Bergmann im Rahmen seiner Arbeit mit Arbeitslosen in der amerikanischen Automobilindustrie nach Modifizierungsmöglichkeiten für die menschliche Arbeit suchte, die sich vom seitherigen Verständnis bewusst im Sinne einer »Neuen Arbeit« abgrenzen sollten. Mit seinem »Center of New Work« in der US-Kleinstadt Flint setzte Bergmann einen neuen Akzent im Bereich der unternehmensbezogenen Arbeitsgegebenheiten, der mit der konkreten Vermeidung von drohenden Massenentlassungen im dortigen Werk von General Motors erfolgreich einherging (Borchers 2021).

Obgleich der Zusammenhang zwischen einer begrifflichen und konzeptionellen Betrachtung von New Work – nicht nur aus wissenschaftlicher Sicht – als unabdingbar anzusehen ist, kann festgestellt werden, dass die Verwendung von »New Work« recht häufig als zunächst eher losgelöstes begriffliches Konstrukt zum Tragen kommt (man könnte fast sagen: Konjunktur hat), das eine gewisse Modernität und Zukunftsgerichtetheit sichtbar machen soll. Deutungen, die sich darin erschöpfen, Begriffe wie New Work im Kontext eines »Hype« zu akzentuieren, ohne die erforderliche und erwartbare Substanz einbringen zu können oder zu sollen, erscheinen für strategische Diskurse letztlich wenig hilfreich. Daher soll die logische Verbindungslinie zwischen Begrifflichkeit und Konzeptualisierungen von New Work nachfolgend aufgenommen werden.

## Konzeptperspektive

Ausgehend von einer quasi begrifflichen Urheberschaft durch Frithjof Bergmann ist es sinnvoll, sich die konzeptionellen Aspekte seines New-Work-Begriffes zu betrachten. Bergmann hat die These, Arbeit sei viel mehr als nur eine beliebige Erwerbstätigkeit, ins Zentrum seines New-Work-Ansatzes gestellt und im Kern eine sozialutopische Alternative zur Lohnarbeit konzipiert. Denn im Rahmen einer Neuausrichtung von industrieller Arbeit sollte diese je zu einem Drittel dem Broterwerb, der Selbstversorgung und drittens dazu dienen, das zu tun, was den Arbeitenden selbst wichtig sei. Neue Technologien und effizientere Arbeitsweisen seien dafür zu nutzen, dass Arbeit keine Bürde mehr, sondern Mittel zur Selbstverwirklichung sei. Als zentrale Werte von New Work wurden Selbstständigkeit, Freiheit und Teilhabe an der Gemeinschaft angesehen (Bergmann 2004, S. 6ff.). Bergmanns Sozialutopie, die als Gegenmodell zur kapitalistischen Logik des Shareholder Value einzuordnen ist, fand allerdings kaum Platz in der Lebenswirklichkeit der Arbeitswelt. Dennoch war der Grundimpuls von Frithjof Bergmanns New-Work-Ansatz, die Frage der zukunftsgerechten Ausgestaltung der Arbeit unter Berücksichtigung der großen technologischen und arbeitsorganisationalen Herausforderungen, in der Welt – und seit diesem Zeitpunkt nicht mehr weg zu bekommen.

Zahlreiche Initiativen, die Zukunft der Arbeit in einer Arena der Deutungen und Aushandlungen über New Work anzusiedeln, lassen sich seit der Begriffseinführung und im Anschluss an Bergmann erkennen. Manche scheinen bei New Work eher auf den Buzzword-Effekt abzustellen, andere kreieren Ordnungsstrukturen, die dabei helfen, Diskursen in den Unternehmen greifbare Grundlagen bereitzustellen, wie zum Beispiel die 2019 auf den Weg gebrachte »Charta für New Work«, die fünf unternehmensbezogene Prinzipien ausweist (▶ Dar. 1-2).

Aus Sicht der Herausgeber ergeben sich über die Befassung mit der Zukunftsperspektive der Erwerbsarbeit vielfältige Anknüpfungspunkte für strategische Diskurse. Denn New Work lässt sich über drei Ebenen substanziell abbilden und verstehen: Mensch, Organisation und Gesellschaft. Und damit lässt sich der Blick insbesondere auch auf die Stakeholder richten.

## Stakeholder-Perspektive

Betrachtet man die umfassenden und tiefgehenden Aspekte, die sich mit New Work verbinden lassen, wird klar, dass die Einbindung einer Vielzahl von Anspruchsgruppen für die Entwicklung eines gemeinsamen Verständnisses sowie zielgerichteter und erfolgversprechender Handlungen von großer Bedeutung sein dürfte. Waren die Aushandlungen von Arbeitsbedingungen immer schon das traditionelle Handlungsfeld der Arbeitgeber und Gewerkschaften sowie der betrieblichen Sozialpartner, so machen die Dimension der gegebenen Herausforderungen für die Arbeitswelt und der dringende Bedarf an potenziellen Transformationskonzepten schnell deutlich, dass in die – durchaus von unterschiedlichen Interessen geprägte – Arena weitere Stakeholder aufgenommen werden sollten. Zu nennen wären vor allem die Wissenschaft und die Politik. Denn die Beiträge, die von verschiedenen

**Die fünf Prinzipien von New-Work-Unternehmen**

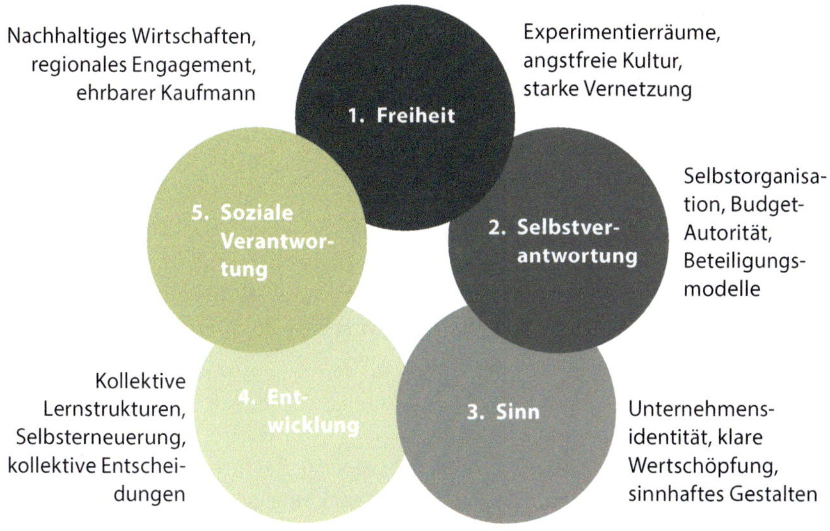


**Dar. 1-2:** Die fünf Prinzipien von New-Work-Unternehmen (Quelle: Markus Väth, humanfy, https://www.managerseminare.de/Themen/New-Work)

Stakeholdern mit ihren jeweiligen Perspektiven und Positionen eingebracht werden, könnten in einem idealerweise partizipativ ausgerichteten Prozess ein breit getragenes Verständnis für den folgenden Frageansatz entwickeln helfen: *Wie kann, wie soll, wie darf sich die Arbeitswelt entwickeln?* Dies setzt naturgemäß auch an der Beschreibung von aktuellen Innovationsprojekten und -themen in der Praxis an, die in diesem Buch vorgestellt werden. Grundsätzlich gilt für die Gestaltung von New Work ganz im Sinne von Frithjof Bergmann: Utopien sind erlaubt!

### 1.3.1 Ziele und Aufbau des Buches

Nicht zuletzt aufgrund der begrifflichen Unschärfe bzw. der begrifflichen Verwendungsvielfalt, versucht dieses Buch, die Bandbreite des Verständnisses von New Work zu beleuchten und darzulegen. Wir haben dazu Autoren gefunden, die sich in den letzten Jahren sehr intensiv aus unterschiedlichen Perspektiven mit dem Thema New Work und angrenzenden Bereichen auseinandergesetzt haben.

Gemäß der in *Kapitel 1.1* und *1.2* genannten Zusammenhänge haben wir folgenden Aufbau des Buches gewählt: In *Kapitel 2* wird zunächst über zentrale Treiber der neuen Arbeitswelt berichtet. Im Mittelpunkt steht dabei eindeutig das Thema Digitalisierung, weil wohl erst die verschiedenen Facetten der Digitalisierung viele New-Work-Ansätze ermöglicht haben. In *Kapitel 3* beleuchten wir die Auswirkungen von New-Work-Konzepten und Errungenschaften mit Blick auf die Mitarbeiter von Organisationen. *Kapitel 4* stellt die Perspektive der Organisation in den Mittelpunkt – Führung, Organisationsstrukturen, Prozesse, Unternehmenskultur u. a. werden dabei beleuchtet. In *Kapitel 5* schließlich werden Auswirkungen der New-Work-Welt aus gesellschaftlicher Perspektive dargelegt.

In keinem der Kapitel kann eine erschöpfende Behandlung aller jeweiligen Facetten und Denkmuster, die mit New Work in Verbindung stehen, berücksichtigt werden. Allein schon durch die vielfältigen Deutungsinhalte, die man mit New Work in Verbindung bringen kann, erscheint dies nicht möglich. Wir hoffen aber nicht zuletzt durch die Zusammenarbeit mit Autoren, die die entsprechende Fachdiskussionen in Deutschland nicht nur intensiv begleitet, sondern zum Teil maßgeblich mitgeprägt haben, einen repräsentativen Überblick über die Thematik zu geben. Im letzten *Kapitel 6* versuchen wir, ein kurzes Fazit zu ziehen.

### Zu den Autoren

**Dr. Peter Mudra** ist Professor für Betriebswirtschaftslehre mit dem Schwerpunkt Personalmanagement und Personalentwicklung an der Hochschule für Wirtschaft und Gesellschaft Ludwigshafen und leitet dort den Studiengang MBA Human Resources Management. Seine Forschungsinteressen sind vor allem auf die Themenbereiche der Personalentwicklungsinnovationen und Zukunftsansätze des Lernens bezogen. Von 2010 bis 2022 war er Präsident der Hochschule in Ludwigshafen.

**Matthias Sellinger** (M. A.) ist Projektleiter am Institut für Management und Innovation der Hochschule Ludwigshafen und Doktorand an der RPTU Kaiserslautern-Landau. Er verantwortet u. a. angewandte Forschungs- und Transferprojekte in den Bereichen Neuproduktentwicklung, hybride Arbeitsorganisation, Innovationsmanagement und Projektcontrolling.

**Prof. Dr. Rainer Völker** ist Leiter des Instituts für Management und Innovation der Hochschule Ludwigshafen am Rhein und Dozent an der Universität St. Gallen. Vor seiner Tätigkeit an der Hochschule war er als Consultant und später in verschiedenen Führungsfunktionen in der Industrie tätig. Er fungiert außerdem als Berater sowie Mitglied in Aufsichts- und Beiräten verschiedener Unternehmen. Seine Forschungsschwerpunkte sind Innovationsmanagement und Nachhaltigkeitsmanagement.

## Literatur

Neuburger, R. (2019): Der Wandel der Arbeitswelt in einer Industrie 4.0. In: Obermaier, R. (Hrsg.): Handbuch Industrie 4.0 und Digitale Transformation. Betriebswirtschaftliche, technische und rechtliche Herausforderungen. Springer Fachmedien Wiesbaden, S. 589-608

Borchers, D. (2021): Arbeit, die man wirklich will – zum Tode von Frithjof Bergmann. https://www.heise.de/news/Arbeit-die-man-wirklich-will-zum-Tode-von-Frithjof-Bergmann-6052840.html (zuletzt abgerufen am 14.09.2023)

Bergmann, F. (2004): Neue Arbeit, neue Kultur: Ein Manifest. Arbor-Verlag Freiamt

# 2 Veränderungen der Arbeitswelt

## 2.1 Flexible Arbeitszeiten modern und menschengerecht gestalten

*Ulrike Hellert*



### 2.1.1 Einleitung

Flexible Arbeitszeiten sind eine wichtige Schlüsselressource und fester Bestandteil in der modernen Arbeitswelt. Diese ist durch zahlreiche Veränderungen und neue Technologien gekennzeichnet, die sich zunehmend komplexer, dynamischer und volatiler darstellen. Organisationen begegnen diesen Trends vor allem durch New-Work-Maßnahmen, wie beispielsweise dem Homeoffice-Arbeitsplatz oder der Vertrauensarbeitszeit. Zahlreiche dieser Trends beschleunigen Aspekte der Zeitkompetenz sowie der Selbstführung, die dann nachhaltig funktionieren können, wenn die Arbeitszeitgestaltung sowohl auf betrieblichen und rechtlichen Rahmenbedingungen als auch auf individuellen Bedürfnissen der Beschäftigten basiert. Herausforderungen sind auch eine Chance, denn sie können ein Bewusstsein für notwendige Schritte schaffen.

Ziel dieses Beitrages ist es, Möglichkeiten einer flexiblen und menschengerechten Arbeitszeitgestaltung unter den aktuellen Herausforderungen der digitalen und virtuellen New Work darzustellen. Es werden rechtliche Grundlagen, Konzepte und Gestaltungshinweise für die moderne Arbeitszeitgestaltung dargestellt. Dabei wird insbesondere auf die Arbeit im Homeoffice eingegangen. Ferner wird Zeitkompetenz als wichtige Ressource im proaktiven Umgang mit der Arbeitszeitgestaltung erörtert.

### 2.1.2 Instrumente der Arbeitszeitgestaltung

Flexible Arbeitszeiten bieten gute Möglichkeiten, sowohl betrieblichen Belangen als auch den Bedürfnissen der Beschäftigten gerecht zu werden (Hellert 2022). Arbeitszeitmodelle unterscheiden sich dabei durch das Maß an individuellem Handlungs-, Orts- und Zeitspielraum. Aufgrund der Organisationsstrukturen, Produktionsabläufe, betrieblichen Erfolgsfaktoren und Mitarbeiterinteressen ergeben sich vielfältige Varianten der Arbeitszeit. Basierend auf rechtlichen Grundlagen setzen sich Arbeitszeiten aus vier Instrumenten zusammen (Hellert 2018):

- Dauer der Arbeitszeit
- Lage und Verteilung der Arbeitszeit
- Ort der Arbeit
- Verwaltung der Arbeitszeit

Der Gesetzgeber gibt für die Gestaltung der Arbeitszeiten die grundlegenden Regelungen vor. Daneben sind flankierende Maßnahmen zu vereinbaren, die vor allem die Gesundheit schützen, sowie Privat- und Berufsleben möglichst optimal synchronisieren. Die Dauer der wöchentlichen Arbeitszeit wird zwischen Arbeitgeber und -nehmer vereinbart. Es wird so ein jeweiliges Stundenvolumen festgelegt, in dem die vereinbarte Arbeitsleistung erbracht werden soll. Teilzeit kann kombiniert werden mit den Möglichkeiten der Verteilung, z. B. über eine vereinbarte Vertrauensarbeitszeit. Die modernen Informations- und Kommunikationsmöglichkeiten begünstigen die Nutzung von mobilen Endgeräten an unterschiedlichen Arbeitsorten z. B. im Homeoffice. Schließlich werden die geleisteten Arbeitsstunden dokumentiert und können auch über eine längere Zeit im Rahmen von Arbeitszeitkonten verwaltet werden.

Die zunehmend flexible und selbstbestimmte individuelle Organisation der Arbeitszeiten benötigt verlässliche Regelungen und funktionierende Vereinbarungen (Hellert 2022). Die zur Verfügung stehenden Spielräume in der virtuellen Arbeitswelt stellen dabei insbesondere neue Anforderungen an die Selbstführungskompetenzen der Mitarbeitenden und an eine vertrauensvolle und wertschätzende Führung (Mander et al. 2021a). Daneben bedarf es der individuellen und organisationalen Zeitkompetenz, damit die Zeitverteilung bewusst und präventiv gesteuert wird.

### 2.1.3 Rechtliche Grundlagen

Das Arbeitszeitgesetz (ArbZG) von 1994 ist ein Arbeitsschutzgesetz, das der Gesundheit der Beschäftigten dient und vor Überforderung oder zu kurzer Erholungszeit schützen soll. Vom Gesetzgeber werden Handlungsspielräume für die betriebliche Flexibilisierung der Arbeitszeiten aufgezeigt, die den individuellen Bedürfnissen und Situationen in Unternehmen gerecht werden sollen (Baeck und Deutsch 2004). Insbesondere darf die werktägliche Arbeitszeit von acht Stunden nicht überschritten werden. Ausnahmsweise kann die Arbeitszeit maximal zehn Stunden mit einer Ausgleichsphase betragen (§ 3 ArbZG). Ferner sind Ruhepausen und -zeiten (§§ 4, 5 ArbZG) zu gewähren. Arbeitgeber sind verpflichtet, die über die werktägliche Arbeitszeit hinausgehende Arbeitszeit der Beschäftigten aufzuzeichnen (§ 16, Abs. 2 ArbZG). Eine transparente Arbeitszeitdokumentation trägt dazu bei, präventiv die Gesundheit der Beschäftigten wirksam zu schützen und Überlast zu vermeiden (Anzinger und Koberski 2009).

### 2.1.4 Dauer der Arbeitszeit

Die Dauer der wöchentlichen Arbeitszeit ist eine wichtige Stellgröße für die Flexibilität der Unternehmen. Bei starker Nachfrage kann die wöchentliche Arbeitszeit im Rahmen der zulässigen Höchstarbeitszeit verlängert werden, in Krisenzeiten entsprechend reduziert. Viele Beschäftigte wählen aus unterschiedlichen Gründen eine Variante der Teilzeit. Die Teilzeitarbeit, also die reduzierte Stundenzahl im Vergleich zur Regelarbeitszeit, hat grundsätzlich in den vergangenen Jahren zugenommen. Der Ruf nach einer »4-Tage-Woche« wird aus diversen Gründen zunehmend lauter. In Deutschland bieten bereits einige Unternehmen vor allem aus der Softwarebranche ihren Beschäftigten eine 4-Tage-Woche an. Die Beschäftigten sind bei geringerer Arbeitszeit motiviert und die Geschäftsführung ist über die Effizienz der Arbeitsleistung zufrieden. Neu sind diese Überlegungen dabei nicht, denn bereits 1930 hat sich der Ökonom Sir John Maynard Keynes mit der Vision einer »Drei-Stunden-Schicht« oder der »Fünfzehn-Stundenwoche« beschäftigt. Keynes sah darin eine Möglichkeit, die wenig gewordene Arbeit einigermaßen gut auf die Beschäftigten zu verteilen (Lenk 1997).

Präventiv und gesundheitsbezogen sind lange Arbeitszeiten und Überstunden zu vermeiden, jedoch stellt sich dies in einer akuten Krisensituation teils ambivalent dar. Wenn reduzierte Wochenarbeitszeiten unfreiwillig erfolgen und durch ungünstige Rahmenbedingungen wie die Sorge um den Arbeitsplatz oder die Gesundheit verstärkt werden, kann durch den Verlust an Kontrolle und Orientierung das psychische Wohlbefinden nachhaltig beeinträchtigt sein (Grawe 1994). Beschäftigte, die in Krisenzeiten enorme Arbeitsleistungen erbringen, Überstunden leisten und damit die Funktionsfähigkeit der Gesellschaft sichern, weisen oft auf den gravierenden Personalbedarf in speziellen Bereichen hin. Hier sind Verantwortliche gefordert, alles zu tun, damit die hohen Beanspruchungen bei den betreffenden Beschäftigten abgebaut werden.

### 2.1.5 Flexible Verteilung der Arbeitszeit

#### Funktionszeit

Zu den inzwischen weit verbreiteten hochflexiblen Arbeitszeitvarianten zählen die Funktionszeit und die Vertrauensarbeitszeit. Die Funktionszeit regelt, dass in den jeweiligen Bereichen innerhalb eines vereinbarten Zeitrahmens die Funktionsfähigkeit sichergestellt ist. Dies betrifft die Erledigung von Aufgaben oder die Ansprechbarkeit für interne und externe Kundinnen und Kunden. Die Arbeitsteams sprechen sich ab und verteilen die Arbeitszeiten eigenverantwortlich. Merkmale der Funktionszeit sind insbesondere (Hellert 2018):

- Ergebnisorientierung
- Flexible Arbeitszeitlage
- Selbstbestimmtes Arbeiten
- Hohe Zielorientierung
- Kommunikationsregeln
- Verlässliche Absprachen
- Elektronische Zeiterfassung

Führungskräfte orientieren sich bei Funktionsarbeitszeiten auf die qualitative Personaleinsatzplanung und besprechen, welche Aufgaben in der zur Verfügung stehenden Zeit basierend auf den geltenden rechtlichen Grundlagen und ggf. der Betriebsvereinbarung erledigt werden können (Hellert 2018).

#### Vertrauensarbeitszeit

Von der Funktionszeit führt ein kleiner entscheidender Schritt zur Vertrauensarbeitszeit. Bei Vertrauensarbeitszeit steht wie bei der Funktionszeit die eigenverantwortliche Lage und Verteilung der Arbeitszeit im Fokus. Die Beschäftigten können entsprechend der betrieblichen Aufgaben und vereinbarten Ziele Beginn, Ende und Pausen selbstbestimmt wählen. Die jeweiligen betrieblichen Notwendigkeiten reglementieren und limitieren die zeitliche Flexibilität. Vertrauensarbeitszeit erweitert den individuellen Zeitspielraum und kann auf den Regeln der Funktionszeit aufbauen. Der zusätzliche Zeitspielraum fördert und fordert den flexiblen Umgang mit der zur Verfügung stehenden Arbeitszeit. Für die Mitarbeitenden sind daher Strategien zur Selbstorganisation und -führung besonders wichtig. Die Arbeitszeit-Dokumentation muss nachvollziehbar sein und ist von den jeweiligen Vorgesetzten zumindest stichpunktartig zu kontrollieren (vgl. § 16, Abs. 2 ArbZG).

Der Begriff der Vertrauensarbeitszeit basiert auf Vertrauen zwischen Beschäftigten und Vorgesetzten in die dokumentierten Arbeitszeiten und die Wertschätzung der zielorientierten Aufgabenerledigung (Hollmann et al. 2005). Das gegenseitige Vertrauen im Unternehmen und eine entsprechende Unternehmenskultur sind notwendige Voraussetzungen für eine gelingende Vertrauensarbeitszeit (Brenscheidt 2016). Nach Luhmann (2014) ist Vertrauen ein sozialer Mechanismus, um Komplexität zu reduzieren. Der Arbeitsalltag ist ohne Vertrauen nicht denkbar. Viele Zusammenhänge oder Details lassen sich nicht ständig kontrollieren und werden vertrauensvoll mangels Überprüfbarkeit akzeptiert. Ein hohes Maß an Vertrauen ist ursächlich für eine gewisse Risikobereitschaft, was wiederum eine Komplexitätsreduktion ermöglicht und Kontrollverlust oder -verzicht impliziert. Für eine immer komplexere und dynamischere Arbeitswelt ist Vertrauen somit eine zentrale Voraussetzung für erfolgreiche Arbeitsabläufe.

Vertrauensarbeitszeit zeichnet sich vor allem durch folgende Faktoren aus:

- Einhaltung rechtlicher Grundlagen
- Eigenverantwortliche und selbstbestimmte Verteilung der Arbeitszeit
- Partizipative Zielvereinbarung und kontinuierliches Prozess-Feedback
- Klare Regelung zur Erreichbarkeit und Nicht-Erreichbarkeit
- Absprachen mit Schutz vor Überlast
- Wertschätzende Kommunikation

Faire Vereinbarungen zur Vertrauensarbeitszeit fördern in einer komplexen Arbeitswelt die Handlungskompetenz von Beschäftigten und stärken somit die Vertrauenskultur im Unternehmen (Hellert et al. 2013).

### 2.1.6 Mobiler Arbeitsort

Neben der Flexibilisierung der Arbeitszeit zählt die Nutzung von unterschiedlichen Formen der mobilen Arbeit in vielen Bereichen zum betrieblichen Alltag. Die virtuelle Kommunikation mit modernen Technologien ermöglicht in bestimmten Bereichen das Arbeiten auch außerhalb der betrieblichen Arbeitsstätte wie z. B. im Homeoffice. Homeoffice als eine Form des mobilen Arbeitens ermöglicht es Beschäftigten, nach vorheriger Absprache mit dem Arbeitgeber oder der Arbeitgeberin auch zeitweise im Privatbereich Arbeitsaufgaben zu erledigen. Es können für das Homeoffice beispielsweise feste Wochentage oder eine Anzahl frei disponierbarer Arbeitstage pro Monat vereinbart werden.

Homeoffice liegt voll im Trend und bietet zahlreiche Vorteile für Betriebe und Beschäftigte: Kosten- und Zeitersparnis durch weniger Pendelfahrten, Flexibilität in der Aufgabenerledigung, gute Vereinbarkeit von Privat- und Arbeitsleben oder höhere Produktivität. Andererseits sprechen auch Gründe gegen Homeoffice: Mangelnde technische und räumliche Ausstattung, fehlendes Zeitmanagement, ungewollte Verschmelzung von Beruf und Familie (Monz 2018), Nachteile in der Kommunikation durch fehlende Präsenz oder mangelnde Kompetenz (Backhaus et al. 2020). Empfehlungen für Homeoffice-Lösungen sind daher stets im Kontext der individuellen Bedürfnisse und Rahmenbedingungen sowie der betrieblichen Möglichkeiten einzuordnen. Grundsätzlich zählen folgende Kriterien zu einer sinnvollen und menschengerechten Gestaltung eines Homeoffice Arbeitsplatzes (BAuA 2020):

- Ergonomische Arbeitsplatzausstattung in einem geeigneten Arbeitszimmer (IT, PC, Notebook, Schreibtisch und Schreibtischstuhl, Headset, Beleuchtung)
- Datenschutz
- Partizipative, realistische Zielvereinbarungen
- Kommunikationsregeln
- Erreichbarkeit inkl. Nicht-Erreichbarkeit
- Zeitkompetenz (Zeitstrategien, Pausen, Selbstfürsorge)
- Life-Kohärenz
- Vertrauens- und Präventionskultur

### 2.1.7 Zeitkompetenz

Die Arbeitszeit hat sich von einer Anwesenheits- zur Ergebnisorientierung verändert und schafft damit entsprechende Zeit- und Handlungsspielräume in Unternehmen. Dies wiederum verlangt nach neuen Gestaltungskompetenzen im Umgang mit der zur Verfügung stehenden (Arbeits-)Zeit – der Zeitkompetenz (Hellert 2018). Zeitkompetenz ist die Handlungsfähigkeit einer Person oder eines Teams selbstorganisiert Zeit zu verwenden, um kreative Ansätze zu finden oder eine spezifische Vorgehensweise zu entwickeln, damit Ziele erreicht werden (Erpenbeck und von Rosenstiel 2007, Hellert 2018). Die individuelle Zeitkompetenz setzt sich aus individuell internen und externen sowie betrieblichen Faktoren zusammen. Die individuell internen Faktoren sind Strategien zur Zeitverteilung, Beachtung der persönlichen Tagesrhythmik sowie Zeitempathie. Individuell externe Faktoren sind kulturspezifische und soziale Zeiten. Betriebliche Faktoren beziehen sich auf die Gestaltung der Arbeits- und Betriebszeiten und die gelebte Zeitkultur im Unternehmen. Je größer die Handlungsspielräume der Beschäftigten bei der Arbeitszeitgestaltung, desto eher können Strategien der Zeitkompetenz umgesetzt werden (Hellert et al. 2013). Spezifische Gestaltungsansätze zum Aufbau von Zeitkompetenz im virtuellen Arbeitsumfeld sind beispielsweise (Mander et al. 2020):

- Selbstdisziplin, um die Ziele im Blick zu behalten und sich vor Ablenkungen und Reizüberflutung zu schützen.

- Segmentierungsstrategien, die helfen, die Arbeit von anderen Lebensbereichen abzugrenzen. Proaktive Kommunikation mit Kollegen, Kolleginnen und Führungskräften unterstützt die Kontaktpflege und den Austausch untereinander.
- Selbststrukturierung hilft, den Überblick von komplexen Aufgaben zu behalten.
- Zeitplantechniken unterstützen bei der effizienten Zeitnutzung.

Im Kontext der Arbeitszeitgestaltung können verschiedene Strategien der Zeitkompetenz präventiv und proaktiv wirken. Sie sollten auf personaler Verhaltensebene die Ressourcen der Beschäftigten stärken und psychosoziales Wohlbefinden und organisational die Zielerreichung fördern.

### 2.1.8 Konzepte und Gestaltungshinweise

Die zahlreichen neuen Herausforderungen der modernen Arbeitswelt in Verbindung mit den Anforderungen an eine lebenswerte und humane Arbeitszeitgestaltung erfordern fundierte Strategien und Maßnahmen, die sich an grundlegenden psychologischen Konzepten orientieren sollten. Die von vielen Seiten geforderte Flexibilität geht bei den Beschäftigten mit zunehmender Verantwortung für die vereinbarten Leistungsziele einher, wodurch Motivation und Wohlbefinden gefördert werden können. Hierfür sind jedoch klare und verlässliche Vereinbarungen zwischen den beteiligten Akteuren und Akteurinnen notwendig, damit sowohl die betrieblichen und organisatorischen Faktoren als auch menschengerechte Arbeitsmerkmale umgesetzt werden können. Nach Eberhard Ulich (1992) zählen vor allem folgende Merkmale zu einer menschengerechten oder humanen Arbeit:

- Psychosoziales Wohlbefinden und psychophysische Gesundheit
- Selbstkontrolle zur Förderung von Selbstkonzept und Motivation
- Entwicklung von Persönlichkeitspotenzialen und Förderung von Kompetenzen
- Autonomie zur Stärkung des Selbstwertgefühls
- Sinnhaftigkeit einer Aufgabe

Einige dieser Merkmale sind vergleichbar mit den Aspekten der New-Work-Beschreibung von Bergmann: Die am Menschen orientierte Arbeit sollte Sinnhaftigkeit, Selbstbestimmung und Selbstverwirklichung sowie Kompetenzerwerb im Fokus haben und sich nicht nur auf die Strukturen der Organisation, sondern auf die Menschen im Unternehmen konzentrieren (Bergmann 2017; Schermuly 2019). Die Lebensqualität und das psychische und physische Wohlbefinden der Beschäftigten sollte gefördert werden und ein wichtiger Baustein von strategischen Unternehmensentscheidungen sein – ganz im Sinne der New-Work-Veränderungskraft (Hellert und Stix 2023).

Das Konzept des psychologischen Empowerments (Schermuly 2019) stellt das Erleben des Menschen im Arbeitskontext in den Mittelpunkt und beschreibt vier Komponenten: Vor allem Kompetenzen sind notwendig, damit die unterschiedlichen Herausforderungen erfolgreich bewältigt werden können. Hierzu zählen personale, soziale, fachliche und methodische Kompetenzen. Ein hohes Kompetenzerleben stärkt die Selbstverwirklichung. Menschen sind davon überzeugt, den Anforderungen gerecht werden zu können (Bandura 1997). Die Bedeutsamkeit bei der Arbeit ermöglicht es, die Sinnhaftigkeit zu erkennen und wirkt intrinsisch positiv auf die Tätigkeitsausführung. Eine hohe Selbstbestimmung ist verbunden mit hoher wahrgenommener Autonomie bei der Arbeit. Hierzu zählen Freiheit der Verteilung von Arbeitszeit und Wahl der geeigneten Arbeitsorte und Arbeitsmittel. Weiter zählt die Einflussdimension als wahrgenommene Macht, die eigenen Arbeitsergebnisse beeinflussen zu können, dazu.

### 2.1.9 Life-Kohärenz

Beruf, Privates und Familie zu vereinbaren, wird gerne mit dem Oberbegriff Work-Life-Balance umschrieben. Inzwischen ist diese Formulierung jedoch nicht mehr zeitgemäß, da die neue Arbeitswelt keine Trennung von Arbeit und Leben vorschreibt und letztlich Arbeit Teil des Lebens ist. Life-Kohärenz bezeichnet dagegen das kontinuierliche Zusammenspiel von verschiedenen Lebensbereichen. Die Life-Kohärenz schafft Orientierung für spezifische Anforderungen bei Arbeit, Familie, Körper und Geist und wird je nach Lebensphase unterschiedlich gewichtet. Ziel ist eine optimale Synchronisation der einzelnen Bereiche auf betrieblicher und personaler Ebene. Das berufliche Engagement, Sinnhaftigkeit, Freude aber auch Anstrengung in der Arbeit sollten gut mit Phasen der Entspannung, Achtsamkeit und Erholung abgestimmt sein. Gleichzeitig gilt es, auf die biologischen Bedürfnisse wie ausreichenden Schlaf und gutes Essen sowie die psychischen Grundbedürfnisse u. a. nach Bindung und sozialen Kontakten zu achten (Hellert 2018). Für Beschäftigte mit Vertrauensarbeitszeit und Homeoffice kann ein gutes Ineinandergreifen der verschiedenen Bereiche einen positiven Zustand im Sinne der Kohärenz erzeugen. Die fixe Entgrenzung zwischen Arbeit und Privatleben ist vielen mit mobiler Arbeit nicht mehr so wichtig (Wöhrmann et al. 2020). Von starrer zeitlich-räumlicher Trennung bis zu variablen fließenden Übergängen bestehen viele Möglichkeiten. Wichtig ist hierbei die bewusste Reflexion dessen, was je nach Lebensphase positiv für das eigene psychosoziale Wohlbefinden ist.

#### Handlungsspielraum und Autonomie

Handlungsspielräume sind nach arbeitspsychologischen Modellen für die individuelle Gestaltung von Arbeitsabläufen wichtig, beispielsweise zur Bewältigung psychischer Belastung. Ebenso zählt Autonomie als förderlicher Faktor zur humanen Arbeitsgestaltung und zur New-Work-Struktur. Allerdings können Autonomie und Handlungsspielraum auch sehr ambivalent sein. Je nach Person und Situationen zeigen sich verschiedene Wirkungen. Gerade bei sehr hoher Autonomie und hochflexiblen Arbeitsprozessen, kann aus einer Ressource (Autonomie) eine zusätzliche Arbeitsanforderung (Verantwortung) werden. Beschäftigte mit hoher Autonomie sind bspw. permanent gefordert, die richtige Entscheidung in Hinblick auf Arbeitszeitgestaltung, Arbeitsort und die sozialen Beziehungen bei der Arbeit zu treffen. Es gilt also immer wieder angemessene Überlegungen anzustellen, um anstehende Ziele zu erreichen. Dies mag für manche Menschen eher einfach sein, für andere jedoch wird es zu einer zusätzlichen Arbeitsbeanspruchung (Bredehöft et al. 2015). Autonomie ist eine Medaille mit zwei Seiten: Zum einen kann sie eine sehr nützliche Ressource darstellen, zum anderen verursacht sie zusätzliche Anstrengungen im Sinne von Selbstorganisation und Selbstführung.

#### Selbstführung

Das Konzept der Selbstführung zielt auf den Prozess von Personen ab, sich selbst auf bestimmte Art zu beeinflussen (Neck und Manz 2013). Selbstführung ist eine individuelle Kompetenz, um Ziele erfolgreich umzusetzen und beispielsweise die eigene Zeitkompetenz positiv zu gestalten. Für erfolgreiches Arbeiten im Homeoffice zählt für Beschäftigte u. a. Selbstdisziplin und Selbstregulation, um sich zu motivieren, strukturieren, disziplinieren. Strategien der Selbstführung können gezielt angewendet werden. So kann der Arbeitstag bspw. durch Selbstbeobachtung reflektiert werden und eigene Ziele können mit den persönlichen Werten langfristiger Vorhaben verglichen werden. Die Entgrenzung von Arbeit und Privatleben kann im Sinne der Selbstführung betrachtet werden. Nach der Boundary Theory (Ashforth et al. 2000) kann individuell reflektiert werden, ob Segmentieren (strikte Trennung) und/oder Integrieren (fließende Übergänge) sinnvolle Strategien zur Bewältigung der jeweiligen Anforderungen sind (Mander et al. 2021).

### 2.1.10 Fazit

Die Arbeitswelt verändert sich kontinuierlich. Neue Technologien sowie Prozessinnovationen, verbunden mit Dynamik, Unsicherheit, Komplexität und Mehrdeutigkeit beeinflussen die Art und Weise von Arbeit auf unterschiedlichste Weise und fordern alle Beteiligten heraus. Flexible, moderne Arbeitszeitgestaltung kann für Organisationen und Menschen nach neuesten Erkenntnissen positiven Einfluss ausüben. Hierzu ist es erforderlich, gemeinsam mit den betreffenden Teams oder Beschäftigten faire Lösungen zu entwickeln und verlässliche Vereinbarungen zu treffen. Führungskräfte und Beschäftigte können in Workshops wirksame Gestaltungsmaßnahmen und Ressourcen kennenlernen, individuelle Strategien der Zeitkompetenz nutzen und so proaktiv den komplexen Herausforderungen der modernen Arbeitswelt erfolgreich begegnen.

## Zur Autorin

**Prof. Dr. phil. Ulrike Hellert** ist Arbeitspsychologin, Dipl.-Kffr. und berät seit vielen Jahren Unternehmen zur flexiblen Arbeitszeitgestaltung. Sie ist ferner Expertin für Stresskompetenz und als Business-Coach tätig. An der FOM Hochschule für Oekonomie & Management lehrt sie in Nürnberg wirtschaftspsychologische Fächer und ist dort wissenschaftliche Gründungsdirektorin im iap – Institut für Arbeit & Personal.

# Literatur

Anzinger R., Koberski W. (2009): Kommentar zum Arbeitszeitgesetz. 3. Aufl. Verlag Recht und Wirtschaft, Frankfurt/Main

Backhaus N., Tisch A., Kagerl C., Pohlan L. (2020): Arbeit von zuhause in der Corona-Krise: Wie geht es weiter? In: Bundesanstalt für Arbeitsschutz und Arbeitsmedizin (BAuA), Dortmund. https://www.baua.de/DE/Angebote/Publikationen/Bericht-kompakt/Homeoffice-Corona.pdf (Abgerufen am 26.10.2023)

Baeck U., Deutsch M. (2004): Arbeitszeitgesetz. Beck, München

Bandura A. (1997): Self-Efficacy. Freeman and Company, New York

BAuA Bundesanstalt für Arbeitsschutz und Arbeitsmedizin (2020): SARS-CoV-2-Arbeitsschutzregel. https://www.baua.de/DE/Angebote/Rechtstexte-und-Technische-Regeln/Regelwerk/AR-CoV-2/pdf/AR-CoV-2.pdf (Abgerufen am 26.10.2023)

Bergmann F. (2017): Neue Arbeit, neue Kultur. Arbor, Freiburg

Bredehöft F., Dettmers J., Hoppe A., Janneck M. (2015): Individual work design as a job demand: The double-edged sword of autonomy. Journal Psychologie des Alltagshandelns Vol. 8 / No. 2, S. 12-24, Innsbruck

Brenscheidt F. (2016): Ohne Vertrauenskultur ist Vertrauensarbeitszeit wertlos. XING. https://www.xing.com/news/klartext/ohne-vertrauenskultur-ist-vertrauensarbeitszeit-wertlos-547 (Abgerufen am 26.10.2023)

Erpenbeck J., von Rosenstiel L. (2007): Handbuch Kompetenzmessung. Schäffer-Poeschel, Stuttgart

Grawe K. (1994): Neuropsychotherapie. Hogrefe, Göttingen

Hellert U. (2018): Arbeitszeitmodelle der Zukunft. 2. Aufl. Haufe, Freiburg

Hellert U. (2022): Arbeitszeitmodelle der Zukunft. 3. Aufl. Haufe, Freiburg

Hellert U., Krol B., Tegtmeier P. (2013): Innovative Arbeitszeitgestaltung und Zeitkompetenz bei einem Studium neben dem Beruf. In: Hellert U. (Hrsg.): iap Schriftenreihe Bd 5. MA Akademie, Essen

Hellert U., Stix K. (2023): Kreative Stresskompetenz für die Arbeitswelt. Haufe, Freiburg

Hollmann S., Hellert U., Schmidt K. H. (2005): Anforderungen an eine zielbezogene Selbststeuerung im Rahmen hochflexibler Arbeitszeitmodelle. In: Mieg H. A. (Hrsg.): Wirtschaftspsychologie 3: Faktor Zeit, S. 44-52

Lenk T. (1997): Arbeit und Wohlstand: Arbeitspapier Universität Leipzig. https://www.econstor.eu/bitstream/10419/52378/1/672204126.pdf (Abgerufen am 26.10.2023)

Luhmann N. (2014): Vertrauen. Lucius & Lucius, Stuttgart

Mander R., Hellert U., Antoni C. (2021): Selbstführungsstrategien zur Bewältigung von Flexibilitätsanforderungen digitaler Arbeit mit hohem Zeit- Orts- und Handlungsspielraum – eine qualitative Studie. In: Gruppe. Interaktion. Organisation. Zeitschrift für Angewandte Organisationspsychologie (GIO). Ausgabe 1/2021. Springer, Wiesbaden

Mander R., Müller F., Hellert U. (2020): Kompass – Zeit & Vertrauen. iap der FOM Hochschule, Essen

Monz A. (2018): Mobile Arbeit, mobile Eltern. Springer Fachmedien, Wiesbaden

Neck C. P., Manz C. C. (2013): Mastering Self-Leadership: Empowering yourself for personal excellence. 6. Aufl. Pearson

Schermuly C. C., Koch J., (2019): New Work und psychische Gesundheit. In: Badura B., Ducki A., Schröder H. et al. (Hrsg.): Fehlzeiten-Report. Springer, Berlin/Heidelberg/New York, S. 127-139

Ulich E. (1992): Arbeitspsychologie. 2. Aufl. Schäffer Poeschel, Stuttgart

Wöhrmann M., Backhaus N., Tisch A., Michel A. (2020): BAuA-Arbeitszeitbefragung: Pendeln, Telearbeit, Dienstreisen, wechselnde und mobile Arbeitsorte. Bundesanstalt für Arbeitsschutz und Arbeitsmedizin BAuA, Dortmund

## 2.2 Metaverse – Erste Gehversuche und Erfahrungen aus Unternehmenssicht

*Interview mit Oliver Gutzeit*

Herr Gutzeit, New Work ist eine ziemlich große Begrifflichkeit, die jetzt schon einige Zeit kursiert. Was verstehen Sie unter New Work?

Vor zwei bis drei Jahren gab es eine wissenschaftliche Definition in der (alternative) Unternehmensformen und Arbeitsweisen beschrieben wurden. Meiner Meinung nach wurde der Begriff in der letzten Zeit ein bisschen von der Allgemeinheit vereinnahmt, genau wie der Begriff »Future of Work«. New Work ist noch etwas breiter gefasst: Während »Future of Work« den Aspekt *»Wir haben es noch nicht«* beschreibt, ist New Work für mich der andauernde Vorgang, neue Arbeitsformen greifbarer zu machen. Im Moment ist das vor allem der Umbruch durch die vollzogene oder geplante Digitalisierung. In Verbindung mit der weltweiten Situation, dass sich Technologien, die vorher keine Rolle gespielt haben, verbreiten – Stichwort Metaversum. Vor dem Hintergrund der Digitalisierung wird die ganze Basis des Arbeitens auf ein neues Fundament gestellt. Ich sehe darin vor allem Chancen, da jetzt endlich Dinge umgesetzt werden können, die schon länger im Bereich New Work gewünscht waren. Für mich ist das Ziel von New Work eine Demokratisierung der Arbeit. Mitarbeitende sollen einen größeren Freiheitsgrad bekommen und mehr selbst gestalten können. Wichtig ist meiner Meinung auch, dass Mitarbeitende mit den andauernden Veränderungen, mit denen sie konfrontiert sind, zurechtkommen – das erfordert eben auch eine neue Art des Arbeitens.

Welche Facetten hat New Work Ihrer Meinung nach? Gibt es zum Beispiel Auswirkungen auf Führungskräfte und die Mitarbeiterführung?

Es hat enorme Auswirkungen. Die Digitalisierung hat dazu geführt, dass Mitarbeitende sich Unternehmen viel freier aussuchen können. Wenn Unternehmen vergleichbare Leistungen in Form von Einkommen oder Benefits bieten, wird es viel wichtiger, ob Mitarbeitende persönliche Freiheitsgrade leben können. Für Unternehmen bedeutet das, um diese Mitarbeitenden anzulocken, muss ihnen gezeigt werden, welche Chancen es in einem Unternehmen wie beispielsweise der SAP gibt. Gleichzeitig müssen aber auch bestehende Mitarbeitende fortlaufend davon überzeugt werden, dass es sich lohnt, einer Firma die Treue zu halten. Für Führungskräfte stellt sich daher die Herausforderung, plötzlich eine sehr stark werbende Rolle einzunehmen.

Auswirkungen sehe ich vor allem in der Art, wie ich meinen Arbeitstag gestalten kann. Durch die neuen mobilen Möglichkeiten kann ich von überall arbeiten. Wir nutzen den hybriden Arbeitsplatz exzessiv bei SAP und treiben das mit großer Kraft voran. Das heißt für Führungskräfte aber auch, dass sie dafür sorgen müssen, dass jeder Mitarbeitende die nötigen Kompetenzen hat, diese Veränderungen in den Griff zu kriegen. Früher hat man Work-Life-Balance gesagt, ich mag den Begriff heute nicht mehr, da Work-Life-Balance eine Abgrenzung der beiden Welten impliziert. Ich sehe aber, dass diese bereits verschmolzen sind und alle Anstrengungen, sie zeitlich oder räumlich zu trennen, zum Scheitern verurteilt sind. Die Lösung ist deswegen meiner Meinung nach die Eigenkompetenz der Mitarbeitenden, Arbeit und Privatleben in einer gesunden Weise zu trennen, zu stärken. Die Verantwortung der Unternehmen liegt darin, Health und Mindfulness ganz nach vorne zu stellen. Nur Unternehmen, die das auch leben, werden in Zukunft erfolgreich sein und Mitarbeitende für ihre Sache gewinnen können.

Um nochmal kurz nachzuhaken, Sie würden sagen, dass Unternehmen durch New-Work-Konzepte oder den richtigen Umgang mit Chancen eine Möglichkeit haben, im Fachkräftemangel zu bestehen und Fachkräfte zu sichern?

Ich drehe es um: Ausschließlich durch die intensive Beschäftigung mit New-Work-Konzepten oder mit Angeboten, die in einer Weise hervorstechen, werden Unternehmen noch erfolgreich sein können. Das heißt, für mich ist es sogar noch extremer. Ich sehe keinen Fachkräftemangel. Ich sehe auch keine Probleme die Besten der Besten auf dieser Welt anzuziehen. Wenn Unternehmen die technologischen Möglichkeiten, die heute schon im privaten Umfeld existieren, im Unternehmensumfeld anbieten, dann ist der Übergang nahtlos. Wenn Unternehmen allerdings auf den traditionellen Strukturen beharren und sich damit nicht auseinandersetzen, wird automatisch eine ganze Generation nicht mehr zur Verfügung stehen.

Sie sind jetzt schon einige Zeit bei der SAP, wann ist das Thema New Work das erste Mal bei Ihnen aufgekommen und welchen zeitlichen Verlauf hat das

**genommen? Vielleicht können Sie auch aus Ihren Erfahrungen berichten, was konkret umgesetzt wurde.**

Die SAP war schon immer kulturell so aufgestellt, dass der Mitarbeitende sehr ermächtigt wurde. Ich würde deswegen sagen, dass die SAP sehr offen für jegliche Art von New-Work-Konzepten ist. Von der Führungsstruktur ist die SAP zwar wie ein Großkonzern strukturiert, der mit Hierarchien zu führen ist, aber trotzdem empfinde ich das Unternehmen im überwiegenden Teil auch heute noch als ein sehr von den Mitarbeitenden beeinflusstes Unternehmen. Als New-Work-Konzepte aufkamen und speziell in Deutschland en vogue wurden, ging es bei diesen New-Work-Initiativen viel um die Abschaffung von Managern, Hierarchien, autarkes Arbeiten etc. Das sind Themen, die sind wahnsinnig schwer umzusetzen in einem existierenden Großkonzern. Ich denke, das sind eher Themen für neue Unternehmen, die bauen sich dann von Anfang an anders auf.

Im Jahr 2017/2018 gab es dann bei der SAP erste Angebote für ein New-Work-Breakfast und es entstanden erste Arbeitskreise. Die Leute bei SAP haben sich schon immer als Grassroot-Initiative organisiert, d. h. bei der SAP gab und gibt es für alle Themen schon immer Angebote und Leute, die sich organisieren. In den Jahren 2018/2019 haben wir sehr stark angefangen, mit Insights und Cloud-Konzepten zu arbeiten und darauf aufbauend das Angebot an Arbeitsplatzkonzepten zu optimieren. Das haben wir dann noch vor der Pandemie mit einem FlexWork Konzept aufgegriffen und die Büroräumlichkeiten in ein modulares und Activity-Based-Konzept umgebaut. Im Arbeitsalltag gibt es Phasen in denen kommuniziert, kollaboriert oder konzentriert werden muss, es soll einfach mal Party gemacht werden oder man braucht Design-Spaces und man möchte inspiriert werden. Ein Angebot deckt nicht den ganzen Arbeitstag ab und deswegen lieber umdrehen, langfristig keine festen Sitzplätze mehr und dafür Zonen anbieten. Das haben wir schon vor der Pandemie umgesetzt. Im Jahr 2020 sind wir dann von einem Tag auf den anderen ins Homeoffice gewechselt. Spätestens zu diesem Zeitpunkt wurde der Begriff Heimarbeit durch hybrid abgelöst. Früher wurde der Arbeitsplatz automatisch mit dem Büro in einem Gebäude mit Parkhaus nebendran verbunden. Das Loslösen vom früheren Verständnis des Arbeitsplatzes geht auch Hand in Hand mit Konzepten wie alternativen Mobilitätskonzepten und hybridem Arbeiten, die Parkhaus und Büro ablösen. In der Pandemie haben wir dann nahtlos im Homeoffice weitergearbeitet. Einem Softwarekonzern kann das leichter fallen, aber auch nicht jedem. Wir haben gezeigt, dass die Existenz von hybriden Arbeitsplatzkonzepten nicht pandemiebedingt ist. Wir haben dann aus dem Homeoffice weiter daran gearbeitet, wie die Welt nach einer Pandemie aussehen wird und noch viel stärker geprüft, wie Technologien eine Unterstützung sein können. Wir haben zum Beispiel im Onboarding mit Metaversum-Konzepten, aber vorrangig vor allem mit Virtual-Reality-Konzepten experimentiert. Als Unternehmen haben wir natürlich stark davon profitieren können, dass wir mobiles Arbeiten schon so früh breit gestreut und in der Cloud hatten und damit örtlich unabhängig arbeiten konnten.

In der aktuellen Phase nach der Pandemie profitieren wird wiederum davon, dass wir unser Flex-Work-Konzept vollständig ausleben. Mit dem Pledge-to-Flex haben wir uns öffentlich zur Vertrauensarbeitszeit und darüber hinaus zur freien Wahl von Arbeitsort und -zeit verpflichtet. Das beinhaltet auch bei steuerlicher Machbarkeit die Möglichkeit, weltweit zu arbeiten. Das heißt wirklich hybrides und flexibles Arbeiten. Das ist die vollständige Flexibilität mit allen Nachteilen und Herausforderungen, die das mit sich bringt.

Wird in diesem Plegde-to-Flex auch miteingeschlossen, dass für Mitarbeitende, die gerne weiterhin einen festen Büroarbeitsplatz mit Parkplatz bei der SAP hätten und jeden Tag im Büro vorbeischauen möchten, auch eine Lösung angeboten wird oder muss jetzt jeder flexibel und ortunabhängig arbeiten?

Das ist eine sehr spannende Frage. Bei der SAP hat sich gezeigt, dass das »Flexen« der Normalfall ist. Wir wissen das, weil wir interne Umfragen gemacht und während der Pandemie den Umfragetakt erhöht haben. Wie haben beispielsweise sehr kleinmaschig nachgefragt, wie es den Mitarbeitenden geht und wie sie zurechtkommen. Wie jedes Unternehmen mussten wir auch mühevoll lernen, wie MS Teams und andere Tools zum Laufen gebracht werden oder wie mit ihnen gearbeitet wird. Das ist auch alles mit viel Belastung verbunden, daher wurde zum Beispiel ein sogenannter »Health-Day« eingeführt. Das ist auch ein Werkzeug im Kontext von New Work, das wirklich Bedeutung hat. Die Idee dahinter ist, dass diese Tage vom Unternehmen freigestellt werden und Mitarbeitende sich Zeit für sich selbst nehmen sollen und z. B. einen Fahrradausflug machen oder wandern gehen sollen. Im Unterschied zu einem freien Arbeitstag oder einem zusätzlichen Urlaubstag, nimmt das ganze Unternehmen diesen einen Tag frei und es wird an Kunden kommuniziert, dass wir als SAP an diesem Tag nur für Notfälle zu erreichen sind. Ausnahmen sind natürlich Projekte oder Rechenzentren, die Teams machen das dann an einem anderen Tag, aber es ist trotzdem kein Wochenende oder Urlaubstag, an dem die Mailbox vollläuft. Die Health-Days haben wir in der Pandemie zweimal gemacht. Ich glaube auch deswegen haben die Umfragen nach der Pandemiezeit gezeigt, dass wir zum überwiegenden Teil keine klassische Fünftagewoche im Büro oder gar einen Nine-to-Five-Job wollen. Allein die Tatsache, dass in der Umfrage nur ein ganz kleiner Teil angegeben hat, dass sie fünf Tage die Woche ins Büro kommen wollen, der überwiegende Teil sich als ideales Modell zwei bis vier Tage die Woche im Büro vorstellt und nur ganz wenige überhaupt nicht mehr kommen wollen, zeigt das sehr anschaulich. Aus diesen Ergebnissen haben wir den Flex-Fall als Standard abgeleitet. Das hat aber auch für Diskussionen gesorgt, vor allem in der Gruppe der Leute, die weiterhin wie immer kommen wollen. Für den Arbeitgeber ist es ein mühsamer Prozess zu lernen, dass es Leute gibt, die sich am wohlsten fühlen, wenn sie das machen können wie bisher. Die brauchen auch einen festen Arbeitsplatz als Bezugsrahmen. Wir haben es dann so geregelt, dass es möglich ist, einen festen Arbeitsplatz zu beantragen. Standpunkt des Betriebsrates ist es, dass es auch ohne Anfrage möglich sein muss und der Arbeitgeber die Entscheidung freistellen muss. Das sind die Diskussionen und Spannungsfelder, die entstehen, und ich kann beide Seiten sehr gut nachvollziehen.

Es stellt sich auch die Frage, wie es daheim aussieht. Wir kümmern uns jetzt viel stärker darum, wie der Heimarbeitsplatz aussieht, was vorher nicht der Fall war. Früher war das nur bei Homework-Arbeitsplätzen gesetzlich vorgeschrieben und bei Remote-Arbeit wollte der Arbeitgeber nicht die Verantwortung darüber haben, ob die Mitarbeitenden gerade sitzen, der Stuhl passt oder das Licht richtig einfällt. Wenn ein Arbeitsplatz als hybrid definiert ist, dann macht das aber schon einen Unterschied. Wir haben aber auch definiert, dass wer ins Büro kommen möchte, auch einen Platz findet. Nur halt nicht mehr zwingend einen Festen, sondern es gibt ein Kontingent. Da gab es gleich die Bedenken, dass das Kontingent nicht reicht, wenn alle gleichzeitig am Mittwoch kommen. Aber es kommen nicht alle gleichzeitig am Mittwoch. Ich persönlich komme viel lieber am Donnerstag oder am Freitag, da ist das Büro nämlich ruhiger.

Sie haben mehrfach erwähnt, dass Sie Umfragen durchgeführt haben. Sehen Sie dieses Reinhorchen in die Organisation auch als einen wichtigen Erfolgsfaktor?

Das ist meiner Meinung nach einer der wichtigsten Erfolgsfaktoren. Ich bin bei dem Thema Digitalisierung und überhaupt bei allen Trends, über die wir sprechen, ein Verfechter davon. In all diesen Sachen ist es unmöglich, blind zu fahren, weil es keinen Leitfaden gibt, der genau vorgibt, wie es geht, und auch nicht alle Maßnahmen auf jedes Unternehmen oder Situation passen. Deswegen braucht man Einblicke, denn ohne diese können keine richtigen Entscheidungen getroffen werden. Bei diesen Themen geht das am einfachsten mit Umfragen. Es kann auch mit farbigen Knöpfen gearbeitet werden oder Ähnliches, aber sonst sind Umfragen, und zwar die richtigen im richtigen Maß, am geeignetsten. Kommen zu viele Umfragen, haben die Befragten keine Lust teilzunehmen, sind die Umfragen zu kleinmaschig, kann man sie nicht rechtzeitig auswerten und Ergebnisse kommen zu spät.

Dann würde ich gerne den Bogen zum Metaversum schlagen. Das ist auch ein Begriff, der aktuell und in den letzten ein bis zwei Jahren ziemlich viel Aufmerksamkeit erregt hat. Könnten Sie nochmal einen Einblick geben, was eigentlich hinter dem Metaversum steckt?

Das Thema Metaversum ist natürlich auch viel Hype und Buzzwording. Wenn man das Thema etwas wissenschaftlicher angeht, ist es ein Thema, das schon seit Jahrzenten definiert wird. Der erste Satz, der immer fällt, ist: »Das Metaversum kommt in voller Breite in ungefähr drei bis vier Jahren.« Dieser Satz wiederholt sich seit ungefähr 20 Jahren. Nach meinem Verständnis, auch mit Blick auf meinen Einflussbereich, ist das Metaversum nicht die Welt des öffentlichen Metaversums.

Es ist also nicht die Welt von Facebook, Bitcoins oder NFTs. Das sind alles Aspekte, die separat betrachtet werden müssen. Das betrifft auch die SAP weniger.

Die SAP beschäftigt sich aus zwei Gründen mit dem Metaversum. Zum einen werden unsere Kunden in drei bis vier Jahren im Metaversum sein und wir sind immer da, wo unsere Kunden sind. Als solches ist jedes Unternehmen gut beraten intern, beginnend mit der eigenen IT und den eigenen Mitarbeitenden, sich mit dem Thema auseinanderzusetzen, eine grobe Vorstellung davon zu bekommen und auszuprobieren, was das ungefähr ist. Es ist ein langer Weg, das eigene Unternehmen zu befähigen, etwas mit dem Metaversum anfangen zu können. Der zweite Grund ist, dass wir große Vorteile in die Richtung unserer eigenen Produkte sehen und diese stärker machen können. Da wir Unternehmenssoftware liefern, sind unsere Produkte für den Arbeitsplatz gedacht, machen Unternehmen resilienter und zu einem sogenannten »Intelligent Enterprise«. Wir probieren natürlich auch intern aus, welche Aspekte von verschiedenen Konzepten beispielsweise aus dem Bereich Learning, Onboarding oder im Industriebereich Einfluss auf den täglichen Arbeitsalltag des Mitarbeitenden haben. Wir waren dieses Jahr 2023 mit einem starken Industrial-Metaversum-Case auf der Hannover Messe. Um diesen vorzustellen und mit Interessierten aus dem Bereich Produktion oder der Unternehmensführung in Austausch zu kommen, haben wir eine sogenannte »Factory« gebaut, betreiben diese in Walldorf und haben sie im Metaverse auf die Messe mitgebracht. Zurückkommend zum Thema: Wir beschränken uns auf den immersiven Teilaspekt und die Anbindung in die persistierende Welt der realen SAP-Systeme. Natürlich ist für uns auch der Aspekt der Kollaboration oder die Anknüpfung von Geschäftsprozessen in diese Welten sehr interessant. Dann ist das SAP-Metaversum einfach eine Erweiterung der existierenden Office-Welt, die zwar nicht physisch besteht, aber wie jedes andere Büro rund um die Uhr existiert und betreten werden kann. Diese Welt passt wunderbar zum hybriden Ansatz, weil sie sehr schnell betreten werden kann. Da haben wir einige Szenarien gebaut, allerdings kommen wir im Moment nicht über den Bereich Show- und Use-Case hinaus, am Business-Case kratzen wir momentan.

Sie haben gesagt, Sie kratzen am Business-Case. Mir hat sich der Eindruck ergeben, dass das Metaversum relativ groß ist und jede Organisation sich zum Teil die Aspekte raussucht, die wirklich anwendbar sind, aber dieses große Metaversum, wie es von manchen Unternehmen skizziert wird, gerade auch von Konzernen wie Meta, die den Begriff aus kommerziellem Interesse prägen wollen, zu abstrakt ist und sich immer weiter nach hinten verschiebt.

Die große Schwierigkeit beim Thema Metaversum ist, dass es mit dem großen, abstrakten und sicherlich ausschließlich kommerziell geprägten Begriff vermischt wird. Ich erinnere mich an den Hype um Second Life. In diese Richtung geht es jetzt auch wieder. Der große Unterschied ist, dass die Grafik und die Aktivität besser geworden sind wie bei allen Computerspielen und damit Filme wie »Ready

Player One« näher gerückt sind. Das ist letztlich ein Feld, in dem kräftig Geschäft gemacht werden kann. Seitens der Technologie wird es zu Anwendungen sowohl im privaten Alltag als auch im Geschäftsumfeld kommen. Wie vorhin schon gesagt, meiner Meinung nach ist das gar nicht mehr zu trennen. In Unternehmen ist es heute Standard, Handys und Apps zu nutzen und es würde niemand mehr sagen, dass das nicht genutzt werden kann. Bei der SAP kann der ganze Tag von diesem kleinen Gerät gesteuert werden. Wenn wir schon einen Schritt weiter denken, sehen wir, dass sich im Bereich Hardware noch einiges tun wird. Apple bringt beispielsweise bald eine VR-Brille raus, die zum ersten Mal tragbar sein und nicht mehr so klobig aussehen wird. Vor ein paar Jahren konnte sich niemand vorstellen, dass ein Computer in Form einer Smartwatch am Handgelenk getragen wird und über einen Zeitraum von drei Jahren Standard geworden ist. So wird auch die Technologie, die hinter dem Metaversum steckt, in Form von Endgeräten im Alltag völliger Standard werden. Ähnlich wie heute das Handy oder die Smartwatch wird sich die Technologie im privaten und dann auch ganz natürlich im beruflichen Umfeld durchsetzen und zur Standardtechnologie werden. Für Unternehmen entsteht die Herausforderung, diese Technologie im Unternehmen zu integrieren. Es war ein Kampf über zehn Jahre bis Handys in Unternehmen als sichere Endpunkte benutzten werden konnten und mittlerweile ist es ganz einfach, diesen Endpunkt zu verwalten. Die Technologie des Metaversums wird kommen und Standard werden, allerdings nicht als dieser große Hype. Wir werden nicht als ganze SAP ins Metaversum gehen und dann alle unsere Kundengespräche ins Metaversum verlagern. Das sind alles nette Beispiele, die sich gut bei LinkedIn verkaufen lassen. Das eine oder andere Mal werden es auch schöne Veranstaltungen sein, zu denen Kunden eingeladen werden und Sachen präsentiert werden, die so in der realen Welt nicht gezeigt werden können. Wir werden das geschickt vermischen und so immer zeigen können, dass die SAP innovativ und als Vorreiter dabei ist. So können wir unseren Kunden kommunizieren, dass wir heute schon über die Lösungen von morgen nachdenken und wenn wir als Partner weiter zusammenarbeiten, kann diese Herausforderung als Vorteil genutzt werden.

Sie hatten schon bei New Work angesprochen, dass die Unternehmen auf der Strecke bleiben, die in diesem Bereich ihren Mitarbeitenden nichts anbieten. Um hier die Brücke zu schlagen, würden Sie beim Thema Metaversum auch sagen, dass Organisationen, die nicht bereit sind, sich mit diesen neuen Technologien auseinanderzusetzen, es zukünftig schwer haben werden? Müssen Organisationen Ihrer Meinung nach offen für solche Technologien sein, um mittel- bis langfristig weiterhin zu existieren?

Ich gehe sogar so weit zu sagen, dass nicht nur Unternehmen sich damit auseinandersetzen sollten, sondern jeder sollte so eine Brille aufsetzen, wenn sich die Chance ergibt. Als Unternehmen muss nicht heute schon kräftig investiert werden, damit die IT intern in der Lage ist sowas anzubieten, aber es muss den IT-lern,

Entscheidungskräften oder Interessierten aus dem Unternehmen die Möglichkeit gegeben werden, sich damit zu beschäftigen. So viele Interessierte gibt es im Unternehmen meistens nicht und die, die interessiert sind, melden sich von selbst, wenn man sie sucht. Es reicht die Erlaubnis, dass sich engagierte Leute damit beschäftigen dürfen. Ich rate daher allen Unternehmern, dass sie diese Möglichkeiten in ihren Unternehmen erlauben und es geschehen lassen. Außerdem sollten sie diese Sachen einmal selbst testen und sich zum Beispiel mal eine solche VR-Brille aufziehen lassen, um zu wissen, wovon gesprochen wird. Aber auch gleichzeitig verstehen, dass das Metaversum nicht einfach gleichzusetzten ist mit dem Aufziehen von VR-Brillen oder eine 3D-Welt, sondern ein ganzheitliches Konzept ist. Das ist vergleichbar mit der Beschäftigung mit dem Thema Cloud und dem Verständnis, was der Unterschied zwischen eigenem Server im Keller und der Speicherung der Daten in der Cloud ist. So ist es auch mit dem Thema Metaversum: Wenn man verstanden hat, wo sich das eigentlich befindet, dann kann es auch in das eigene Unternehmensfeld integriert werden. Wenn es dann im Unternehmen noch einige pfiffige Mitarbeitende gibt und diese im Unternehmen nicht unterdrückt, sondern unterstützt werden, vielleicht sogar einen freien Tag bekommen und einfach mal »rumspielen« dürfen, können da ganz tolle Sachen entstehen. In Deutschland muss dafür aber auch noch das Verständnis ankommen, dass spielen wie im amerikanischen »to play« eigentlich etwas mit Innovation zu tun hat und nicht heißt, dass diese Mitarbeitenden gerade nicht arbeiten. Wenn sich das Verständnis durchsetzt, werden diese Mitarbeitenden die Wichtigsten im Unternehmen werden. Vor diesem Hintergrund des Ausprobierens, aber auch wegen der hohen Belastung, die in der hybriden Arbeitswelt oder durch die hohe Anzahl an Meetings entsteht – im Metaversum wäre die Belastung durch das lange Tragen von VR-Brillen sogar extrem hoch – wurde bei der SAP der sogenannte Fokus-Friday eingeführt. Das bedeutet jeder Freitag ist bei uns überwiegend frei von Meetings, damit wir die Zeit haben, Sachen auszuprobieren oder uns etwas auszudenken. So schließt sich auch der Kreis zu New Work, denn auch der Fokus-Friday ist ein Einbau in New Work. Um es nochmal kurz zusammenzufassen: Ich bin der Meinung, dass jeder und jede einmal eine VR-Brille aufsetzten und ausprobieren sollte, das reicht aber dann auch. Es gibt Enthusiasten, die im Unternehmen befähigt und zu Gruppen formiert werden sollten. Wir arbeiten zum Beispiel auch mit Studierenden zusammen, es gibt gerade an der SRH Heidelberg einen Studiengang über Game Design, und diese Studierenden lasse ich einfach mal ein Industrial-Metaversum bauen und prompt sind wir bei der wichtigsten Industriemesse der Welt mit einem zentralen Case vertreten. Und das einfach, weil wir es Studierenden ermöglicht haben, sich mal auszutoben und das mit einem Business-Kontext versehen haben. Um das zu können, muss es einfach mal gemacht werden, damit überhaupt das Verständnis entstehen kann, was das Thema bzw. die Technologie ist.

Und das Ganze mit einem Community-Ansatz, in dem nicht vorgegeben wird: »Ihr seid jetzt die Abteilung, die Metaversum macht.«?

Genau das funktioniert nicht. Wir haben das mal durchexerziert, gedacht wir brauchen solche Abteilungen und haben dann eine VR-Abteilung aufgebaut. Die bestand dann zwar aus Enthusiasten, hatte aber keine Verbindung zur eigentlichen Anwendung, sondern hat die Arbeit nur aus dem Selbstzweck heraus gemacht. Alle anderen im Unternehmen haben dafür gedacht, dass das Thema vollständig in die Abteilung delegiert wurde. Das funktioniert weder mit dem Thema Metaversum, noch mit Innovationen als Ganzes. Deswegen sind wir bei der SAP oft so weit vorne, weil wir schon immer eher den Community-Ansatz leben. Von außen wird dazu häufig mit der Einschätzung reagiert, dass bei der SAP nichts geschafft wird und wir nur so unterwegs sind. Das ist genau der Punkt, wir sind nur so unterwegs und dabei entsteht dann hoffentlich Software, die Unternehmen auch so erfolgreich macht wie uns.

Um nochmal auf das Thema Onboarding zurückzukommen, ganz zu Beginn hatten Sie einen kleinen Ausblick gegeben, dass Sie in diesem Bereich auch schon mit dem Metaversum experimentiert haben. Wie kann ich mir das vorstellen?

Das ist alles noch auf dem Konzeptionslevel. Die Technologie in diesem Bereich ist noch wahnsinnig teuer, aber mittlerweile allein durch die Tatsache, dass wir uns damit beschäftigen, auch wieder günstiger geworden. Da das Metaversum auch ohne VR-Brille konsumiert werden kann, sind wir gerade damit beschäftigt, mit wenig Aufwand unser SAP-Metaverse als Campus nachzubilden. In diesem Campus platzieren wir dann die Angebote bei SAP, die normalerweise bei einem Onboarding gezeigt werden. Was bis jetzt in einem zweidimensionalen virtuellen Meeting gezeigt wurde, kann im Metaverse Campus eigenständig entdeckt werden. So können die Benefits bei SAP oder die Geschichte des Unternehmens entdeckt werden oder es kann ein kurzer Abstecher in die Galerie gemacht werden. Das kann auch vor Ort besucht werden, aber wer kommt jedes Mal deswegen an den Standort? Wir haben einen internen Showroom, der zeigt, wie wir das intelligente Enterprise bauen. Diesen Showroom haben wir auch im Metaversum mit interaktiven Möglichkeiten verankert, d. h. es kann auch hier angeschaut und in Austausch gekommen werden. Unsere Idee ist, dass man sich im Onboarding dort treffen und auf eine sehr innovative Weise Begeisterung bei den Leuten wecken kann. Es wäre aber übertrieben zu sagen, dass das in irgendeiner Weise bereits ausgerollt wurde, sondern wir stellen das vor, zeigen, was möglich sein kann und glauben daran, dass die Technologie so einfach und günstig wird, dass das integriert werden wird. Microsoft wird ganz sicher etwas anbieten und beispielsweise in MS Teams integrieren. Ich schätze es wird im Jahr 2024 erste Integrationen in die Office-Welt geben. Als starker Microsoft-Partner werden wir diese Integration dann zu 100 % einführen. Wir sind schon seit eineinhalb Jahren dabei, aufkommende Fragen zu diskutieren. Wir schauen, was es aktuell am Markt gibt, probieren diese neuen Angebote immer wieder aus, überlegen, wie das testweise ausgerollt werden können, wie die Rechte verwaltet werden können, wie die Software verteilt werden kann oder wie Sicherheit und Datenschutz sichergestellt werden kann usw. Das ist ein sehr langer Weg, aber wir werden vorbereitet sein. Zum einen im Onboarding-Szenario, aber wir haben auch Learning-Szenarien evaluiert. Im Bereich des Learning gibt es Standardsoftware, die mit lebensechten Avataren arbeitet, nicht direkt im Metaversum, aber bei der man sich auf eine Bühne stellt und Vorträge hält. Das ist nicht komplett neu, das gab es auch schon vor zwei Jahren, aber aktuell kommen noch ChatGPT und die AI-Diskussion dazu. Wenn das mit lebensechten Avataren kombiniert wird und wir in die Welt des Metaversums gehen, dann ist gerade im HR-Bereich das Potenzial unendlich. Wir stellen fest, dass normale Unternehmen inklusive der SAP keine Zeit dafür haben, diese Themen langfristig konzeptionell voranzutreiben. Das heißt es muss Angebote geben, damit Firmen und die IT dieser Firmen in der Lage sind, diese Technologien zu implementieren. Unser Schwerpunkt bei SAP ist sicherzustellen, dass diese Welt kompatibel ist mit der SAP-Welt und wir dann die Angebote einführen können. Es ist nicht der Plan, ein eigenes Metaversum zu bauen, das wir dann an unsere Kunden verkaufen, sondern, dass wir die Technologie, die sich durchsetzen wird, anbieten.

Der Ausblick in den Bereich Learning mit der Schnittstelle zur AI finde ich sehr interessant. Sehen Sie hier das Potenzial, wenn die eigenen Fähigkeiten im Halten von Vorträgen verbessert werden sollen, dass einfach eine VR-Brille aufgesetzt werden kann und man dann im Metaversum vor Avataren steht, wo dann eingegeben werden kann, über welches Thema der Vortag sein soll und wie hoch der Schwierigkeitsgrad ist? Je nach vorher ausgesuchtem Schwierigkeitsgrad stellen die Avatare heiklere Fragen. Ist das ein beispielhafter Use-Case?

Das interessante ist, dass allein Ihre Frage schon zeigt, dass wir in diesem Bereich in der gesamten Gesellschaft noch Aufholbedarf haben, denn genau was Sie gerade beschrieben haben, gibt es seit zwei Jahren kommerziell zu kaufen. Da muss man einfach eine der aktuell angebotenen VR-Brillen kaufen, die App runterladen und sich vor eine Menge stellen. Das Ganze kann beliebig weitergedacht werden. Die Tatsache, dass es noch nicht in der breiten Masse angekommen oder genutzt wird, zeigt aber auch, dass der Wert wahrscheinlich überschaubar ist. Wir werden es also nicht erleben, dass in der breiten Masse Vorstände dort ihre Vorträge üben. Dabei ist es eigentlich naheliegend, denn jeder, der es ausprobiert ist davon begeistert. Trotzdem gehen diese Personen danach nicht nach Hause und kaufen es sich selbst. Deswegen bin ich der Meinung, dass wir da noch nicht beim Business-Case angekommen sind. Weder das Onboarding noch das Learning ist derzeit praktikabel. Da SAP auch Success Factors, Learning etc. anbietet, könnte man meinen, dass daran gearbeitet wird. Es wird daran gearbeitet, Intelligenz, also AI oder Machine Learning zu integrieren. Diese Technologien haben sich durchgesetzt und ohne die geht es heute nicht mehr. Wird es ohne Metaverse gehen? Die vorherrschende Meinung ist in vielen Bereichen wahrscheinlich schon, da momentan keiner weiß, ob es wirklich in drei bis vier Jahren kommt oder ob wir weitere zehn Jahre darüber reden müssen, bevor es im es im Unternehmensumfeld ankommt. Meine persönliche Überzeugung ist, dass wir da immer noch sehr viel ausprobieren müssen. Der Beweis für den Erfolg wäre, wenn die Möglichkeiten, die es jetzt schon seit ein paar Jahren gibt, in der breiten Masse bekannt sind und genutzt werden würden.

Wenn die Technologie irgendwann so weit ist, dass sie Standard wird, die VR-Brillen handlich sind und auch das Design den Endverbraucher abholt, dann geht es los? Ist das Ihrer Meinung nach einer der wichtigsten Faktoren, der für den erfolgreichen Business-Case noch fehlt?

Das ist die Vorbedingung. Es ist die notwendige, aber nicht die hinreichende Vorbedingung. Die notwendige Vorbedingung ist die Praktikabilität. In diesem Bereich haben wir in den letzten drei Jahren große Schritte gesehen, was die Geräte betrifft, die Verwaltung der Geräte, die Handhabung, aber auch die Entkopplung vom privat-kommerziellen Bereich in den Business Bereich. Das heißt, dass es überhaupt Business-Brillen hinsichtlich Tragekomfort, Sicherheit und Datenschutz gibt. Das sind große Schritte, aber noch nicht alle. Die hinreichende Voraussetzung wäre, dass wir dann auch wirklich die Firmen finden, die es besonders erfolgreich umsetzen. Ich vergleiche das ein bisschen mit den Handys. Inzwischen haben sich diese wirklich durchgesetzt, jeder weiß, was ein Handy ist, wie es verwendet wird oder Apps runtergeladen werden. Außerdem wissen viele, wie es im Unternehmensumfeld erfolgreich eingesetzt werden kann und es gibt viele Startups und Unternehmen, die tolle Ideen haben, was mit Apps gemacht werden könnte. Stichwörter sind hier beispielsweise »Social«, »Connected« und viele weitere. Manchmal gibt es dann besonders erfolgreiche Konzepte und es werden 1000 Lizenzen gekauft. Aber die Frage ist, ob in Unternehmen durch Apps wirklich Grundprobleme gelöst werden. Meiner Meinung nach hat sich bei der Frage, wie im Unternehmen Kommunikationsfragen gelöst werden können, MS Teams gegen Konkurrenten wie Zoom oder andere durchgesetzt. Vor allem, da die Gesamtintegration bei MS Teams inzwischen funktioniert. Das ist eines der Erfolgsbeispiele, es gibt aber eine Millionen Beispiele des Misserfolgs. Genauso wird es auch mit der Technologie des Metaversums sein. Wenn die notwendige Bedingung erfolgt ist, dann werden wir sehen, ob Use-Cases geschaffen werden, in die Unternehmen wirklich investieren.

Vielen Dank für das Gespräch.

Das Gespräch wurde geführt von Matthias Sellinger.

## Zum Interviewpartner

**Dr.-Ing. Oliver Gutzeit** leitet den Bereich Experience Technology in der SAP und unterstützt mit seinem Team knapp 110.000 Mitarbeiterinnen und Mitarbeiter mit innovativer Technik am hybriden und digitalen Arbeitsplatz. Er hat es sich zur Aufgabe gemacht, Innovationen und Transformation anzuregen, indem er einen Blick hinter die Kulissen von SAP gewährt, und verfügt über mehr als 20 Jahre Erfahrung in der Zusammenarbeit mit SAP als Partner sowie seit 2015 als IT-Manager bei SAP, was ihm den entscheidenden Vorteil sowohl interner als auch externer SAP-Expertise gibt. Er hält als SAP-Experte energiegeladene Keynote-Präsentationen, die das Publikum dazu inspirieren, ihre eigene Transformationsreise zu beginnen, Prozesse zu verbessern und ihre Mitarbeitenden anhand des Beispiels von SAP zu stärken.

## 2.3 Warum KI die »New Work« erst möglich macht

*Andreas Gillhuber*



Manchmal ist es vom Modewort zum Missverständnis nur ein Schritt. Wie klein dieser Schritt mitunter sein kann, zeigt sich, wenn wieder einmal von »New Work« die Rede ist. Einem Begriff, der eigentlich ein neues Verständnis unserer Arbeitswelt beschreibt und spätestens seit der Corona-Pandemie fälschlicherweise automatisch und stark verkürzt mit Arbeit im Homeoffice gleichgesetzt wird. Tatsächlich basiert die »Neue Arbeit« nach der Definition des 2021 verstorbenen New-Work-Begründers Frithjof Bergmann auf grundlegenden Werten wie Selbstständigkeit, Freiheit und Teilhabe an Gemeinschaft. New Work sollte sich demnach zu möglichst gleichen Teilen aus Erwerbsarbeit, Selbstversorgung auf höchstem technischem Niveau und »Arbeit, die man wirklich, wirklich will« zusammensetzen. Auf Basis von Bergmanns Theorie entwickelte der Psychologe Markus Väth in einer New-Work-Charta die fünf New-Work-Prinzipien Freiheit, Selbstverantwortung, Sinn, Entwicklung und soziale Verantwortung.[1]

1 Wikipedia-Beitrag »Frithjof Bergmann«, online im Internet 15.8.2023, URL: https://de.wikipedia.org/wiki/Frithjof_Bergmann

So viel zur Theorie. In der Praxis sah Frithjof Bergmann noch 2019 im Gespräch mit dem Handelsblatt New Work in deutschen Unternehmen bislang allerdings nicht richtig umgesetzt. Vielmehr werde der Begriff verwendet, um klassische Lohnarbeit attraktiver erscheinen zu lassen. In Zeiten von Digitalisierung und Künstlicher Intelligenz werde der New-Work-Gedanke allerdings wieder aktuell. Denn viele Unternehmen merkten inzwischen, dass sie mit der alten Art von Arbeit nicht mehr adäquat für die Zukunft aufgestellt sind. Und die Technologie entwickle sich so schnell, dass eine neue Art der Arbeit überhaupt erst gestaltet werden kann.[2] Mit anderen Worten: Früher konnte man über New Work nur reden. Die Potenziale der Künstlichen Intelligenz können nun dazu beitragen, New Work auch wirklich und im Wortsinne zu leben.

### 2.3.1 KI – die Basis für unsere neuen Arbeitswelten

Unsere Arbeitswelt wandelt sich und der Faktor Künstliche Intelligenz (KI) wird diesen Wandel ganz wesentlich prägen. So zeigt eine Studie des ifo-Instituts, dass bei den nachgefragten Fähigkeiten in offenen Stellenanzeigen zuletzt das Fachwissen gegenüber sprachlichen Kompetenzen und sonstigen Fertigkeiten an Bedeutung gewonnen hat. In den Stellenanzeigen für die wichtigsten Branchen der deutschen Wirtschaft war im ersten Halbjahr 2022 lediglich in der Gastronomie nicht mehrheitlich auch mindestens eine digitale Fähigkeit für den jeweiligen Job gefragt. Auch die Nachfrage nach vertieften digitalen Fähigkeiten hat seit 2019 deutlich zugenommen.[3]

Schlanke KI-Tools können in der gesamten Wertschöpfungskette zu einem Wettbewerbsvorteil führen – und damit die Basis für neue Formen des Arbeitens schaffen. Zu diesen Tools zählen etwa Roboter, die bestimmte Aufgaben mit einem hohen Maß an Autonomie ausführen, ebenso wie virtuelle Produktions- und Lieferketten oder schlanke Simulationen von Design, Fertigung oder Kapazitätsplanungen, mit denen die Auswirkungen von Eingangsvariablen oder Änderungen der Elemente innerhalb der Wertschöpfungskette verstanden werden können. Weitere KI-Tools in diesem Kontext sind das Internet der Dinge (IoT), die System-Integration als Methode zur kontinuierlichen Verbesserung der Zusammenführung unterschiedlicher Daten- und Softwaresysteme und der Bereich der Cybersecurity. Und auch im Cloud Computing, in der additiven Fertigung, ebenso wie im Zusammenspiel mit »Augmented Reality«-Anwendungen und in der Ver-

2 Olk, J., Scheppe, M., Wermke, C., Interview mit Frithjof Bergmann: Warum New Work in deutschen Unternehmen nicht richtig umgesetzt wird; online im Internet 15.8.2023, URL: https://www.handelsblatt.com/unternehmen/management/interview-mit-frithjof-bergmann-warum-new-work-in-deutschen-unternehmen-nicht-richtig-umgesetzt-wird/24899568.html

3 Falck, O., ifo Institut (2023): KI-Technologien und deren Auswirkungen auf den Arbeitsmarkt.

arbeitung von Big Data kann KI ganz wesentlich zur Gestaltung einer neuen Arbeitswelt beitragen.[4]

Die Veränderung der Arbeitswelt schildert ein süddeutscher Automobilhersteller sehr eindrucksvoll entlang der automobilen Wertschöpfungskette:

- **Entwicklung:** Mit zunehmender Digitalisierung steigen Datenmengen und Analysebedarfe erheblich. Im Computer Aided Engineering (CAE), im Fahrzeug selbst, aber auch bei der Prozessoptimierung verändert KI die Tätigkeit der involvierten Menschen erheblich. KI-gestütztes CAE beispielsweise kommt zur Optimierung der Fahrzeug-Aerodynamik zum Einsatz, bei Simulationen von Unfällen und vielem mehr. Im Fahrzeug gewinnen persönliche Assistenten und Sprach- sowie Gesten-Bedienungsmöglichkeiten bei den immer umfangreicheren Info- bzw. Entertainmentsystemen eine große Bedeutung. Während also zum Beispiel im Zuge der Elektrifizierung die Motorenentwicklung vereinfacht wird und so die benötigten menschlichen Erfahrungen und Fertigkeiten reduziert werden, gewinnen KI- und IT-Kenntnisse eine wichtigere Rolle für KFZ-Entwickler.
- **Produktion und Logistik:** Bei der Produktion ist neben Industrie 4.0 die »Predictive Maintenance« der klassische KI-Anwendungsfall: Wie können beispielsweise teure Roboter-Ausfälle in der Fertigungslinie vorhergesagt und vermieden werden? Die Qualitätssicherung der involvierten Mitarbeitenden verändert sich daher KI-gestützt hin zur Problemvermeidung anstatt der Problemlösung. In der Logistik werden automatisiert das Vorhandensein von Prüfetiketten, die korrekten Typenschilder und vieles mehr per automatischer Bilderkennung unterstützt.
- **Kunde und Service:** Im Zusammenhang mit Kunden und Services wird KI genutzt, um Kundenempfehlungen (z. B. bezüglich der Ausstattung) abzugeben oder zur automatisierten Prüfung der Kreditwürdigkeit bei Leasingverträgen. Das Beratungsgespräch von Menschen bleibt erhalten, aber die KI unterstützt im Hintergrund.
- **Indirekte Prozesse:** Natürlich gibt es auch in einem Automobilunternehmen eine Vielzahl von Verwaltungsprozessen neben den oben genannten Kernprozessen. Als Beispiel sei die automatisierte und KI-gestützte Übersetzung und Prüfung von Millionen Dokumenten genannt, z. B. bei Lasten- und Pflichtenheften, bei Verträgen und Angeboten. Die schiere Menge wäre von Menschen allein aus Kosten- und Zeitgründen nicht zu bewerkstelligen, so dass auch hier KI unterstützend zum Einsatz kommt.

Aber natürlich spielt Künstliche Intelligenz auch in vielen anderen Industriezweigen eine wichtige Rolle und kann der Entwicklung einer Industrie 4.0 entscheiden-

4 Künstliche Intelligenz als Impuls für New Work, aus: Gillhuber, A., Kauermann, G., Hauner, W. (Hrsg.) (2023), Künstliche Intelligenz und Data Science in Theorie und Praxis. Von Algorithmen und Methoden zur praktischen Umsetzung in Unternehmen, Berlin.

de Impulse geben. Smart Factories sind nicht mehr länger Zukunftsmusik. So nutzt zum Beispiel der Wissenschaftskonzern Merck die Software Comet, um durch die Auswertung riesiger Datenmengen sofort Abweichungen im Produktionsprozess zu identifizieren. Zudem schloss Merck bereits 2019 eine Partnerschaft mit dem französischen Unternehmen Iktos im Bereich einer KI-basierten Wirkstoffforschung mit dem Ziel, die Wirkstofffindung durch eine automatische Generierung virtueller Moleküle mit den jeweils gewünschten Eigenschaften zu beschleunigen.[5]

### 2.3.2 Krise oder Chance? Die Zukunft der Arbeit in KI-Zeiten

Doch kommen wir noch einmal zurück zum großen Ganzen und zu den Fragen, die die öffentliche Debatte spätestens seit dem Start von ChatGPT Ende 2022 bestimmen: Wie wird KI unsere Arbeitswelt verändern? Welche Jobs werden noch benötigt? Werden KI-Technologien Massenarbeitslosigkeit verursachen oder zu mehr Wachstum und deutlich mehr Jobs führen? Wie sich der Einsatz Künstlicher Intelligenz auf Arbeitsplätze auswirkt, wird dabei in der Tat sehr unterschiedlich diskutiert. Einig sind sich die Fachleute darin, dass sich die Arbeitswelt und viele Berufsbilder stark verändern werden. Unklar ist aber, ob dadurch Arbeitsplätze wegfallen. Das World Economic Forum (WEF) erwartet etwa, dass etwas mehr als jeder zehnte Job weltweit binnen fünf Jahren von KI übernommen wird – insgesamt ca. 80 Millionen Jobs. Allerdings gehen die meisten der vom WEF befragten Arbeitgeber davon aus, dass infolge des KI-Einsatzes letztlich mehr Stellen entstehen als gestrichen werden.[6]

Eine Studie der Deutschen Bank legt mit Blick auf die Geschichte technologischer Innovationen zudem nahe, dass man potenziell bahnbrechende Technologien wie KI grundsätzlich begrüßen sollte. Zwar werde es in vielen herkömmlichen Bürojobs größere Veränderungen geben. Aber wenn sie richtig eingesetzt wird, sollte KI dazu beitragen, die Produktivität zu steigern und letztlich Ressourcen für neue Unternehmungen und Branchen freisetzen. Zudem sei bei disruptiven Veränderungen auf dem Arbeitsmarkt mit gesetzlicher bzw. regulatorischer Unterstützung der Arbeitnehmer durch die Politik zu rechnen. Die Herausforderung wird darin bestehen, sicherzustellen, dass dadurch das produktive Potenzial der Technologie nicht gebremst wird.[7]

5 Beckmann, K., Künstliche Intelligenz. Vom Schachbrett in die Fabrik; online im Internet 15.8.2023, URL: https://www.merckgroup.com/de/the-future-transformation/ai_chessboard_factory.html

6 Pfister S., Heller, P. et al., Künstliche Intelligenz: Welcher Arbeitsplatz ist vor der KI noch sicher?, online im Internet 15.8.2023, URL: https://www.deutschlandfunk.de/kuenstliche-intelligenz-ki-arbeitsplatz-arbeitsmarkt-chatbot-102.html

7 Reid, J., Allen, H., History suggests AI will ultimately create not destroy jobs, Studie von Deutsche Bank Research, veröffentlicht 5/2023, online im Internet 15.8.2023, URL: https://www.dbresearch.de/PROD/RPS_DE-PROD/PROD0000000000528236/History_suggests_AI_will_ultimately_create_not_des.PDF

Ähnlich analysiert Deloitte in der Studienreihe Datenland Deutschland den Einfluss von KI-Technologie auf die Jobs der Zukunft. Auch hier geht man davon aus, dass durch KI letztlich mehr Jobs entstehen als durch den Einsatz der Technologie wegfallen. Insgesamt erkennt die Studie fünf wesentliche Trends für die Arbeitsmärkte im Jahr 2035: Erstens: Die Jobs der Zukunft erfordern Interaktion mit anderen Menschen sowie Empathie – und sind nur gering automatisierbar. Zweitens: Das Wachstum der Jobs der Zukunft dürfte die Arbeitsplatzverluste überkompensieren. Drittens: Der Zuwachs an Jobs findet vor allem bei Gesundheits-, Bildungs- und Managementberufen statt. Viertens: Robotics und Data Analytics werden die Schlüsseltechnologien mit dem größten Impact. Und schließlich fünftens: Die Tätigkeiten von morgen werden sich durch weniger Routine, mehr analytisches Denken und menschliche Interaktion auszeichnen.[8]

Die Dynamik der KI-bedingten Entwicklungen auf dem Arbeitsmarkt spiegelt sich auch im Recruiting der auf Daten und KI spezialisierten Beratung Alexander Thamm GmbH wider: In den ersten Jahren nach der Unternehmensgründung 2012 wurden ausschließlich Data Scientists rekrutiert, ab 2017 dann auch zusätzlich Data Engineers und Data Strategists. In den Jahren 2019/20 wurden die Anforderungen an Scientists und Engineers bereits weiter ausdifferenziert, folglich suchte auch die Alexander Thamm GmbH verstärkt Experten für Machine Learning, Deep Learning bzw. Reinforcement Learning ebenso wie Machine Learning Engineers und DataOps Engineers. Und seit Herbst 2022 stellt die Alexander Thamm GmbH Prompt Engineers und Spezialisten für generative AI (GenAI) ein.

### 2.3.3 GenAI: vom Hype-Thema zum Gamechanger auf dem Arbeitsmarkt?

Und dies aus gutem Grund. Denn gerade mit der fortschreitenden Entwicklung von GenAI ergeben sich enorme Potenziale für die Weltwirtschaft. GenAI kombiniert hierfür KI und maschinelles Lernen, um weitgehend automatisiert neuen digitalen Video-, Audio- oder Text-Content zu entwickeln bzw. zu generieren – daher der Name. Eine Studie des McKinsey Global Institute, dem volkswirtschaftlichen Think-Tank der Unternehmensberatung McKinsey & Company, zeigt: GenAI-Technologien wie ChatGPT oder DALL-E können theoretisch einen jährlichen Produktivitätszuwachs von 2,6 bis 4,4 Billionen US-Dollar ermöglichen. Zur besseren Einordnung: Das Bruttoinlandsprodukt des Vereinigten Königreichs belief sich im Jahr 2021 auf rund 3,1 Billionen US-Dollar. Im Vergleich zu bisherigen Ausprägungen von Künstlicher Intelligenz und Analytik, etwa Machine Learning und Deep Learning, würde dies eine zusätzliche Steigerung um 10 bis 40 % bedeuten. Die tatsächlichen Aus-

8 Deloitte (Hrsg.), Datenland Deutschland: Die Jobs der Zukunft. Berufswelt bis 2035 – fünf Trends. Stand 11/2020. online im Internet 15.8.2023, URL: https://www2.deloitte.com/content/dam/Deloitte/de/Documents/Innovation/deloitte-datenland-deutschland-jobs-der-zukunft.pdf

wirkungen könnten sogar höher ausfallen, würde GenAI in Software wie etwa Textverarbeitungsprogrammen oder Chatbots integriert. Die hierdurch freiwerdende Arbeitszeit könnte dann für andere Aufgaben genutzt werden.[9]

Dementsprechend sehen viele in generativer KI ein wichtiges Mittel gegen den Fachkräftemangel. In einer im Auftrag von Microsoft erhobenen Civey-Umfrage über den Nutzen generativer KI gab die Mehrheit der befragten Entscheiderinnen und Entscheider (56,4 %) an, im niedrigschwelligen Einsatz von KI ein Hilfsmittel gegen den anhaltenden Fachkräftemangel zu sehen – etwa durch Reduzierung von repetitiven und zeitaufwändigen Routinetätigkeiten (74,3 %), die Beschleunigung von Prozessen (54,6 %) und die sehr viel einfachere Nutzung eigentlich hochkomplexer Technologien (27,5 %).[10] Die Bedeutung generativer KI für Unternehmen untersuchte auch die Software-Beratung Captera im Juni 2023 im Rahmen einer Umfrage unter 500 Beschäftigten, die KI in ihrem Arbeitsalltag nutzen. Ihr zufolge wird vor allem ChatGPT eingesetzt – und dies hauptsächlich zur Bearbeitung oder Erstellung von Texten und zur Datenanalyse. Allerdings geben auch 95 % der Befragten an, den Output von ChatGPT sorgfältig bzw. zumindest punktuell zu überprüfen. Dies zeigt, dass die generative KI derzeit in den meisten Fällen eine Unterstützung und keinen Ersatz des Menschen darstellt.[11]

Ungeachtet dessen werden GenAI-Modelle die Arbeitswelten in Deutschland und der Europäischen Union künftig nachhaltig prägen. In den letzten Jahren erzielten Unternehmen und Forschungseinrichtungen in den USA und China bahnbrechende Resultate mit großen KI-Modellen. Trainiert mit riesigen Datenmengen auf den weltweit größten Superrechnern sind diese GenAI-Modelle zu spektakulären Anwendungen fähig – von automatisierter Texterstellung über die Kreation fotorealistischer Bilder bis zur Entwicklung von Programm-Code aus natürlicher Sprache. Die möglichen Anwendungen sind vielfältig: So können kleine und mittlere Unternehmen, die keine eigene Werbeabteilung haben, GenAI im Marketing einsetzen. GenAI hat somit das Potential, mit unterschiedlichsten Anwendungen die Berufswelt nachhaltig zu verändern. Noch offen ist die Frage, in welchem Ausmaß Unternehmen Tools wie DALL-E oder Mindverse in ihre Arbeitsprozesse integrieren werden. Die Erklärbarkeit der Modelle wird hierbei eine entscheidende Rolle spielen. Auch der europäische AI-Act verlangt detaillierte Dokumentation und Transparenz, um z. B. Vorurteile (biases) zu vermeiden und sogenannte »Black-Box-Modelle« nach-

---

9 McKinsey & Company (Hrsg.), Pressemitteilung vom 13.6.2023 »Studie: Generative KI kann zum Produktivitätsbooster werden«, online im Internet 15.8.2023, URL: https://www.mckinsey.de/news/presse/genai-ist-ein-hilfsmittel-um-die-produktivitaet-zu-steigern-und-das-globale-wirtschaftswachstum-anzukurbeln

10 Microsoft Corporation (Hrsg.), Pressemitteilung vom 17.5.2023 »Generative KI: Vom Hype zur Produktivkraft«, online im Internet 15.8.2023, URL: https://news.microsoft.com/de-de/generative-ki-vom-hype-zur-produktivkraft/

11 Demary, V., Mertens, A., Zwischen Chance und Herausforderung: KI in Unternehmen, aus: ifo Schnelldienst 8 2023, online im Internet 17.8.2023, URL: https://www.ifo.de/publikationen/2023/zeitschrift-einzelheft/ifo-schnelldienst-082023-kuenstliche-intelligenz-chance-gefahr

vollziehbar zu machen. Hierfür gibt es bereits einige Methoden im Forschungsbereich »Explainable AI« (XAI), um besser zu verstehen, welche Daten und Variablen in den komplexen Algorithmen primär genutzt werden. Large Language Models (LLMs) können helfen, automatisiert zu dokumentieren und standardisiert Code zu schreiben, was die Lesbarkeit und Nachvollziehbarkeit vereinfacht. Die Fortentwicklung von XAI geht damit Hand in Hand mit der Entwicklung von GenAI.

### 2.3.4 Nicht nur im Büro flexibel und auf das Wesentliche fokussiert

Aber wie kann KI ganz praktisch zur Etablierung von New-Work-Strukturen beitragen? Tatsächlich ist hier Handlungsbedarf gegeben: Laut einer LinkedIn-Umfrage erwägen vier von zehn Angestellten eine Kündigung, wenn der Arbeitgeber nicht ausreichend Flexibilität ermöglicht. Besonders schwierig ist die Situation im Schichtdienst. KI-Anwendungen machen flexibleres Arbeiten jetzt auch in neuen Umgebungen möglich, etwa im Produktionsbereich. Während klassische Schreibtischberufe spätestens seit Corona selbstbestimmter zwischen Vor-Ort-Arbeit und dem Homeoffice wechseln können, waren Mitarbeitenden in Produktionsanlagen in der Regel weiterhin physisch an einen Arbeitsplatz gebunden. Mit KI ist aber auch hier flexibleres Arbeiten denkbar. So könnten KI-Anwendungen es zum Beispiel möglich machen, dass ein Facharbeiter nicht mehr vor Ort Geräte und Maschinen einrichten und Qualitätsmanagement durchführen muss. Das Gerät kann mit KI am Morgen programmiert und dann von zuhause aus vom Mitarbeitenden überwacht werden.

Dementsprechend setzen auch Großunternehmen im Fabrikumfeld bereits jetzt auf KI-Technologie: So steuert Continental am Standort Regensburg den Personalbedarf automatisiert per App. Maschinen bestellen eigenständig Material, Menschen und Roboter arbeiten Hand in Hand. Und die Schichtpläne werden per Algorithmus erstellt.[12] In diesem Sinne berät die Alexander Thamm GmbH auch verstärkt im Bereich Smart Factory. So wurden für einen mittelständischen Hersteller von elektrischen Stellantrieben eine Vision und eine Mission für die Industrie 4.0 erarbeitet. Dementsprechend wurden mit dem Kunden ein Grundverständnis für die Smart Factory und ihre Bausteine geschaffen, im Rahmen eines Assessments die gesamte Prozesslandschaft der Produktion definiert, Potentiale hinsichtlich Organisation, Prozessen und Governance analysiert und gemeinsam eine Roadmap zur Implementierung einer Smart Factory entwickelt.

Doch KI-Modelle können neben übergreifenden Strukturen auch das Arbeitserlebnis jedes Mitarbeitenden optimieren. Denn wer will sich in seinem Beruf nicht

12 Schmidt, L., New Work in der Fabrik: Firmen planen Schichtarbeit per App, Handelsblatt online vom 29.3.2022; online im Internet 28.7.2023, URL: https://www.handelsblatt.com/karriere/new-work/moderne-arbeitswelt-new-work-in-der-fabrik-firmen-planen-schichtarbeit-per-app/28206660.html

eigentlich auf das Wesentliche konzentrieren? KI-Tools können zum Beispiel durch Übernahme administrativer Tätigkeiten den Arbeitsfluss beschleunigen. Digitale Assistenten helfen bei der Dokumentsuche oder koordinieren Termine – bis zu zwei Stunden Zeitersparnis pro Tag sind so möglich. Führungskräfte werden zudem von internen Prozessen entlastet und können sich auf die Weiterentwicklung des Unternehmens konzentrieren.[13]

### 2.3.5 KI und New Work – auch eine Frage der Ethik

Dennoch wirft die Integration von KI-Technologien in das New-Work-Konzept auch grundsätzlich ethische Fragen auf. Diese drehen sich im Hinblick auf den Umgang mit Daten vor allem um Fragen der Tragfähigkeit, Verantwortung und Zurechenbarkeit von Risiken. Bei deren Bewertung lassen sich zwei grundlegende Herangehensweisen unterscheiden: Der digitalethische Tutiorismus strebt immer nach einem höchstmöglichen Maß an Sicherheit. Im Gegensatz dazu stellt der digitalethische Probabilismus die Chancen einer neuen Anwendung in den Mittelpunkt. Der Theologe und Unternehmensberater Ulrich Hemel empfiehlt in der Praxis darum den Einsatz einer am Tübinger Weltethos-Institut entwickelten ethischen Toolbox. Zuerst werde dabei geprüft, welche Werte hinter einem neuen Verfahren stehen. Diese werden auf übergreifende Prinzipien hin überprüft, wie etwa Humanität. Neben einer monetären, ökologischen und sozialen Folgenabschätzung kann im Rahmen der Toolbox dann abschließend das Nutzen-Risiko-Profil einer neuen Anwendung in wirtschaftlicher, juristischer und sozialer Hinsicht betrachtet werden.[14]

Unter diesen Prämissen können KI-Anwendungen insbesondere auch im Recruiting-Bereich bei Entscheidungen nach sachlich-ethischen Maßstäben unterstützen. So gleichen KI-Tools zum Beispiel offene Stellen im Unternehmen nach passsenden Profilen ab und bewerten diese nach exakten Parametern. Darüber hinaus können digitale Assistenten auch einen Bewerbungsprozess vorbereiten und steuern, später das Onboarding erleichtern und mit Blick auf die Kompetenzen der Angestellten gezielt einen weiteren Kompetenzaufbau anregen. Laut einer Kaspersky-Studie glaubt mehr als ein Drittel der befragten Nachwuchskräfte, dass KI im Einstellungsprozess zudem für mehr Chancengleichheit sorgen kann.[15]

---

13 Kuhn, S., New Work und KI: Wie arbeiten wir morgen? T-Systems online vom 27.9.2021; online im Internet 15.8.2023; URL: https://www.t-systems.com/de/de/newsroom/experten-blogs/mit-ki-zukunftssichere-arbeitsmodelle-ermoeglichen-452084

14 Hemel, U., Datenethik zwischen gesellschaftlichem Anspruch und betrieblicher Praxis, aus: Gillhuber, A., Kauermann, G., Hauner, W. (Hrsg.) (2023), Künstliche Intelligenz und Data Science in Theorie und Praxis. Von Algorithmen und Methoden zur praktischen Umsetzung in Unternehmen, Berlin.

15 Kuhn, S., New Work und KI: Wie arbeiten wir morgen? T-Systems online vom 27.9.2021; online im Internet 15.8.2023; URL: https://www.t-systems.com/de/de/newsroom/experten-blogs/mit-ki-zukunftssichere-arbeitsmodelle-ermoeglichen-452084

### 2.3.6 Fazit: Wir brauchen keine Zirkuselefanten mehr, um über diese Brücke zu gehen!

Künstliche Intelligenz hat als Technologieplattform das Potenzial, unsere Arbeitswelt und die meisten Berufe auf eine bislang ungekannte Art zu erweitern, zu ersetzen oder zu transformieren. Das konkrete Ausmaß dieser Transformation ist noch offen und hängt auch davon ab, wie wir uns als Gesellschaft dieser Veränderung gegenüber positionieren.[16] Wir stehen also vor der Wahl, ob wir diesen Wandel unserer Arbeitswelten offen und chancenorientiert angehen oder ob wir so angstvoll vor ihm stehen wie die Bürger New Yorks Ende Mai 1883 vor der neuen Brooklyn-Bridge. Denn wenige Tage nach der Eröffnung der als achtes Weltwunder gefeierten Brücke stürzte dort eine Frau auf einer Treppe und löste damit unter tausenden Menschen eine Massenpanik aus, bei der zwölf Menschen ums Leben kamen. In der Folgezeit wurde die Brücke von den New Yorkern kaum genutzt, obwohl sogar Polizisten bereitstanden, um die Menschen über das Bauwerk zu geleiten. Die Skepsis der Öffentlichkeit legte sich erst, nachdem am 17. Mai 1884 der Zirkus Barnum unter anderem 21 Elefanten über die Brücke geführt hatte.[17]

Mit anderen Worten: Um KI-Technologien wirklich gewinnbringend in New-Work-Konzepte zu integrieren, kommt es nicht nur auf technische Lösungen an, sondern vor allem auch auf die Akzeptanz der Mitarbeitenden. KI muss so in unsere Arbeitswelten integriert werden, dass den Angestellten klar wird, dass die Technologie kein Job-Killer ist, sondern sie vielmehr entlastet und die eigene Wettbewerbsfähigkeit effektiv und sinnvoll stärkt. Unser Ziel muss sein, Technologie, Arbeitsumfelder und die Menschen in eine neue und bessere Balance zu bringen.[18] Es geht also darum, mit KI New Work erst wirklich möglich zu machen. Damit dies gelingt, sollten wir als Gesellschaft gemeinsam und mit Zuversicht diese Brücke in eine neue Arbeitswelt betreten. Die Zirkuselefanten können wir diesmal ruhig in den Ställen lassen.

---

16 Graus, E., Özgül, P., Steens, S., Künstliche Intelligenz: Die Zukunft der Arbeit anhand von Erkenntnissen aus der Unternehmenspraxis gestalten, ai:conomics Kurzdossier, November 2021, online im Internet 15.8.2023; URL: https://www.denkfabrik-bmas.de/fileadmin/Downloads/Publikationen/Kuenstliche_Intelligenz_Die_Zukunft_der_Arbeit_anhand_von_Erkenntnissen_aus_der_Unternehmenspraxis_gestalten.pdf

17 New York Historical Society: 130 years ago, elephants solved panic on the Brooklyn Bridge, 29.5.2014, online im Internet 15.8.2023, URL: https://www.nyhistory.org/blogs/elephants-panic-brooklyn-bridge-1883

18 Kuhn, S., New Work und KI: Wie arbeiten wir morgen? T-Systems online vom 27.9.2021; online im Internet 15.8.2023; URL: https://www.t-systems.com/de/de/newsroom/experten-blogs/mit-ki-zukunftssichere-arbeitsmodelle-ermoeglichen-452084

## Zum Autor

**Andreas Gillhuber** verantwortet als Co-CEO der Alexander Thamm GmbH das operative Geschäft in den Kundenprojekten, ist Herausgeber des Buchs »Künstliche Intelligenz und Data Science in Theorie und Praxis. Von Algorithmen und Methoden zur praktischen Umsetzung in Unternehmen«, das 2023 bei Springer Spektrum erschienen ist, und ist Vorstand in der German Data Science Society e. V.

## 2.4 New Work und Dekarbonisierung

*Roschan Monsef*



### 2.4.1 Nachhaltigkeit aus Unternehmenssicht

Nachhaltigkeit im Unternehmenskontext lässt sich gut in drei Abschnitte unterteilen: die ökonomische, soziale sowie ökologische Nachhaltigkeit (vgl. Elkington 1997). Insbesondere letztere gewinnt im Zusammenhang mit den globalen Herausforderungen wie dem Klimawandel und der Notwendigkeit der Dekarbonisierung immer mehr an Bedeutung. Mit dem Klimaschutzgesetz hat sich Deutschland verpflichtet, bis spätestens 2045 weniger Treibhausgase zu emittieren als durch natürliche Prozesse und oder technische Lösungen aufgenommen werden können (Netto-Null-Emissionen).

Um dieses Ziel zu erreichen, bedarf es die Umstellung eines Großteils aller wirtschaftlichen Prozesse. Unternehmen haben erkannt, dass sie eine Verantwortung haben, zum Schutz der Umwelt beizutragen und nachhaltige Praktiken zu fördern. So berichtet einer repräsentativen Befragung nach im Jahr 2021 mehr als jedes zweite Unternehmen, sich bereits sehr intensiv oder intensiv mit dem Thema ökologische Nachhaltigkeit befasst zu haben (▶ Dar. 2-1). Zwar steht die ökonomische Nachhaltigkeit mit 73 % weiterhin ganz oben in der Priorisierung, dennoch wird der ökologischen Perspektive eine ähnliche Rolle beigemessen wie der sozialen Nachhaltigkeit mit 53 %. Dass ökologische Nachhaltigkeit bisher insbesondere auch ein Thema für Großunternehmen ist, zeigt ein Vergleich nach Unternehmensgröße: Während sich etwa jedes zweite KMU intensiv mit dem ökologischen Wandel auseinandersetzt, sind es bei Großunternehmen sogar 70 %. Dabei ist der Anteil der Großunternehmen, die sich sogar sehr intensiv mit dem ökologischen Wandel befassen, etwa doppelt so hoch wie der Anteil der KMU (vgl. Risius et al. 2023, S. 8).

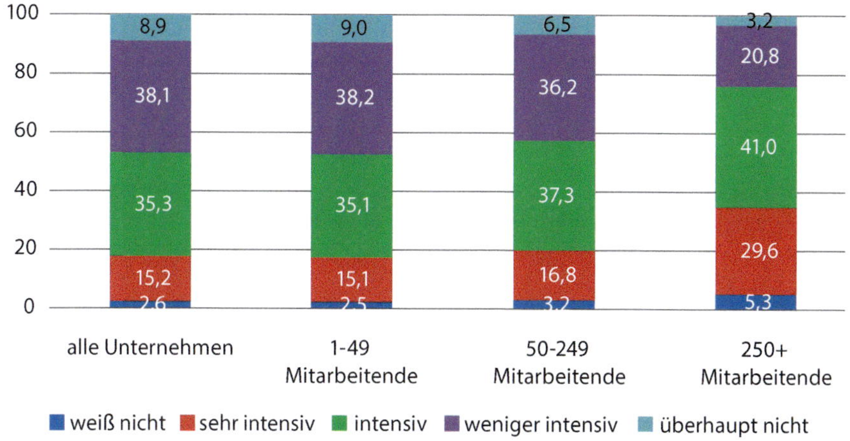


**Dar. 2-1:** Intensität der Beschäftigung mit der ökologischen Nachhaltigkeit (Quelle: Risius et al., 2023, Datenquelle: IW-Personalpanel 2022)

## 2.4.2 New Work als Chance?

Globale Megatrends wie die Digitalisierung, die Globalisierung oder auch der Klimawandel erfordern von Unternehmen eine ständige Weiterentwicklungs- und Anpassungsbereitschaft. Dabei gilt es für jede Organisation abzuwägen, welche Arbeitsmethoden in einer wandelnden Umgebung weiterhin funktionieren und welche Strukturen verändert werden müssen. Ein Konzept, welches in den letzten Jahren immer mehr an Bedeutung gewonnen hat und diese Notwendigkeit betont, ist »New Work«. Im Kern beschreibt der Begriff eine Offenheit, traditionelle Arbeitsmodelle zu hinterfragen und zielt darauf ab, die Arbeitsweise und -kultur – wenn nötig – grundlegend zu verändern. New Work gilt als Sammelbegriff für Konzepte und Maßnahmen zur Gestaltung zukunftsfähiger, wertschöpfender und sinnstiftender Arbeit (vgl. Niehues und Stowasser 2023). Der Begriff Zukunftsfähigkeit zielt insbesondere darauf ab, nachhaltige Arbeit zu gestalten (vgl. ebd., S. 7). So sind

Werte wie Flexibilität, Selbstbestimmung, Eigenverantwortung und eine offene, kollaborative Unternehmenskultur wichtige Bestandteile von New Work. Dies gilt nicht nur für das Unternehmen als gesamte Einheit, sondern auch für die einzelnen Beschäftigten. Die Digitalisierung ist mit ihren neuen Möglichkeiten dabei ein wichtiger – jedoch nicht der einzige – Treiber und spielt beispielsweise durch digitale Kommunikationsmittel eine wichtige Rolle. Innovative Technologien wirken dabei als Ermöglicher (z. B. durch zunehmend digitale Arbeitsprozesse) und als Beschleuniger von New Work (z. B. durch das Einfordern agiler Arbeitsprinzipien) (vgl. Hofmann et al. 2019, S. 4).

Wie passen New Work und Nachhaltigkeit zusammen? New Work kann den ökologischen Fußbadruck eines Unternehmens und seiner Mitarbeiter messbar senken. Durch die mit Digitalisierung hervorgebrachte Flexibilität bei Arbeitszeit und -ort können Unternehmen den Mitarbeitern beispielsweise ermöglichen, den CO2-Ausstoß zu reduzieren, indem sie weniger pendeln. Studien deuten darauf hin, dass dies zumindest kurz- und mittelfristig unabhängig vom Verkehrsmittel emissionsmindernde Auswirkungen haben kann (vgl. Öko-Institut 2022). Aber auch darüber hinaus gibt es viele Möglichkeiten, Nachhaltigkeit mit Methoden von New Work in Unternehmen zu fördern sowie anstehende Herausforderungen für die Organisation in geeignetem Maß zu adressieren.

### 2.4.3 Die Dekarbonisierung der Wirtschaft erfordert Veränderungsbereitschaft

Die Dekarbonisierung der Wirtschaft bedarf von Unternehmen die Bereitschaft, sich zu verändern. Etablierte Geschäftsprozesse müssen ein- oder umgestellt werden, während neue Geschäftsfelder erschlossen werden könnten. Die Anforderungen an ein künftig klimaneutrales Geschäftsmodell setzt eine umfassende Transformation mit Folgen für den Technologieeinsatz in Unternehmen und die Rolle ihrer Beschäftigten voraus. In vielen Branchen ist der Markthochlauf von emissionsarmen oder -neutralen Technologien bereits in vollem Gange. Die Maßnahmen, die Unternehmen bereits jetzt ergreifen und in Zukunft noch weiter vertiefen werden müssen, sind dabei äußerst vielseitig (▶ Dar. 2-2).

So gehen insbesondere die Verminderung und Vermeidung von Verschmutzungen der Umwelt, die effizientere und sparsame Nutzung von Ressourcen, eine nachhaltige Unternehmensorganisation, die Umstellung der Lieferketten und Herstellungsverfahren sowie der Einsatz von veränderten umwelt- und klimafreundlichen Vorprodukten mit veränderten Geschäftsprozessen einher. Die Verbreitung der Maßnahmen ist unterschiedlich ausgeprägt. Auch hier wird deutlich, dass Großunternehmen im Schnitt bereits mehr Umstellungen durchgeführt haben als Kleinunternehmen (vgl. Risius et al. 2023, S. 11). Die Einführung neuer oder veränderter Prozesse bedeutet für viele Unternehmen Herausforderungen, insbesondere auch für jene, deren Geschäftsprozesse über einen längeren Zeitraum weniger Anpassungen erforderten. Eine große Anzahl an Neuerungen kann auch mit Fehlern auf Führungs- und Mitarbeiterebene einhergehen. Gerade Unternehmen, deren Arbeitspraktiken lange Zeit unberührt blieben, müssen sich darauf einstellen, dass Prozesse ggf. auch mehrfach überarbeitet werden müssen, um das gewünschte Ergebnis zu erzielen. New Work kann dabei helfen, diese Aufgaben zielgerichtet zu adressieren und neuen Anforderungen gerecht zu werden. So kann eine offen gelebte Fehlerkultur als wichtiger Teil von New Work beispielsweise dazu führen, eher früher als später Entscheidungen zu treffen und diese nicht aus Angst vor persönlichen Konsequenzen aufzuschieben. Dies ist nicht nur in Anbetracht der Dringlichkeit, den Klimawandel zu verlangsamen, wünschenswert, sondern auch notwendig, um das eigene Geschäftsmodell rechtzeitig zukunftsfähig aufzustellen.

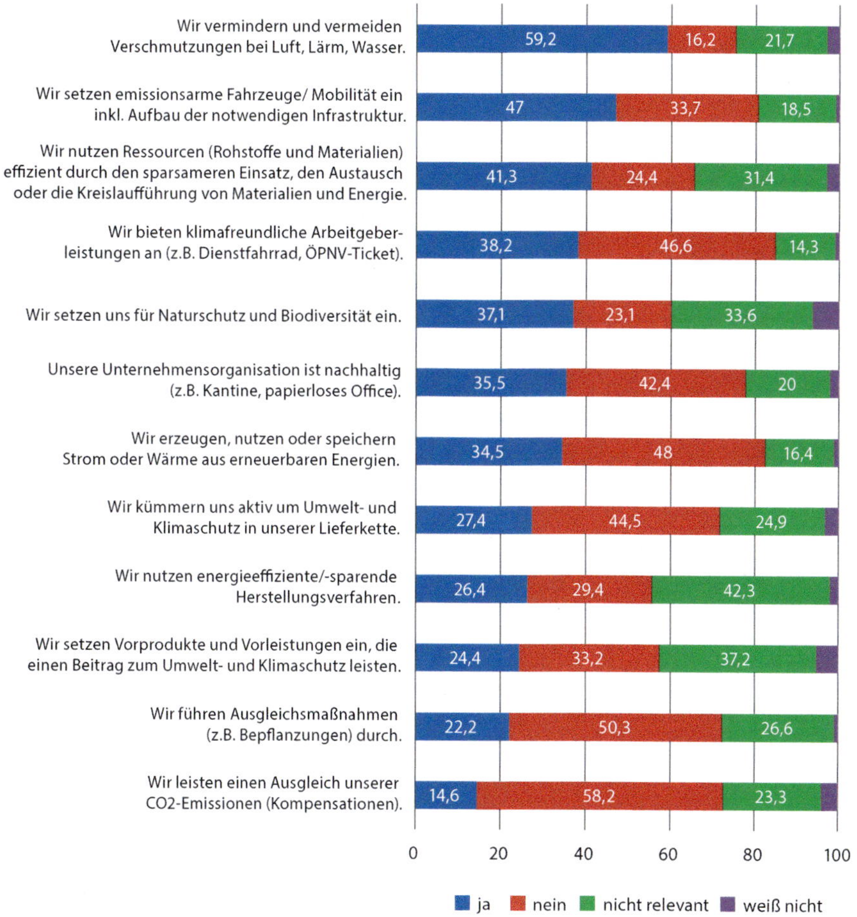


**Dar. 2-2:** Durch Unternehmen ergriffene Maßnahmen zur Erhöhung der ökologischen Nachhaltigkeit (Quelle: Risius et al., 2023, Datenquelle: IW-Personalpanel 2022)

Gleichzeitig entstehen durch Treiber wie der Digitalisierung oder dem ökologischen Wandel nicht nur veränderte Rahmenbedingung für die Arbeitsbedingungen und -organisation eines Unternehmens, sondern auch neue Erwartungen an die Beschäftigten. Eine erfolgreiche Durchführung erwartbarer und unerwarteter Veränderungen erfordert den Einsatz der Mitarbeiter und die Bereitschaft, sich einzubringen, Neuerungen voranzutreiben und sich selbst weiterzuentwickeln. Letzteres wird im Hinblick auf die Dekarbonisierung in den kommenden Jahren an Bedeutung gewinnen. So zeigen Unternehmensbefragungen, dass fast die Hälfte der Personalverantwortlichen aufgrund des ökologischen Wandels wachsende Kompetenzanforderungen an die eigenen Mitarbeiter erwartet (▶ Dar. 2-3). Das trifft insbesondere auf die Unternehmen zu, die bereits ökologisch nachhaltige Produkte oder Dienstleistungen anbieten und verstärkt Maßnahmen ergriffen haben, um ihr Unternehmen nachhaltiger aufzustellen (vgl. Risius et al. 2023, S. 15). Es ist demnach plausibel anzunehmen, dass wachsende Kompetenzanforderungen auch auf Beschäftigte von Unternehmen zukommen, die dies heute noch nicht erwarten.

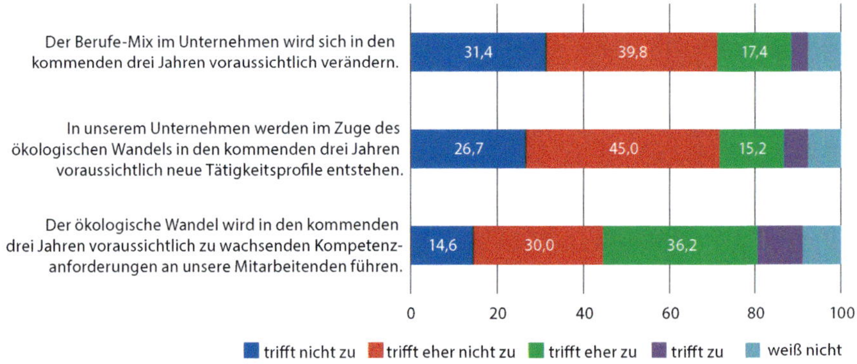


**Dar. 2-3:** Erwartungen der Unternehmen an Kompetenzbedarfe im Zuge des ökologischen Wandels (Quelle: Risius et al., 2023, Datenquelle: IW-Personalpanel 2022)

Eine dauerhafte Weiterentwicklung deckt sich auch mit den Methoden von New Work. So ist ein Kernbestandteil darauf ausgelegt, Mitarbeiter zu befähigen, mit Herausforderungen umzugehen und sie gleichzeitig zu fordern und zu fördern (vgl. Niehues und Stowasser 2023, S. 7). Die Vermittlung zukünftiger Kompetenzen muss demnach sowohl fachlicher Natur sein als auch überfachliche Qualifikationen beinhalten, wie etwa Fähigkeiten, mit Unsicherheiten umzugehen oder das Lernen im Arbeitsprozess (vgl. Eichhorn und Woelk 2022, S. 28). Diese Eigenschaften werden in Zukunft weiter an Bedeutung gewinnen, da der technologiegetriebene Wandel ständiger Begleiter von Unternehmen und Beschäftigten sein wird.

### 2.4.4 Anpassungs- und Weiterentwicklungsbedarfe mit New-Work-Praktiken adressieren

Auf dem Weg zur Klimaneutralität steht die Neuausrichtung des Energiesystems besonders im Fokus. Um die Energiewende Realität werden zu lassen, muss sich der Anteil der Erneuerbaren am Bruttostromverbrauch von knapp 45 % auf 80 % zwischen 2020 und 2030 fast verdoppeln. Um Strom und Wärme aus regenerativen Quellen zu nutzen, sind darüber hinaus kleine bis hin zu großen Veränderungen in der Wertschöpfungsstruktur von nahezu allen energienutzenden Wirtschaftsbereichen notwendig (vgl. Umweltbundesamt, 2022).

Erwerbstätige aus dem Bereich der erneuerbaren Energien, die bereits heute im Arbeitsalltag die Dekarbonisierung der Wirtschaft vorantreiben, können die beobachteten Erwartungen von Personalverantwortlichen bestätigen. Auswertungen zeigen, dass die Erwerbstätigen überproportional häufig berichten, dass sie in ihrem Job Tätigkeiten ausführen, die sie nicht gelernt haben, sich in neue Aufgaben einarbeiten müssen und dabei bestehende Verfahren verbessern (▶ Dar. 2-4). Die Anwendung von New-Work-Praktiken (vgl. Schermuly und Meifert 2022, S. 8), wie eine offene Fehlerkultur oder selbstbestimmtes Lernen, passt daher in das Arbeitsumfeld dieser Erwerbstätigen. Gleichzeitig berichten sie seltener davon, dass Arbeitsvorgänge sich wiederholen oder die Arbeitsdurchführung vorgeschrieben ist. Demnach beinhaltet die Arbeit dieser Erwerbstätigen in überdurchschnittlich geringem Maß Tätigkeiten, die mit einer hohen Routine-Intensität in Verbindung stehen (vgl. Blien et al. 2019). Dies deutet daraufhin, dass diese Tätigkeiten auch in naher Zukunft nicht digitalisierbar sind und somit menschliche Arbeit und gemeinschaftliche Zusammenarbeit erfordern. Die Erwerbstätigen berichten darüber hinaus überproportional häufig, dass sie unter Druck arbeiten müssen. New-Work-Praktiken wie eine erhöhte zeitliche und örtliche Autonomie, eine Verflachung der Hierarchien und die Selbstorganisation der Beschäftigten kann dazu beitragen, die Arbeitsbedingungen zu verbessern und die Eigenverantwortung der Mitarbeiter in dieser Umgebung zu fördern.

Das Arbeitsumfeld von Erwerbstätigen in der Zukunftsbranche erneuerbare Energien ist in besonderem Maß von technischen Neuerungen und dem Einsatz neuer Produktionsverfahren, Anlagen und Produkte geprägt (▶ Dar. 2-5). Mehr als jeder zweite Erwerbstätige gibt an, dass im unmittelbaren Arbeitsumfeld in den letzten zwei Jahren neue Maschinen oder Anlagen eingeführt wurden. Zwei von fünf Erwerbstätigen bestätigen, dass neue Fertigungs- oder Verfahrenstechnologien eingesetzt wurden, während neue Produkte oder Werkstoffe bei etwa zwei von fünf Erwerbstätigen eine Rolle spielen. Im Durchschnitt sticht die Bedeutung dieser Neuerungen im Arbeitsumfeld hervor. Der Anteil der Erwerbstätigen, bei denen neue PC-Programme eingeführt wurden, lag mit 48 % außerdem etwas über dem gesamtwirtschaftlichen Durchschnitt. Daraus lassen sich im Wesentlichen zwei Dinge ableiten: Zum einen müssen Beschäftigte sich darauf einstellen, zukünftig regelmäßige Veränderungen ihrer Tätigkeit oder ihres Arbeitsumfeldes als Norma-

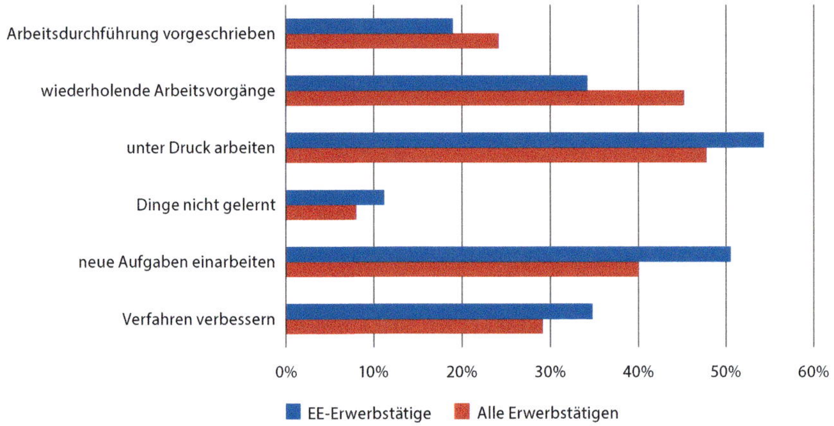


**Dar. 2-4:** Anteil an Erwerbstätigen, bei denen ausgewählte Arbeitsanforderungen häufig vorkommen (in Prozent) (Quelle: Monsef und Wendland, 2022, Datenquelle: BIBB/BAuA-Erwerbstätigenbefragung 2018)

lität anzusehen. Eine Unternehmenskultur, die durch New-Work-Praktiken gekennzeichnet ist, kann für Mitarbeiter unterstützend wirken, sich an ein wandelndes Umfeld anzupassen. Zum anderen liegt die Vermutung nah, dass die Arbeit an und mit innovativen Technologien einen enormen Beitrag zur Dekarbonisierung der Wirtschaft leisten kann. Häufig wird in diesem Kontext auch von der »doppelten Transformation« gesprochen (vgl. Hofmann et al. 2023). Diese erhöht nochmal die Weiterbildungs- und Entwicklungsbedarfe für Beschäftigte, da insbesondere auch durch die Digitalisierung von Betriebsprozessen neue und gestiegene Kompetenzen zu erwarten sind (vgl. Risius 2020, S. 8).

Beide Transformationen gehen mit Herausforderungen für Unternehmen und ihre Beschäftigten einher. Die zeitliche Überschneidung erhöht den Anpassungsdruck, dem jedoch mit unterschiedlichen Maßnahmen, die unter der Begrifflichkeit New Work subsummiert werden, begegnet werden kann. Die beobachtbaren Fachkräfteengpässe können als zusätzliche Belastung für sich im Wandel befindende Unternehmen verstanden werden (vgl. Malin und Hickmann 2022 sowie Tiedemann und Malin 2023). Aber auch an dieser Stelle kann New Work eine Chance bieten. So kann der Fokus auf die Sinnstiftung der Arbeit in Verbindung mit dem Engagement und dem Einsatz zum Klimaschutz einen Anreiz setzen, Beschäftigte für das eigene Unternehmen zu gewinnen und zu halten. Auswertungen zeigen, dass Mitarbeiter seltener den Arbeitgeber wechseln, wenn sie ihre Tätigkeit als sinnstiftend erachten (vgl. Hammermann 2022). Die Selbstbestimmung und Eigenverantwortung, die New Work betont, eröffnet den Beschäftigten außerdem – sofern sie benötigte Kompetenzen aufweisen – die Möglichkeit, nachhaltige Praktiken in ihre Arbeitsabläufe zu integrieren und ihre Arbeit im Einklang mit ökologischen Werten zu gestalten. Unternehmen können diese Aspekte nutzen, um innovative Ideen und Lösungen im Bereich der Nachhaltigkeit zu generieren. Durch den

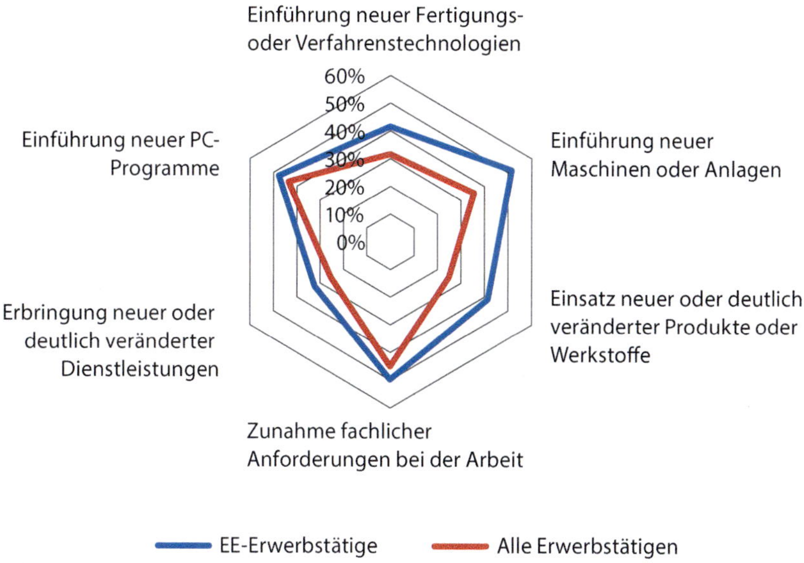


**Dar. 2-5:** Veränderungen des unmittelbaren Arbeitsumfelds innerhalb der letzten zwei Jahre (Anteil der Erwerbstätigen) (Quelle: Monsef und Wendland, 2022, Datenquelle: BIBB/BAuA-Erwerbstätigenbefragung 2018)

Austausch von Best Practices und die gemeinsame Entwicklung von ökologischen Initiativen können Mitarbeiter aktiv zur Dekarbonisierung beitragen und nachhaltige Arbeitsweisen in ihren Organisationen vorantreiben. Darüber hinaus zeigen Studien, dass Unternehmen, denen ökologische Nachhaltigkeit wichtiger ist, weniger Schwierigkeiten haben, Fachkräfte zu finden (Bellmann und Koch 2019).

Insgesamt bieten New-Work-Praktiken einen geeigneten Rahmen, um Nachhaltigkeit in die Arbeitswelt zu integrieren und die Dekarbonisierung voranzutreiben. Darüber hinaus haben Methoden von New Work das Potenzial, die durch die Umstellung auf ein ökologisch nachhaltiges Geschäftsmodell einhergehenden Veränderungen zu bewältigen. Der Fokus auf Nachhaltigkeitsaspekte kann in diesem Sinne durch den Zusatz »Green New Work« umschrieben werden. Die Überschneidung mit der digitalen Transformation unterstreicht den Mehrwert, den Autonomie, Flexibilität und selbstbestimmtes Arbeiten und Lernen haben können. Die Unterstützung und die Förderung der ständigen Weiterentwicklung der Beschäftigten wird sich dabei für Unternehmen auszahlen. Sie ist aber auch notwendig, um die Transformationen erfolgreich zu gestalten.

## Zum Autor

**Roschan Monsef** ist Wirtschaftswissenschaftler am Institut der deutschen Wirtschaft in Köln. Er arbeitet als Arbeitsmarktökonom im Themencluster »Arbeitswelt und Tarifpolitik« und analysiert schwerpunktmäßig, wie sich globale Trends wie die Digitalisierung und der ökologische Wandel auf den Arbeitsmarkt auswirken und die Arbeitswelt transformieren.

## Literatur


Bellmann, L., Koch, T.: Ökologische Nachhaltigkeit in deutschen Unternehmen: Empirische Ergebnisse auf Basis des IAB-Betriebspanels 2018, IAB-Forschungsbericht Nr. 8/2019, https://www.doku.iab.de/forschungsbericht/2019/fb0819.pdf, Abruf am 20.06.2023, Nürnberg 2019

Blien, U., Dauth, W., Roth, D.: Occupational routine intensity and the costs of job loss: evidence from mass layoffs, Labour Economics, Nr. 68, Article 101953, 2019

Eichhorn, D., Woelk, I.: Etwas Altes, etwas Neues – Wandel in Unternehmen unter dem Schlagwort New Work, DGUV Forum, Ausgabe 6, 2022

Elkington, J.: Cannibals with forks: Die drei Prinzipien der Nachhaltigkeit, Wiesbaden 1997

Hammermann, A.: Sinnstiftende Tätigkeiten binden Mitarbeiter, IW-Kurzbericht, Nr. 42, Köln 2022

Hofmann, J., Piele, A., Piele, C.: New Work. Best Practices und Zukunftsmodelle. In: Fraunhofer-Institut für Arbeitswirtschaft und Organisation IAO (Hrsg.), 2019

Hofmann, J., Ricci, C., Kleinewefers, C., Laurenzano, A.: Doppelte Transformation, Bertelsmann Stiftung und Fraunhofer Institut für Arbeitswirtschaft und Organisation IAO, 2023

Malin, L., Hickmann, H.: Fachkräftemangel und Ausbildung im Handwerk, KOFA Kompakt, Nr. 5, https://www.kofa.de/daten-und-fakten/studien/fachkraeftemangel-und-ausbildung-im-handwerk/, Abruf am 20.06.2023, Köln 2022

Niehues, S., Stowasser, S.: New Work. Was ist New Work ... und was nicht? Zahlen | Daten | Fakten, ifaa – Institut für angewandte Arbeitswissenschaft, 2023

Öko-Institut: Arbeiten im Homeoffice – gut für die Umwelt und die Mitarbeiter:innen? Analyse der potenziellen ökologischen und sozialen Auswirkungen mobilen Arbeitens, 2022

Risius, P.: Digitalisierung der Ausbildung: Neue Kompetenzen für eine Arbeitswelt im Wandel, Studie 2/2020 im Rahmen des Projekts NETZWERK Q 4.0, Köln 2020

Risius, P., Seyda, S., Wendland, F., Monsef, R.: Ökologische Nachhaltigkeit: Mit welchen Kompetenzbedarfen rechnen die Unternehmen? Studie im Rahmen des Projektes Kompetenzzentrum Fachkräftesicherung (KOFA) in Zusammenarbeit mit dem Bundesministerium für Wirtschaft und Klimaschutz (BMWK), Köln 2023

Schermuly, C., Meifert, C.: Ergebnisbericht zum New Work-Barometer 2022. https://www.srh-berlin.de/fileadmin/Hochschule_Berlin/New_Work-Barometer_2022_Ergebnisbericht.pdf., Abruf am 20.06.2023

Tiedemann, J., Malin, L.: Jahresrückblick 2022 – Fachkräftesituation angespannter denn je, Studie im Rahmen des Projektes Kompetenzzentrum Fachkräftesicherung (KOFA) in Zusammenarbeit mit dem Bundesministerium für Wirtschaft und Klimaschutz (BMWK), Köln 2023

Umweltbundesamt: Energiebedingte Emissionen, Dessau-Roßlau 2022

# 3 Auswirkungen auf Organisationen

## 3.1 Ist New Work wirklich »new«?

*Interview mit Carlos M. Frischmuth*

**Was hat sich Ihrer Meinung nach in den letzten zehn Jahren in der Arbeitswelt verändert und was sind die Treiber für diese Veränderungen?**

Wir sehen seit jeher eine Veränderung des Arbeitsmarktes und der unterschiedlichen Dynamiken des Arbeitsmarktes auch in Deutschland. In den letzten zehn Jahren treten die Effekte unserer demografischen Entwicklung deutlicher zutage. Wir haben uns mit den hohen Beschäftigungszahlen von fast 46 Millionen Beschäftigten mittlerweile von einem Arbeitgeber- in einen Arbeitnehmermarkt bewegt. Zugleich haben sich Beschäftigungsverhältnisse zunehmend aus der Dominanz der Industriearbeitsplätze in den Dienstleistungssektor verschoben. Laut dem Wirtschaftsministerium sind das bereits rund drei Viertel der Arbeitsplätze in Deutschland. Dies treibt in der Folge viele Veränderungen und Dynamiken an, die wir unter »New Work« erfassen. Die Pandemie hat das nochmal wie ein Brennglas verschärft. Zum Beispiel können Arbeitnehmer deutlich mehr von ihren Arbeitgebern fordern und das Thema Remote Work oder Homeoffice ist mehr oder weniger geballt in unsere Arbeitswelt hineingeschleudert worden. Ohne die Pandemie hätte der Wandel zu mehr räumlicher Flexibilität von Arbeit noch viele Jahre länger gedauert. Das virtuelle Arbeiten in sowohl räumlicher als auch zeitlicher Flexibilität ist insbesondere in der Wissensarbeiterwelt sicherlich die größte Veränderung. Darum ist es auch die dominante Assoziation mit New Work, wenn man danach fragt. Was wir aber immer wieder vergessen, ist der Umstand, dass für einen Großteil des Arbeitsmarktes die Arbeit vor Ort verrichtet werden muss. In der Produktion, Transportdiensten oder in der Gastronomie und Hotellerie müssen die Jobs noch genauso vor Ort verrichtet werden wie zuvor. Das wird sich auch nicht ändern und hat somit ein gewisses Spaltungspotenzial für den Arbeitsmarkt, was meines Erachtens bisher von uns als Gesellschaft oder der Politik noch nicht ausreichend verstanden wurde. Wenn ich es auf den Punkt bringe, dann sind die demografisch getriebene Verschiebung der Machtverhältnisse von Arbeitgebern zu Arbeitnehmern und die Möglichkeiten der Mobilität und Flexibilität für Beschäftigte für mich die größten Veränderungseffekte in der Arbeitswelt.

Die Digitalisierung und die digitalen Möglichkeiten zur Zusammenarbeit werden häufig als Treiber von New Work genannt. Brauchen Mitarbeitende oder Führungskräfte andere Kompetenzen, um in der modernen Arbeitswelt erfolgreich zu sein? Oder sind es einfach altgediente Kompetenzen, die neuartig abgefragt werden?

Ich habe bei den relevanten Veränderungseffekten in der Arbeitswelt ganz bewusst die Digitalisierung nicht als primären Faktor benannt. Uns stehen bereits über Jahrzehnte hinweg Videokonferenz-Systeme wie Skype, Webex und Co. privat und geschäftlich zur Verfügung. Der Durchbruch der Nutzung kam aus meiner Sicht erst mit der Pandemie, was durch die Userdaten belegt ist. Tools wie MS Teams oder Zoom erlauben zweifellos ein großflächiges, virtuelles Zusammenarbeiten, aber ich möchte behaupten, dass wir damit keine revolutionären Produktivitätssteigerungen erreicht haben oder weiterhin erreichen werden. Leider gilt das an vielen Stellen der Digitalisierung. Dort, wo Digitalisierung wirklich viel bewirken könnte – denken wir beispielsweise an Behörden und öffentliche Dienste – kommt sie kaum voran. In vielen Unternehmen sind neuartige, digitale Tools oft fehlerbehaftet und kämpfen nicht selten bei geringem Zusatznutzen und hoher Komplexität in der Bedienung mit Ablehnung bei den Usern.

Aber zu Ihrer Frage, was die Kompetenzen angeht, wenn wir es mal unterscheiden zwischen Mitarbeitenden und Führungskräften. Sollen wir über die Führungskräfte oder die Mitarbeitenden sprechen?

Wir können gerne über beide sprechen oder über die Gruppe, bei der Sie die größten Veränderungen beobachten.

Ich würde sagen, die größte Veränderung bei den Mitarbeitenden ist sicherlich das Selbstmanagement. Das ist eigentlich ein alter Klassiker, sich selbst zu disziplinieren, selbstorganisiert zu arbeiten und sich in Organisationen zurechtzufinden, in denen nicht monatelang vor Ort ein Onboarding stattgefunden hat. Insbesondere in der Wissensarbeiterwelt, in der viel virtuell gearbeitet wird, muss dann noch viel mehr herausgefunden werden, wie man sich beispielsweise kulturell bewegen muss oder was die Do's und Dont's sind. Ich glaube auch, dass es deutlich herausfordernder geworden ist, aus dieser Umgebung heraus Netzwerke aufzubauen und in den Jobinhalten fit zu werden, weil nicht alles direkt verfügbar ist oder das eine oder andere hilfreiche »Kaffeeküchen-Gespräch« in den ersten Tagen und Wochen fehlt. Ich glaube, das ist eine große Herausforderung gerade für Berufsanfänger und den sogenannten Young Talents. Aber natürlich auch bei Jobwechslern generell.

Bei den Führungskräften sehe ich noch größere Herausforderungen, da das Verständnis oder besser gesagt Selbst-Verständnis von Führung wie in der Vergangenheit, bei dem die Mitarbeitenden größtenteils vor Ort waren, nicht mehr funktioniert. Das beschäftigt sehr, sehr viele Führungskräfte und führt meines Erachtens bei vielen Führungskräften zu einer großen Überforderung. In dieser Situation wirksam Erwartungen zu äußern, Performance zu managen oder Leistung zu organisieren ist deutlich schwieriger geworden. Aus meiner Sicht zum Teil auch, weil Führungskräfte Schwierigkeiten haben durchzugreifen oder ernsthaftes Feedback zu geben, wenn Themen nicht gut laufen. Auf Distanz können nicht so starke Beziehungskonten aufgebaut werden und so wird das Ansprechen von unangenehmen Themen schwieriger. Eine aktuelle Gallup-Studie behauptet sogar, dass wir in der Breite ein emotionales Regulierungsproblem bei Menschen und damit immer auch Beschäftigten haben. Darauf werden Führungskräfte von ihren Arbeitgebern kaum oder gar nicht vorbereitet oder gecoacht. Fakt ist, für Führungskräfte ist die Arbeitswelt gerade in den letzten fünf bis zehn Jahren deutlich schwieriger geworden.

Ihr Buch »New Work Bullshit« hat gerade durch den Titel für Aufsehen gesorgt. Wenn ich Sie jetzt persönlich fragen würde, was Sie mit dem Begriff New Work verbinden und was Sie unter New Work verstehen, wie würden Sie den Begriff beschreiben?

Wir sollten die Historie des Begriffs in der Debatte berücksichtigen, das hat mich auch zu der provokanten Wortwahl bei meinem Buchtitel getriggert. Der Begründer Frithjof Bergmann hat den Begriff New Work vor über 40 Jahren im Rahmen seiner Beratung für die Automobilindustrie in Detroit geprägt. Damals hat er die ersten New-Work-Center gegründet, um die Beschäftigten, die eingesetzt werden sollten, dort zu beraten, wie sie ihre Zukunft gestalten könnten. Er hat dabei festgestellt, dass sie unbeschreiblich orientierungslos waren und hat diesen Beschäftigten aufgezeigt, in welche Arbeitsverhältnisse sie sich bewegen können. Wenn ich New Work in dieser Tradition sehe, verstehe ich die Anwendung des Begriffs in der heutigen Zeit nicht ganz. Aktuell übersetzen wir New Work sehr stark mit der Idee, dass moderne Büros da sein müssen, flexibel remote gearbeitet wird oder Unternehmen unbedingt den Beschäftigten einen übergeordneten Purpose, zu Deutsch eine Sinnstiftungsbotschaft, liefern müssen. Es sind viele Themen, die jetzt in einer diffusen Begriffswolke von New Work assoziiert werden. Das finde ich eigentlich ein Missverständnis von New Work. Wenn ich es runterbrechen müsste, sollten Organisationen menschenzentriert organisiert sein oder den Fokus auf den Menschen legen und dabei Leistungsfähigkeit oder gar Leidenschaft im Sinne der intrinsischen Motive berücksichtigen. Das erlebe ich ehrlich gesagt in vielen Organisationen nicht als Ideal, sondern eher die pragmatische Abwandlung davon, die dann vielleicht mit schön eingerichteten Büros endet. Das ist meines Erachtens natürlich zu wenig und pervertiert regelrecht den Gedanken von moderner Arbeit.

**Sie haben Frithjof Bergmann angesprochen. Wie viel Bergmann steckt überhaupt noch in den gängigen New-Work-Konzepten von Unternehmen? Gibt es Ihrer Meinung nach Unternehmen, die es schaffen, diesen Gedanken der Menschenzentriertheit und den Fokus auf Sinnstiftung zu legen oder geht es in die Richtung Branding, schöne Open-Space-Büros und Homeoffice?**

Ich muss leider sagen, dass es viel Whitewashing oder Fake Storys rund um das Thema gibt. Jedes Unternehmen möchte sich als New-Work-Organisation bezeichnen, weil sie jetzt irgendwie flexible Arbeitszeiten für gewisse Gruppen von Mitarbeitenden anbietet und sogar mal für zwei oder vier Wochen im Jahr aus dem Ausland gearbeitet werden kann. Die sogenannten Workations sind ja quasi »hotshit« in der HR-Welt. Aus Sicht vieler Beschäftigter ermöglicht das an vielen Stellen ein deutlich besseres Work-Life-Blending, das der Idee von Bergmann, zu sagen, Erwerbsarbeit darf keine milde Krankheit sein, näherkommt. Er hat Erwerbsarbeit in der Tat als milde Krankheit bezeichnet und sich gefragt, wie das Pathologische der Arbeit irgendwie rausgebracht werden kann. Ich glaube aber, dass Organisationen jenseits von jeglichem Idealismus, den New Work mit sich bringt, ehrlich sein und sich daher bewusstwerden müssen, dass sie Leistungen und Produktivität erzielen müssen und dieses Thema auch klar angesprochen werden muss. Viele Organisationen tun so, als wären sie jetzt menschenorientiert, sprechen aber das Thema Produktivität oder »Performance-Erwartung« zumindest in der Wissensarbeit nicht klar und deutlich an. Ich sage ganz bewusst in der Wissensarbeit, denn die Leute in der Produktion wissen, wie viel Stück – symbolisch gesagt – vom Band laufen müssen. Aber die gesamte Wissensarbeiterwelt, die auch die ganzen Privilegien genießt, wird relativ schwach begleitet in Bezug auf das Thema Produktivität. Damit entsteht meines Erachtens eine Erwartungslücke zwischen dem Management und dem Mitarbeitenden und mittlerweile entstehen daraus in vielen Organisationen enorme Spannungsfelder. Da New Work natürlich gerade in den deutschsprachigen Ländern Deutschland, Österreich, Schweiz stark als Begriff verankert ist, kann vor allem in Ländern wie Deutschland eine Illusionsblase entstehen, die irgendwann platzt. Meine Sorge ist, dass dann viel Frust auf beiden Seiten bleibt zu den unerfüllten Erwartungen, sowohl auf Arbeitgeber- als auch auf Arbeitnehmerseite. Das ist eine Gefahr für die Zukunft unseres Wirtschaftsstandortes. Sind wir als Arbeitsnation noch leistungswillig?

**Ist die Entwicklung des Arbeitsmarktes hin zu einem Arbeitnehmermarkt einer der Gründe, warum Unternehmen sich nicht trauen, das Thema Produktivität anzusprechen oder zu wenig Klarheit darüber schaffen, dass neben den ganzen Privilegien auch die Produktivität im Vordergrund stehen muss?**

Ich würde sagen, das ist definitiv ein Grund. Ich bin auf sehr vielen Veranstaltungen, auf denen darüber diskutiert wird, was die Generation Z will und was die anderen Generationen wollen. Da kann viel hineinphilosophiert und hineininterpretiert werden. Dabei hätten doch die alten Generationen genauso gerne viele Dinge wie beispielsweise mehr Flexibilität gefordert, wenn sie gekonnt hätten. Wenn sie die Arbeitnehmermacht gehabt hätten, hätten sie schon in den 70er-Jahren gefordert, von zu Hause aus zu arbeiten, jetzt mal abgesehen von den technischen Möglichkeiten. Zudem ist es einfach so, dass man im Moment auf die andere Straßenseite gehen kann und sofort einen neuen Job bekommt. Wir haben in Deutschland so viele Jobs wie nie zuvor, laut Bundesagentur für Arbeit gibt es hunderttausende offene Stellen, zudem eine Beschäftigung von 46 Millionen Menschen, die es in diesem Land noch nie gab.

Für wichtiger halte ich aber den Blick auf die Führungskräfte. Wir sind noch lange nicht bei selbstorganisierenden Unternehmen oder holokratischen Modellen angekommen. Unternehmen, die das wirklich umsetzen, gibt es kaum. Kennen Sie eines aus Ihrem persönlichen Umfeld? Das heißt doch, es wird immer noch an sehr vielen Stellen klassisch geführt: Jemand verteilt Aufgaben oder Ziele, muss diese besprechen und am Ende einfordern, dass die Ziele erfüllt sind. Da habe ich den Eindruck, wie bereits zuvor angedeutet, dass Führungskräfte allein gelassen werden und in vielen Organisationen nicht ausreichend dafür ausgebildet wurden. Führungskräfte sollen empathisch und menschenorientiert führen, das ist auch richtig so. Das versuchen sie auch und ich glaube, sie sind darin deutlich besser geworden, aber sie tun sich mit dem Einfordern von Ergebnissen schwer. An dieser Stelle können zwischen Älteren, die noch die Konditionierung haben, auch mal bis in die späten Abendstunden zu arbeiten, wenn es mal notwendig ist, und jüngeren Kollegen, die schon am Freitagmittag weg sind, weil sie ins verlängerte Wochenende fahren, Spannungsfelder entstehen. Sorry, ich spitze das mit diesen Beschreibungen bewusst zu. Gerade in Industrien, in denen natürlich kurzfristig Terminänderungen vorkommen, ein Angebot abzugeben ist, kann es heutzutage oft eng werden. Ich glaube, da entsteht unheimlich viel Spannung in »Organisationssystemen«, da entsteht enormer Druck auf die Leistungsfähigkeit und Produktivität und das ist ein Thema, das die Führungskräfte zu verantworten haben. Von ihren Organisationen nicht selten allein gelassen.

Sie haben schon das Generationenthema angesprochen. In der letzten Zeit ist auch die Diskussion um die 4-Tage-Woche hinzugekommen. Wenn ich da Ihre Gedanken einfach mal zusammenfassen darf: Sie würden sagen, dass diese Entwicklung bzw. diese Diskussion nicht zwangsläufig auf eine Generation zuzuspitzen ist, sondern dass das Bedürfnisse von Menschen sind und die junge Generation jetzt die Privilegien hat, diese klar zu kommunizieren und einzufordern?

Der Arbeitsplatz und der Arbeitgeber haben für jüngere Menschen nicht mehr den Stellenwert wie in der Vergangenheit, weil beides austauschbarer ist. Wenn mehr

Vielfalt und mehr Auswahl bestehen, dann ist die Austauschbarkeit größer. Arbeitgeber verlieren an Anziehungskraft, wenn die Arbeitgebermarke nicht mehr so intensiv erlebt wird und Mitarbeitende nicht mehr so geprägt werden wie zuvor, sondern Mitarbeitende remote arbeiten und nur an ein paar Tagen in der Woche ins Büro kommen, wenn überhaupt. Mit diesem Gravitationsverlust lösen sich Mitarbeiter dann viel schneller von ihrem Arbeitgeber. Die Arbeitgeber fragen sich wiederum, wie sie ihre Mitarbeitenden an sich binden können und müssen beispielsweise immer mehr Benefits zur Verfügung stellen, die aber nicht automatisch zu mehr Zugehörigkeitsgefühl und Identifikation führen. Damit wird uns auch das Thema der 4-Tage-Woche erstmal eine sehr lange Zeit beschäftigen, weil es das nächste »große Benefit« ist. Von der Freiheit zu wählen, wann man zur Arbeit kommt, verändert es sich hin zur Freiheit zu wählen, wie viel Arbeit ich überhaupt zur Verfügung stelle – idealerweise sind es dann im nächsten Schritt vier Tage bei voller Bezahlung. Das ist natürlich sowohl finanziell und arbeitsorganisatorisch als auch in Bezug auf den Fachkräfte- und Arbeitermangel eine enorme Herausforderung für Organisationen und die Gesellschaft als Ganzes.

**Ist die jüngere Generation durch ihre Sozialisierung und die Möglichkeit, diese Wünsche einfordern zu können näher an Bergmann als es Mitarbeitende vor 10–15 Jahren waren oder hängt das Ihrer Meinung nach nicht damit zusammen?**

Ich würde sagen, sie haben das Selbstbewusstsein, das Bergmann sich für seine Klienten gewünscht hätte, nämlich, dass sie die Begierde wieder gefunden haben. Bergmann hat immer den Mangel der Begierde angesprochen und in diesem Zusammenhang davon gesprochen, was die Beschäftigten »wirklich, wirklich wollen«, immer mit dieser Doppelung. In Bergmanns Fall konnten die Klienten oft nicht wirklich sagen, was sie für ihr Leben wollten. Ich weiß nicht, ob die jüngeren Menschen jetzt näher an Bergmann sind, weil sie genau wissen, was sie wollen. Ich glaube, sie wissen viel besser, was sie NICHT wollen und das ist manchmal schon das bessere Ergebnis. Wir müssen anerkennen, dass sie ihr Leben nicht mehr so für die Organisation aufopfern, wie es Generation davor getan haben, die damit immer das Versprechen von Karriere oder den Deal vom besseren Job, der besseren Karriere, der besseren Bezahlung vor Augen hatte. Es musste sich also immer etwas für Beschäftigte verbessern und das ist jetzt – relativ gesehen – nicht mehr in dem Ausmaß nötig. Das Delta an Verbesserungen zu mehr Leben oder mehr Freizeit kann nicht mehr durch Karriere, mehr Geld oder durch einen Dienstwagen kompensiert werden. Das heißt nicht, dass Geld egal ist. Es ist eine Illusion in der New-Work-Debatte, dass Geld sekundär ist. Geld ist und bleibt ein wichtiges Währungssystem im Job-Paket, aber es ist nicht mehr so wichtig wie in der Vergangenheit. In der Vergangenheit galt immer, es muss Status, Karriere, Geld oder das Versprechen irgendeiner zusätzlichen organisatorischen Anerkennung sein und das ist definitiv in der herkömmlichen Dominanz weg.

**Wie gut sehen Sie den Wirtschaftsstandort Deutschland aufgestellt hinsichtlich einer modernen und zukunftsorientierten Arbeitswelt? Schaffen wir es als Standort Deutschland aktuell die Bedürfnisse der Mitarbeitenden zu erfüllen?**

Ich glaube, wir haben in Deutschland in Summe einen sehr guten Deal für die Arbeitnehmer. Das trifft sicherlich nicht auf alle Branchen und alle Bereiche des Arbeitsmarktes zu, sonst würden wir die Mindestlohndebatte nicht führen. Auch bei Pflegekräften und Erziehern habe ich so meine Zweifel, dass wir da ausreichend fair sind. Ich glaube aber, dass wir definitiv eine recht satte Wohlstandsnation sind und es für viele Menschen im Arbeitsmarkt noch nie so gute Bedingungen, so viel Flexibilität, so gute Bezahlung und so viele Möglichkeiten gab, sich zu verändern, wie jemals zuvor in der Geschichte. Das sage ich auch aus meiner Erfahrung als Personalberater und Arbeitsmarktdienstleister. Insofern sind wir als Arbeitsmarkt grundsätzlich sehr wettbewerbsfähig und haben viele spannende Jobs. Meiner Meinung nach sehen wir jedoch auf Seite der Organisationen ein kritisches Wettbewerbsthema. In dieser Hinsicht sind der Wettbewerb und der Fachkräftemangel genauso wie die große Frage um die Energiepreise eine Bedrohung für Organisationen. Auch behördliche, steuerliche und sonstige bürokratische Belastungen sind in Deutschland enorm hoch. Ich bin der Meinung, dass diese Seite aktuell kritischer zu betrachten ist als die Arbeitnehmerseite.

**Gibt es auf Seite der Arbeitgeber etwas, das der Gesetzgeber verbessern könnte oder das im Arbeitsmarkt optimiert werden könnte, damit es Organisationen leichter fällt, mit der Entwicklung zurechtzukommen?**

In diesem Zusammenhang muss ich daran denken, welche Regulierungen allein in den letzten zwei Jahren verabschiedet wurden. Es wurde beispielsweise ein sogenanntes Nachweisgesetz verabschiedet, wonach Arbeitgeber Arbeitsverträge wieder in Papierform erstellen müssen, nachdem die digitale Erstellung lange geduldet wurde. Eine Rolle rückwärts für einen modernen Arbeitsmarkt und natürlich die Arbeitgeber, welche diesen Blödsinn umsetzen müssen. Nach einer Entscheidung des Europäischen Gerichtshofes zum Thema Arbeitszeit müssen jetzt viele Spielräume der Mitarbeitenden wieder weggenommen werden, obwohl meiner Meinung nach enge Arbeitszeitgesetze gerade für Wissensarbeitende nicht unbedingt hilfreich sind. Über viele Jahre gewachsene Vertrauensarbeitszeit-Modelle, die sehr erfolgreich sind, werden unter den Füßen der Bürokratie regelrecht zertrampelt. Diese Entscheidung ist aus dem Schutzgedanken heraus entstanden, ist aber eine weitere Regulierung, die Organisationen zum Vorhalten der Informationen und zur Dokumentation zwingt. Ist die zunehmende Bürokratie eventuell der Grund, warum wir in den letzten Jahren einen besorgniserregenden Rückgang bei den Unternehmensgründungen sehen? Der Normenkontrollrat hat veröffentlicht, dass 17,4 Mrd. Euro Belastung für die Wirtschaft in Deutschland aus der aggregierten

Bürokratie entsteht. Die Zahl hat mich ehrlich gesagt erschrocken. Das sind enorme Belastungen für die Arbeitgeber.

Gibt es in Europa Ihrer Erfahrung nach Länder, die es besser machen? Die ihre Arbeitgeber besser unterstützen oder weniger regulieren? Die besser agieren, ohne aber gleichzeitig den Arbeitnehmer zu schaden oder Flexibilität zu nehmen?

Wir haben in Deutschland einen größeren Trend zu Verbürokratisieren. Man könnte sagen, wir haben in Deutschland ein strengeres Kündigungsschutzgesetz als andere Länder. Auf der anderen Seite findet in Europa eine Harmonisierung statt. Mir würde es schwerfallen zu sagen, in Spanien oder in Italien gibt es Aspekte, die besser sind als in Deutschland. Ich glaube, dass es sich relativ stark angleicht, wir aber in Deutschland dazu neigen, höher zu regulieren, weil wir es uns leisten können oder historisch im Vergleich zu anderen Ländern leisten konnten. In Dänemark und Schweden sind die Regulierungen zum Beispiel noch strenger. Jedoch sind beide Länder kleinere Volkswirtschaften. In Deutschland haben wir bisher immer eine gute Tendenz zur Ansiedlung gehabt. Das sieht man beispielsweise an der Ansiedlung von Tesla in Grünheide. Auf der anderen Seite ist für die Ansiedelung von Intel viel Subventionsgeld geflossen. Das ist wiederum kein gutes Zeichen für Deutschland, da hieraus Erwartungen für weitere Neuansiedlungen entstehen. Das ist nicht durchzuhalten. Wir haben glaube ich trotz aller Negativdebatten weiterhin eine Attraktivität als Wirtschaftsstandort, aber wir müssen gerade in Bezug auf den Bürokratiefaktor und die Personal- und Arbeitsmarktthemen vorsichtiger werden.

Ich würde das Thema New Work gerne noch auf Organisationen und Unternehmen runterbrechen. Es gibt viele Arbeitgeber, die auch vor dem Hintergrund des Fachkräftemangels versuchen, etwas aus dem Begriff New Work zu machen. Was müssen Ihrer Erfahrung nach Unternehmen bei der Konzeption und der Implementierung von solchen Konzepten berücksichtigen?

Das ist eine sehr gute Frage. Ich glaube, dass jede Organisation sich in Bewegung setzen sollte, um ihren bestehenden Mitarbeitenden – die Betonung liegt wirklich auf den bestehenden Mitarbeitenden – und den potenziell neuen Mitarbeitenden ein gutes Angebot zu machen. Organisationen sollten erstmal mit der Selbstdiagnose beginnen und herausfinden, welchen Reifegrad sie haben und was sie sich leisten können und wollen. Die Gefahr ist, sich Themen an Bord zu holen, die eigentlich gar nicht dauerhaft gestemmt werden können und es dann nur kurzfristig zu einem Aufflackern von New Work kommt. Der Schaden ist dann größer, als wenn es nicht gemacht worden wäre. Also erstmal überlegen, was können wir als Organisation dauerhaft durchhalten, was tut uns gut und was passt zum Reifegrad der Organisation. Ich glaube, da ist manchmal eine gewisse Euphorie da. Hier und da wird ein New-Work-Guru eingeladen, der erzählt, was andere so machen, das aber gar nicht zur eigenen Organisation passt. Wenn ein Unternehmen beispielsweise eigentümergeführt ist und der Eigentümer sich mit dem Thema nicht wohlfühlt, aber kurzfristig überredet worden ist, verschiedene Sachen auszuprobieren, dann wird das ganz schnell und sehr plötzlich wieder zurückgedreht, wenn der Change nicht wie gewünscht läuft. Das löst viel Schaden aus, der durch Abwarten und Beobachten vermieden werden kann. Deswegen ist erstmal die Selbstdiagnose ganz wichtig und das gilt für große und kleine Organisationen. Die Grundformel ist, dass nicht erfüllte Erwartungen immer zu Enttäuschungen führen. Es ist deswegen wichtig, erstmal zu ermitteln, was können wir an Erwartungen überhaupt ehrlich verkaufen, ohne dass die Mitarbeitenden große Veränderungen erwarten und letztendlich nichts passiert oder es nur ein paar kosmetische Veränderungen wie neue verschönerte Büros und neue Benefits gibt, aber eine Kultur von Skepsis und Misstrauen im Unternehmen weiterhin vorherrscht. Um Mitarbeiter zu gewinnen und zu binden, ist es wichtig, wirklich sehr ehrlich zu schauen, was kann angeboten werden und sich dann als Organisation auch offen zu erklären. Offen zu sagen, das ist, was wir uns im Unternehmen leisten können, aber nicht das Blaue vom Himmel zu versprechen und dann nicht zu liefern. Das funktioniert nicht. Aber an vielen Stellen passiert genau das!

Sie haben schon angesprochen, dass Unternehmen sich das eine oder andere leisten können müssen. Jetzt ist es so, dass wir in Deutschland eine große Vielzahl an kleinen und mittelständischen Unternehmen haben, gerade zum Beispiel in Rheinland-Pfalz, und diese durchaus das Rückgrat der Wirtschaft bilden. Was würden Sie Unternehmen empfehlen, die eben jetzt nicht die monetären Ressourcen haben?

Die grundsätzliche Frage ist zu schauen, was gibt uns allen als Beschäftigte in der Organisation ein besseres Gefühl, tagtäglich zur Arbeit zu kommen und hier einen guten Job zu machen? Das ist für mich die Leitfrage. Ich möchte es nochmal betonen. Was hilft uns dabei, erfolgreich zu sein, also unseren Kunden gute Produkte und Services zu bieten und zugleich einen Zustand zu erreichen, in dem Beschäftigte wirksam und happy bei der Arbeit sind? Wenn das in einer Befragung einbezogen wird, kann natürlich rauskommen, dass das für einige Beschäftigten – vielleicht auch für alle – eine bessere Bezahlung ist und das wichtiger ist als das schönste Büro der Welt oder Gesundheits- oder Fitness-Coaches und Yogakurse. Ich glaube, von diesem Punkt ausgehend sind es dann erstmal keine materiellen Investitionen, sondern Investitionen in eine bessere Kultur, eine bessere Kommunikation oder eine bessere Führungsarbeit. Das sind immaterielle Werte und Güter. Vielleicht wird der eine oder andere sagen, das ist doch jetzt esoterisches Feel-Good-Management. Das kann man ruhig denken, wenn man will. Ich glaube jedoch, dass es in der realen Welt einen sehr großen Unterschied macht, wenn Mitarbeitende wissen, dass sie mit ihren Vorgesetzten sprechen können, wenn sie etwas belastet und das nicht als Gefühlsduselei abgehakt wird. Das sind Dinge, dafür braucht es keine neuen Bürostühle, die modernste Küche und noch nicht mal einen Tischkicker. Diese Dinge können hilfreich sein, aber wirklich gute Gespräche und gutes Erklären von Zielsetzungen der Organisationen und am Ende eine gute, offene Kultur, die Veränderungen erklärt, sind wichtiger.

Da ist dann wahrscheinlich die Führungskraft auch in besonderem Maße wiederum gefragt. Wenn nur auf C-Level eine neue Kultur verabschiedet wird und die im mittleren Management nicht gelebt wird, haben Unternehmen auch keine Chance, etwas zu verändern?

Das ist meiner Meinung nach absolut richtig. Das geht nicht als Vorgabe von oben im Sinne von »Wir haben jetzt eine neue Kultur, die Kultur 2.0, und ab jetzt soll diese gelebt werden«. Ich glaube schon, dass sie top down verankert sein muss. Aber es gibt immer Stakeholder, selbst in einer holokratischen Organisation, die sich irgendwann einen Arbeitsauftrag gegeben hat, die mit einem Regelwerk gemeinsam die Kultur steuern wollen. Es gibt dann immer Personen, die diesen Kulturraum fordern. Die Frage ist, was den organisatorischen Kulturraum ausmacht und wie er beschrieben werden kann. Spannend ist, dass in vielen reifen Organisationen Strategien beschrieben werden: »In den nächsten zehn Jahren wollen wir die Produkte mit folgenden Features oder Services an den Markt bringen, das werden wir mit folgenden Organisationseinheiten umsetzen…« und dann wird es runtergebrochen, operationalisiert. Die OKR-Methode hat da beispielsweise gerade in den letzten Jahren im Kontext von Agilität eine gewisse Prominenz entwickelt. Ich kann bei eingehender Beschäftigung mit dieser Methode übrigens nichts Revolutionäres erkennen. Also egal wie man die Strategie angeht, ganz häufig bleibt das, was es an Kultur und Miteinander braucht, damit es funktioniert, unbeantwortet. Ich habe manchmal den Eindruck, dass diese Seite einfach nicht mitgedacht wird. Die Kultur wird quasi im Nebenjob von Führungskräften mit angeführt und begleitet. Führungskräfte sind damit zwangsläufig Changemanager im Kulturbereich und reflektieren die Reaktion der Mitarbeitenden darauf. Führungskräfte sind ganz eng mit dem Thema Kultur verbunden und da zeigt sich wieder ein Problem, da die Führungskräfte dafür selbst mitgenommen und überzeugt werden müssen, dass das der richtige Weg ist und es auch für sie selbst einen Nutzen hat. Gibt es dafür ausreichend Guidance in den Unternehmen? Meine Antwort dazu ist ein klares Nein.

Es braucht wahrscheinlich auch ein gewisses Maß an Partizipation und Mitarbeitende müssen in der Ausformulierung von gewissen Dingen beispielsweise Strategien oder bei der Definition der Kulturgestaltung beteiligt werden?

Strategien können auch mal out-of-the-box entwickelt oder am Markt eingekauft werden, aber bei der Kulturgestaltung wird es schwierig. Das ist wahrscheinlich wie bei einer Kur, wenn eine Person zur Kur geschickt wird, der Patient aber unwillig ist und die Behandlung nicht annimmt, dann kann sich auch nichts ändern. Ich glaube, in einer Organisation ist es genauso. Allerdings gibt es in einer Organisation viele Faktoren und die Mitarbeitenden müssen auf jeden Fall auch als Stakeholder angesehen werden und in der Kulturbewegung abgeholt werden. Ich halte das für Unternehmen als eine der größten Herausforderungen, eine Zielkultur, die das Strategiebild genauso spiegelt und unterstützt, zu entwickeln.

Wir haben schon darüber gesprochen, dass New Work als Begriff extrem trendbehaftet ist. In der Betriebswirtschaftslehre oder im Managementumfeld ist es allgemein ein Thema, dass Trends immer wieder kommen und gehen. Ich denke, wenn New Work weg ist, wird der nächste Trendbegriff kommen. Sie haben schon viel Erfahrung sammeln können, was würden Sie Unternehmen im Umgang mit diesen (Management-)Trends empfehlen? Wie kann vor allem ein kleineres Unternehmen, das keine Trendforschungsabteilung hat, erkennen, ob ein Trend für das Unternehmen wirklich wichtig ist?

Ich würde erwarten, dass jeder Unternehmensverantwortliche seinen Blick weitet, die Meta- oder Megatrends im Außen beobachtet, wie beispielsweise die Digitalisierung, KI oder Arbeitsmarktentwicklungen. Das kann ja eine Gruppe von Beschäftigten gemeinsam mit der Geschäftsleitung, auch bei einem kleineren Mittelständler, abbilden. Dafür braucht es keine dreiköpfige Strategieabteilung. Ich finde es merkwürdig, wenn Organisationen getrieben sind von Trends wie New Work. Es gibt am Ende natürliche Kräfte wie die Pandemie, welche massiv auf Faktoren wie Flexibilität und Mobilität eingewirkt haben. Da gab es eine dringliche Notwendigkeit und es musste ad hoc darauf reagiert werden. Aber bei allen anderen Phänomenen würde ich zur professionellen Gelassenheit und zu einer gründlichen Bewertung raten, wie das auf die Organisation wirken wird. Wenn ein Unternehmen beispielsweise sieht, dass momentan die Kennzahlen bei der Mitarbeitergewinnung schwierig sind und Stellen immer länger unbesetzt bleiben, dann muss sich das Unternehmen damit konkret beschäftigen. Wir können beobachten, dass die Vakanzzeiten allgemein immer weiter steigen und sich seit 2010 verdoppelt haben. Das sind Metazahlen, die auf der Webseite der Bundesagentur für Arbeit heruntergeladen werden können. Diese Zahlen können mit den Kennzahlen im eigenen Unternehmen verglichen und so herausgefunden werden, wie man zum Beispiel mit der Fluktuation im Unternehmen umgehen möchte. Die Mitarbeitenden, die das Unternehmen verlassen, sollten nach den Gründen befragt werden. Dabei kommt dann beispielsweise heraus, dass die Kultur oder Führung im Unternehmen nicht passt oder die Bezahlung in anderen Unternehmen besser ist. Viele Mittelständler tasten die Gehaltsstrukturen über Jahre hinweg nicht an, sind komplett reaktiv, wenn mal ein Mitarbeiter auf den Tisch haut. Es muss trotzdem kein großes neues Benefits-Programm eingeführt werden, das von der Organisation eigentlich nicht gestemmt werden kann und nicht bei den Mitarbeitenden ankommt oder nur wenigen Mitarbeitenden bekannt ist. Unternehmen sollten erst schauen, welche Angebote sie haben und diese klar kommunizieren. Ich erlebe viele Organisationen, die das viele Gute, was schon da ist, den Beschäftigten nicht richtig vermitteln. Je größer die Organisation ist, desto unbekannter sind meistens die bestehenden Angebote. Wir müssen also besser werden in der Kommunikation, das ist dann sogar wichtiger, als etwas komplett Neues einzuführen. Insofern professionelle Gelassenheit und der kritische, nüchterne Blick auf das, was wirklich neu ist. Zudem die Erwartungen kennen und durch gute Kommunikation managen. Egal wie wir das »Kind« nennen. New Work, New Normal, Future Work. Die Arbeitswelt verändert sich seit Jahrtausenden und wird das weiter tun. Künstliche Intelligenz kommt beispielsweise gerade jetzt mit großen Schritten in die Arbeitswelt. Natürlich werden Aufgabenfelder dadurch verändert, herkömmliche Jobs oder Rollen verändern sich oder verschwinden. Zugleich entstehen komplett neue Jobs dadurch. Wichtig ist nach wie vor, dass in Unternehmen ein Fokus auf gute Führung gelegt wird. Dass gut kommuniziert wird und dass neben der kontinuierlichen Arbeit an der Strategie auch die Unternehmenskultur weiterentwickelt wird. Diese »alten Klassiker« weiter ernsthaft auf dem Schirm zu behalten, kann aus meiner Sicht heute und in Zukunft eine gute Orientierung bieten!

Vielen Dank für das Gespräch.

Das Gespräch wurde geführt von Matthias Sellinger.

## Zum Interviewpartner

**Carlos M. Frischmuth** ist bei der internationalen Personalberatung Hays als Managing Director tätig. Neben seiner operativen Geschäftsbereichsverantwortung ist Frischmuth für die politische Kommunikation, also auch die Fremdpersonal-Compliance bei Hays zuständig. Zudem ist er Vorstandsvorsitzender des Bundesverbandes für selbständige Wissensarbeit e. V., welcher sich beim Einsatz von Selbständigen für mehr Rechtssicherheit für Auftraggeber und Auftragnehmer einsetzt. Als Autor veröffentlichte er das erfolgreiche FAZ-Buch »New Work Bullshit: was wirklich zählt in der Arbeitswelt«.

## 3.2 Homeoffice nach der Corona-Pandemie – was von der Homeoffice-Pflicht bleibt

*Matthias Sellinger/Sophie Heß*



### 3.2.1 Homeoffice während und nach der Corona-Pandemie

Die COVID-19-Pandemie hatte erhebliche Auswirkungen auf dem gesamten Globus und verlangte fast allen Lebensbereichen weitreichende Veränderungen ab. Nicht nur das Gesundheitssystem und die medizinische Forschung, auch die Wirtschaft, das Bildungssystem, die Kulturlandschaft und die Arbeitswelt veränderten sich aufgrund der pandemischen Lage stark. Die deutsche Wirtschaft erlitt infolge der Corona-Pandemie 2020 die schwerste Rezession der Nachkriegsgeschichte. Dabei ging das Bruttoinlandprodukt in 2020 um 4,9 % gegenüber 2019 zurück (Statistisches Bundesamt, 2021). Auch im Bildungssektor wurden zum Teil eklatante Defizite, wie zum Beispiel die digitale Ausstattung von Bildungseinrichtungen, sichtbar. So sanken als Konsequenz die Bildungschancen benachteiligter Personen weiter und das Bildungssystem wurde undurchlässiger (Schütz et al., 2020).

Nach Ende der akuten Pandemiephase kehren nun einige Bereiche der Welt wieder zu ihren Ausgangslagen zurück. Trotz hoher Inflation und wirtschaftlicher sowie geopolitischer Unsicherheiten erholt sich so zum Beispiel die Tourismusbranche. Im Europadurchschnitt liegt die Zahl der touristischen Übernachtungen sogar über dem Wert vor der Pandemie (Eurostat, 2023). Andere Bereiche, wie zum Beispiel die deutsche Kulturlandschaft, erholen sich langsamer von der Krise. Eine Studie von L'Oeil du Public in Zusammenarbeit mit dem Deutschen Museumsbund aus dem März 2023 zeigt, dass 51 % der Befragten seltener kulturelle Einrichtungen besuchen als vor der Krise. Gründe dafür seien neben der weiterhin existierenden Angst vor einer Corona-Ansteckung auch die Gewohnheit, zu Hause zu bleiben, und finanzielle Gründe (L'Oeil du Public, 2023).

Auch in der Arbeitswelt kam es zu besonders starken Veränderungen durch die Corona-Pandemie. Dabei wurden vor allem alternative Arbeitsortmodelle als Maßnahme zur Eindämmung der Infektionslage genutzt, um physische Kontakte und somit das Infektionsrisiko zu reduzieren. Schon vor der Corona-Pandemie war aufgrund der Digitalisierung, der digitalen Transformation und der New-Work-Bewegung eine Entwicklung zu hybriden Arbeitsmodellen oder sogar zu reiner mobiler Arbeit erkennbar (Bitkom, 2021, S. 1). Deren Verbreitung wurde durch die Pandemie stark vorangetrieben: Im Jahr 2020 und 2021 arbeiteten ca. 40 % bis 50 % der Beschäftigten im vollständigen oder überwiegenden Homeoffice (Kunz, 2022, S. 12). Auch die im § 28b Abs. 4 des Infektionsschutzgesetzes bis zum 19.03.2022 geltende Homeoffice-Pflicht hatte hierauf einen starken Einfluss. In dieser wurden Arbeitgeber verpflichtet, bei Büroarbeiten oder vergleichbaren Tätigkeiten grundsätzlich die Möglichkeit zum Arbeiten im Homeoffice anzubieten. Diese galt, sofern nicht zwingende betriebliche Gründe die Arbeit in Präsenz erforderten. Beschäftigte auf der anderen Seite mussten das Angebot annehmen, soweit ihrerseits keine Gründe (wie beispielsweise mangelnde räumliche oder technische Gegebenheiten) dagegensprachen.

Anders als in diversen Wirtschaftsmärkten, Branchen oder im Bildungssektor konnte sich der Status quo nach Abklingen der akuten Pandemiephase im Arbeitsmarkt bisher noch nicht wieder einstellen. Viel zu stark ist mittlerweile die Verhandlungsstärke der Arbeitnehmenden, welche in Folge des Fachkräftemangels eher noch zunimmt. So hat die Fachkräftelücke im Jahr 2022 ein neues Rekordhoch erreicht und es waren 632.488 Stellen rein rechnerisch nicht zu besetzen (KOFA, 2023). Diese Bedarfslage auf Seiten der Arbeitgeber gibt Mitarbeitenden mehr Spielraum, diverse Benefits und eine marktgerechte Entlohnung einzufordern. Da während der Pandemie eine Vielzahl von Mitarbeitenden den Benefit, aus dem eigenen Wohnraum heraus zu arbeiten (auch bedingt durch die Gesetzgebung), in Anspruch nehmen konnten, ist Homeoffice von einem Begeisterungs- zu einem Hygienefaktor geworden. Dies zeigen auch aktuelle Daten des statistischen Bundesamtes. So sind 24 % der Erwerbstätigen in Deutschland im Jahr 2022 mindestens gelegentliche im Homeoffice tätig gewesen. Während des Corona-Hochs der Jahre zuvor war der Anteil mit 25 % nur leicht höher. Besonders klar wird das Ausmaß bei der näheren Betrachtung der Homeoffice-Nutzung in wissensintensiven Bereichen. So arbeiten vor allem Mitarbeitende in den Bereichen IT-Dienstleistungen (76 %), Unternehmensberatung, -verwaltung oder -führung (73 %), Versicherungen (70 %) und Forschung & Entwicklung (60 %) im Homeoffice (Statistisches Bundesamt, 2022).

Die Veränderungen durch die Pandemie scheinen die Arbeitswelt also dauerhaft verändert zu haben. Für Arbeitnehmende und Arbeitgeber stellt sich daher die Frage: »Wie wird sich unsere Arbeitswelt nach COVID-19 gestalten? Wie immer liegt die Antwort in der Mitte, und zwar zwischen Home und Office« (Lindner, 2022, S. 8). Somit beschränkt sich die Frage nach New Work selbstverständlich nicht nur auf Homeoffice – dieses ist jedoch oftmals der erste Startpunkt bei der Konzeption und Implementierung von New-Work-Konzepten. Zudem gibt die Ausgestaltung von flexiblen Arbeitsortmodellen oftmals einen guten Einblick in die im Betrieb herrschende Arbeits- und Führungskultur. Da sich die meisten Studien (Prinz, 2021; Statistisches Bundesamt, 2022; ZEW, 2022) vor allem auf die rein statistische Verteilung und Häufigkeiten von Homeoffice-Angeboten konzentrieren und weniger um die konkrete Ausgestaltung und deren Einordnung in die Gesamtarbeitskultur von Unternehmen, hat das Institut für Management und Innovation der HWG Ludwigshafen eine Studie zu diesen Themenbereichen durchgeführt. Zu den Zielen der durchgeführten quantitativen Befragung gehörten unter anderem die Fragestellungen, inwiefern sich flexible Arbeitszeit- und Arbeitsortmodelle nach der Pandemie in den Unternehmen etablieren, welche Chancen und Herausforderungen sich durch diese für die Mitarbeiterführung ergeben und welche Auswirkungen auf die Team-Performance beobachtet werden können. Die Stichprobe der Studie bestand aus 216 Führungskräften mit Arbeitgeber in Deutschland bei einer heterogenen Verteilung von Branchen, Unternehmensgrößen und Führungsebenen. Zu den verbreitetsten Arbeitsortmodellen gehörte innerhalb der Stichprobe mit 32 % das alternierende Homeoffice, mit 26 % die mobile Arbeit und zu 20 % das vollständige Homeoffice. Andere Modelle wie Desksharing (8 %), Open Space Offices (6 %) und Coworking Spaces (6 %) sind hingegen weit weniger in den Unternehmen der befragten Führungskräfte verbreitet. Hinsichtlich der mobilen Arbeitstage gaben 71 % der Befragten an, die Arbeitstage in ihrem Bereich oder in ihrem Team seien flexibel gestaltet und nicht etwa wie bei 27 % der Befragten fest reguliert. In jenen Fällen mit flexibler Gestaltung der Arbeitstage gaben 53 % der Befragten an, dass ihr Team oder Bereich im Durchschnitt 2 oder 3 Arbeitstage mobil arbeitet. 24 % der Befragten gaben an, durchschnittlich würde fünf Tage die Woche mobil gearbeitet werden. (Niedenbrück & Sellinger, 2023, S. 53 ff.). In Fällen mit fest regulierten Arbeitstagen gaben 54 % der Befragten an, ihr Team oder Bereich arbeite durchschnittlich zwei oder drei Tage mobil. Hierbei gaben sogar 32 % an, im Durchschnitt würde fünf Tage die Woche mobil gearbeitet werden. Bei der durchgeführten Befragung wurden die abgefragten Punkte zum Homeoffice durchweg positiv oder neutral gesehen. So gaben 49 % der befragten Führungskräfte an, dass die Team-Performance bei der Ermöglichung von Homeoffice höher als bei der ausschließlichen Arbeit aus den Unternehmensräumen heraus sei. Dies scheint logisch, da bei flexibler Arbeitsortauswahl die Mitarbeitenden die Arbeit an dem Ort verrichten können, an dem die zu erledigenden Tätigkeiten am besten absolviert werden können. Je nach Tätigkeit kann dies in manchen Fällen im Homeoffice und in manchen Situationen im Büro der Fall sein. 44 % der befragten Führungskräfte sehen keinen signifikanten Zusammenhang zwischen Homeoffice und der Team-Performance (Niedenbrück & Sellinger, 2023, S. 88).

### 3.2.2 Gegentrends zur zunehmenden Verbreitung von Homeoffice

Wie bereits umfangreich ausgeführt zeigen eine Vielzahl von Untersuchungen den hohen Verbreitungsgrad mobiler Arbeitsformen und die Notwendigkeit eines attraktiven Homeoffice-Angebots zur Steigerung der Arbeitgeberattraktivität. Zudem konnten bereits eine Vielzahl von Unternehmen durch die zunehmende Verbreitung von Homeoffice Kosten für die Miete und den Betrieb von Bürogebäudeflächen einsparen. Einige Studien diskutieren daher sogar eine Wiedereinführung der Homeoffice-Pflicht in einigen Wirtschaftssektoren (HBS, 2020). Bezüglich der Performance von Arbeitnehmenden zeigen die meisten Untersuchungen in Summe mindestens eine gleichbleibende, eher erhöhte Performance und Zufriedenheit bei Arbeitnehmenden, die von Homeoffice-Angeboten profitieren (Niedenbrück & Sellinger, 2023). Nichtsdestotrotz gibt es auch Gegenwind – so gibt es in Deutschland auch zahlreiche Top-Manager und Unternehmenseigentümer die der zunehmenden Verbreitung von Homeoffice kritisch gegenüberstehen: Trigema-Geschäftsführer und Inhaber Wolfgang Grupp beispielsweise identifiziert die Corona-Pandemie als Hauptursache der zunehmenden Homeoffice-Verbreitung und wünscht sich eine Rückkehr zum Ante-Corona Status: »Ja, das (die zunehmende Verbreitung von Homeoffice) kam erst durch die Pandemie, in der man gar keine andere Wahl hatte! Ich finde: Was eine Ausnahme ist, muss man nicht zur Selbstverständlichkeit machen« (Bruggaier, 2023). Aber auch in vielen Großkonzernen ist vollumfängliches und exzessives Homeoffice nicht länger gewünscht. So appelliert beispielsweise Telekom-Chef Timotheus Höttges an seine Belegschaft: »Kommt zurück in die Büros. Wir brauchen den persönlichen Austausch.« Für ihn sei »Homeoffice zwar nicht mehr wegzudenken, aber virtuell bleibt das persönliche Gespräch und die Kreativität oft auf der Strecke.« (Welt, 2022).

Während in Deutschland (mutmaßlich bedingt durch den Fachkräftemangel) der Gegenwind zum Homeoffice-Status-quo nichtsdestotrotz eher gering ausfällt, ist die Debatte in den Vereinigten Staaten von Amerika deutlich schärfer. So fordern selbst innovative und moderne Konzerne wie Zoom, Tesla oder Apple wieder mehr Präsenz in den Büroräumlichkeiten und greifen hierbei zu u. a. drastischen Mitteln: So schrieb Tesla-Mitgründer Elon Musik per E-Mail an alle Mitarbeitenden »Jeder, der bei Tesla arbeitet, muss mindestens 40 Stunden in der Woche im Büro verbringen« und kündigte zudem bei Nichteinhaltung arbeitsrechtliche Konsequenzen an (Werner, 2022). Auch Goldman Sachs schlägt eine solch extreme Richtung ein.

Laut CEO David Solomon ist es eine wichtige Mission, die Mitarbeitenden wieder fünf oder mehr Tage zurück ins Büro zu bringen (Colvin, 2022). Andere Konzerne aus dem Silicon Valley wie Apple versuchen etwas diplomatischer vorzugehen. Das Unternehmen hat im Jahr 2021 bereits angefangen, drei Präsenztage für Mitarbeitende im Unternehmen durchzusetzen. Zwei dieser Präsenztage wurden vom Unternehmen vorgegeben und einer konnte flexibel durch die Mitarbeitenden selbst gewählt werden. Diese anfängliche Empfehlung der Konzernleitung wurde von der Belegschaft jedoch nur geringfügig angenommen, weshalb aus der Empfehlung im Jahr 2022 eine Verpflichtung wurde (Reintjes, 2022). Mit zum Teil fatalen Konsequenzen: Das prominenteste Beispiel dürfte die Kündigung von Ian Goodfellow, ehemaliger Director of Machine Learning bei Apple, sein. Nach der Einführung der verpflichtenden Präsenztage verließ er Apple und ist inzwischen für das dem Google-Konzern angehörige Unternehmen Deep Mind tätig (LinkedIn, 2023). Neben diesem Beispiel ist auch von weiteren Kündigungen und dem Rückgang an Bewerberzahlen aus jüngeren Zielgruppen die Rede. Selbst der Videokonferenzanbieter Zoom hat nun im Sommer der Belegschaft mitgeteilt: »Alle Mitarbeiter der Firma, die weniger als 80 Kilometer vom Büro entfernt wohnen, müssen mindestens in Teilzeit wieder vor Ort arbeiten.« Auch diese Mitteilung ist laut einem Bericht der New York Times nur weniger gut in der Belegschaft aufgenommen worden (Goldberg, 2023). Dass jedoch gerade eines der Unternehmen, welches durch die Pandemie und die daraus resultierende zunehmende Verbreitung von Homeoffice enorm profitiert hat, von mobiler Arbeit Abstand nimmt, zeigt die Spannungsfelder in der Thematik. Es scheint, als wäre keine der beiden Extrempunkte – also auf der einen Seite das nahezu vollständige Arbeiten im Homeoffice und auf der anderen Seite die vollständige Präsenzpflicht – eine Lösung. Viel zu hoch ist die Gefahr bei der Einführung einer vollständigen Präsenzpflicht wichtige Fach- und Führungskräfte zu verlieren und unattraktiv für potenzielle Bewerbende zu sein. Bei dem Angebot eines nahezu vollständigen Homeoffices besteht jedoch die Gefahr, den wichtigen sozialen Kontakt und Austausch im Unternehmen einzuschränken und der Fürsorgepflicht als Arbeitgeber nicht ausreichend nachzukommen. Zudem zeigt eine Studie der Harvard Business School, dass durchaus Tätigkeiten existieren, die in Präsenz besser erledigt werden können (Choudhury et al., 2022). So werden wohl vor allem neue Ideen und Projekte während der Arbeit im Unternehmen vor Ort entwickelt, wohingegen die Abwicklung von existierenden Projekten und Aufgaben im Homeoffice besser gelingt. Es zeichnet sich also ein Spannungsfeld ab, für welches aber ein Lösungsansatz existiert: die hybride Arbeitsorganisation.

### 3.2.3 Hybride Arbeitsmodelle – das Beste aus »beiden Welten«

Dass die Zukunft der Arbeit vor allem im Hybriden liegt, befindet auch Nicholas Bloom, Wirtschaftswissenschaftler der Stanford-Universität. Nach einer Befragung von 1000 Managern ist er sicher: »Hybrides Arbeiten wird bleiben und ist die

Zukunft. Fünf Tage zu Hause zu arbeiten, das wird nicht funktionieren. Doch immer im Büro arbeiten – das wollen die Mitarbeiter nicht.« (Bloom, 2021, S. 2). Die hybride Arbeitswelt kann als eine Kombination aus klassischen und virtuellen Arbeitsmodellen definiert werden. Hierdurch kann eine höhere Flexibilität hinsichtlich Arbeitsort und -zeit so wie der inhaltlichen Ausgestaltung von Arbeitselementen erreicht werden (Lindner, 2022). Doch um diese hybride Arbeitswelt im Unternehmen bewusst zu gestalten und zu implementieren, bedarf es eines systematischen und gut durchdachten Vorgehens. Die folgenden zehn Schritte bieten einen ersten Anhaltspunkt zur Ausgestaltung einer hybriden Arbeitsorganisation in Unternehmen. Die Anordnung der gewählten Punkte ist dabei nicht als zwingende chronologische Reihenfolge zu interpretieren, sondern vielmehr als iteratives und unternehmensindividuell auszurichtendes Vorgehen.

**Dar. 3-1:** Ausgestaltung einer hybriden Arbeitsorganisation (Quelle: eigene Darstellung in Anlehnung an Klier et al., 2023)

### 3.2.4 Ausgestaltung einer hybriden Arbeitsorganisation

Die Basis eines hybriden Arbeitskonzeptes bildet die optimale Ausgestaltung von Büro- und Homeoffice-Arbeitsplätzen. Hierbei sind neben grundlegenden Faktoren wie Ergonomie, Beleuchtung oder der Barrierefreiheit auch die Wahl der passenden technischen Endgeräte von großer Bedeutung. Bei der Ausgestaltung des Büroarbeitsplatzes gilt es zudem, ein auf das Unternehmen und dessen Kultur ausgerichtetes Raumkonzept zu entwickeln. Hier tendieren die meisten Arbeitgeber inzwischen zu offenen Raumkonzepten mit Desk-Sharing-Prinzip und Meetingräumen, die hybride Besprechungen ermöglichen. Zudem muss es für Mitarbeitende ausreichend Rückzugsmöglichkeiten für konzentriertes Arbeiten oder die ungestörte Teilnahme an Videokonferenzen geben.

### 3.2.5 Digitale Tools und Sicherheit

Die örtliche und zeitliche Flexibilisierung von Arbeit kann nur mit Hilfe der geeigneten digitalen Tools funktionieren. Anbieter und Lösungen gibt es inzwischen in ausreichender Menge. Für Organisationen gilt es also, die zur eigenen Arbeitskultur und zu den Tätigkeitsinhalten passenden Instrumente zu identifizieren. Die größte Gefahr beim Einsatz von digitalen Tools liegt im Aufbau einer zu großen Tool-Landschaft. Diese entwickelt sich vor allem durch die Einführung von einzelnen Insel-Lösungen für konkrete Aufgabenstellungen in unterschiedlichen Unternehmensbereichen. Bei einer zu großen Tool-Landschaft ist das grundlegende Problem die fehlende Datendurchgängigkeit und die oftmals sehr komplizierten Transfermöglichkeiten von Daten und Informationen von Tool zu Tool. Daher sollte bei der Auswahl der im Unternehmen einzusetzenden Softwarelösungen ein gut durchdachter Ansatz, der eine größtmögliche Datendurchgängigkeit und eine erfolgreiche Einbettung in das ERP-System der Organisation ermöglicht, gewählt werden. Mit der örtlichen Flexibilisierung von Arbeit steigt automatisch auch das Risiko von Hacker-Angriffen oder dem Verlust von wichtigen Unterlagen oder Endgeräten durch Mitarbeitende. Dementsprechend ist es von enormer Wichtigkeit, eine passende IT-Security-Strategie zu entwickeln und die Belegschaft dementsprechend zu sensibilisieren und zu schulen.

### 3.2.6 Strategieentwicklung

Um hybrides Arbeiten im Unternehmen fest zu etablieren, sollte eine passende Strategie entwickelt werden. Für die erfolgreiche Strategieentwicklung gibt es eine Vielzahl möglicher Ansätze und Vorgehensweisen. Unabhängig von der ausgewählten Methodik ist die unternehmensindividuelle Ausrichtung des hybriden Arbeitskonzeptes von enormer Bedeutung. Die formulierten Grundsätze sollten zur Unternehmens- und Arbeitskultur passen. Des Weiteren spielt Partizipation eine wichtige Rolle. Mitarbeitende und Interessensvertretungen sollten frühzeitig mithilfe von Befragungen und Workshopveranstaltungen an der Strategieentwicklung beteiligt werden. Dies sichert zum einen die unternehmensindividuelle Ausrichtung und zum anderen erhöht es die spätere Akzeptanz des hybriden Arbeitskonzeptes in der Belegschaft. Zudem sollten wichtige Grundsätze, wie z. B. Regelungen zum mobilen Arbeiten, in Betriebsvereinbarungen festgehalten werden.

#### Skills & Kompetenzen

Damit die Mitarbeitenden in der hybriden Arbeitswelt auch optimal performen können, ist es notwendig, die dafür erforderlichen Skills und Kompetenzen zu fördern. Bei flexibleren Ausgestaltungsmöglichkeiten von Arbeitsort und -zeit steigt beispielsweise die Eigenverantwortung auf der individuellen Ebene. Dadurch wird folgerichtig eine erhöhte Selbstorganisationskompetenz gefordert. Auch grundlegende Basiselemente wie Kommunikation, Vertrauen, Digitalkompetenzen oder das Beherrschen digitaler Tools sind von enormer Bedeutung. Dementsprechend sollten Organisationen bei der Konzeption und Etablierung von hybriden Arbeitsmodellen im Rahmen einer Kompetenzanalyse die Soll- und Ist-Kompetenzen im Unternehmen erheben und ein mögliches Delta durch passende Entwicklungsprogramme oder Rekrutierungsmaßnahmen schließen.

### Arbeitszeitmodell

Die zeitliche Flexibilisierung von Arbeit im hybriden Kontext bietet eine enorme Chance zur Steigerung von Produktivität, Vertrauenskultur und der Arbeitgeberattraktivität. Nichtsdestotrotz gilt es hierbei auch das Arbeitszeitgesetz einzuhalten. Dieses liefert eindeutige Regelungen, die im Rahmen der Fürsorgepflicht als Arbeitgeber unbedingt einzuhalten sind. Hierfür benötigt es dementsprechende Arbeitszeitmodelle, die das hybride Arbeitskonzept in Einklang mit den geltenden gesetzlichen Regelungen bringen.

### Führung und Kollaboration

Mit steigender Eigenverantwortung und zunehmender Selbstorganisation verändern sich auch die Anforderungen an Führungskräfte und die Kollaboration. Hierbei scheint vor allem ein situativer und transformationaler Führungsstil von entscheidendem Vorteil zu sein. So kann einerseits eine engere Führung erfolgen, wenn Mitarbeitende noch nicht die benötigte Eigenverantwortung zum erfolgreichen Arbeiten im hybriden Kontext besitzen. Andererseits können mehr Freiräume ermöglicht und verstärkt Verantwortung übertragen werden, wenn die hierfür erforderlichen Kompetenzen ausreichend ausgeprägt sind. Die Kollaboration sollte funktions- und hierarchieübergreifend und über Teamgrenzen hinweg erfolgen.

### Organisation auf Teamebene

Sobald die Leitlinien für ein erfolgreiches hybrides Arbeiten auf Unternehmens- und Bereichsebene geschaffen sind, steht als nächstes die Organisation auf Teamebene im Fokus. Jedes Team ist eine Zusammensetzung aus unterschiedlichen Personen mit vielfältigen Kompetenzen und Bedürfnissen. Dementsprechend sollte auch jedes Team die Freiräume haben, das hybride Arbeitskonzept auf die eigene Situation anzupassen. Dies betrifft beispielsweise die Ausrichtung von Team-Meetings (in Präsenz, hybrid oder rein digital?) und Regelungen zur Erreichbarkeit und Kommunikation. Dabei sollten jedoch stets die Leitplanken der unternehmensweit geltenden hybriden Arbeitsstrategie eingehalten werden.

### Relationship & Health Management

Das mobile und flexible Arbeiten bringt auch Herausforderungen für das Gesundheitsmanagement mit sich. So verbirgt sich hinter zunehmender Flexibilität auch die Gefahr der Überforderung, der Einnahme ungesunder Arbeitspositionen und der Zunahme von Stress (z. B. durch den sogenannten »digitalen Overload«). Unternehmen sollten sich dieser Punkte bei der Etablierung von hybriden Arbeitskonzepten stets bewusst sein und ihrer Fürsorgepflicht nachkommen. Dies kann durch ein modernes und zielgerichtetes Gesundheitsmanagement und ein umfassendes Unterstützungsangebot für Mitarbeitende erfolgen. Zudem sollte die Führungskraft auch beim Führen auf Distanz den Gesundheitszustand und Zufriedenheitsgrad der Mitarbeitenden in den Fokus setzen.

### 3.2.7 Die hybride Arbeitswelt individuell gestalten

Betrachtet man die Verbreitung und Ausgestaltung von Homeoffice in der heutigen Arbeitswelt, gibt es viele verschiedene Trends und Strömungen in beide Richtungen. Während einige Organisationen nach wie vor an der »Corona-Zeit« und dem Ermöglichen von vollständigem Homeoffice festhalten, versuchen andere Unternehmen mit mehr oder weniger strikten Regelungen zum Ante-Corona-Status und der nahezu vollständigen Rückkehr an die betriebliche Arbeitsstätte zurückkehren. Es hat sich wie dargestellt ein Spannungsfeld aufgebaut, in dem es für Unternehmen nun gilt, zielgerichtet zu navigieren. Um eine zukunftsfähige Organisation von Arbeit zu etablieren und auf New Work hinzuarbeiten, scheint es für Unternehmen also eher wenig zielführend zu sein, an einem der Extrempunkte hinsichtlich der mobilen Arbeit festzuhalten. Eine mögliche Lösung liegt vielmehr in der Entwicklung und dem Aufbau einer hybriden Arbeitsorganisation. Diese sollte unternehmensindividuell ausgerichtet sein und ist in der Ausgestaltung abhängig von diversen Faktoren wie der Branche (z. B. Intensität des Fachkräftemangels), der Unternehmenskultur, dem Digitalisierungsgrad im Unternehmen oder der Führungskultur.

Zu den Autoren

**Matthias Sellinger** (M. A.) ist Projektleiter am Institut für Management und Innovation der Hochschule Ludwigshafen und Doktorand an der RPTU Kaiserslautern-Landau. Er verantwortet u. a. angewandte Forschungs- und Transferprojekte in den Bereichen Neuproduktentwicklung, hybride Arbeitsorganisation, Innovationsmanagement und Projektcontrolling.
**Sophie Heß** (M. A.) ist wissenschaftliche Mitarbeiterin am Institut für Management und Innovation der Hochschule für Wirtschaft und Gesellschaft Ludwigshafen. In ihrer Forschungsarbeit setzt sie sich vor allem mit den Themen Neuproduktentwicklung, zukunftsfähige Arbeitsmodelle und Nachhaltigkeitsmanagement auseinander.

## Literatur

Bitkom (2021). Mobiles und hybrides Arbeiten. Arbeiten in und nach der Corona-Pandemie. https://www.bitkom.org/sites/main/files/2021-03/210309_lf_mobiles-hybrides-arbeiten.pdf (Abgerufen am 26.10.2023)

Bloom, N. (2021). Hybrid is the future of work. Stanford Institute for Economic Policy Research Brief. Juni 2021. https://drive.google.com/file/d/1U8NeVFONOHO0rHQq6A4hytlm3I1wio0T/view?usp=sharing&usp=embed_facebook (Abgerufen am 28.10.2023)

Bruggaier, J. (2023). Trigema-Chef: Wolfgang Grupp über Homeoffice: »Die Welt ist doch nicht mehr normal!« – Interview. SÜDKURIER Online. https://www.suedkurier.de/ueberregional/kultur/wolfgang-grupp-im-interview-das-denkt-er-ueber-die-heutige-arbeitswelt;art10399,11494300 (Abgerufen am 26.10.2023)

Choudhury, P., Khanna, T., Makridis, C. & Schirmann, K. (2022). Is Hybrid Work the Best of Both Worlds? Evidence from a Field Experiment. SSRN Electronic Journal. https://doi.org/10.2139/ssrn.4068741 (Abgerufen am 26.10.2023)

Colvin, G. (2022). Goldman Sachs is ordering employees back to the office 5 days a week. Fortune. https://fortune.com/2022/03/10/goldman-sachs-office-hybrid-remote-work-david-solomon/ (Abgerufen am 26.10.2023)

Eurostat (2023). Tourism statistics – Nights spent at tourist accommodation establishments – Statistics Explained. https://ec.europa.eu/eurostat/statistics-explained/index.php?title=Tourism_statistics_-_nights_spent_at_tourist_accommodation_establishments#million_tourism_nights_spent_in_the_first_quarter_of_2023 (Abgerufen am 26.10.2023)

Goldberg, E. (2023). Even Zoom Is Making People Return to the Office. The New York Times. https://www.nytimes.com/2023/08/07/business/zoom-return-to-office.html (Abgerufen am 26.10.2023)

HBS (2020). Studien zu Homeoffice und mobiler Arbeit. https://www.boeckler.de/de/auf-einen-blick-17945-Auf-einen-Blick-Studien-zu-Homeoffice-und-mobiler-Arbeit-28040.htm (Abgerufen am 26.10.2023)

Klier, J., Hartmann, V., & Sellinger, M. (2023). So kommen kleine und mittelständische Betriebe in die hybride Welt: Von Arbeitsplatzgestaltung über Kompetenzentwicklung bis zur Zusammenarbeit im Team. Personalmagazin, 06, S. 32–35.

KOFA (2023). Fachkräftemangel im Überblick. https://www.kofa.de/daten-und-fakten/ueberblick-fachkraeftemangel/ (Abgerufen am 26.10.2023)

Kunz, T. (2022): Die Arbeitswelt nach Corona. DGUV Forum 6/2022. https://forum.dguv.de/ausgabe/6-2022/artikel/die-arbeitswelt-nach-corona (Abgerufen am 26.10.2023)

Lindner, D. (2022). Hybride Arbeitswelt: Empfehlungen für die Arbeit zwischen Home und Office. Springer Fachmedien. https://doi.org/10.1007/978-3-658-37318-4 (Abgerufen am 26.10.2023)

LinkedIn (2023). LinkedIn-Page von Ian Goodfellow. https://www.linkedin.com/in/ian-goodfellow-b7187213/ (Abgerufen am 26.10.2023)

L'Oeil du Public (2023). Kulturbesuche in Zeiten von Corona in Deutschland. https://loeildu-public.com/wp-content/uploads/2023/03/Kulturbesuche-in-Zeiten-von-Corona-in-Deutschland_Marz-23.pdf (Abgerufen am 26.10.2023)

Niedenbrück, C., & Sellinger, M. (2023). New Work: Trends nach der Corona-Pandemie und infolge der Digitalisierung – Eine Analyse des Status quo von Arbeitsflexibilisierung, Herausforderungen von Führungskräften und Auswirkungen auf die Team-Performance. White Paper

Prinz, W. (2021). Flexibles Arbeiten im Homeoffice – Analyse einer Langzeitumfrage. https://www.researchgate.net/publication/354696473_Flexibles_Arbeiten_im_Homeoffice_-_Analyse_einer_Langzeitumfrage (Abgerufen am 26.10.2023)

Reintjes, D. (2022). Homeoffice bei Apple: Die fatale Liebe zum Büro. https://www.wiwo.de/erfolg/management/zurueck-ins-buero-apple-schadet-sich-selbst-mal-wieder/28602618.html (Abgerufen am 26.10.2023)

Schütz, J., Rosenkranz, L., Akko, D., & Hergenröder, C. (2020). Professionalität und Bildungsgerechtigkeit in der Krise. Eine empirische Studie zur Professionalitäts- und Medienkompetenzentwicklung in Schule und Hochschule in Zeiten des Coronavirus. https://www.fernuni-hagen.de/zebo/projekte/CoronakriseErgebnisse.shtml (Abgerufen am 26.10.2023)

Statistisches Bundesamt (2021). Die Folgen der Corona-Pandemie in 10 Zahlen. Statistisches Bundesamt. https://www.destatis.de/DE/Presse/Pressemitteilungen/2021/03/PD21_N023_p001.html (Abgerufen am 26.10.2023)

Statistisches Bundesamt (2022). Knapp ein Viertel aller Erwerbstätigen arbeitete 2022 im Homeoffice. Statistisches Bundesamt. https://www.destatis.de/DE/Presse/Pressemitteilungen/Zahl-der-Woche/2023/PD23_28_p002.html (Abgerufen am 26.10.2023)

Welt (2022). Homeoffice: Telekom-Chef Höttges sieht Vitalität in Gefahr. DIE WELT. https://www.welt.de/wirtschaft/article240611333/Homeoffice-Telekom-Chef-Hoettges-sieht-Vitalitaet-in-Gefahr.html (Abgerufen am 26.10.2023)

Werner, K. (2022). Tesla: Elon Musk schafft das Homeoffice ab. Süddeutsche.de. https://www.sueddeutsche.de/wirtschaft/tesla-elon-musk-homeoffice-1.5596411 (Abgerufen am 26.10.2023)

ZEW (2022). Unternehmen halten nach der Pandemie an hybriden Arbeitsmodellen fest. zew.de. https://www.zew.de/presse/pressearchiv/unternehmen-halten-nach-der-pandemie-an-hybriden-arbeitsmodellen-fest (Abgerufen am 26.10.2023)

## 3.3 Individuelle Lösungsansätze und hybride Arbeitsorganisation

*Interview mit Julia Klier*

Frau Klier, seit einigen Jahren kursiert in der Arbeitswelt der Trendbegriff New Work. Sie beschäftigen sich zudem seit über zehn Jahren mit diesem Gebiet. Was verstehen Sie unter diesem Trend und wie würden Sie New Work beschreiben?

Wir verwenden lieber den Begriff »Zukunft der Arbeit«, im Englischen »Future of Work«. Wenn über New Work gesprochen wird, denken viele nur an hybride Arbeitsmodelle und die Frage, wie viele Tage im Homeoffice gearbeitet werden kann (Arbeitsort). Oder auch über flexible Arbeitszeiten. Für mich war das Thema »Future of Work« schon immer breiter und beinhaltet auch insbesondere Fragen zu den Fähigkeiten, die in Zukunft benötigt werden (»Future Skills«), sowie dem zukünftigen Arbeitsmodell. Aufgrund des digitalen Wandels sind diese Fragestellungen schon seit etwa zehn Jahren relevant. Wir haben uns bei McKinsey schon vor vielen Jahren mit der Frage beschäftigt, zu welchen Arbeitsveränderungen die Digitalisierung, Automatisierung und KI führen. Die Angstmacher haben beschrieben, wie viele Arbeitsplätze wegfallen, und die Chancengeber haben gleichzeitig gesagt, wie viele neue Arbeitsplätze dadurch entstehen können. Fakt ist, dass wir es mit einem fundamentalen Wandel der Arbeitswelt zu tun haben.

Sie haben schon angesprochen, dass für Sie nicht mehr so viel »new« ist in New Work. Mit Blick auf den Begründer des Begriffs, Frithjof Bergmann, welche Verbindung sehen Sie in diesem Zusammenhang?

Eine der Thesen Bergmanns ist ja, dass Arbeit viel mehr ist als nur eine beliebige Erwerbstätigkeit – mehr als ein Job. Es geht dabei um die Frage, die eigene Berufung zu finden. Die Zeitenwende – wenn man diesen Begriff nutzt – fordert kontinuierliche Veränderung und neue Lösungen. Dafür braucht es Menschen, die als Problemlöser:innen im digitalen Zeitalter agieren, was wiederum ein hohes Maß an Eigeninitiative und auch die richtigen Fähigkeiten erfordert. Die Frage nach »Sinnstiftung« ist hierbei nicht ganz »new« – das gab es schon früher; das Tempo, mit dem Veränderung passieren muss, und die Frage, wie die Zukunft der Arbeit hierbei gestaltet werden kann, hingegen schon.

Gibt es für Sie New-Work-Konzepte oder konkrete Muster, die man erkennen kann, oder müssen Unternehmen individuelle Lösungen finden?

Es hängt davon ab, über welche Dimensionen von New Work wir sprechen, dazu gehören Fähigkeiten, Arbeitsorganisation, Arbeitszeit und -ort oder auch Arbeitsweisen. Diese Dimensionen wiederholen sich in vielen Unternehmen und ich würde sagen, da sehen wir Muster, ähnliche Chancen und Herausforderungen. Wie beispielsweise bei der Organisation von hybriden Arbeitsweisen, wie wir in einem gemeinsamen Artikel mit Herrn Sellinger dargestellt haben. Wir sehen, dass in Deutschland über zehn Millionen Menschen oder ein Viertel der Beschäftigten bis 2030 neue Kompetenzen brauchen. Deswegen folgen die Konzepte erstmal einem Muster. Es gibt aber innerhalb der Dimensionen durchaus Unterschiede. Wenn wir mal bei unserem Artikel zum hybriden Arbeiten bleiben, dann sehen wir, dass sich das hybride Arbeiten in einem DAX-Konzern und einem KMU in der Ausprägung und manchmal auch im Pragmatismus unterscheidet. Innerhalb des Menüs von Maßnahmen, die für einzelne Unternehmen relevant sind, ist die individuelle Ausgestaltung sehr wichtig. Dazu gehört beispielsweise auch die Frage, ob man in der Großstadt angesiedelt ist und ganz einfach Talente akquirieren kann oder als Mittelständler auf dem Land sitzt. Dort müssen völlig neue Arbeitskonzepte etabliert werden, um überhaupt neue Talente gewinnen zu können. Da unterscheidet sich dann die Intensität der Ausprägungen. Ein massiver Treiber ist der aktuelle Fachkräftemangel. Je größer der Fachkräftemangel, umso »radikaler« ist die Ausprägung der Maßnahmen und Ideen entlang einer Dimension. Wenn man in eher homogenen Kohorten zum Beispiel quer durch den DAX schaut, dann gibt es bestimmte Konzepte, die sich wiederholen. Denken wir an Regelungen zum Thema Telearbeit und Homeoffice oder wie viel Prozent der Infrastruktur für die Flexibilität der Arbeitnehmenden aufgegeben wird, weil nicht mehr alle Beschäftigten einen eigenen dauerhaften Arbeitsplatz haben. Da sehen wir Muster, die sich wiederholen.

Dann würde ich da auch gleich genauer in die Unternehmen reinschauen. Haben Sie bereits Unternehmen bei der Konzeption oder der Umsetzung von, nennen wir es New-Work-Strategien, begleiten können?

Ich kann gerne auf ein paar Beispiele genauer eingehen. Ich habe zum Beispiel eine internationale Großorganisation bei der Frage begleitet, wie ein hybrides Arbeitsmodell eingeführt werden kann. Es ging zunächst darum, allgemeine Regelungen zu erarbeiten, aber zusätzlich auch um die Frage, wie sich diese Regelungen im Hinblick auf die Mitarbeiterzufriedenheit oder die Produktivität ausgewirkt haben. Welchen Einfluss haben sie auf die Effizienz? Auch Themen wie Kollaboration und Connectivity werden relevant. Ein weiteres Beispiel ist die Frage nach Zeit und Ort. Es gibt erste Unternehmen, die sich die Frage stellen, welche Arbeitszeiten es im Unternehmen gibt. Wie auch in den Medien zu lesen, dann stellen sich immer mehr Unternehmen die Frage nach der Vier-Tage-Woche. Wie kann ein solches Modell im Einklang mit den Betriebsräten und allen bestehenden Vereinbarungen aussehen und was bedeutet das wiederum für die eben genannten Ergebnisgrößen? Als drittes Beispiel können wir uns den öffentlichen Sektor anschauen. Hier geht es momentan sehr intensiv um die Frage, wie mit agileren Arbeitsformen Talente gewonnen werden können. Das betrifft insbesondere Behörden im ländlichen Raum, die sich sehr intensiv mit dieser Frage beschäftigen müssen und sich auch sehr offensiv positionieren, beispielsweise bei der Suche nach IT-Talenten. In einer anderen Organisation haben wir ein Modell zur »Zukunft der Arbeit« erarbeitet, allerdings mit dem Fokus auf die Frage, welche Kompetenzen die Menschen brauchen, um in der Organisation zukünftig erfolgreich zu sein. Dafür mussten wir zunächst die wichtigsten Future Skills für die Organisation definieren.

Was sind nach Ihrer Beobachtung denn für Unternehmen Erfolgsfaktoren oder was sind auch Hindernisse?

Unternehmen müssen sich mit dem Thema New Work oder Future of Work genauso strategisch und programmatisch auseinandersetzen wie mit jedem transformatorischen Thema auch. Es ist wichtig, es nicht als HR-Thema, sondern als People Strategy zu begreifen, die den Gesamtvorstand betrifft. Denn die People Strategy ist es, die am Ende eine Organisation zusammenhält. Das ist meiner Meinung nach ein Erfolgsfaktor. Zweitens sind wir überzeugt, dass man dieses Thema faktenbasiert, datenbasiert und nicht meinungsorientiert ableiten muss. Zum Beispiel ist es nicht zielführend, eine pauschale Meinung darüber haben, was das richtige Arbeitsmodell für die eigenen Beschäftigten ist. Stattdessen sollte man sich fragen, welche Mitarbeitergruppen es im Unternehmen gibt, was deren Präferenzen sind und was sie brauchen, um erfolgreich in ihrer Arbeit sein zu können. Wie bei einer Kundensegmentierung kann man dann ableiten, welches Arbeitsmodell für sie das passende ist. Ein dritter Erfolgsfaktor ist die Einsicht, dass es beim Thema Zukunft der Arbeit kein allgemeingültiges Arbeitsmodell gibt. Zwar sollte man als Gesamtorganisation im Topmanagement Leitplanken definieren. Einzelnen Teams muss dann aber die Ausgestaltung innerhalb dieser Leitplanken überlassen werden. Es ist ein entscheidender Unterschied, ob man in einem Team arbeitet, das für Sicherheit verantwortlich ist, oder in einem agilen IT-Squad. »One size fits all« – das funktioniert nach meiner Erfahrung in den meisten Fällen nicht.

**Welche Erwartungen haben Mitarbeitende Ihrer Erfahrung nach an Unternehmen und Führungskräften in dieser neuen Arbeitswelt?**

Wir sehen eine deutliche Entwicklung hin zu einem Bewerbermarkt und damit verbunden auch Veränderungen hinsichtlich der Erwartungen. Bewerbende und Mitarbeitende haben immer mehr Möglichkeiten, ihre Ansprüche an den Arbeitgeber durchzusetzen und dementsprechend hohe Erwartungen. In einer unserer Studien von McKinsey kam heraus, dass fast ein Drittel der Beschäftigten in Deutschland darüber nachgedacht haben, ihren Job zu kündigen. Das ist ein Indikator für eine hohe Sicherheit auf Seiten der Arbeitnehmenden. So werden die Erwartungen an das Thema Flexibilität auch in Zukunft hoch sein. Eine weitere Erwartung, die mit New Work in Verbindung steht, ist das Thema Purpose oder Sinnstiftung sowie die persönliche Weiterentwicklung. Die Menschen haben verstanden, dass das, was sie heute lernen, in 20 Jahren ganz anders aussehen kann. Die aktuellen Entwicklungen rund um KI sind da ein gutes Beispiel. Damit wird die Frage nach der eigenen Beschäftigungsfähigkeit zentral und die Erwartung an die Organisationen nach Weiterbildung und Entwicklung steigt.

**Welche Relevanz hat Ihrer Meinung nach die Mitarbeiterführung bei der Entwicklung und Umsetzung von Konzepten aus New Work bzw. Future of Work?**

Unsere Daten und Studien zeigen, dass neben den Themen Sinnhaftigkeit oder Gehalt vor allem das Thema Führung für die Mitarbeiterzufriedenheit eine entscheidende Rolle spielt. Insbesondere sind die Erwartungen an eine Führungskraft, Mitarbeitende zu inspirieren, gestiegen. Wir sehen insgesamt, dass sich das Verständnis der Führungsarbeit verändert hat. Eine Führungskraft gibt nicht mehr haarklein vor, was Mitarbeitende zu machen haben, sondern sie baut gute Teams auf. Die Führungskraft agiert mehr als Coach, der oder die Menschen dazu zu befähigt, ihre Stärken einzusetzen und Eigeninitiative fördert, statt Mikromanagement zu betreiben. Deswegen ist die Rolle der Führungskräfte in Transformationen eminent wichtig. Gerade wenn viel im Homeoffice gearbeitet wird, dann ist die Führungskraft neben dem Team oft der ausschlaggebende Faktor, ob Mitarbeitende im Unternehmen bleiben oder nicht.

**Wir haben eben kurz über die Erwartungen der Mitarbeitenden gesprochen und über die Mitarbeiterführung. Haben Unternehmen realisiert, dass sie auf diese Veränderungen bzw. Erwartungen reagieren müssen?**

Ich habe in den letzten 18 Monaten kein Unternehmen getroffen, das das nicht realisiert hat. Auch die Themen Fachkräftemangel und Rekrutierung von Talenten sind in den Unternehmen an höchster Stelle angekommen, vor zehn Jahren war das noch ein reines HR-Thema. Besonders in wissensintensiven Organisationen, für die das Humankapital die entscheidende Größe für Erfolg oder Misserfolg ist, ist die Einsicht angekommen. Gleichzeitig ist die Anzahl der offenen Stellen in Deutschland ein wichtiger Indikator. Das Bewusstsein für die Relevanz des Themas ist da. Die Frage, die sich stellt, ist wie die Unternehmen damit umgehen. Das Buch des Netflix-Gründers Reed Hastings mit dem Titel »No Rules Rules« beschäftigt sich beispielsweise mit der Arbeitsorganisation und wie wichtig die People Strategy für ihn als CEO ist. Um auf Ihre Frage zurückzukommen: Ja, die Unternehmen haben den Handlungsbedarf erkannt und die anschließende Frage ist, wie sie darauf reagieren. Da beobachten wir aktuell noch eine Ausprobierphase. Für das Thema hybrides Arbeiten haben die meisten großen Unternehmen eine Antwort gefunden. Jetzt geht es darum, Antworten für die weiteren Dimensionen zu finden. Zum Beispiel die Dimension Fähigkeiten und die Frage, wie können die Mitarbeitenden in kurzer Zeit die Fähigkeiten aufbauen, die sie jetzt und in Zukunft brauchen. Das ist ein Thema, das mich sehr beschäftigt und aktuell allgegenwärtig ist.

**Sie haben eben das Thema Fähigkeiten angesprochen und vorhin bereits die Future Skills erwähnt. Welche Skills und Kompetenzen benötigen Mitarbeitende und Führungskräfte Ihrer Meinung und Erfahrung nach, um in der modernen Arbeitswelt erfolgreich zu sein?**

Wir haben bei McKinsey in Zusammenarbeit mit dem Stifterverband für die Deutsche Wissenschaft ein Future Skills Framework mit 21 Kompetenzen, die in vier Kategorien unterteilt sind, veröffentlicht. Die erste Kategorie bilden die klassischen Kompetenzen wie zum Beispiel Problemlösungs- und Kommunikationsfähigkeit. Die zweite Kategorie bilden die digitalen Schlüsselkompetenzen beispielsweise der Umgang mit Videokonferenzen. In der dritten Kategorie werden die technologischen Kompetenzen zusammengefasst, aktuell ist hier beispielsweise der Umgang und Einsatz von Künstlicher Intelligenz im eigenen Arbeitsbereich ein Thema. In der vierten Kategorie sind die sogenannten transformativen Kompetenzen gebündelt, die ich persönlich sehr interessant finde und die exponentiell wichtiger werden. Ein Beispiel für die transformativen Kompetenzen ist die Urteilsfähigkeit. In der Diskussion um ChatGPT und die Einsatzmöglichkeiten und Konsequenzen des Einsatzes wurde diese Kompetenz deutlich. Ein weiteres Beispiel für die transformativen Kompetenzen ist die Missionsorientierung, die es braucht, um große gesellschaftliche Themen voranzutreiben. Wir haben in Deutschland ganz viele Unternehmen und Menschen, die Großartiges wollen. Einige dieser Missionen, beispielsweise die Dekarbonisierung oder Mobilität der Zukunft, stellen uns aber weiterhin vor große Herausforderungen. Damit die Missionsorientierung gelingt, müssen sehr viele Menschen von einer Idee überzeugt sein. Als Organisation kann man auf Basis der eigenen Geschäftsstrategie ermitteln, welche Kompetenzen für das Unternehmen besonders relevant sind. Fähigkeitenaufbau, Up- und Reskilling sind entscheidende Faktoren im Rahmen einer Transformation.

**Brauchen dann alle Mitarbeitende Fähigkeiten in allen vier Feldern oder ist das sozusagen gestaffelt?**

Das ist mit Sicherheit gestaffelt. Die klassischen Fähigkeiten, die galten schon immer und erleben derzeit eine Renaissance. Diese Fähigkeiten gelten daher für alle. Genauso die digitalen Schlüsselkompetenzen, die es braucht, um digitale Teilhabe im privaten und beruflichen Alltag zu ermöglichen. Die technologischen Kompetenzen benötigen nicht alle Mitarbeitenden, sondern sie sind abhängig von der Tätigkeit und Bereich der Mitarbeitenden. Bei den transformativen Kompetenzen verhält es sich ähnlich. Nicht jeder Mitarbeitende braucht diese Kompetenzen, aber je höher die Führungsebene, desto wichtiger werden diese wiederum.

**Sie haben in Ihrem Handelsblatt-Interview aus dem Februar 2023 ein nationales Portal für beruflichen Weiterbildungsbedarf gefordert. Das haben Sie vorhin auch schon kurz erwähnt und wir haben eben schon über Future Skills gesprochen. Wie gut sehen Sie den Wirtschaftsstandort Deutschland auf den Kompetenzbedarf in der jetzigen und zukünftigen Arbeitswelt vorbereitet?**

Wir sind ein fantastischer Bildungsstandort. Viele Länder haben sich in der Vergangenheit an uns orientiert, nicht nur an der höheren Bildung, d. h. Universitäten, sondern vor allem an unserem dualen Ausbildungssystem. Die Ausbildung ist ein deutscher Exportschlager und hat uns globale Popularität beschert. Gleichzeitig haben wir uns als Land der Dichter und Denken verstanden, mit dem Diplom und dem Ingenieurwesen und haben sehr viel in die Bildung investiert. Deshalb sind die Startvoraussetzungen erstmal gut – zumindest noch. Gleichzeitig haben wir in Deutschland einen sehr guten und riesigen Weiterbildungsmarkt. Uns fehlt es also nicht am Angebot. Die Frage ist viel mehr, wie wir die Menschen mit den richtigen Weiterbildungsanbietern und Universitäten zusammenbringen. Meine persönliche Vision ist, dass ein Tag kommen wird, an dem Beschäftigte auf Wochenbasis datenbasiert für ihre Rolle oder Tätigkeit eine persönliche Empfehlung angezeigt bekommen, welchen Skill sie sich als nächstes aneignen sollten, um sich in diesem Themenbereich weiterzubilden und die eigene Beschäftigungsfähigkeit weiter zu steigern. Von dieser Vision sind wir noch ein Stück entfernt. Es fehlt uns daher eher an der Orchestrationsfähigkeit und deswegen auch die Idee der Weiterbildungsplattform. Damit wir als Bürger oder Mitarbeitende einer Organisation wissen: Wo finden wir all diese Weiterbildungsmöglichkeiten an einer zentralen Stelle und das im besten Fall mit automatisierten und datenbasierten Empfehlungen. Ein solches System würde ich mir wünschen, da viele aktuell in dem Dschungel der Angebote verloren gehen. Viele große Unternehmen sind in dieser Hinsicht schon sehr weit, aber für kleinere Mittelständler ist die Frage sehr relevant, d. h. auch für sie muss es ein einfaches Angebot geben. Ich spreche gerne von dem Prinzip Stecker und Steckdose: Für jeden Arbeitsplatz erscheinen Empfehlungen, wie man sich kostengünstig und schnell weiterbilden kann. Ich kann mir auch das Prinzip »Netflix of Learning« im Bildungsbereich gut vorstellen, mit dem die Weiterbildung durch Gamification-Elemente und Integration in das Leben der Mitarbeitenden viel Spaß macht.

Das ist ein sehr interessanter Ansatz. Würden Sie das dann als eine Plattform sehen, die von einem öffentlichen Träger beispielsweise von einem Ministerium bereitgestellt wird oder von einem privaten Unternehmen, wofür man dann als Privatperson oder Unternehmen bezahlen muss?

Im Grunde gibt es etwas Ähnliches bereits: Die Nationale Online-Weiterbildungsplattform (NOW) der Bundesagentur für Arbeit. Im Rahmen der Nationalen Weiterbildungsstrategie soll sie helfen, die Ziele der Bundesregierung zu erreichen, die Weiterbildungsbeteiligung auf einen Wert von 65 % zu steigern. Es muss meiner Meinung nach sichergestellt werden, dass die Anforderungen an ein »Netflix of Learning« erfüllt sind – Netflix als Stellvertreter dafür, wie gutes Streaming funktioniert. Die Plattform muss benutzerorientiert aufgebaut sein statt viele fragmentierte Inhalte. Zudem brauchen wir das sehr zeitnah!

Es wird an einer solchen Plattform gearbeitet, bisher gibt es die allerdings noch nicht. Was würden Sie, bis es so weit ist, Beschäftigten zur Aufrechterhaltung der eigenen Beschäftigungsfähigkeit oder auch Unternehmen zu diesem Thema raten?

Wir haben in unseren McKinsey-Studien gesehen, dass der sogenannte »Growth-Mindset«, also die Fähigkeit, lernen und sich weiterentwickeln zu wollen, die wichtigste Fähigkeit noch vor den vier Kategorien des Future-Skills-Frameworks ist. Sowohl aus Unternehmens- und Beschäftigtensicht ist das extrem wichtig. Auf Unternehmensseite muss sichergestellt werden, dass die Angebote niederschwellig nutzbar sind und je kleiner die Organisation ist, umso pragmatischer nutzbar müssen die Angebote sein. Aus Sicht der Mitarbeitenden ist es zentral, sich bewusst zu machen, dass das eigene Humankapital in den Fähigkeiten liegt, die man erworben hat. Daher stehe ich auch hinter der Idee, die Beschäftigungsfähigkeit auf der Smartwatch ähnlich wie die Fitness zu tracken. Dann könnten die Beschäftigten sehen, wie sich ihre Beschäftigungsfähigkeit entwickelt und so spielerische Anreize zur Weiterbildung entstehen.

Ein Thema, das in der neuen Arbeitswelt viel angesprochen wird, ist die Partizipation. In diesem Zusammenhang würde uns interessieren, welche Handlungs- und Entscheidungsfreiräume von Mitarbeitenden Sie in Unternehmen beobachten können, wenn sich diese Unternehmen mit New Work beschäftigen.

Dadurch, dass weniger in Präsenz gearbeitet wird, entstehen viel mehr Entscheidungs- und Gestaltungsspielräume, wie Mitarbeitende ihre Arbeit erledigen können. Wir können beobachten, dass Mitarbeitende weniger kontrolliert werden und keiner mehr neben ihnen sitzt, der vorgibt, was in den nächsten Stunden gemacht werden soll. Im Gegensatz dazu war unser bisheriges Arbeitsleben fast schon verschult. Das heißt, Mitarbeitende müssen auch erst lernen, mit dieser neuen Freiheit umzugehen. Wenn von zu Hause gearbeitet wird, rennen die Kinder rein oder es läuft die Waschmaschine etc. Damit muss man umgehen können. Mit dieser Freiheit verbreitet sich auch das endproduktorientierte Arbeiten, auch damit müssen Mitarbeitende umgehen können. Es wird nicht mehr vorgegeben, wie man zum Ergebnis kommt, sondern es wird ein Ergebnis oder die Erwartung vorgegeben. Der Weg, um dorthin zu kommen, kann selbst bestimmt werden.

Würden Sie sagen, dass dieser Wunsch nach Partizipation eher generationenspezifisch ist oder ist das einfach generell etwas, was man aktuell über alle Altersstrukturen hinweg beobachten kann?

Wir können feststellen, dass jeder von uns dank digitaler Medien, E-Mails, Intranet oder sozialen Medien wesentlich mehr Informationen zum gleichen Zeitpunkt zur Verfügung hat und damit das Bedürfnis, zu partizipieren oder umgekehrt das Gefühl, nicht Teil von etwas zu sein, größer geworden ist. Um uns herum passiert so viel, das ist auch schon früher so gewesen, aber jetzt ist es viel sichtbarer geworden. Eine wissenschaftliche Aussage dazu habe ich aber nicht.

Es kann dann auch einfach festgehalten werden, dass man diese Frage noch nicht so genau beantworten kann. Ein anderes Thema, das vorhin auch schon kurz angestoßen wurde, ist jetzt das Thema rund um die Sinnstiftung in der Arbeitswelt. Wie wichtig ist das eigentlich Ihrer Meinung nach? Finden Sie diese Purpose-Debatte gerechtfertigt oder ist es Ihrer Meinung nach eher eine Modeerscheinung?

Die Sinnstiftung ist über alle Generationen und in allen Arbeitswelten relevant, da wir alle einer Arbeit nachgehen wollen, bei der wir Freude und Bestätigung empfinden und das Gefühl entsteht, etwas Richtiges zu tun. Die Dynamiken des Arbeitsmarktes mit der gestiegenen Arbeitnehmermacht ermöglicht es Menschen, sich jetzt viel mehr mit dem Thema zu beschäftigen. Anfang der 2000er gab es Massenarbeitslosigkeit, in dieser Zeit war die Position der Arbeitnehmenden und Bewerbenden, Bedingungen stellen zu können, ganz anders bzw. die Bedingungen, die gestellt werden konnten, ganz andere. Damals wurde sich wahrscheinlich mehr mit der Frage beschäftigt, ob man einen Arbeitsplatz bekommt, als welchen Arbeitsplatz. Sobald es aber die Möglichkeit gibt, sich den Arbeitsplatz auszusuchen, kann man sich fragen: Welcher Arbeitsplatz macht mir mehr Freude oder stiftet mir mehr

Sinn? Insofern werden wir wahrscheinlich schon quantitativ-objektiv beobachten können, dass auch das Bedürfnis nach Sinnstiftung zugenommen hat. In der Generation Z wird dieses Thema der Sinnstiftung unter den wichtigsten Gründen genannt, um sich für einen Job zu entscheiden. Wenn das beispielsweise nicht gegeben ist, dann ist das ein Grund, den Job zu kündigen. Die Gen Z hat das Phänomen der Massenarbeitslosigkeit nicht erlebt, während viele Entscheidungstragende in den Unternehmen noch aus einer ganz anderen Sozialisierung kommen.

**Eine Debatte, die im Rahmen von New Work kursiert, ist die Frage, wie Büroräume konzipiert werden. Beobachten Sie eine Veränderung im Verständnis von Büroräumen in Unternehmen? Wie sollten die Räumlichkeiten konzipiert sein?**

Das ist momentan eine sehr lebendige Debatte. Nachdem in den Unternehmen geklärt wurde, in welchem Arbeitsmodell gearbeitet werden soll, ist die anschließende Frage, welche Rolle das Büro in Unternehmen noch hat. Wenn wir die Entwicklung von Raumkonzepten betrachten, sehen wir, dass die Konzepte bestimmten Wellen unterliegen. Es gab alles von Einzelbüros zu Großraumbüros und wieder zurück zu Einzelbüros. Viele Organisationen beschäftigen sich momentan mit der Frage, wie die bestehenden Flächen so eingerichtet werden können, dass stärkere Kollaboration, ein gemeinsames Problem Solving, das Stehen am Flipchart etc. möglich wird. Ohne an dieser Stelle auf das Design einzugehen, steht die Frage im Vordergrund: Wie kann mit Raumkonzepten Kollaboration gefördert werden? Haben Einzelbüros oder alles Individuelle deswegen ausgedient? Wahrscheinlich nicht, da es auch in Coworking-Spaces immer Schreibtische für Personen gibt, die am Stück produktiv arbeiten müssen, da nicht alle Ergebnisse im Problem Solving entstehen. Daher stellt sich aktuell die Frage der Mischung. Welchen Anteil Kollaborationsräume bekommen sollen, wie Desk-Sharing-Bereiche gestaltet werden und wie die Konzepte vereint werden können, damit Mitarbeitende wirklich produktiv arbeiten können. Das ist eine sehr lebendig geführte Debatte.

**Das heißt das geht vorrangig um die Frage, wie wird die Zusammenarbeit im Unternehmen gestaltet, um dann vor diesem Hintergrund zu überlegen, wie muss dazu unser Büro gestaltet sein?**

Genau, das ist die vordergründige Debatte. Es muss geklärt werden, wie man als Team kollaborativ die besten Lösungen liefern kann und zusammengearbeitet wird. Daneben gibt es natürlich viele technologische Aspekte. Es gibt beispielsweise Unternehmen, da kann an jede Wand gemalt werden oder es gibt Tische, auf die direkt draufgeschrieben wird und das Geschriebene direkt auf den Laptop geschickt werden kann. Da sind den Fantasien auch in technologischer Hinsicht keine Grenzen gesetzt.

**Frau Klier, vielen Dank für das Gespräch.**

Das Gespräch wurde von Janina Stumpf geführt.

## Zur Interviewpartnerin

**Prof. Dr. Julia Klier** ist Senior Partnerin bei McKinsey & Company. In diesem Kontext leitet sie weltweit seit zwölf Jahren Projekte im öffentlichen Sektor sowie in der Industrie zum Thema People & Organizational Performance. Ihr Beratungsschwerpunkt liegt auf umfassenden Transformations-, Digitalisierungs-/Daten-, Organisations- und Strategieprogrammen. Sie ist zudem Professorin an der Universität Regensburg an der Fakultät für Informatik und Data Science. Julia Klier ist Autorin zahlreicher Publikationen und wurde bereits mehrfach ausgezeichnet, u. a. wurde sie 2018 vom Capital Magazin unter die »40 unter 40 – Junge Elite« gewählt.

# 3.4 Die Unterrepräsentanz von Frauen in Führungspositionen: Ursachen und Veränderungsansätze

*Nora Vetter*



## 3.4.1 Einleitung

Dass sich mit »New Work« durchaus auch Prägungen für die Mitarbeiterführung verbinden, steht sicherlich außer Frage. Aber inwieweit können bzw. sollen die insbesondere in der Praxis von den Digitalisierungs- und Agilitätsperspektiven geprägten Ansätze der Modernisierung der Arbeit auch den Aspekt der Geschlechtersensibilität im Kontext der Führung aufnehmen? Es erscheint mehr als fragwürdig, wenn man davon ausgeht, dass sich die signifikante Unterrepräsentanz von Frauen in Führungspositionen in einer als »neu« gelabelten Arbeitswelt als Problemfeld, welches – realistisch gesehen – in den zurückliegenden Jahrzehnten kaum eine nennenswerte Verbesserung erfahren hat, einfach so auflöst.

Wer sich mit der Zukunft beschäftigt, sollte hierbei die gegebenen Verhältnisse als Ausgangssituation mitberücksichtigen und in strategische Überlegungen für die

Unternehmen einfließen lassen. Betrachtet man die Einbindung von Frauen in Führungspositionen, so belegen aktuelle Daten, dass Frauen in Führungspositionen nach wie vor erheblich unterrepräsentiert sind. Es lässt sich anhand der Zahlen des statistischen Bundesamtes für das Jahr 2022 feststellen, dass nur 28,9 % der Führungspositionen weiblich besetzt waren (https://www.destatis.de/DE/Themen/Arbeit). Zu Führungspositionen werden hierbei Vorstände und Geschäftsführerinnen/Geschäftsführer sowie Führungskräfte in Handel, Produktion und Dienstleistungen (ebd.) gezählt. Deutschland liegt damit unter den EU-Mitgliedsstaaten nur im hinteren Drittel und deutlich unter dem EU-Durchschnittswert von 34,7 % (https://www.destatis.de/Europa). In den höchsten Führungsebenen lag der Frauenanteil in Deutschland im Jahr 2018 bei 15,3 % (Bundesministerium für Arbeit und Soziales 2021, S.16). Befasst man sich mit den manifesten Veränderungen der Arbeitswelt in den zurückliegenden Jahren, so lässt sich feststellen, dass sich »trotz vielfältiger Transformationsprozesse die Ungleichheitslagen der Geschlechter nicht aufgelöst haben« (Schmidt 2023, S. 123). Es könnte ein schwerwiegender Irrtum sein, zu glauben, dass flexiblere Arbeitsbedingungen und eine gute Work-Life-Balance die oftmals strukturellen und kulturellen Restriktionen für die führungsbezogenen Benachteiligungen von Frauen so einfach abstellen könnten.

> *»[...] es [ist] natürlich ein Unding [...], dass Frauen auf Führungspositionen in vielen Unternehmen kaum zu finden sind. Aber diese Unternehmen schaden sich selbst. Sie berauben sich der Fähigkeiten und Talente, über die Hunderttausende bestens ausgebildeter Frauen verfügen. Aus meiner Sicht ist das zwar auch eine moralische Frage, aber vor allem eine betriebswirtschaftliche.«*
> Prof. Dr. Marion Schick, ehem. Personalvorstand und Arbeitsdirektorin, Deutsche Telekom AG (https://www.rkw-kompetenzzentrum.de/publikationen/studie/frauen-in-fuehrungs-positionen)

Dieser Beitrag beschreibt anhand einer von der Verfasserin durchgeführten betrieblichen Untersuchung die vielfältigen Facetten der Unterrepräsentanz von Frauen in Führungspositionen. Mit der genaueren Betrachtung von Ursachen und Veränderungsansätzen mit exemplarischen Handlungsempfehlungen kann nach der hier vertretenen Auffassung idealerweise ein Beitrag für die Ausformungen von New Work in der Unternehmenspraxis geleistet werden. Die zugrundeliegende Untersuchung fand im Zeitraum März 2021 bis Mai 2021 statt und wurde mit Interviewpartnerinnen in Deutschland und der Schweiz durchgeführt, welche in verschiedenen Verantwortungsbereichen im Top- oder Middle-Management tätig waren. Hierbei erfolgte eine Beschränkung auf die Industriebranche. Insgesamt wurden 14 sehr umfassende Interviews geführt und anhand der qualitativen Inhaltsanalyse nach Mayring analysiert.

## 3.4.2 Problembeschreibung – und potenzielle Hypothese für New Work

### 3.4.2.1 Ausgangssituation

»#Ich will«, »#Quotenfrau« oder »#Ich bin eine Quotenfrau« sind nur beispielhafte Begriffe verschiedener Medien-Kampagnen zur verstärkten Aufmerksamkeit auf Frauen, welche bereits Fach- und Führungspositionen besetzen oder sich für die Besetzung dieser Funktionen durch Frauen einsetzen (vgl. Kropf et al. 2020; Kluin 2020: 36). Die wachsende Bedeutung der Personalarbeit in Unternehmen in Verbindung mit der Erwartung an einen erhöhten Frauenanteil in Führungspositionen begründet Frau Prof. Jutta Rump im Interview mit dem Personalmagazin durch einen gesellschaftlichen Paradigmenwechsel, der sich nun auch bis hin zur Vorstandsebene entwickelt hat, wodurch Themen wie Fachkräftemangel und Frauenanteile in Führungspositionen auch in den höheren Managementebenen diskutiert werden (vgl. Straub 2019: 39). Jutta Allmendinger nennt die Folgen und Veränderungen der Corona-Pandemie eine »Re-Traditionalisierung« der Frauen, wodurch ehemalige Rollenverständnisse wieder bekräftigt werden und Frauen, trotz Homeoffice, wieder deutlich stärker der Familienarbeit und Kinderbetreuung nachgehen (vgl. Allmendinger 2021: 7 ff.; Jessen et al. 2021: 131 ff.). Der Vergleich der Frauenanteile in Vorständen von DAX-Unternehmen zwischen 2012 und 2020 macht sichtbar, dass partiell eine Tendenz zu mehr Frauen in Führungspositionen wahrzunehmen ist, jedoch bezogen auf die Grundgesamtheit der zu besetzenden Funktionen der Frauenanteil dennoch niedrig bleibt (Menne 2020). Insgesamt sind 190 Vorstandspositionen in den DAX-Unternehmen zu besetzen, wovon im Jahr 2012 zwölf Frauen eine Vorstandsfunktion innehatten. Im Jahr 2020 waren 28 Frauen in den Vorständen zu finden (vgl. Kirsch/Wrohlich 2020: 35 ff.; Menne 2020). Im Rahmen einer Studie der Allbright Stiftung aus dem Jahr 2017 wurde dargelegt, dass es mehr Vorstände mit dem Vornamen Thomas gibt, als Frauen in diesen Gremien (Allbright Stiftung 2017: 3 f.). Unter Berücksichtigung der anhaltenden HR-Trends (vgl. Bundesverband der Personalmanager 07.01.2020; Jochmann/Stein 2019), wie dem Fachkräftemangel, dem demografischen Wandel oder der Veränderungsdynamik in einer sog. VUCA-Welt, ist die Einbindung von Frauen in Entscheidungsgremien sowie Fach- und Führungspositionen eines der zentralen Zukunftsthemen und kann durchaus als kritischer Erfolgsfaktor für Unternehmen angesehen werden (vgl. Straub 2019: 39; Bundesverband der Personalmanager 07.01.2020).

Im Rahmen dieses Beitrags wird die Unterrepräsentanz von Frauen in Führungspositionen in der Industrie als bedeutende Branche für Deutschland beleuchtet. Die zugrundeliegende Hypothese lautet, dass Frauen häufig eine **gläserne Decke** in ihrer Karriereentwicklung erleben, hierfür betriebliche, politische und gesellschaftliche Gründe existieren und die gläserne Decke nur durchbrochen werden kann, wenn die Aufstiegsbarrieren reduziert, verändert oder aufgelöst werden. Die Annahme wird getroffen, dass eine gläserne Decke existiert und damit konkrete

Aufstiegsbarrieren einhergehen. Im Speziellen wird auf die Ableitung von Veränderungsansätzen eingegangen, um die Ursachen und Barrieren zu reduzieren. Die zentralen Erkenntnisse in Form von Veränderungsansätzen werden in ökonomisch-betriebliche sowie sozial-gesellschaftliche Faktoren untergliedert. Hierbei wird stark auf die wissenschaftliche Befassung mit dem Thema im Zusammenhang mit einer 2021 erstellten Masterarbeit (vgl. Vetter 2021) und die daraus resultierenden Ergebnisse auf Basis von Experteninterviews abgestellt. Aus den durchgeführten Experteninterviews und deren Analyse ging deutlich hervor, dass es vielfältige Ursachen für die Existenz der gläsernen Decke gibt, wobei diese in der betrieblichen Praxis unterschiedlich wahrgenommen wurden. Allerdings wurde die Existenz einer gläsernen Decke nicht explizit von allen Interviewpartnerinnen bestätigt. Auch unter Berücksichtigung der Literatur scheint es zielführend zu sein, den Fokus der Problembetrachtung nicht auf mögliche Aufstiegsbarrieren im Sinne einer gläsernen Decke zu reduzieren, sondern den Blick zielgerichtet auf die Ursachen für die Unterrepräsentanz von Frauen in Führungspositionen des Middle- und Top-Managements zu richten.

#### 3.4.2.2 Ursachenidentifikation

Im Rahmen der Untersuchung wurden Ursachen ersichtlich, die in den Organisationen begründet waren, wie eine fehlende frauenfördernde Unternehmenskultur, ein intransparenter und auf Netzwerke basierter Rekrutierungs- und Beförderungsprozess, fehlende Vorbilder und frauenspezifische Programme, mit denen die Karriereentwicklung von Frauen gestärkt werden kann, sowie immer noch bestehende Vorbehalte zur Mutterrolle und deren Vereinbarkeit mit Beruf und Karriere. In der Untersuchung wurde jedoch ebenfalls nachgewiesen, dass externe Rahmenbedingungen, insbesondere im Bereich der Vereinbarkeit von Familie und Beruf ebenfalls als Ursache für die Unterrepräsentanz zu verstehen sind, da nur durch entsprechend ausgebaute Kinderbetreuungsplätze oder politische Regelungen zum Vaterschaftsurlaub Frauen frühzeitig in den Beruf zurückkehren können. Außerdem wurde ersichtlich, welche gesellschaftlichen und individuellen Ursachen die Unterrepräsentanz und Aufstiegsbarrieren begünstigen. Hier können Stereotype bspw. in der Berufswahl jedoch auch klassische Rollenbilder in der Familien- und Sorgearbeit genannt werden, welche partiell noch immer vertreten sind. Zusätzlich ist das Verhalten, die Einstellungen sowie die Herangehensweise von Frauen als Ursache zu nennen. Fehlendes Selbstvertrauen, geringere Wahrnehmung des eigenen Potentials, wenige Netzwerkzugehörigkeiten oder auch das Ablehnen von Beförderungen aufgrund eines erhöhten Risikos wurden als Ursachen ebenfalls erkennbar. Diese Ursachen zeigen, dass betriebliche und auch gesellschaftliche Faktoren auf die Unterrepräsentanz von Frauen in Führungspositionen einwirken. Weiterhin können auch die individuellen Aufstiegsbarrieren genannt werden, welche Frauen manchmal selbst »erschaffen«, sich hierdurch ggf. selbst hemmen und eine Karriereentwicklung behindern. Aus diesen beschriebenen Ursachen resultieren verschiedenste

Rückschlüsse, die im Anschluss näher beleuchtet werden sollen und als abgeleitete Veränderungsansätze für Wirtschaft, Gesellschaft und Politik verstanden werden können.

In Darstellung 3-2 werden Ursachen der **ökonomisch-betrieblichen Perspektive** verdeutlicht und entsprechend mit Beispielen und Ausprägungsformen unterfüttert. Dies ist insoweit wichtig, da durch empirische Studien und entsprechende Forschungsergebnisse überzeugend dargelegt werden konnte, dass die betrieblichen Strukturen – wie die Unternehmenskultur, Netzwerke und Männerbünde in Unternehmen – sowie auch Rekrutierungs- und Beförderungsmechanismen maßgebliche Gründe für die Unterrepräsentanz von Frauen und die Existenz der gläsernen Decke sind (vgl. Wolf et al. 2017: 7; Weissenrieder et al. 2017: 118 ff.; Krell 2011: 415). Kapitel 3.4.2.3 stellt die entsprechenden Zusammenhänge dar und nimmt thematische Einordnungen vor.

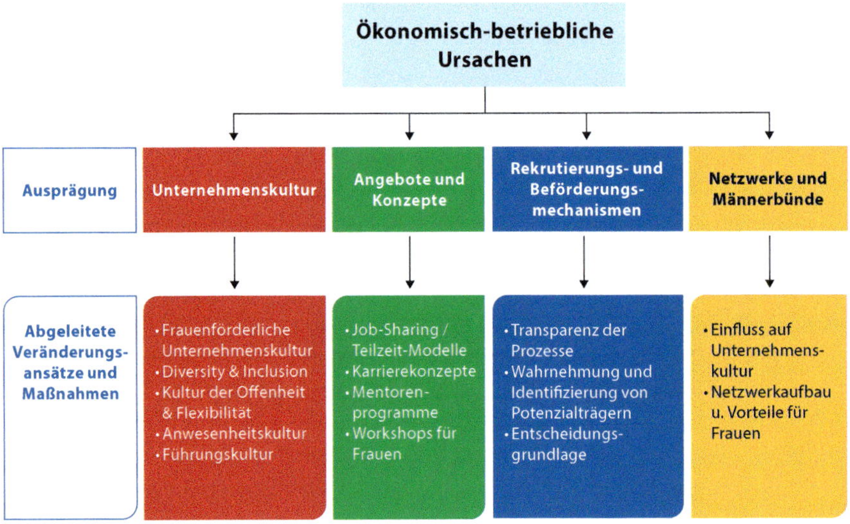


**Dar. 3-2:** Ökonomisch-betriebliche Ursachen

Will man die Ursachen der Unterrepräsentanz von Frauen in Führungspositionen umfassend betrachten, so gilt es, auch die **sozial-gesellschaftlichen Aspekte** aufzunehmen. Grundlegende Ausführungen hierzu sind Gegenstand des Kapitels 3.4.2.4. Sowohl die ökonomisch-betrieblichen als auch die sozial-gesellschaftlichen Ursachen lassen sich in vier Kategorien und abgeleiteten Veränderungsansätzen differenzieren.

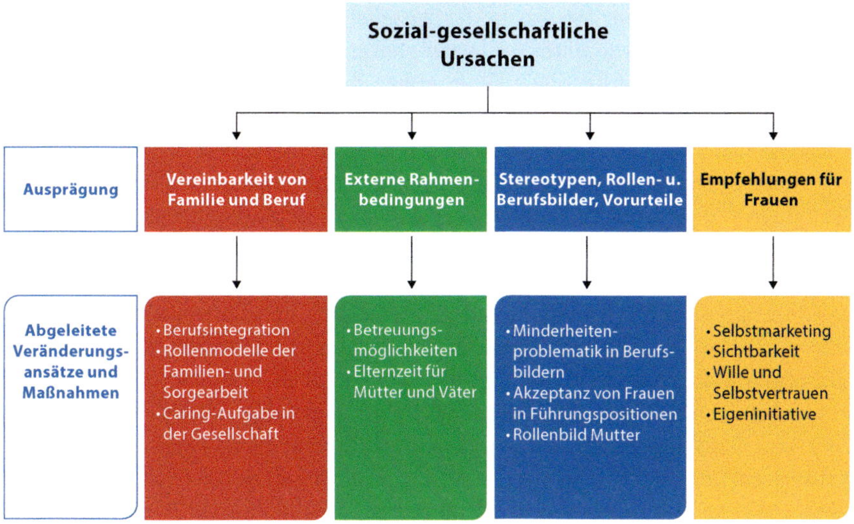


**Dar. 3-3:** Sozial-gesellschaftliche Ursachen

### 3.4.2.3 Veränderungsansätze der ökonomisch-betrieblichen Perspektive

Die in Darstellung 3-2 aufgeführten vier Kategorien stellen abgrenzbare Ausprägungen der ökonomisch-gesellschaftlichen Ursachen für die Unterrepräsentanz von Frauen in Führungspositionen dar. Darstellung 3-4 führt die Veränderungsansätze der ökonomisch-betrieblichen Perspektive auf.

Zur Kategorie der **Unternehmenskultur** werden insbesondere kulturelle und bisher angewandte Strukturen und Prozesse gezählt, die sich ebenfalls in den Kategorien der Rekrutierungs- und Beförderungsmechanismen sowie auch Netzwerken widerspiegeln (vgl. Woodward 1998: 2 f.; Weissenrieder et al. 2017: 118 ff.; Wolf et al. 2017: 7). Die Merkmale und Säulen einer **frauenförderlichen Unternehmenskultur** sind folgende: Wertschätzung, Diversity & Inklusion – nicht nur auf Basis der Geschlechter-Dimension – sowie geringe Hierarchien und Vorbilder in Organisationen. Unternehmen sollten hierbei Diversity in einer breiten Perspektive in Bezug auf Alter, Kultur, Geschlecht, Herkunft, Beschäftigungsgrad, Familienstand oder Bildung verstehen (vgl. Gardenswartz/Rowe 2003: 33). Auch im Rahmen der Rekrutierung kommt Diversity eine Handlungsrelevanz zu, um für die Mitarbeitenden von Anfang an Raum und Möglichkeit für gemischte Teams und Erfahrungen zu schaffen. Es sei angemerkt, dass Untersuchungen durchaus Zusammenhänge von divers ausgeprägten Teams und dem Unternehmenserfolg belegen (vgl. Allen & Overy 2020: 47; Zedlmayer 2018: 162; McKinsey & Company 2008: 20; Franck/Jungwirth 1997: 19). Im Rahmen der vorgenommenen Untersuchung konnten »Offenheit und Flexibilität der Unternehmenskultur« im Hinblick auf neue Arbeitsmodelle, Erwartungen der Mitarbeitenden und spezifische Konzepte für Frauen identifiziert und empfohlen werden. Hierbei ist festzustellen, dass insbesondere die Corona-Pandemie eine neue Flexibilität der Arbeitszeitmodelle erschaffen hat, die es nach weitgehendem Konsens für die Zukunft zu bewahren gilt. Es erscheint hier bedeutend, nicht wieder in alte und überholte Denkmuster zurückzufallen und beispielsweise die Konzepte zu Homeoffice sowie Teilzeit oder Job-Sharing-Modellen ziel- und interessengerichtet zu gestalten. Es wurde auch deutlich, dass im Kontext der Flexibilität von Homeoffice-Ansätzen verbindlichen Verabredungen zu den Anwesenheiten vor Ort im Sinne einer Anwesenheitskultur ebenfalls eine Bedeutung zugewiesen wird. Ein wichtiger handlungsleitender Veränderungsansatz umfasst die Führungskultur in Verbindung mit der Bedeutung und Notwendigkeit von Vorbildern in einer Organisation. Die Bedeutung der Führungskultur und Auswahl der Führungskräfte, z. B. auch im Kontext der Rekrutierungs- und Beförderungsprozesse, wurden ebenfalls in der vorgenommenen Untersuchung ersichtlich. Hier könnten E-Learnings angeboten werden, die den Zusammenhang zwischen Führungs- und Unternehmenskultur veranschaulichen. Auch regelmäßige Evaluierungen der Führungskräfte und der gegebenen Unternehmenskultur durch Befragungen oder abteilungsinterne Prozesse sind als Maßnahmen denkbar.

Die Kategorie **Angebote und Konzepte** für Frauen als Veränderungsansatz befasst sich mit verschiedenen Überlegungen zu Angeboten, die sich spezifisch an Frauen richten sollten und diese sowohl unternehmensintern oder abteilungsübergreifend aufnehmen und umsetzen könnten. Die Offenheit der Organisation gegenüber neuen Ansätzen erscheint hierbei zwingend notwendig und sollte im Unternehmensleitbild verankert sein. Job-Sharing- oder Teilzeit-Modelle eignen sich in besonderer Weise für die bessere Vereinbarkeit von Familie und Beruf. Hier sollten auch solche Modelle für Männer zum Einsatz kommen, durch die gleichberechtigte Partnerschaften konkret unterstützt werden können. Als Maßnahme könnten bspw. alle zu besetzenden Führungspositionen ebenfalls in Teilzeit oder als Job-Sharing-Modell ausgeschrieben werden. Ebenso wären Messkennzahlen zur Besetzung von Job-Sharing- oder Teilzeit-Modellen sinnvoll, um dadurch Ziele in einer Organisation vorzugeben, diese jedoch auch nachhaltig verfolgen und prüfen zu können. Handlungsempfehlungen im Bereich von Karrierekonzepten sind für die Zeit während und nach einer Berufsunterbrechung relevant, um auf der einen Seite eine frühzeitige Berufsintegration zu gewährleisten, jedoch auch Entwicklungsperspektiven nach einer Mutterschaft anzubieten. Hier könnten z. B. Konzepte angeboten werden, in denen ein kontinuierlicher Anstieg des Teilzeit-Beschäftigungsgrades forciert wird, um hierdurch eine frühzeitige Berufsintegration nach einer Berufsunterbrechung zu ermöglichen. Eine weitere Handlungsempfehlung bezieht sich auf Mentoren-Programme, die bei den Interviews im Rahmen der Untersuchung durchgängig als sehr hilfreich eingestuft wurden.

Die dritte Kategorie im Kontext ökonomisch-betrieblicher Ursachen stellen die **Rekrutierungs- und Beförderungsmechanismen** in Organisationen dar. Hierbei gilt es die entsprechenden Prozesse im Unternehmen – unter Berücksichtigung der gegebenen Transparenz und Inhalte –sowie die Wahrnehmung und Identifizierung von Potenzialträgern bis hin zur finalen Entscheidungsgrundlage in einem Rekru-

Ökonomisch-betriebliche Veränderungsansätze

| Ausprägung | Veränderungsansätze | Abgeleitete Veränderungsmaßnahmen |
|---|---|---|
| Unternehmenskultur | • Frauenförderliche Unternehmenskultur<br>• Diversity & Inclusion<br>• Kultur der Offenheit & Flexibilität<br>• Anwesenheitskultur<br>• Führungskultur | • Workshops oder neue Konzeption der Unternehmenswerte und -kultur<br>• Offenheit und Flexibiltät im Hinblick auf neue Arbeitszeitmodelle, Konzepte und Erwartungen<br>• Konzepte zu Homeoffice und Teilzeit- oder Job-Sharing-Modellen, welche durch Vorbilder in der Organisation vorgelebt werden<br>• Auswahl der Führungskräfte<br>• E-Learnings zur Führungskultur, regelmäßige Evaluierungen der Führungskräfte und der vorherrschenden Unternehmenskultur durch Befragungen oder abteilungsinterne Prozesse |
| Angebote und Konzepte | • Job-Sharing / Teilzeit-Modelle<br>• Karrierekonzepte<br>• Mentorenprogramme<br>• Workshops für Frauen | • Zu besetzende Führungspositionen in Teilzeit oder als Job-Sharing-Modell ausschreiben<br>• Karrierekonzepte für die Zeit während und nach einem Berufsunterbruch<br>• Mentorenprogramme für Potenzialträger, Berufseinsteiger und neue Führungskräfte; Themenworkshops, gemeinsame Mittagessen oder After-Work-Abende, um auch Netzwerke für Frauen abteilungs- und unternehmensübergreifend zu ermöglichen |
| Rekrutierungs- und Beförderungsmechanismen | • Transparenzen der Prozesse<br>• Wahrnehmung und Identifizierung von Potenzialträgern<br>• Entscheidungsgrundlagen | • Guideline für einen Rekrutierungs- und Beförderungsprozess, der veschiedenen Stakeholder, deren Verantwortlichkeiten und Entscheidungsgrundlagen für oder gegen einen Kandidaten transparent dargestellt<br>• Stellenveröffentlichungen der vakanten Positionen auf internen und externen Stellenportalen<br>• Sensibilisierung zur Potenzialwahrnehmung von Führungskräften, HR-Abteilung<br>• Nominierungsverfahren, in welchem man sich selbst melden kann, jedoch auch Kollegen, Führungskräfte oder HR-Mitarbeitende Potenzialträger melden können<br>• Geschlecht in der Entscheidungsfindung völlig unbeachtet lassen |
| Netzwerke und Männerbünde | • Einfluss auf Unternehmenskultur<br>• Netzwerkaufbau und Vorteile für Frauen | • Repräsentanz von Frauen in unternehmensübergreifenden und informellen Netzwerken<br>• Abteilungs- oder projektbezogene Entscheidungen dürfen nicht im Rahmen von Netzwerken entschieden werden, da dies „politisch geprägten" Entscheidungsprozessen entgegenwirkt und somit eine Objektivität der Entscheidungsträger garantiert<br>• Gründung eigener Frauennetzwerke, wobei die sinnhafte Zusammenarbeit bspw. für den fachlichen und persönlichen Austausch im Vordergrund steht |

Ursachen → Aufstiegsbarrieren → Veränderungsansätze

**Dar. 3-4:** Veränderungsansätze der ökonomisch-betrieblichen Perspektiv tierungs- und Beförderungsprozess zu beleuchten. Insbesondere ist hierbei die Wahrnehmung von Potenzialträgern ein kritischer Entscheidungsfaktor. Die »Nichtsichtbarkeit« von talentierten Frauen führt aktuell noch häufig dazu, dass sie benachteiligt und letztlich nicht eingestellt oder befördert werden.

Die vierte Ausprägung fokussiert sich auf **Netzwerke und Männerbünde** und deren Einfluss auf Aufstiegsbarrieren und die gläserne Decke. Diesem Faktor kommt im Kontext der angesprochenen gläsernen Decke für Frauen eine besondere Bedeutung zu, insbesondere, weil hier Ausgrenzungen bzw. Zugangsbarrieren für Frauen sehr häufig festzustellen sind (vgl. Krell 2001, S. 415).

#### 3.4.2.4 Sozial-gesellschaftliche Perspektive und deren Veränderungsansätze

In Ergänzung zu der Darlegung ökonomisch-betrieblicher Veränderungsansätzen wird im Folgenden die **sozial-gesellschaftliche Perspektive** und deren Veränderungsansätze beleuchtet. Auf der Grundlage der Ergebnisanalyse der Interviews und unter Berücksichtigung theoretisch getragener und empirisch fundierter Studien hinsichtlich der Bedeutung von Gesellschaft, sozialen und externen Rahmenbedingungen und der Bedeutung des Individuums für Gegebenheiten der Unterrepräsentanz lassen sich durchaus relevante Erkenntnisbeiträge zusammentragen, die in starker Kongruenz zur wissenschaftlichen Literatur stehen (vgl. Krell 2011: 415; Kaiser et al. 2012: 19; Kmenta/Linhart 2016: 69; Menne 2020). Die beschreibbaren Ursachen wie auch die konkret abgeleiteten Veränderungsansätze können Darstellung 3-5 entnommen werden. Es lassen sich im Kontext der sozial-gesellschaftlichen Ursachen vier Kategorien und damit verbundene Ausprägungen differenzieren, die nachfolgend in Anbindung zu gegebenen Handlungsmöglichkeiten erläutert werden.

Bei der **Vereinbarkeit von Familie und Beruf** stehen gesellschaftliche Faktoren für Familien, Eltern bzw. Väter und Mütter im Blick. Als wichtige externe Rahmenbedingungen sind u. a. Kinderbetreuungsmöglichkeiten zu nennen. Dieses Angebot sollte sich gleichermaßen an Frauen und Männer richten. Es sollte dafür gesorgt werden, dass Berufsunterbrechungen aufgrund von Schwangerschaft keine Karrierenachteile auslösen. Das Angebot einer frühzeitigen Rückkehr in die berufliche Position sollte als Option angeboten werden. Hierbei wäre als weitere Maßnahme ein »Berufsintegrationsmodell« anzubieten, bei dem z. B. die Möglichkeit bestünde, zur leichteren Integration mit einem Teilzeitpensum nach einer Berufsunterbrechung einzusteigen. Eine weitere Handlungsempfehlung bezieht sich auf Rollenmodelle der Familien- und Sorgearbeit, mit denen die Eltern- und Berufsrollen miteinander zu einer sinnvollen Regelung – insbesondere mit Blick auf die Arbeitszeiten und Beschäftigungsumfänge – verbunden werden können.

Den letzten Teilaspekt bilden die Caring-Aufgaben aus der gesellschaftlichen Perspektive, welche aufgrund der Corona-Pandemie nochmals einen verstärkten Fokus erlangt haben. Es erscheint im Sinne der gesellschaftlichen Verantwortung geboten, die Familien- und Sorgearbeit zunächst besser zu organisieren. Hier sind externe Rahmenbedingungen zu nennen, wie beispielsweise die Möglichkeiten zur Vereinbarkeit auszubauen. Es sind im Rahmen der Familien- und Sorgearbeit nicht nur Kinder zu betreuen, sondern Arbeitnehmende benötigen oftmals zur Pflege von Angehörigen und Familie eine Berufsunterbrechung. Bislang nimmt diese Familien- und Sorgearbeit noch einen erheblichen Einfluss auf Frauen und ihre berufliche Karriereentwicklung, was u. a. in der durchgeführten Untersuchung ersichtlich wurde. Auf der Grundlage verschiedener Studien im Kontext der Corona-Pandemie wird ein nachhaltig negativer Effekt für Frauen und deren Doppelbelastung zwischen Beruf und Familie prognostiziert (vgl. Jessen et al. 2021: 132; Kümmerling 2015: 23; Allmendinger 2021: 7 ff.; PWC 08.03.2021; BMFSFJ 2018: 11 f.; Bertelsmann Stiftung 2020: 1; BMFSFJ 2020: 24 f.). Es ist als gesellschaftliche Maßnahme somit abzuleiten, dass der Familien- und Sorgearbeit eine höhere Akzeptanz, Verständnis und Wertschätzung gegenüber erbracht werden sollte.

Die zweite Ausprägung fokussiert sich auf **externe Rahmenbedingungen** und deren Einfluss auf Aufstiegsbarrieren. Wie bereits in der theoretischen Auseinandersetzung erkenntlich wurde, besitzen die Berufsunterbrechungen und eine damit einhergehende eingeschränkte Verfügbarkeit von Frauen einen Einfluss auf die Existenz der gläsernen Decke. Die erste Maßnahme beschäftigt sich mit externen Angeboten zur Betreuung und Unterstützung im Rahmen der Familien- und Sorgearbeit. Für Kinderbetreuungsplätze, Kita- oder Kindergartenplätze sowie ganztägige Betreuung ist in Deutschland ein erhebliches Defizit zu konstatieren. Ein Ausbau stellt somit ein hoch prioritäres Thema dar. Einen weiteren Aspekt bildet die Überlegung einer verpflichtenden Nutzung von Elternzeit – in partieller Form – durch Väter.

Die Kategorie **Stereotypen, Rollen- und Berufsbilder, Vorurteile für Frauen** als Veränderungsansatz richtet den Fokus darauf, dass Frauen immer noch bestimmte Berufsfelder durch gesellschaftliche Sozialisationsprozesse »zugewiesen« werden. Im Rahmen der Untersuchung wurde das Problem der stereotypen und klassischen Berufsbilder betrachtet und herausgearbeitet, dass eine wachsende Repräsentanz von Frauen in verschiedenen Berufsbildern und Führungspositionen einen entscheidenden Lösungsansatz darstellt, um auf Sicht die Minderheitensituation von Frauen zu verbessern sowie Vorurteilen und klassischen Berufs- und Rollenbildern entgegenzuwirken. Hierzu bräuchte es starke gesellschaftliche, aber auch betriebliche Impulse zur Erhöhung der Repräsentanz von Frauen in bisher von Männern dominierten Berufen und – insbesondere im Management- bzw. Führungsbereich –angebundenen Funktionen. Hinsichtlich der Übernahme von Führungsrollen durch Frauen bedarf es zudem einer veränderten Wahrnehmung der bislang deutlich überrepräsentierten Männer. Im Raum stehende Vorurteile gegenüber Frauen als Führungskräfte sollten offensiv und durchaus selbstkritisch reflektiert werden. Als mögliche Maßnahme könnten hier Workshops zur Reflexion eigener Stereotypen und Vorurteile – ggf. als fester Bestandteil der Führungskräfteentwicklung – angeboten werden.

Als die letzte Kategorie der sozial-gesellschaftlichen Ursachen sollen das Verhalten und die Eigenschaften von Frauen beleuchtet werden, welche sich primär

Sozial-gesellschaftliche Veränderungsansätze

| Ursachen | Veränderungsansätze | Abgeleitete Veränderungsmaßnahmen |
|---|---|---|
| Vereinbarkeit von Familie und Beruf | • Berufsintegration<br>• Rollenmodelle der Familien- und Sorgearbeit<br>• Caring-Aufgaben in der Gesellschaft | • Firmeninterne Kinderkrippenplätze für Männer und Frauen anbieten, wodurch frühzeitig in den Beruf zurückgekehrt werden kann, jedoch auch die Kinderbetreuung gesichert werden und in unmittelbarer Nähe zum Arbeitsort stattfinden könnte.<br>• Berufsintegrationsmodell zur leichteren Integration anbieten, bspw. mit einem Teilzeitpensum beginnen, welches sich kontinuierlich steigert<br>• Unterschiedliche Modelle der Familien- und Sorgearbeit, z. B. Rollentausch in der Partnerschaft, wodurch die Mutter wieder in Vollzeit in das Berufsleben einsteigt, der Partner jedoch entweder sein Pensum reduziert oder die Familien- und Sorgearbeit vollständig alleine übernimmt<br>• Höhere Akzeptanz, Verständnis und Wertschätzung gegenüber der Familien- und Sorgearbeit |
| Externe Rahmenbedingungen | • Betreuungsmöglichkeiten<br>• Elternzeit für Mütter und Väter | • Kinderbetreuungsplätze, Kita- oder Kindergartenplätze und ganztägige Betreuung sollten noch weiter ausgebaut werden<br>• Einführung des verpflichtenden Bezugs an Elternzeit auch für Väter |
| Stereotypen, Rollen- und Berufsbilder, Vorurteile | • Minderheitenproblematik in Berufsbildern<br>• Akzeptanz von Frauen in Führungspositionen<br>• Rollenbild Mutter | • Geschlechterunabhängige Berufsorientierung ermöglichen<br>• Workshops zur Reflexion eigener Stereotypen und Vorurteile, wodurch Denkmuster aufgedeckt werden; Angebot von Trainings im Bereich Unconscious Bias in Unternehmen und öffentlichen Bildungsstätten (Trainingsangebote können in der Führungskräfteentwicklung berücksichtigt werden)<br>• Hauptverantwortung der Familien- und Sorgearbeit gesellschaftlich diskutieren und Väter und Mütter gleichermaßen beteiligen. Väter sollten mehrheitlich in die Verantwortung genommen werden, wodurch die klassische Mutterrolle in Zukunft reduziert werden kann |
| Empfehlungen für Frauen | • Selbstmarketing<br>• Sichtbarkeit<br>• Wille und Selbstvertrauen<br>• Eigeninitiative | • Selbstmarketing und Repräsentanz der eigenen Leistung und Fachkompetenz in Meetings/Entscheidungsgremien; hierbei auch aktiv seinen Standpunkt fachlich und professionell vertreten können und durch Fachkompetenz und Sichtbarkeit überzeugen<br>• Selbstvertrauen und Eigenwahrnehmung des Potenzials stärken<br>• Eigeninitiative, Wille und intrinsische Motivation zur Karriereentwicklung stärken, aktiv Karriereschritte oder auch Lohnverhandlungen einfordern<br>• Bestimmte Robustheit und Abgrenzung gegenüber der beruflichen Erfahrung aufrechterhalten |

Ursachen → Aufstiegsbarrieren → Veränderungsansätze →

**Dar. 3-5:** Veränderungsansätze der sozial-gesellschaftlichen Perspektive als **Empfehlungen für Frauen** zusammenfassen und individuell je nach Persönlichkeit anwenden lassen. Hierbei wurden folgende Faktoren und daraus resultierende Maßnahmen erkannt, welche elementaren Einfluss besitzen: Selbstmarketing, Sichtbarkeit, Wille und Selbstvertrauen sowie Eigeninitiative und intrinsische Motivation. Anhand einzelner Beispiele ließ sich aus der durchgeführten Untersuchung deutlich erkennen, dass Frauen durch Trainings, Coachings und das aktive Sich-Einbringen in Netzwerken bei ihrem Selbstmarketing und Selbstvertrauen sowie der Wahrnehmung des eigenen Potenzials Unterstützung erfahren und bewusst erleben können.

### 3.4.3 Fazit

Aus den in diesem Beitrag dargestellten Ergebnissen und Veränderungsansätzen ergibt sich die Schlussfolgerung, dass Organisationen, die Gesellschaft, Politik und Regierungen, aber auch jedes Individuum ein Verständnis und eine Sensibilisierung zum Thema der Unterrepräsentanz von Frauen aufgrund von Aufstiegsbarrieren entwickeln müssen, da zukünftige Entwicklungen wie der demografische Wandel oder die fortschreitende Digitalisierung die Arbeits- und Berufswelt stark beeinflussen und prägen werden. Im Bereich des Human-Resources-Management wird der Verbesserung der Entwicklungsmöglichkeiten von Frauen in Führungspositionen in den Unternehmen seit langem ein hoher Stellenwert eingeräumt. Dass die quantitativen Ergebnisse dieser Bemühungen in der Gesamtbetrachtung nichts zufriedenstellen können, wird überwiegend nicht infrage gestellt. Mit der systematischen Betrachtung der vielfältigen Aspekte, die für die Unterrepräsentanz von Frauen in Führungspositionen relevant sind, wurde unter Einbindung von Betroffenen und Expertinnen der Versuch unternommen, wesentliche Ursachen zu identifizieren und gleichermaßen Lösungs- und Veränderungsansätze vorzustellen. Unter Berücksichtigung der Vorteile von gemischten bzw. geschlechter-gemischten Teams für Unternehmen und deren Erfolg, Innovation, Unternehmenskultur, Interaktions- und Diskussionskultur sollte es Organisationen zukünftig daran gelegen sein, Konzepte für Frauen und eine frauenfördernde Kultur zu schaffen. Hiervon können jedoch nicht nur Organisationen in Zukunft profitieren, sondern auch die Gesellschaft würde sich kontinuierlich weiterentwickeln können. Auch den klassischen Rollenverständnissen und erlebten Vorurteilen gegenüber Frauen könnte wirksamer entgegengewirkt werden. Dennoch ist und bleibt es eine wesentliche Herausforderung in jeder Organisation, in jeder Gesellschaft und auch für jede Frau, den aktuellen Trend und damit verbundenen Weg zur Verbesserung der Unterrepräsentanz weiter zu ebnen. Es geht insbesondere auch darum, dass sich selbst die nächsten Karriereschritte zugetraut und diese aktiv eingefordert werden sowie bewusst die eigene Sichtbarkeit gestärkt wird.

Im Zusammenhang mit der Fragestellung wohin sich unsere Arbeitswelt insbesondere im Kontext der umfassenden Digitalisierung und Vernetzung entwickelt, kann die Nutzung der Potenziale von Frauen in Führungspositionen und der Umgang mit der seitherigen Unterrepräsentanz zu einem Gradmesser für die Ernsthaftigkeit und Nachhaltigkeit des Ansatzes von New Work werden. Veränderungen dürften in diesem Zusammenhang nicht von allein kommen, sondern sollten Teil einer umsetzungsintendierten Zukunftsagenda nicht nur in den Unternehmen und Organisationen, sondern auch im gesellschaftlichen Diskurs und bei den politischen Weichenstellungen sein.

### Zur Autorin

**Nora Magdalena Vetter** ist HR Business Partner Global Industries bei GF Piping Systems in Schaffhausen in der Schweiz. Ihr Bachelorstudium in Allgemeiner BWL absolvierte sie an der HTWG – Hochschule Konstanz Technik, Wirtschaft und Gestaltung. An der Hochschule für Wirtschaft und Gesellschaft Ludwigshafen schloss sie ihren Master of Business Administration (MBA) in Human Resources Management erfolgreich mit der Masterarbeit zum Thema »Die Unterrepräsentanz von Frauen in Führungspositionen in der Industrie: Die gläserne Decke: Zugangs- und Aufstiegsbarrieren für Frauen in Führungspositionen – eine kritische Analyse von Ursachen und Veränderungsansätzen« ab.

## Literatur

Allbright Stiftung (2017): Ein ewiger Thomas-Kreislauf? Wie deutsche Börsenunternehmen ihre Vorstände rekrutieren. Berlin.

Allen & Overy (2020): Gender Diversity. Fünf Jahre nach der Einführung – Wie setzen DAX- und MDAX-Gesellschaften die Frauen- und Geschlechterquoten um und was hat sich verändert? Frankfurt am Main, URL: https://www.allenovery.com/de-de/germany/news-and-insights/frauenquote-studie Abruf 04.09.2023.

Allmendinger, Jutta (2021): Es geht nur gemeinsam! Wie wir endlich Geschlechtergerechtigkeit erreichen. Berlin: Ullstein.

Bertelsmann Stiftung (2020): Traditionelle Rollenverteilung in Corona-Krise belastet die Frauen. URL: https://www.bertelsmann-stiftung.de/de/publikationen/publikation/did/rollen-und-aufgabenverteilung-bei-frauen-und-maennern-in-corona-zeiten Abruf 09.09.2023.

BMFSFJ (2020): Familie heute. Daten, Fakten, Trends. Familienreport 2020. Berlin.

BMFSFJ (2021): Geschlechtergerechte Berufsorientierung fördern. URL: https://www.bmfsfj.de/bmfsfj/themen/gleichstellung/frauen-und-arbeitswelt/geschlechtergerechte-berufsorientierung-foerdern-80404 Abruf 04.09.2023.

Bundesministerium für Arbeit und Soziales (2021): Forschungsbericht 588. Chancengleichheit – Frauen in Führung. Berlin.

Bundesverband der Personalmanager (2020): Die HR Trends 2020 – Worauf sich Personalmanager/innen einstellen sollten. URL: https://www.bpm.-de/sites/default/files/200107_pm_hr_trends_2020.pdf Abruf 04.09.2023.

Destatis (https://www.destatis.de/DE/Themen/Arbeit/Arbeitsmarkt/Qualitaet-Arbeit/Dimension-1/frauen-fuehrungspositionen.html Abruf 04.09.2023.

Destatis https://www.destatis.de/Europa/DE/Thema/Bevoelkerung-Arbeit-Soziales/Arbeitsmarkt/Qualitaet-der-Arbeit/_dimension-1/08_frauen-fuehrungspositionen.html) Abruf 04.09.2023.

Franck, Egon; Jungwirth, Carola (1997): Vorurteile als Karrierebremse? Ein Versuch zur Erklärung des Glass Ceiling-Phänomens. In: Freiberger Arbeitspapiere 97 (18).

Gardenswartz, Lee; Rowe, Anita (2003): Diverse teams at work: Capitalizing on the power of diversity. Alexandria, Virginia: Society for Human Resource Management.

Jessen, Jonas; Spieß, Katharina; Wrohlich, Katharina (2021): Sorgearbeit während der Corona-Pandemie: Mütter übernehmen größeren Anteil – vor allem bei schon zuvor ungleicher Aufteilung. In: DIW Wochenbericht 88 (9), S. 131-139.

Jochmann, Walter; Stein, Frank (2019): Top Trends im HR und People Management 2019. URL: https://www.kienbaum.com/de/blog/top-trends-hr-people-management-2019/ Abruf 04.09. 2023.

Kaiser, Simone; Hochfeld, Katharina; Gertje, Elena; Schraudner, Martina (2012): Unternehmenskulturen verändern – Karrierebrüche vermeiden. Stuttgart: Fraunhofer Verlag.

Kirsch, Anja; Wrohlich, Katharina (2020): Langsam wandeln sich die Führungsetagen deutscher Großunternehmen. In: DIW Wochenbericht, 87 (4), S. 35-37.

Kluin, Katharina (2020): Ich will mehr von uns! In: Stern 49, S. 28-39.

Kmenta, Regina; Linhart, Verena (2016): Frauenquote: Fluch oder Chance!? In: Buchenau, Peter (Hrsg.): Chefsache Frauenquote. Pro und Kontra aus aktueller Sicht. Wiesbaden: Springer Fachmedien, S. 53-76.

Krell, Gertraude (2011): Geschlechterungleichheiten in Führungspositionen. In: Krell, Gertraude; Ortlieb, Renate; Sieben, Barbara (Hrsg.): Chancengleichheit durch Personalpolitik. Gleichstellung von Frauen und Männern in Unternehmen und Verwaltungen. 6. Auflage. Wiesbaden: Springer Gabler, S. 403-422.

Kropf, Julia; Rump, Jutta; Al-Sadik-Lowinski, Bettina (2020): IBE-Workout – Trendession mit Jutta Rump. 04: Frauen in Führungspositionen. Podcast. Spotify, 09.12.2020. URL: https://open.spotify.com/episode/4VB09cUcGke7HgNAVTDrVU?si=2Ax9LsR-RVygcwT1tUrwMw Abruf 04.09.2023.

Kümmerling, Angelika (2015): Beschäftigungsentwicklung und Arbeitszeiten von Frauen in Deutschland – eine Erfolgsstory? In: Zeitschrift für Arbeitswissenschaft 69 (1), S. 23-29.

McKinsey & Company (2008): Women Matter. Female leadership, a competitive edge for the future.

Menne, Simone (2020): Die Boss. Macht ist weiblich. Simone Menne, Multi-Aufsichtsrätin und Ex-Finanzvorständin. Podcast. Spotify, 23.09.2020. URL: https://open.spotify.com/episode/3EKd8pybSDL3LtHk2hKG8L?si=7GNA8V-GRUmcfxhivMDABw Abruf 04.09.2023.

Personalmagazin (2021): Auf einen Kaffee mit Inga Dransfeld-Haase. In: Personalmagazin (02/2021), S. 90.

PWC (08.03.2021): Corona wirft Frauen beruflich zurück. URL: https://www.pwc.de/de/pressemitteilungen/2021/corona-wirft-frauen-beruflich-zurueck.html Abruf 04.09.2023.

RKW (2014): Erfolgsfaktor chancengleiche Unternehmensführung: Wie Unternehmen von mehr Frauen in Führungspositionen profitieren. URL: https://www.rkw-kompetenzzentrum.de/publikationen/studie/frauen-in-fuehrungspositionen-erfolgreiche-unternehmensfuehrung-im-mittelstand/erfolgsfaktor-chancengleiche-unternehmensfuehrung-wie-unternehmen-von-mehr-frauen-in-fuehrungspositionen-profitieren/#content Abruf 04.09.2023.

Schmidt, Lisa-Marian (2023): Führung aus geschlechtersensibler Perspektive. In: Kopp, Ralf; Dworschak, Bernd (Hrsg.): Zusammen führen. Praxisbezogene Impulse für gute Führung in der soziodigitalen Transformation. Baden-Baden, S. 111-125.

Straub, Rainer (2019): Fortschritt oder Stillstand? Interview mit Jutta Rump und Wolfgang Jäger. In: Personalmagazin (09/2019), S. 38-41.

Vetter, Nora (2021): Die Unterrepräsentanz von Frauen in Führungspositionen in der Industrie: Die gläserne Decke: Zugangs- und Aufstiegsbarrieren für Frauen in Führungs-positionen – eine kritische Analyse von Ursachen und Veränderungsansätzen (unveröffentlichte Masterarbeit).

Weissenrieder, Caprice Oona; Graml, Regine; Hagen, Tobias; Ziegler, Yvonne (2017): Ist die gläserne Decke noch aktuell? Untersuchung wahrgenommener Aspekte der Unternehmenskultur und der geschlechtsspezifischen Unterschiede in Karrierechancen. In: GENDER 9 (1) S. 115-132.

Wolf, Annett; Trenkmann, Jeannette; Boos, Lisa (2017): Unternehmenskultur und der Einfluss auf den Frauenanteil in Führungspositionen – Theoretische Aufarbeitung und empirische Befunde. Berlin.

Woodward, Alison (1998): Vertical Segregation: The Last Mountain Peak or the first frontier of the new century?
Zedlmayer, Gabi (2018): The Time is Now: Wie wir jetzt die Arbeitswelt der Zukunft gestalten. In: Lutz, Barbara (Hrsg.): Frauen in Führung. Berlin, Heidelberg: Springer, S. 157-186.

## 3.5 Transformation für die Arbeitswelt von morgen – New Work am Beispiel der ABB Deutschland

*Interview mit Alexander Zumkeller*

Herr Zumkeller, was waren Ihre ersten Bezugspunkte zu dem Begriff »New Work«?

Also ich glaube, zum ersten Mal sehr bewusst über das, was man New Work – ein Begriff, der mir tatsächlich nicht so gut gefällt – gehört zu haben, als man angefangen hatte, über Industrie 4.0 nachzudenken. Industrie 4.0 lief irgendwie ohne Arbeitnehmer. Das war der Punkt, an dem ich gesagt habe, Industrie 4.0 ändert sehr viel, aber es ändert auch sehr viel beim Thema Beschäftigung. Fragen, die sich stellten, waren: Wie werde ich beschäftigt? Und mit was werde ich beschäftigt? Und da war eigentlich relativ klar zu sagen: Wir brauchen zwischen Industrie 4.0 und dem, was man New Work nennt, einen sehr festen Link, gerne »Arbeit 4.0« genannt. Das bedingt sich gegenseitig und gibt gegenseitig Chancen für die Zukunft.

Das heißt der Begriff als solcher ist Ihnen begegnet, aber es war nicht unbedingt der, von dem Sie sagen, mit dem kann ich viel anfangen und damit kann ich arbeiten?

New Work als Begriff ist mir eigentlich schon vor ewigen Zeiten begegnet und ist ja auch gar nicht so richtig neu. Nur der Inhalt ist immer so ein bisschen schillernd. Mir gefällt der Begriff New Work aus einem banalen Grund nicht: Wir sind mittendrin im New Work, und wenn wir mittendrin sind, dann ist es nicht mehr neu. Und das, was morgen ist, können wir erahnen. Das wäre dann Future of Work, den Begriff gibt es ja auch. Wobei wir Future ja eigentlich morgen schon erreicht haben. Somit ist das Future of Work am nächsten Tag schon gestern. Und deswegen arbeite ich relativ ungern mit diesen Begriffen. Man wird nicht drum herumkommen, aber wichtiger sind letztlich die Fragen: Wie arbeiten wir heute und wie arbeiten wir morgen zusammen? Wie gelingt es, die Zusammenarbeit zielgerichtet unter zwei wichtigen Schaltpunkten gemeinsam zu gestalten: Nämlich der eine, dass die Arbeit sich verändert und damit die Inhalte und die Art der Arbeit. Hier lassen sich Automatisierung und künstliche Intelligenz ansprechen. Das zweite ist, dass sich die Bedarfe der Beschäftigten mit den Generationenwechseln dramatisch ändern. Als Beispiel sei die aussterbende Babyboomer-Generation, zu der ich zähle, genannt, die leistungsorientiert ist – Hauptsache arbeiten, egal wie viel Stunden. Dieser stehen die Generationen Y und Z gegenüber, die doch eher eine ausgeglichene Balance zwischen Berufsleben und Privatleben haben wollen. Letzteren sagt man nach, dass ihre Leistungsbereitschaft nicht so ausgeprägt sei wie bei den Angehörigen der Babyboomer-Generation. Die Herausforderung liegt nun darin, dass die verschiedenen Generationen sinnvoll zusammenarbeiten müssen. Dies braucht natürlich auch ein gegenseitiges Verständnis. Wir merken, dass die Veränderungen von Generation zu Generation immer stärker werden, und darauf müssen wir uns einstellen. Uns fällt auf, dass die Generation Y an bestimmte Themen auf ihre eigene Weise rangeht. So wurde das von uns eingeführte Sabbatical von diesem Personenkreis nicht angenommen, und zwar mit dem Hinweis, dass man dies nicht brauche: »Wenn ich für eine längere Zeit frei nehmen möchte, dann kündige ich, mache ein halbes Jahr frei und suche mir danach einen neuen Job«, so der Tenor. Demgegenüber scheint die Generation Alpha – was man so hört – der Jobsicherheit wieder eine stärkere Bedeutung beizumessen. Für diejenigen, die jetzt oder in den nächsten Jahren in die Unternehmen kommen, dürfte mit Blick auf ihr digitales Selbstverständnis das phasenweise Überlappen von Arbeit und Privatleben kein Problem darstellen. Dies zeigt nur ansatzweise, dass es zweifellos anspruchsvoll ist, all die verschiedenen und immer schneller wechselnden Generationen in den Arbeitsprozessen zusammen zu bekommen, in möglichst diversen Teams. Das scheint mir eine zentrale Herausforderung für New Work oder Future Work zu sein – neben den anderen wichtigen Themen wie Modifikationen bei Arbeitszeit und Arbeitsort. Bei Letzterem war uns als Unternehmen wichtig, frühzeitig und nachhaltig Ansprüche auf Homeoffice bereitzustellen. Schon vor Corona haben wir das mit dem Betriebsrat vereinbart, ebenso wie die Möglichkeit des Urlaubseinkaufs. Es ist bei uns auch möglich, relativ einfach von Vollzeit in Teilzeit und andersrum zu wechseln. Die Möglichkeit, vom Homeoffice aus zu arbeiten, ist bis zu 100 % möglich, wenn keine betrieblichen Gründe dagegensprechen. Aus meiner Sicht wird es allerdings an diesem Punkt eine riesige Aufgabe sein, die unterschiedlichen Handhabungen zwischen White-Collar- und Blue-Collar-Mitarbeitern, die ja tatsächlich als Ungerechtigkeit angesehen werden kann, für die Blue-Collar-Mitarbeiter zu adäquaten Lösungen von Flexibilität hinzuführen.

Der ursprüngliche Ansatz von New Work, der von Frithjof Bergmann entwickelt wurde, adressiert stark die Freiheit der Beschäftigten im Rahmen des Arbeitsprozesses und die nach ihren eigenen Vorstellungen zu ermöglichende Persönlichkeitsentwicklung. Dies wurde ein Stück weit als Sozialutopie verstanden. Im Kontext aktueller Betrachtungen von New Work werden allerdings als wichtige Aspekte die Selbstbestimmung, Selbstverantwortung und Selbstorganisation seitens der Beschäftigten immer wieder ins Spiel gebracht. Wie stehen Sie hierzu? Inwieweit hat dies für Ihr Unternehmen eine Relevanz?

In einem Unternehmen greift – um es in einem traditionellen Bild auszudrücken – ein Rädchen in das andere. Es wird zwar sehr unterschiedlich gearbeitet, aber keinesfalls isoliert. Wir arbeiten in agilen Teams, die sich sehr unterschiedlich und häufiger neu zusammensetzen, bis hin zu durchaus noch traditionellen Teams, die ihre Arbeitsaufgabe innerhalb eines Prozesses erfüllen und bei denen es auch Vermischungen gibt. Die Selbstverantwortung und Selbstorganisation spielt hier eine wichtige Rolle. Die Beschäftigten sind in der Regel umso zufriedener, je mehr Verantwortung sie haben. Verantwortung schließt hierbei die Haltung ein, dass man etwas gestalten kann. Hier ist die Bereitschaft, für etwas dann auch einzustehen, nach meiner Wahrnehmung sehr groß. Es gehört im Zusammenhang mit der Wahrnehmung von Verantwortung auch dazu, selbst entscheiden zu können und zu wollen. Und daran macht sich dann natürlich auch die Selbstbestimmung fest. Wir erleben bei uns, dass es sehr wichtig ist, die Verantwortung dahin zu geben, wo entschieden werden muss, nämlich möglichst weit an die Basis. Mit dem klaren Angebot, Verantwortung übernehmen zu können, verbindet sich durchaus auch ein Schlüssel, um Mitarbeiter zu binden oder für das Unternehmen zu gewinnen. Das ist übrigens ein wichtiges Stilmittel von Anerkennung: Übertragung von Verantwortung. Anders als das »Lob«, das meines Erachtens im Arbeitsleben unangemessen ist.

Die Ansätze der Veränderungen in der Arbeitswelt und deren unternehmensbezogene Transformationen werden in vielen Unternehmen begrifflich oder konzeptionell in besonderer Weise geprägt. Inwieweit ist dies auch bei Ihnen im Unternehmen der Fall?

Der bei uns zum Einsatz kommende Begriff »Future of Work« wird nicht wirklich in der Breite als Brain wahrgenommen. Wenn wir über Future of Work sprechen, meinen wir die Ausstattung der Arbeitsplätze. So wird bei uns in Mannheim in Kürze ein Neubau, der ABB Campus Mannheim, fertiggestellt, bei dem in verschiedenen Ansätzen von Arbeitsplatzausgestaltungen ideale Kommunikations- und Kollaborationsmöglichkeiten bestehen werden. Ich habe den Eindruck, dass der Begriff Future of Work nicht so richtig zündet und zünden wird, da es eigentlich alles, was wir unter Future of Work verstehen, schon gibt. Es handelt sich also nicht um das wirkliche Futur. Insofern sind wir eher an dem Umsetzen der neuesten Trends, was gut und wichtig ist und hoffentlich auch honoriert wird.

Und wenn wir den Begriff »Campus« nennen, freut sich schon jeder auf die neuen Möglichkeiten des Arbeitens.

**Eine besondere Beachtung im Zusammenhang mit Trends oder Zukunftsthemen wird derzeit der Künstlichen Intelligenz zugemessen. Wie schätzen Sie dies ein?**

KI ist ja nur die logische Fortsetzung von Automatisierung. Ich bin mir ganz sicher, dass wir KI und Automatisierung mehr und mehr einführen werden, und um es deutlich zu sagen: auch dringend benötigen. Vor dem Hintergrund, dass wir in großem Maße Fachkräfte suchen, ist es für den Produktionsstandort Deutschland überlebenswichtig, dass wir Automatisierung und KI massiv nutzen. Durch ChatGPT wurde nun erkennbar, dass die KI tatsächlich auf dem Weg ist, schlau zu werden. Was natürlich auch Auswirkungen auf die Berufe hat. Denn selbst bei qualifizierten Berufen wird es möglich sein, Standardabläufe auf KI zu übertragen. Hierdurch bleiben dann die Zeiten und Ressourcen übrig für die wirklich anspruchsvollen und kreativen Aufgaben. KI wird uns unglaublich viel Routine abnehmen und Zeit geben, um uns auf jene wirklich wichtigen Sachen zu konzentrieren, die KI noch nicht kann – und auch in den nächsten Jahren nicht können wird. Und KI wird uns helfen, dem Fachkräftemangel ein Stück weit zu begegnen.

**Wie begegnen Sie im Kontext der Themen um New Work Ihrer Arbeitnehmervertretung und den dort gegebenen Haltungen gegenüber möglichen Rationalisierungen?**

Wir sind uns natürlich als Sozialpartner darüber klar, dass es in diesem Zusammenhang Chancen und Risiken gibt. In der Vergangenheit bezog sich die Einführung von neuen Technologien häufig auf Rationalisierungen, die dann fallweise auch mit Arbeitsplatzabbau verbunden waren. Heute sieht das allerdings ganz anders aus, glücklicherweise sehen das auch die Betriebsräte. Ich nenne gerne ein Beispiel von ABB, das ja in der Automatisierungstechnik zu Hause ist, an dem man eine zentrale Intention von Rationalisierung in der heutigen Zeit nachvollziehen kann. Ein Kunde, ein großes, deutschlandweit tätiges medizinisches Labor, hat von uns Roboter gekauft, und zwar nicht, weil sie Laboranten verdrängen wollten, sondern weil sie einfach keine Laboranten bekommen. Diese neue Situation wird auch von Betriebsräten gesehen. Wenn wir heute durch die Produktionsbereiche bei uns gehen, sieht man, dass die Automatisierung sich enorm weiterentwickelt hat.

Und nochmals der Zusammenhang: Wir kriegen z. B. für eines unserer Unternehmen derzeit keine Elektriker bzw. Auszubildende. Oder schauen wir zu den Handwerksunternehmen, wo ja auch von denselben großen Problemen berichtet wird. Dort hat man fast noch mehr unter dem Fachkräftemangel zu leiden. Die Gastronomie bekommt keine Köche mehr, der Einzelhandel keine Fachverkäufer. Mit Automatisierung, AR und KI kann ein wesentlicher Beitrag bei dem großen

Problem des Fachkräftemangels und der damit verbundenen Wettbewerbsfähigkeit geleistet werden.

**Konkret gefragt: Wie sehen bei Ihnen partizipative Prozesse der Transformation aus?**

Wir haben bei uns sehr sachte Transformationsprozesse. Während man beispielsweise in den achtziger Jahren enge Ressourcen- und Zeitvorgaben hatte, die unbedingt eingehalten werden mussten, ist das heute deutlich anders. Denn unser Thema ist ja – wie schon mehrfach gesagt –, dass uns häufig die qualifizierten Kräfte fehlen. Damit ist unser Blick stark auf die Menschen gerichtet. Dort wo wir Transformationsprozesse haben, bringt sich der Betriebsrat genauso ein wie die Unternehmensleitung. Es kommen dabei wirklich gute Ideen von den Betriebsräten, wie man die Probleme lösen kann. Aber sie sehen auch, dass die höhere Produktivität dem Betrieb und damit den Beschäftigten nutzt. Die Zusammenarbeit mit den Arbeitnehmervertretern ist geprägt von einem konstruktiven Miteinander, gerade auch bei Transformationsprozessen. Wir sind uns z. B. auch einig, dass den Themen »Future Skills« und »Fort- und Weiterbildung« eine zumindest gleichwertige Rolle neben der (Erst-)Ausbildung zukommt. Diese Fort- und Weiterbildung werden wir innerbetrieblich anbieten.

**Inwieweit wurden die Arbeitsgegebenheiten – gerade auch im Kontext der digitalen Prozesse – durch die Corona-Pandemie nachhaltig verändert?**

Es gibt hier aus meiner Sicht zwei Perspektiven. Wenn man wie ich unheimlich gerne mit Menschen zusammen ist und interagiert – und das hat sich bei mir bis heute nicht geändert –, dann kann der Wechsel auf ausschließlich digitale Kontakte als Verlust angesehen werden. Ich möchte Ihnen ein Beispiel nennen: Ich hatte einige Jahre eine globale Rolle, und ich habe während Corona gemerkt, dass ich mit den Kolleginnen und Kollegen, mit denen ich mich schon mal in Natura gesehen habe – sei es auch nur ein einziges Mal – ganz anderes interagiere als mit denen, die ich noch nie in echt gesehen hatte. Der Verlust oder die Verringerung von direkten sozialen Begegnungen ist insofern eher ein Nachteil. Auf der anderen Seite stellt es sich auch in der Nach-Corona-Phase als eine wunderbare Möglichkeit dar, dass man sich durch die mittlerweile etablierten digitalen Kontaktmöglichkeiten Reisen ersparen kann. Man kann sich natürlich auch viel schneller mal Reaktionen von anderen über Videokonferenzen einholen. Das ist sicherlich ein großer Vorteil. Eine Erscheinung, die sich im Zusammenhang mit den großzügigen Regelungen für die Arbeit im Homeoffice zeigt und die ich als Nachteil ansehe, ist aus meiner Sicht, dass es Beschäftigte gibt, die eigentlich gar nicht mehr ins Büro kommen wollen. Auch wenn wir eine solche Option im Bereich unserer Homeoffice-Regelung vorhalten, erscheint es mir sehr notwendig, dass man in den

Teams auch direkte soziale Interaktionen hat. Nehmen wir die Einarbeitung von neuen Mitarbeitern: Diese kann ich mir ohne eine direkte soziale Interaktion – jenseits von Corona – überhaupt nicht vorstellen. Was die Videokonferenzen anbelangt, ist mir auch in der Nach-Corona-Zeit die Reduzierung der Beteiligung der Einzelnen gegenüber den Konferenzen in Präsenz aufgefallen, wobei interessanterweise die Zeitdauer aller Video-Konferenzen zusammen tendenziell eher nach oben gegangen ist. Die Wahrnehmung, dass man im Zusammenhang mit digitalen Formaten omni-verfügbar ist, hat dramatisch zugenommen, Pausen zwischen Terminen scheinen nicht mehr akzeptiert zu werden.

Wie hat sich das System Arbeit in internationaler Perspektive nach Ihrer Wahrnehmung verändert und wie wird es sich womöglich weiter verändern?

Wir haben gerade bei ABB das Phänomen, dass wir sehr stark in Arbeitsgruppen formiert sind, die global ausgerichtet und dadurch auch geprägt sind. Dies wird noch zunehmen. Einerseits, weil man immer häufiger Fachkräfte dort anheuert, wo man sie bekommen kann und nicht, »wo sie sein müssen«. Denn die Arbeit vor Ort wird immer weniger wichtig. Andererseits, weil das Thema Diversity immer wichtiger bei einem globalen Player wird. Die Gedanken aus anderen Regionen und andere soziokulturelle Prägungen mit aufzunehmen, ist von zentraler Bedeutung. Diese Entwicklung wird sich noch verstärken.

Im Kontext der globalen Mitarbeitermobilität wird seit einiger Zeit über eine sog. Work-from-Anywhere-Strategie gesprochen, mit der beispielsweise die Regelung verbunden sein kann, dass eine beschäftigte Person in einem anderen Land akquiriert wird und von dort durchgängig seine Arbeitsleistung für das z. B. in Deutschland ansässige Unternehmen erbringt. Wie ist Ihre Einschätzung hierzu?

Eine solche Konstellation ist grundsätzlich denkbar, allerdings kommt es entscheidend darauf an, um was für einen Job es sich handelt. Für den Bereich Programmierung oder Controlling halte ich es für denkbar, dass eine Tätigkeit ohne direkte persönliche Kontaktmöglichkeiten zu anderen Personen im Unternehmen möglich ist. Gerade unter Einsatz der Scrum-Methode, wo jeder einen klaren Teilauftrag erhält, scheint es mir durchaus möglich, auf der Basis von Work-from-Anywhere zu verfahren. Grundsätzlich denke ich allerdings, dass die Herausforderungen eines solchen Ansatzes dramatisch unterschätzt werden. Arbeitstechnisch ist es machbar, aber wir begegnen bei genauer Betrachtung erheblichen rechtlichen Problemstellungen, allen voran der Frage: Welches Recht ist für solche Beschäftigungsverhältnisse anzuwenden? Arbeitszeiten? Feiertage? Sozialversicherung? Für global tätige Unternehmen wie ABB stellt sich die Situation nicht ganz so kompliziert dar, da wir in vielen Regionen und Ländern mit Gesellschaften vertreten sind, die beispielsweise die Anstellung solcher Beschäftigten für uns in Deutschland vornehmen könnten. Für andere, kleinere Unternehmen stellt sich die Situation vermutlich komplizierter und vielleicht auch problematischer dar, weshalb der Ansatz im Zusammenhang mit dem Gewinnen von Fachkräften und Spezialisten etwas suggeriert, was er am Ende womöglich nicht halten kann.

Herr Zumkeller, vielen Dank für das Gespräch.

Das Gespräch wurde geführt von Peter Mudra.

## Zum Interviewpartner

**Alexander Zumkeller** wurde 1960 in Stuttgart geboren, ist verheiratet und hat drei Kinder. Studium der Rechtswissenschaften 1980–1986 Universität zu Konstanz, Vertiefungsstudium Arbeits- und Wirtschaftsrecht; 1993/1994 berufsbegleitender Diplomstudiengang NPO-Management Université de Fribourg; 2002–2005 berufsbegleitender executive-MBA Université de Fribourg; 2009 Ausbildung zum Mediator CfM, 2011 Ausbildung zum Wirtschaftsmediator CfM. 1986–1987 Management Trainee bei der Bundesvereinigung der Arbeitgeberverbände, 1987–2006 Arbeitgeberverband Chemie Baden-Württemberg, zuletzt Geschäftsführer operatives Arbeitsrecht, Berufsbildung und Marketing; seit 2007 ABB AG, in verschiedenen Rollen (Leiter Arbeitsrecht und Arbeitnehmerbeziehungen, Leiter Compensation & Benefits, Global Head GBS Labour Law and Labour Relations, heute Mitglied des Vorstands und Arbeitsdirektor sowie Country HR Officer. Ehrenamtlicher Richter am Landesarbeitsgericht, Präsident des Bundesverbandes der Arbeitsrechtler in Unternehmen, Mitglied verschiedener Ausschüsse und Gremien der sozialen Selbstverwaltung; Auszeichnungen 2023, 2021, 2019, 2017, 2015: »40 führende HR-Köpfe«.

# 4 Personalmanagement und Führung

# 4.1 Future Skills – Anforderungen an eine dynamische Kompetenzentwicklung

*Peter Mudra*



## 4.1.1 Einleitung

Im Kontext der dynamischen Veränderungsprozesse etablieren sich immer wieder Begrifflichkeiten, mit denen die Relevanz oder gar das Epochale der gegebenen und zukünftigen Entwicklungen verdeutlicht werden soll. So ließen sich seit der Jahrtausendwende Begriffe wahrnehmen wie zum Beispiel **Bildungsrepublik Deutschland, Wissensgesellschaft, Industrie 4.0, Digitale Revolution**. Aber auch das Akronym »**VUCA**« steht im Kontext von »Transformation« oder gar »Disruption« häufig im Blick. Womöglich verbindet sich mit der Beschreibung bzw. dem Kreieren von mehr oder weniger adäquaten Begriffen die Haltung, Veränderungen verstehen und möglichst auch beeinflussen oder gar gestalten zu wollen. Mit der mittlerweile weitverbreiteten Sichtweise, dass es im Kontext dieser dynamischen Veränderungen eines adäquaten Ansatzes bedarf, den Anforderungen in der sich wandelnden Arbeitswelt gerecht zu werden und dabei auch konkrete Handlungsansätze bereitstellen zu wollen, hat sich zweifellos **New Work** – und vieles, was hiermit verbunden wird – gerade in der Praxis erkennbar etabliert. Diese Begrifflichkeit mit konkreten und praxistauglichen Konzepten zu unterfüttern, scheint Gegenstand zahlreicher Publikationen und Initiativen – wie zum Beispiel der Charta für New Work – zu sein. Inwieweit sich mit New Work ein wirkliches »Neues Arbeiten« verbindet, ist eigentlich gar nicht entscheidend. Vielmehr ist es der Anspruch, Arbeit angemessen und sinnvoll sowie zeitnah an sich ändernden Gegebenheiten auszurichten und hierbei Ansätze, Konzepte und Instrumente zu verwenden, die von den Beteiligten als zielgerichtet wahrgenommen werden.

Interpretiert man New Work als Ansatz für die Zukunftsgestaltung der Arbeit über den begrifflichen und konzeptionellen Fokus hinausgehend ganz bewusst auch als eine Einladung an die ganz unterschiedlichen Stakeholder im Kontext der »Fortschrittsprozesse« in den Unternehmen – und darüber hinaus –, sich vorbehaltslos, sinnbezogen sowie verantwortungsvoll einbringen zu können, wird sein paradigmatisches Potenzial für eine Reform der Arbeitsbeziehungen im gesellschaftlichen Maßstab erkennbar. Nimmt man exemplarisch die fünf Prinzipien der **Charta für New Work** – Freiheit, Selbstverantwortung, Sinn, Entwicklung, Soziale Verantwortung (humanfy 2023) –, wird deutlich, dass die Grundintentionen von Frithjof Bergmann als Begründer der New-Work-Bewegung dort weitgehend enthalten sind und somit entsprechende Veränderungs- und ggf. Reformbeiträge adressieren.

Vor dem Hintergrund der Veränderung der Erwerbsarbeit und der damit verbundenen, vielfältigen Anforderungen soll es in diesem Beitrag um diese Fragen gehen:

- Was sind die Fähigkeiten (Skills) bzw. Kompetenzen, die zur Bewerkstelligung der Anforderungen notwendig sind und zukunftsbezogene Gestaltungsmöglichkeiten unterstützen helfen?
- Wie lassen sich diese entwickeln?
- Welchen Beitrag kann bzw. sollte die betriebliche Personalentwicklung leisten?

### 4.1.2 Future Skills

Der Begriff »Future Skills« hat mittlerweile in Deutschland eine starke Verbreitung gefunden. Prägend war hierfür sicherlich die Studie des Stifterverbands für die Deutsche Wissenschaft und McKinsey »Future-Skills-Framework« im Jahr 2018. Hinsichtlich der begrifflichen Einordnung weist Ehlers (2019, S. 41) daraufhin, dass »Skill« als ein Terminus anzusehen sei, der jeweils eine Verbindung wie folgt zum Ausdruck bringe: »Skills erhalten ihre Bedeutung nur dadurch, dass sie etwas in Beziehung setzen.« Future Skills könnten als relationale Konzepte verstanden werden, die Dispositionen darstellten, »um in komplexen, unbekannten Zukunftskontexten agieren zu können« (ebd., S. 41). Es macht Sinn, hinsichtlich der Begrifflichkeit von »Skills« eine explizite Erweiterung dahingehend in den Blick zu nehmen, als sie in den größeren Rahmen von Kompetenz und Kompetenzmodellen eingeordnet werden können. Dies wird dezidiert noch Gegenstand im Kapitel 4.1.3 sein. Zunächst soll der Fokus auf verschiedene Ansätze der Konzeption von Future Skills und die mit ihnen verbundenen Veränderungen und Anforderungen in der Arbeitswelt gerichtet werden.

Im **Future-Skills-Framework 2021**, der eine Erweiterung des ersten Frameworks aus dem Jahr 2018 darstellt und 377 deutsche Unternehmen und 123 Behörden in eine Befragung eingebunden hatte, identifizieren Stifterverband und McKinsey insgesamt 21 für die Zukunft relevante Befähigungen. Dabei definieren sie Future Skills »als branchenübergreifende Fähigkeiten, Fertigkeiten und Eigenschaften, die in den kommenden fünf Jahren in allen Bereichen des Berufslebens und darüber hinaus wichtiger werden« (Stifterverband 2021, S. 3). Es wird im Bericht davon ausgegangen, dass sich von der Digitalisierung bis zum Aufbau einer nachhaltigen Wirtschaft die professionellen Anforderungen an Fachkräfte in allen Branchen in den nächsten Jahren enorm verändern werden.

Folgende vier Kategorien sind Gegenstand des Future-Skills-Framework:

- klassische Kompetenzen,
- digitale Schlüsselkompetenzen,
- technologische Kompetenzen und
- transformative Kompetenzen.

Die vierte Kategorie »Transformative Kompetenzen« war in der Vorgänger-Untersuchung, dem Future-Skills-Framework 2018, noch nicht enthalten, wurde nun aber als grundlegend für die befragten Organisationen angesehen (Stifterverband 2021, S. 2).

Die vier Kategorien der Future Skills differenzieren in Bezug auf die dahinterliegenden Herausforderungen in der Arbeitswelt, d. h. in ihren relationalen Ausprägungen wie folgt:

a) **Herausforderung in der Breite**: Neue Arbeitsformen erfordern ein verändertes Set an digitalen und nicht-digitalen Schlüsselkompetenzen bei allen Mitarbeitenden
b) **Herausforderung in der Spitze**: Spezialisten für den Umgang mit transformativen Technologien werden in allen Branchen benötigt und sind eine knappe Ressource am Arbeitsmarkt (Stifterverband/McKinsey 2021, S. 5)

In Darstellung 4-1 wird diese Struktur sichtbar und es werden die Gegenstände der vier Kategorien dargelegt.

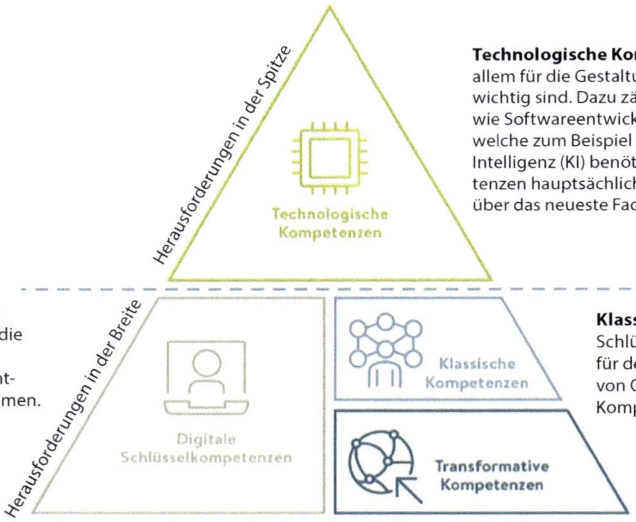


**Dar. 4-1:** Die vier Kategorien der Future Skills (Stifterverband/McKinsey 2021, S. 5)

Für den Bereich der Tech-Spezialisten mit ausgeprägten technologischen Kompetenzen wurde in der Studie von Stifterverband und McKinsey 2018 (Future-Skills-Framework 2018) ein Bedarf allein für die Wirtschaft von rund 700.000 Personen ausgewiesen (Stifterverband/McKinsey 2019, S. 11).

Als **Zukunftskompetenzen** des Future-Skills-Framework 2021 werden folgende **21 Befähigungen** innerhalb der vier Kategorien ausgewiesen (Stifterverband/McKinsey 2021, S. 6):

- Klassische Kompetenzen:
  - Lösungsfähigkeit
  - Kreativität
  - Unternehmerisches Handeln und Eigeninitiative
  - Interkulturelle Kommunikation
  - Resilienz
- Digitale Schlüsselkompetenzen:
  - Digital Literacy
  - Digital Ethics
  - Digitale Kollaboration
  - Digital Learning
  - Agiles Arbeiten
- Technologische Kompetenzen:
  - Data Analytics und Künstliche Intelligenz (KI)
  - Softwareentwicklung
  - Nutzerzentriertes Design
  - IT-Architektur
  - Hardware-/Robotikentwicklung
  - Quantencomputing
- Transformative Kompetenzen:
  - Urteilsfähigkeit
  - Innovationskompetenz
  - Missionsorientierung
  - Veränderungskompetenz
  - Dialog- und Kritikfähigkeit

Für die einzelnen Fähigkeiten stellen die Verfasser jeweils Kurzbeschreibungen zur Verfügung. Wenngleich mit 21 Skills in vier kategorialen Feldern ein recht breiter Rahmen bereitgestellt wird, so lässt sich in Bezug auf den Future-Skills-Framework 2021 dennoch feststellen, dass er einen tauglichen Ansatz für die Praxis darstellt, um vorhandene Befähigungen und zukünftige Skill-Bedarfe einzuschätzen und Entwicklungsschritte vorzunehmen.

Zukünftige Anforderungen an die Befähigungen von Beschäftigten lassen sich auch aus der Betrachtung der systemischen Veränderungen in der Arbeitswelt – insbesondere mit dem besonderen Fokus der Berufskompetenzen – ableiten. Dies wird anhand von zwei Untersuchungen nachfolgend in den Blick genommen.

Aus dem »**Future of Jobs Report 2023**« des Weltwirtschaftsforums lassen sich die bedeutendsten Auswirkungen von Makrotrends sowie des technologischen Wandels auf Arbeitsplätze und Qualifikationen in den nächsten fünf Jahren entnehmen (WEF 2023, S. 5 ff.). Hierbei wird deutlich, dass die klassischen administrativen Aufgaben und Berufskompetenzen noch deutlicher an Bedeutung verlieren werden. Demgegenüber wird betont, dass analytisches Denken und kreatives Denken eine herausragende Relevanz haben werden. Zusammen mit den ebenfalls als sehr wichtig eingeschätzten Fähigkeiten der Belastbarkeit/Resilienz und allgemeinen Flexibilität sowie Agilität (WEF 2023, S. 6) können somit zukunftsrelevante Kompetenzen im Sinne von Future Skills identifiziert werden.

»Alles, was nicht digitalisiert und automatisiert werden kann, wird extrem an Wert gewinnen, konkret die rein menschlichen Eigenschaften wie Kreativität, Vorstellungskraft, Intuition, Emotion und Ethik« (Georg Leonhard, zit. n. futureskills.org 2023).

Diese prognostische Einschätzung lässt sich durch die **Studienreihe Datenland Deutschland von Deloitte Deutschland 2020** (S. 11 ff.) bekräftigen, welche folgende fünf Trends für die Berufswelt in Deutschland bis 2035 identifiziert:

1. Die Jobs der Zukunft erfordern Interaktion mit anderen Menschen sowie Empathie – und sind nur gering automatisierbar: 65 % der Arbeitszeit in den betrachteten Berufen können nicht durch Technologie ersetzt werden. Viele der nichtersetzbaren Tätigkeiten sind durch einen hohen Grad an menschlichen Interaktionen und Empathie charakterisiert und dürften in Zukunft auch stärker nachgefragt werden.
2. Das Wachstum der Jobs der Zukunft dürfte die Arbeitsplatzverluste überkompensieren: Die Zahl der Jobs, die wenig automatisierbar und stärker nachgefragt werden und damit Jobs der Zukunft sind, dürften stärker wachsen als die Zahl der Jobs, die durch Automatisierung wegfallen. Netto dürfte es zu einem Zuwachs von 1,3 Millionen Jobs kommen.
3. Der Zuwachs an Jobs findet vor allem bei Gesundheits-, Bildungs- und Managementberufen statt: Die Zahl der Gesundheitsberufe dürfte bis 2035 um 26 % zunehmen, während lehrende und ausbildende Berufe um 20 % wachsen.
4. Robotics und Data Analytics sind die Schlüsseltechnologien mit dem größten Impact: Diese Technologien haben die größten Auswirkungen auf die Berufswelt von morgen und treiben die Automatisierung. Von den insgesamt 35 % der Arbeitszeit, die durch Technologie ersetzt werden können, entfällt fast die Hälfte auf Robotics, etwas weniger als ein Viertel auf Data Analytics.
5. Die Tätigkeiten von morgen beinhalten weniger Routine sowie mehr analytisches Denken und menschliche Interaktion: Automatisierung betrifft vor allem Routinetätigkeiten, die nach denselben Mustern verlaufen. Die Jobs der Zukunft sind dagegen wissensintensiv und erfordern Spezialisierung, Kreativität und analytische Fähigkeiten.

Wenngleich sich Future Skills begrifflich in der Unternehmenspraxis bereits ein Stück weit etabliert haben, stellen sie konzeptionell oftmals eine Herausforderung dar und sind auch Gegenstand von staatlich geförderten Beratungsangeboten für kleine und mittlere Unternehmen (vgl. Kompetenzzentrum Fachkräftesicherung, KOFA, 2023). Die Ausrichtung auf Future Skills sollte systematisch in ein auf Kompetenzen ausgerichtetes Personalmanagement aufgenommen werden, um Strategie und Konzepte für Qualifikationsprozesse im Rahmen der Personalentwicklung zielgerichtet aufzusetzen. Der Kompetenzentwicklung kommt hierbei eine zentrale Aufgabe zu, auf die nachfolgend eingegangen wird.

### 4.1.3 Kompetenzentwicklung

Sich im Kontext des Wandels den Herausforderungen in Bezug auf qualifikationsbezogene Anforderungen für die konkreten Arbeitstätigkeiten reaktiv zu widmen, entspricht einem tradierten Handlungsmodell. Hierbei werden die Qualifikationsanforderungen, die einer mehr oder weniger dynamischen Modifikation unterworfen sind, als Soll-Größe angesehen, für die es als Pedant einer Anpassung der arbeitsbezogenen Fähigkeiten unter Berücksichtigung des Abgleiches mit den gegebenen Fähigkeiten der Beschäftigten bedarf. Dieser reaktive Ansatz wird allerdings nicht mehr der seit Jahren gegebenen Dynamik und Komplexität der Veränderungsprozesse gerecht. In diesem Zusammenhang besteht bereits seit längerem die Überzeugung, dass mit der Ausrichtung auf den Kompetenzbegriff sowie das Kompetenzmanagement ein sinnvoller Ansatz für die angemessene Befähigung der Beschäftigten im Hinblick auf die sowohl in der direkten als auch in der weiteren Zukunft gegebenen berufsbezogenen Anforderungen verfügbar ist. Der Kompetenzorientierung als im Bildungsbereich verbreitetes Handlungsprinzip wird in den letzten Jahren auch an den Hochschulen eine immer größere Bedeutung beigemessen (vgl. Mudra 2022, S. 133), was für die Prägung der akademischen Berufseinsteiger relevant ist. Nachfolgend werden zunächst einzelne Begriffe im »Kompetenz-Universum« dargelegt, um über den Zusammenhang mit der Kompetenzentwicklung dann deren Relevanz für Zukunftsgestaltung von Arbeit im Sinne von New Work sichtbar werden zu lassen.

**Kompetenz** stellt eine Passung zwischen den spezifischen Fähigkeiten (Verhaltensoptionen) eines Menschen und den Anforderungen in einer spezifischen Situation her. Da sich aufgrund der heutigen Veränderungsgeschwindigkeiten Modifikationen oder sogar grundsätzliche Veränderungen der Anforderungen in spezifischen Situationen immer schwieriger prognostizieren lassen, kommt einem erweiterten Kompetenzansatz eine immer größere Bedeutung zu. Dieser sieht Kompetenz im Kern als die Fähigkeit, Probleme zu lösen und auch in unerwarteten Kontexten selbstorganisiert handeln zu können.

**Kompetenzmodelle** sind (teilweise selbstentwickelte) Instrumente zur Systematisierung bzw. Kategorisierung und Bewertung von Kompetenzen. Hierbei werden in der Regel von gegebenen oder möglichen Anforderungen ableitbare Kompetenzen identifiziert und entsprechende Merkmalsbeschreibungen und -ausprägungen für

Tätigkeiten bzw. Tätigkeitsbündel erstellt und damit einer Bewertung (ggfs. Messung) zugänglich gemacht. Während allgemeine Kompetenzmodelle traditionell mit ihren vorgegebenen Kategorien eher statisch ausgeprägt sind, kommt dem Ansatz, Kompetenzen im Kontext von Kompetenzportfolios zu kreieren und ganz bewusst auch einer differenzierbaren Auswahl zugänglich zu machen (vgl. z. B. Mudra 2018, S. 78 f.), aufgrund seiner Flexibilität und potentiell eher gegebenen Passung zu den mit New Work verbundenen Intentionen eine immer größere Bedeutung zu.

Am **klassischen Kompetenzmodell der Berufspädagogik** (Mudra 2004, S. 364), das noch immer die Grundlage für berufsbezogene Qualifizierungsprozesse darstellt und auf die vier Kompetenzfelder Fachkompetenz, Methodenkompetenz, Sozialkompetenz und Persönlichkeitskompetenz abstellt, wird deutlich, dass sich mit Kompetenzen immer eine Ausrichtung auf **Handlungsbefähigungen** verbindet. Die vier genannten Teil-Kompetenzfelder bilden insgesamt die Handlungskompetenz, auf deren Grundlage idealerweise selbstorganisiert und problemlösungsbefähigt agiert werden kann. Dieser Befähigung in Form der Handlungskompetenz schließt sich im besten Fall der Handlungsvollzug in Form des »Performanz«-Begriffes an, was metaphorisch oft mit »die PS auf die Straße bringen« übersetzt wird.

**Kompetenzmanagement** kann beschrieben werden als ein integrierter Ansatz der Personalrekrutierung, des Personaleinsatzes und der Personalentwicklung, mit dem eine kontinuierliche Anpassung der Kompetenzen an neue Aufgaben durchgeführt wird und dabei strategische und organisatorische Veränderungen berücksichtigt werden.

Die **Kompetenzentwicklung** als gesteuerter Veränderungsprozess zur Vermittlung von selbstorganisierten Handlungsbefähigungen wird vom Weltwirtschaftsforum als eine wichtige Zielgröße im Kontext notwendiger Reformanstrengungen in den Bildungs- und Ausbildungssystemen, in der Arbeitsmarktpolitik und in unternehmerischen Ansätzen angesehen (WEF 2018, S. V).

> »Handeln kann man nur handelnd erlernen« (Wahl 2020, S. 199).

Die Entwicklung von Kompetenzen hat sich der Herausforderung zu stellen, dass sich Kompetenzen nicht einfach aneignen bzw. erlernen lassen, wie dies beispielsweise beim Vokabellernen zum Tragen kommt. Denn mit Kompetenzen sind – wie oben dargelegt – letztlich immer Handlungsbefähigungen intendiert, die relevantes Know-how (Wissen/Kenntnisse) mit Werten und Haltungen sowie Erfahrungsgegebenheiten in Verbindung mit emotionalen und motivationalen Prägungen als ein gemeinsames Ganzes zusammenbringen. Für die Aneignung und Weiterentwicklung von Kompetenzen braucht es neben einer theoretisch-inhaltlichen Komponente, ohne die es letztlich nicht geht, vor allem die Dimensionen des Erlebens und Erfahrungen-Machens sowie der Reflexion. Sauter (2018, S. 8) stellt die gegebene Anforderung folgendermaßen dar: »Kompetenzen können nicht vermittelt werden, sondern nur selbstorganisiert – in neuartigen, offenen und realen Problemsituationen kreativ handelnd – erworben werden.«

Darstellung 4-2 nimmt die vielfältigen Aspekte für die Ausgestaltung einer dynamischen Kompetenzentwicklung auf. Hierbei stellt die Handlungsfähigkeit sowohl den Ausgangs- bzw. Orientierungspunkt als auch den Zielpunkt dar. Hinsichtlich des Kompetenzportfolios, das auf die vier klassischen Kompetenzbereiche ausgerichtet ist, gilt das Verständnis, dass diejenigen Einzelkompetenzen, die im Hinblick auf eine gegebene (neue) Anforderung erforderlich sind, variabel zusammengestellt werden (Kompetenzsetting). Für die zielgerichtete Umsetzung der Kompetenzentwicklungsaktivitäten sollten die angeführten Prinzipien und Methodenausprägungen Berücksichtigung finden.

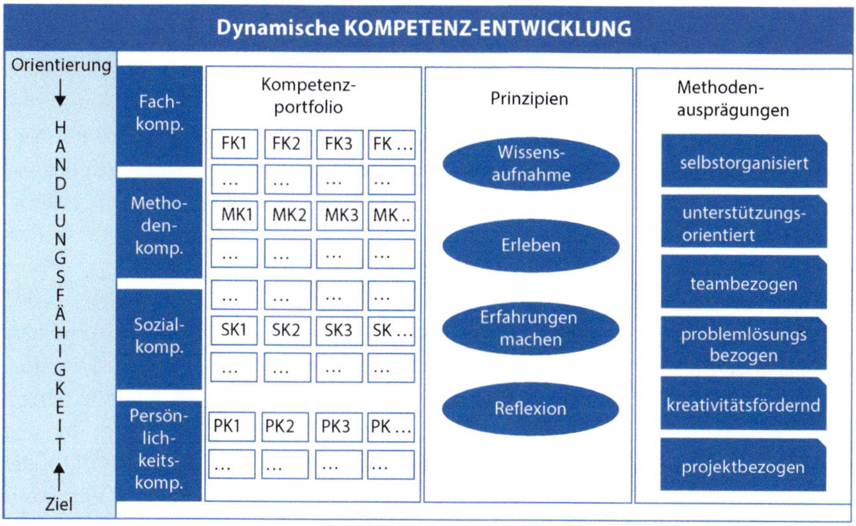


**Dar. 4-2:** Dynamische Kompetenzentwicklung

Weil die Handlungsbefähigung in Verbindung mit ausgeprägten Befähigungen zur Selbstorganisation und Problemlösung einerseits direkten Einfluss auf die Arbeitsleistungen und -ergebnisse hat und andererseits eine wichtige Basis für die Bewältigung von dynamischen Veränderungsprozessen in der Arbeitswelt darstellt, kommt der systematischen Kompetenzentwicklung eine Schlüsselaufgabe im Rahmen der Personalarbeit zu. Das Kompetenzzentrum Fachkräftesicherung (Kofa) weist unter Berücksichtigung der Anforderungen, die sich aus den Future Skills ergeben, auf die besondere Bedeutung der Weiterentwicklung der Mitarbeiterkompetenzen in den Unternehmen hin und plädiert ausdrücklich für das Ermöglichen individueller Lernwege im Kontext der betrieblichen Kompetenzentwicklung (Kofa 2023).

Es kann abschließend festgestellt werden, dass die Erkenntnisse aus den Untersuchungen zu Future Skills in die Kompetenzentwicklung aufgenommen werden sollten und diese dabei im Hinblick auf die Anforderungen in Zeiten von New Work flexibel und dynamisch ausgerichtet sein sollte. Auf der Grundlage der fähigkeits- und kompetenzbezogenen Betrachtungen gilt es nun nachfolgend, den Blick auf den Kern der pädagogischen Prozesse zu richten: dem Lernen.

### 4.1.4 Future of Learning: Wie werden wir morgen lernen?

Im Kontext der Befassungen mit dem New-Work-Ansatz begegnete man in den vergangenen Jahren immer wieder dem Begriff **New Learning**. Dieser knüpft an den von Frithjof Bergmann entwickelten Ansatz von New Work an, der eine Ausrichtung auf die Prinzipien Handlungsfreiheit, Autonomie, Sinnstiftung, Sicherheit und Teilhabe an der Gemeinschaft in den Unternehmen einfordert. Dementsprechend verbinden Graf und Schmitz (2020, S. 80) mit New Learning »Lernprozesse, die vom Lernenden als sinnhaft erlebt werden und die Teilhabe an der Gemeinschaft ermöglichen. Dabei gilt, dass die Lerner ein hohes Maß an Selbstverantwortung und die Zugehörigkeit zur (Lern-)Gemeinschaft erleben.« Diese an zeitgemäße Lernprozesse formulierten Erwartungen decken sich partiell auch mit den Forderungen der Charta für New Work. Eines der fünf Prinzipien der Charta für New Work bezieht sich auf »Entwicklung« und beinhaltet als Vorgabe: »Kollektive Lernstrukturen ermöglichen persönliche Weiterentwicklung und Selbsterneuerung, Entscheidungen werden kollektiv im ständigen Austausch getroffen« (humanfy 2023).

**Selbstverantwortung** und **Selbststeuerung** der einzelnen Lernenden in den Lernprozessen lassen sich bei Diskussionen in der Praxis häufig als proklamierte Erfordernisse für eine »moderne« Bildungsarbeit aufnehmen. Hierbei wird womöglich ein Stück weit übersehen, dass sich die Bildungsarbeit seit jeher in einem dialektischen Verhältnis zwischen Verbindlichkeit und Freiräumen befindet und sich im Kontext der gegebenen Strukturen bewegt (vgl. Mudra 2018, S. 75). Um der Haltung entgegenzuwirken, annehmen zu können, man müsse Dinge nur mit »neu« überschreiben oder »einfach neu machen«, um sie zu ändern oder gar einer signifikanten Verbesserung zuzuführen, soll nachfolgend eine kurze Einordnung relevanter Aspekte und Funktionsweisen von Lernen erfolgen.

### 4.1.5 Lernbegriff

Aus wissenschaftlicher Sicht lassen sich durchaus unterschiedliche Prägungen von Definitionen zum Lernen identifizieren. Nachfolgend sollen drei Perspektiven aufgenommen werden.

Definitionskerne von Lernen:

a) **Pädagogisch geprägte Perspektive**:
Individueller Erwerb und Erweiterung von Wissen und Können (Kompetenzen) auf der Grundlage neuer Informationen (und die Auseinandersetzung des/der Einzelnen mit der Welt)
b) **Lernpsychologisch geprägte Perspektive**:
Erfahrungsbedingter, relativ dauerhafter Aufbau von Verhalten bzw. die Veränderung von Verhalten

c) **Lernbiologisch geprägte Perspektive:**
Aufnehmen von neuen Wahrnehmungen sowie Einsichten und Erkenntnissen, die im Gehirn abgespeichert werden und verfügbar sind

Für die Konzeption von Lernprozessen ist die Frage nach dem Lernverständnis durchaus bedeutend. Hierbei lässt sich für die betriebliche Personalentwicklung, die sich mit Lernprozessen umfassend zu beschäftigen hat, ein in der Praxis erkennbares Verständnis als interdisziplinär ausgerichtete Teildisziplin als vorteilhaft ansehen (Mudra 2016, S. 139). Denn es werden im Rahmen der Aus- und Weiterbildung häufig gezielt Erkenntnisse aus den vorgenannten Wissenschaftsdisziplinen aufgenommen und für die Bildungsarbeit genutzt. Während die Begriffe »Lernen« und »Bildung« in der betrieblichen Praxis funktional häufig eng nebeneinanderstehen und sogar manchmal synonym verwendet werden, soll hier bewusst eine notwendige und klare Differenzierung vorgenommen werden.

| LERNPARADIGMEN | |
|---|---|
| Behaviorismus | Lernen durch Verstärkung: Durch Reiz-Reaktionskonstellationen wird ein bestimmtes Ergebnis bzw. Verhalten intendiert. |
| Kognitivismus (Kognition (lat.): Die Bezeichnung ist abgeleitet von lateinisch cognoscere und bedeutet ‚erkennen', ‚erfahren' oder ‚kennenlernen'.) | Jeder konstruiert sich seine Wirklichkeit ein Stück weit selbst. Die Bedeutung, die man Konstrukten (Dingen) aus einer sehr individuellen/subjektiven Perspektive zuweist, werden durch zwei Filter geprägt: den eigenen Sinneswahrnehmungen und dem Vorwissen. |
| Konstruktivismus | Beim Lernprozess entwickeln sich die Dinge vorwiegend durch das Erfahren und Interpretieren seitens der Lernenden. |
| Konnektivismus | Lernen und die Bewältigung von Herausforderungen wird als etwas angesehen, das in gemeinsamer Form im Rahmen von Vernetzungen bzw. Netzwerken zum Tragen kommt. |
| Lebenslanges Lernen | Lebens- und vor allem individualbezogene Perspektiven des Lernens finden sich wieder in der Biografisierung des Lernens. |

**Dar. 4-3:** Lernparadigmen

**Bildung** verbindet sich mit einem für das Bestehen in der Gesellschaft geknüpftem Bündel an Wissen, Fähigkeiten und Fertigkeiten des bzw. der Einzelnen. Sie umfasst damit – wie auch der Lernbegriff – sowohl eine Prozess- als auch eine Ergebnisperspektive. Bildung kann nicht von Persönlichkeit getrennt werden. Sie darf nichts Statisches sein, sondern muss die Möglichkeit bieten, dynamisch auf Neues zu reagieren, und in diesem Kontext das Denken und Lernen in Zusammenhängen fördern (Mudra 2004, S. 28 f.). **Lernen** lässt sich als ein komplexes Geschehen begreifen, bei dem eine Vielfalt von Einflussgrößen den Prozess und das Ergebnis prägen. Hinsichtlich der Zusammenhänge, Abläufe und Wirkungen gibt es unterschiedliche Vorstellungen im Sinne von Lerntheorien und Lernmodellen, die verschiedenen Lernparadigmen zugeordnet werden können. Darstellung 4-3 zeigt eine Übersicht der aktuell als relevant anzusehenden Lernparadigmen. Für eine Bildungsarbeit, die sich auf die aktuellen und zukünftigen Anforderungen in der Arbeitswelt und notwendige Weiterentwicklung der beruflichen Kompetenzen ausrichtet, kommt den Lernparadigmen Konstruktivismus, Konnektivismus und Lebenslanges Lernen eine herausragende Bedeutung zu.

Wie wird sich die Zukunft des Lernens in Zeiten der Digitalisierung und der starken Zunahme virtuell geprägter Arbeitsbeziehungen entwickeln? Inwieweit werden die Einsatzmöglichkeiten von Künstlicher Intelligenz und Robotik Lern- und Arbeitsgegebenheiten verändern? Auf diese Fragen gibt es erwartungsgemäß keine klaren Antworten, allerdings Annäherungen. Diese können hier nicht näher dargelegt werden, aber es sei auf Entwicklungen und Projekte, die sich anschicken, maßgebliche Veränderungen der bisherigen Lerngegebenheiten außerhalb und innerhalb der Unternehmen herbeizuführen und gegebenenfalls zu einer Revolutionierung des Lernens führen können, hingewiesen.

Genannt seien:

- Chatbots mit KI
- EEG-gesteuerte Lern-Settings (Anreizmessungen, Ableitungen für Lernindividualisierungen)
- Projekt »Klassenzimmer der Zukunft« (mit Sprach- und Gestensteuerung, AI + AR, Eye Tracking: »Das antizipierende Schulbuch«)
- Maschinelles Lernen (AI, Machine Learning, Deep Learning)

Jenseits dieser mehr oder weniger mit »Spitzentechnologien« einhergehenden Lerninnovationen richtet sich der Blick auf Handlungsfelder, die man fast schon als Alltagsgegebenheiten in vielen Unternehmen und Bildungseinrichtungen bezeichnen kann. Es sind die breiten Ansätze des **E-Learnings**. Der Begriff E-Learning steht hierbei für alle Formen von Lernen, bei denen der Lernprozess durch digitale Medien und Kanäle getragen oder unterstützt wird, d. h. die Nutzung von vorhandenen Informations- und Kommunikationstechnologien ist obligatorisch.

Wichtige Formen und Ansätze des E-Learnings sind:

- Online-Seminare, Webinare
- Blended Learning, hybrides Lernen
- Simulationen, Gaming, VR-Simulationen
- Podcasts, Screencasts, E-Books
- Videos, Erklärvideos,
- Quiz, Tests

Rump/Eilers (2021, S. 165) weisen auf der Grundlage einer Studie darauf hin, dass es hinsichtlich der in den Unternehmen zum Einsatz kommenden **Lernformaten** für den Zeitraum bis Mitte der 2020er-Jahre zu deutlichen Veränderungen kommen wird. So wird davon ausgegangen, dass die Nutzung von Präsenzseminaren um mehr als 10 % zurückgehen wird, wogegen virtuelle Austauschformate (z. B. Foren) einen signifikanten Zuwachs von 14 % erwarten können. Während Learning on the job als Format leicht zurückgehen dürfte, verzeichnen Webinare und Lernvideos einen sichtbaren Zuwachs.

Sauter (2018, S. 11 ff.) kommt im Kontext seiner Befassung mit der »Zukunft des Lernens« zu der Überzeugung, dass sich Lernprozesse zukünftig als **selbstorganisierter Kompetenzerwerb durch personalisiertes Lernen** darstellen sollten. Die folgenden Maximen lassen sich aus seinen Ausarbeitungen aufnehmen.

Abgeleitete Leitsätze:

- Es braucht einen Wandel von der bisherigen Belehrungsdidaktik zur Ermöglichungsdidaktik.
- Es braucht personalisiertes Lernen, das sich dem jeweiligen Lernenden und seinen persönlichen Bedürfnissen sowie Lerngewohnheiten anpasst. Dieses kann mithilfe digitalisierter Systeme optimiert werden.
- Es braucht eine Ausrichtung auf eine Selbstorganisation des Lernens und ein Selbstverständnis dahingehend, dass das Lernen unter den Bedingungen von Komplexität und Unberechenbarkeit erfolgt.
- Es braucht Ansätze des kooperativen bzw. kollaborativen Arbeitens und Lernens. Lernen wird durch Netzwerke gefördert.

Das Zusammendenken von New Work – mit seiner Ausrichtung auf eine partizipative und sinnstiftende Zukunftsgestaltung – einerseits und adäquaten Ansätzen des Lernens – ggf. mit dem Label »New Learning« – andererseits scheint insofern sinnvoll und notwendig, als die Anforderungen im Kontext von Future Skills und damit verbundener Kompetenzentwicklung nur auf der Basis angemessener Lernarrangements bewältigt werden dürften. Wie ein Lernarrangement unter Nutzung digitaler Elemente sowie zielgerichteter Vernetzungen und Kollaboration mit einem gegebenen Arbeitsbezug im Unternehmen aussehen kann, wird exemplarisch an dem Modell des Workplace Learning in Darstellung 4-4 gezeigt.

Abschließend sei darauf hingewiesen, dass es für eine Lern- und Bildungswelt in Zeiten von New Work durchaus auch gesellschaftlicher Diskurse hinsichtlich der Strukturen des Bildungssystems bedarf. Einen interessanten Impuls stellt in diesem Zusammenhang die Empfehlung des Wissenschaftlichen Beirats beim Bundesministerium für Wirtschaft und Klimaschutz vom Februar 2022 dar, in der für die Schaffung eines integrierten Systems der Aus- und Weiterbildung in Deutschland geworben wird (BMWK 2022, S. 35 f.).

### 4.1.6 Relevanz der Personalentwicklung

Wenn es zuvor um die Betrachtung von Kompetenzentwicklungs- und Lernprozessen ging, soll hier nun die daran anknüpfende Frage in den Blick genommen werden, wie sich diesbezüglich die Zuständigkeiten und Verantwortlichkeiten für

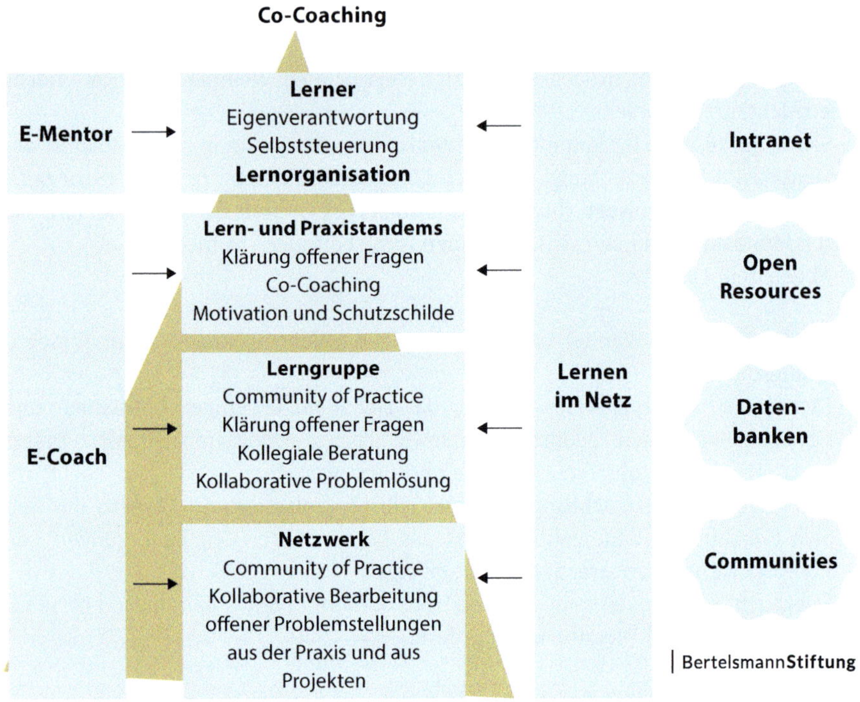


**Dar. 4-4:** Begleitung der Kompetenzentwicklung im Prozess der Arbeit, Workplace Learning (Sauter/Bertelsmann-Stiftung 2018, S. 15)

die damit verbundene Personalarbeit aus betrieblicher Sicht darstellen. Es erscheint unstreitig, dass die Personalentwicklung als Funktion und Institution für die Lernprozesse zuständig ist. Als Personalentwicklung soll hier begrifflich ein Gesamtsystem verstanden werden, das alle Informationen, Institutionen, Entscheidungen und Maßnahmen in einem Unternehmen umfasst, die Bildungs- und Förderungsprozesse bei den Mitarbeitern bewirken, um diese hierdurch in die Lage zu versetzen und zu motivieren, gegenwärtige und zukünftige berufliche Anforderungen zu erfüllen« (Mudra 2004, S. 145). Dieser breite Ansatz umfasst sowohl Inhalte als auch Strukturen und Prozesse der Personalentwicklung. Als zentrale handlungsbezogene Aspekte lassen sich die Konstruktionsanker der Personalentwicklung identifizieren, welche in Darstellung 4-5 aufgeführt sind.

Die Personalentwicklung stellt mit dieser Ausrichtung ein bedeutsames Handlungsfeld der betrieblichen Personalarbeit dar. In den vergangenen Jahren zeigte sich allerdings, dass gerade im Kontext geänderter Anforderungen hinsichtlich der Digitalisierung und dem verbreiteten Fachkräftemangel Themenfelder mit Anbindung zur Personalentwicklung stark in den Blick genommen wurden, für die es oftmals keine verbindliche inhaltliche und zuständigkeitsbezogene Zuordnung in den Unternehmen gibt. Es handelt sich dabei um Themen, die aus der Wissenschaft abgeleitet mit Managementprägungen verbunden werden, und zwar: Wissensmanagement, Kompetenzmanagement, Talentmanagement und Gesundheitsmanagement.

**Dar. 4-5:** Konstruktionsanker der Personalentwicklung (vgl. Mudra 2022, S. 42)

| **Konstruktionsanker der Personalentwicklung** | |
|---|---|
| a) PERSONAL im Sinne eines stark persönlichkeitsbezogenen Verständnisses | Fokus: Individualität (Persönlichkeit mit ihrer spezifischen Ausprägung), Individuum (Einzigartigkeit von Menschen) |
| b) BILDUNG / LERNEN | **Bildung** soll hier verstanden werden als Auseinandersetzung des Menschen mit seiner Umwelt im Kontext seiner Persönlichkeitsentfaltung und Selbstverwirklichung<br>**Lernen** kann begrifflich beschrieben werden als:<br><br>a) Erwerb und Erweiterung von Wissen und Können<br>b) erfahrungsbedingter, relativ dauerhafter Aufbau bzw. Veränderung des Verhaltens (lernpsychologische Beschreibung) |
| c) FÖRDERUNG | Im Kontext dieses PE-Ansatzes vollzieht sich Förderung durch die Aneignung von zusätzlichen bzw. neuen Erfahrungen sowie Kenntnissen und Fähigkeiten, die<br><br>1. im Zusammenhang mit konkreten Aufgabenstellungen/Positionen im Unternehmen angesiedelt sind,<br>2. das sich daran anknüpfende betriebliche bzw. berufliche Fortkommen von Mitarbeitenden begünstigen und<br>3. von intentionalen (vorrangig systematischen, konzipierten) Lernprozessen abzugrenzen sind.<br><br>Die Mitarbeiterförderung bezieht sich auf die aufgaben- oder stellenbezogene Weiterentwicklung von Mitarbeitenden und ist dabei vorrangig individualorientiert. Sie beinhaltet auch die in anderen PE-Ansätzen häufig als separate Säule ausgewiesene **Arbeitsstrukturierung**. |

Würde man diese segmentierten Managementbereiche der Personalentwicklung inhaltlich zuordnen und ihr im Kontext bestehender Schnittstellen mit anderen Teilfunktionen der Personalarbeit eine verbindliche Koordinationsrolle übertragen, könnte dies durchaus strategische Vorteile für die Unternehmen generieren. Die inhaltlichen Verbindungen und besonderen Relevanzen sollen nachfolgend begründet werden.

a) **Wissensmanagement**
»Wissen« ist als grundlegendes Element des Lernens einzuordnen und somit auch fundamentaler Bestandteil der Personalentwicklung. Es kann beschrieben werden als aufgenommene und reproduzierbare Daten, Fakten und Kenntnisse. In der Systematik von Bildungs- und Lernprozessen kommt dem Wissen eine elementare Bedeutung zu, da es in der Regel den Ausgangspunkt für den pädagogischen Prozess hin zur Handlungsfähigkeit als Zielstellung darstellt. Die bekannte »Wissenstreppe« von North (2016, S. 40) macht diese Logik deutlich.
Wissensmanagement als partieller Managementansatz, der sich auf den Wissensbegriff dezidiert ausrichtet, hat in den letzten Jahrzehnten eine wesentliche Weiterentwicklung durchlaufen. Lag der Fokus zu Beginn in den 1990er-Jahren noch sehr deutlich auf dem Einsatz von Technik und den hierdurch entstehenden Vernetzungsmöglichkeiten (IT-Systeme für Wissensaustausch und -speicherung; Distributed Organizational Knowledge Base – DOKB, Wiki-Systeme), folgten nach und nach immer mehr Ausprägungen, die jenseits der Technik und der Organisation mit ihren Strukturen und Prozessen auch den Menschen als zentralen Faktor und – insbesondere das implizite Wissen beherbergende – Wissensträger in den Blick nahm. Das Bewusstsein dafür, dass sich die gesellschaftliche Entwicklung immer sichtbarer zu einer Wissensgesellschaft mit wachsenden Anteilen an sogenannter Wissensarbeit hinbewegt, nahm zu und erhöhte in Verbindung mit deutlich stärkeren Akzenten auf soziale Vernetzung und kollaborative Ansätze – im Kontext eines zunehmenden Selbstverständnisses für die Digitalisierung – gerade in den letzten Jahren die Bedeutung des Wissensmanagements (wieder).
Wissensmanagement soll die Fähigkeit der Organisation erhöhen, sich auf der Grundlage von Lern-, Innovations- und Reflexionsmöglichkeiten in einem dynamischen Umfeld zu behaupten. Hierbei spielt die Handlungsfähigkeit eine zentrale Rolle, d. h. Wissensmanagement sollte immer auch auf Handlungsbefähigungen bei den Mitarbeitenden abzielen, womit der Zusammenhang zu der Kompetenzperspektive hergestellt ist.

b) **Kompetenzmanagement**
Kompetenzen stellen in der betrieblichen Bildungsarbeit seit langem eine zentrale Begrifflichkeit dar, die neben dem traditionellen Begriff der Qualifikationen und dem eher universellen Lernbegriff steht. Der Begriff wurde oben bereits detaillierter betrachtet. Es erscheint unstreitig, dass »Kompetenzarbeit« als Gegenstand der Personalentwicklung zugeordnet werden kann. Kompetenzmanagement lässt sich in einem breiteren Rahmen beschreiben als ein integrierter Ansatz der Personalrekrutierung, des Personaleinsatzes und der Personalentwicklung, mit dem eine kontinuierliche Anpassung der Kompetenzen an neue Aufgaben durchgeführt wird und dabei strategische und organisatorische Veränderungen berücksichtigt werden. In der Praxis wird häufig nicht deutlich, wie sich die inhaltliche und strukturelle Zuordnung für das Kompetenzmanagement innerhalb der Organisation konkret darstellt bzw. darstellen soll. Es erscheint begründbar, dass der Lead für das Kompetenzmanagement – und damit auch für die Entwicklung von Kompetenzmodellen – bei der Personalentwicklungseinheit

liegen sollte. Im engeren Sinne läge die inhaltliche Zuständigkeit nur bei der Kompetenzentwicklung.

c) **Talentmanagement**
»Talent« kann beschrieben werden als die Fähigkeit bzw. Begabung, die einer Person besondere Leistungen in einem oder mehreren Handlungsfeldern ermöglicht. Es kann aber auch die Person gemeint sein, die über die entsprechende Fähigkeit verfügt. Der Anknüpfungspunkt für die PE liegt hier bei dem besonderen Fokus auf die Individualität der Mitarbeitenden und die darauf bezogenen Förderaktivitäten.
Talentmanagement hat in den vergangenen Jahren in den Unternehmen eine zunehmende Bedeutung erlangt. Es lassen sich hierunter intern und extern ausgerichtete Strategien, Methoden und Maßnahmen zur Identifikation, Gewinnung und Entwicklung sowie Positionierung und Bindung von Talenten fassen. Wie beim Kompetenzmanagement handelt es sich auch beim Talentmanagement um einen integrierten Ansatz der Personalrekrutierung, des Personaleinsatzes und der Personalentwicklung. Berücksichtigt man die in der Praxis starke Ausrichtung auf die Talententwicklung bzw. -förderung, würde sich hinsichtlich der inhaltlichen und strukturellen Zuordnung des Talentmanagements die Personalentwicklungseinheit mit einer Koordinationsrolle hin zum Recruiting anbieten. Dass im Bereich des betrieblichen Talentmanagements durchaus Handlungsbedarf gegeben ist, zeigt die Kienbaum-Talentmanagement-Studie 2020 auf. Sie kommt zu dem Ergebnis, dass die derzeitige Rolle des HR-Bereichs im Kontext des Talentmanagements kritisch hinterfragt werden sollte (Fastenroth u. a. 2020, S. 10).

d) **Betriebliches Gesundheitsmanagement**
Mit dem betrieblichen Gesundheitsmanagement (BGM) verbindet sich »die bewusste Steuerung, Entwicklung und Integration betrieblicher Rahmenbedingungen, betrieblicher Strukturen und Prozesse, welche die Gestaltung gesundheitsförderlicher Arbeit zum Ziel haben. Diese Maßnahmen sollen sowohl den Beschäftigten als auch dem Unternehmen zugutekommen. BGM ist eine Managementaufgabe, die die Partizipation aller Beteiligten erfordert und in das Leitbild sowie die Kultur des Unternehmens zu integrieren ist« (Degner 2016, S. 26). Der Bezug der Personalentwicklung zum Betrieblichen Gesundheitsmanagement ist insbesondere in der Gesundheitsförderung – als einem zentralen Bereich des BGM – erkennbar. Hier liegt das Aktionsfeld für die PE im Bereich der Stärkung der Gesundheitskompetenz der Mitarbeitenden, wodurch sie einen wichtigen Wertbeitrag im Bereich der Verhaltensprävention leisten kann.

Darstellung 4-6 verdeutlicht die explizite Ausweitung der Personalentwicklung als gestaltende und koordinierende Managementfunktion. Eine so ausgeprägte Personalentwicklungsrolle im Unternehmen könnte in Bezug auf New Work als grundlegender Ansatz für die Zukunftsgestaltung der Arbeit durchaus einen sinnvollen Beitrag leisten.

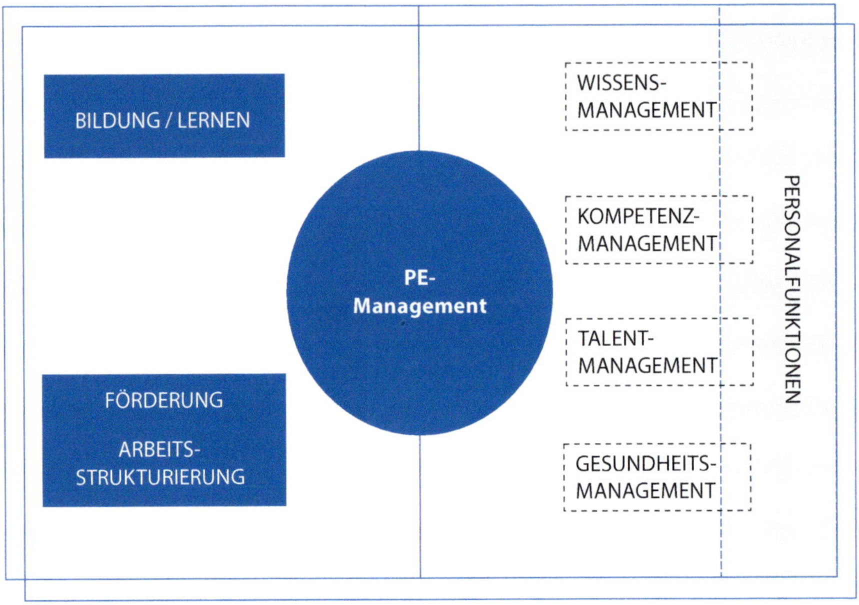


**Dar. 4-6:** PE-Management als integrativer Strategieansatz

## 4.1.7 Fazit

Es braucht in einer Unternehmenswelt, die im Hinblick auf die Zukunftsherausforderungen unverändert extrem gefordert bleiben wird, eine systemische Weiterentwicklung der Ansätze im Bereich der Kompetenzentwicklung. Diese Ansätze müssen volatilen Anforderungen durch ihre bewusst dynamisch ausgerichteten Prägungen hinreichend Rechnung tragen. »New Work« in seinem breiten Verständnis als Ansatz für die Zukunftsgestaltung der Arbeit erfordert förmlich die Ausrichtung auf Future Skills, allerdings nicht vorrangig im Sinne von Anpassungsreflexen und -prozessen, sondern als integralen Bestandteil eines transparenten und flexiblen Kompetenzmanagements im Unternehmen, das auf starre Kompetenzmodelle alter Prägung verzichtet und sich eher auf flexible Kompetenzportfolios ausrichtet. Will die betriebliche Personalentwicklung als traditionelle Teilfunktion des Personalmanagements auch zukünftig relevant sein und strategische Impulse setzen können, ist eine Verbreiterung ihres Handlungsspielraums und ihrer Zuständigkeit von entscheidender Bedeutung. Die »geborenen« Berührungspunkte zu den Handlungsfeldern des Wissensmanagements, Kompetenzmanagements, Talentmanagements und Gesundheitsmanagements sind evident. Sie in einen »modernen« Ansatz eines PE-Managements einzubinden, mit dem aktuelle Herausforderungen wie der Fachkräftemangel, aber vor allem die Anforderungen einer modernen Arbeitswelt zielgerichteter angegangen werden können, erscheint das Gebot der Stunde.

New Work ist somit nicht nur ein Orientierungshelfer für die Ausgestaltungen von Arbeitsgegebenheiten und einem zukunftsgerichteten Verständnis von Erwerbsarbeit, sondern kann gerade auch für den Bereich der Kompetenzen und deren Entwicklung im Unternehmen wichtige Impulse hinsichtlich der Öffnung für überfällige Reformansätze im Handlungsfeld von Bildung und Förderung der Beschäftigten geben.

### Zum Autor

**Dr. Peter Mudra** ist Professor für Betriebswirtschaftslehre mit dem Schwerpunkt Personalmanagement und Personalentwicklung an der Hochschule für Wirtschaft und Gesellschaft Ludwigshafen und leitet dort den Studiengang MBA Human Resources Management. Seine Forschungsinteressen sind vor allem auf die Themenbereiche der Personalentwicklungsinnovationen und Zukunftsansätze des Lernens bezogen. Von 2010 bis 2022 war er Präsident der Hochschule in Ludwigshafen.

## Literatur

Bundesministerium für Wirtschaft und Klimaschutz (BMWK): Die Zukunft der Arbeit in der digitalen Transformation. Gutachten des Wissenschaftlichen Beirats beim Bundesministerium für Wirtschaft und Klimaschutz (BMWK), Berlin 2022

Degner, M.: Betriebliches Gesundheitsmanagement. Bedeutung, Nutzen und Handlungsansätze für Unternehmen, Hamburg 2016

Deloitte Deutschland: Die Jobs der Zukunft. Berufswelt bis 2035 – fünf Trends. Studienreihe Datenland Deutschland (12. Ausgabe), München 2020

Ehlers, U.-D.: Future Skills und Hochschulbildung. »Future Skill Readiness", in: Hafer, J.; Mauch, M.; Schumann, M. (Hrsg.): Teilhabe in der digitalen Bildungswelt, Münster 2019, S. 37-48

Fastenroth, L. u. a.: Talent Management Studie 2020. Engaging Talent – Potenzialträger binden und entwickeln, Köln 2020

Futureskills.org: Das Future Skills Manifest. https://www.futureskills.org/manifest (Abruf am 29.09.2023)

Humanfy: New Work Charta. https://humanfy.de/new-work-charta/ (Abruf am 29.09.2023)

Kompetenzzentrum Fachkräftesicherung (KOFA): Future Skills. 2023 https://www.kofa.de/personalarbeit/weiterbildung/bedarfe-erkennen-und-planen/future-skills/ (Abruf am 29.09.2023)

Mudra, P.: Personalentwicklung. Integrative Gestaltung betrieblicher Lern- und Veränderungsprozesse, München 2004

Mudra, P.: Pädagogisch-psychologische Motivationstheorien, in: Müller-Vorbrüggen, M.; Radel, J. (Hrsg.): Handbuch Personalentwicklung. Die Praxis der Personalbildung, Personalförderung und Arbeitsstrukturierung, Stuttgart 2016, S. 137-157

Mudra, P.: Das Kompetenzset der Zukunft für Personalmanager, in: Appel, W.; Wahler, M. (Hrsg.): Die digitale HR-Organisation. Wo wir stehen, was wir brauchen, Köln 2018, S. 75-85

Mudra, P.: Zwischen Freiräumen und Verbindlichkeit – Anforderungen an das Führen im Bildungsbereich, in: Mäder, K.; Stäuble, E. (Hrsg.): Wirken statt blockieren. Führen in Bildung und Schule, Bern 2018, S. 71-87

Mudra. P.: Personalentwicklung als qualitatives Personalveränderungsmanagement, in: Müller-Vorbrüggen, M.; Radel, J. (Hrsg.): Handbuch Personalentwicklung. Die Praxis der Personalbildung, Personalförderung und Arbeitsstrukturierung, Stuttgart 2022, S. 35-49
Mudra, P.: Studierendenorientierung und Kompetenzorientierung als Handlungsprinzipien, in: Lernwelt Hochschule 2030. Konzepte und Strategien für eine zukünftige Entwicklung, Berlin 2022, S. 133-145
North, K.: Wissensorientierte Unternehmensführung. Wissensmanagement gestalten, Wiesbaden 2016
Rump, J.; Eilers, S.: Die Zukunft des betrieblichen Lernens. Trends, Kompetenzen, Instrumente, Stuttgart 2021
Sauter, W.: Die Zukunft des Lernens. Selbstorganisierter Kompetenzerwerb durch personalisiertes Lernen, Gütersloh 2018
Schmitz, A.; Graf, N.: Agiles Lernen, New Learning, Lernen 4.0, in: Personalmagazin 01/2020, S. 76-80
Stifterverband für die Deutsche Wissenschaft: Future Skills. Welche Kompetenzen Deutschland fehlen, Essen 2018
Stifterverband für die Deutsche Wissenschaft: Future Skills 2021. 21 Kompetenzen für eine Welt im Wandel, Essen 2021
Wahl, D.: Wirkungsvoll unterrichten in Schule, Hochschule und Erwachsenenbildung. Von der Organisation der Vorkenntnisse bis zur Anbahnung professionellen Handelns, Bad Heilbrunn 2020
World Economic Forum (WEF): The Future of Jobs – Report 2018, Genf 2018
World Economic Forum (WEF): The Future of Jobs – Report 2018, Genf 2023

## 4.2 Mitarbeiterbindung im Kontext von New Work – Hintergründe, Trends und Instrumente

*Jutta Rump/Silke Eilers*



### 4.2.1 Einführung

In den HR-Reports des Instituts für Beschäftigung und Employability IBE im Auftrag der Hays AG hält sich nunmehr seit zwölf Jahren die Mitarbeiterbindung unter den Top-3-Themen für HR-Verantwortliche. Das Ziel, Mitarbeitende an das Unternehmen binden zu wollen, ist also ein »Dauerbrenner«, und doch gewinnt es aktuell noch einmal immens an Bedeutung und rückt in den Fokus einschlägiger Veranstaltungen, Social-Media-Beiträge und Publikationen.

Dies ist insbesondere dem immer deutlicher zutage tretenden Mangel nicht nur an Fach- und Führungskräften, sondern an Arbeitskräften allgemein in zahlreichen

Branchen und Berufsfeldern geschuldet. Dieser Mangel kann inzwischen als einer der limitierenden Faktoren in Bezug auf die Erreichung der strategischen Ziele eines Unternehmens angesehen werden. Dies bestätigt unter anderem der HR-Report 2022, in dem die befragten Entscheider:innen den Fach- und Nachwuchskräftemangel noch vor eingeschränkten finanziellen Möglichkeiten und Zeitknappheit als am stärksten limitierend einstufen (Rump et al. 2022). Die Boston Consulting Group hat eine durch Arbeitskräftemangel verlorene Wirtschaftsleistung von jährlich 84 Milliarden Euro berechnet, die nach ihrer Einschätzung auf einen strukturellen Mangel hinweist, da der Arbeitskräftemangel von 1,9 Millionen offenen Stellen etwa eine Million über dem langfristigen Durchschnitt liegt (Zeit Online / dpa / mp 2022). Für die Befragten der aktuellen Krisenstudie des Instituts für Beschäftigung und Employability IBE und der Hays AG ist die Demografie-Krise direkt nach der aktuellen Energiekrise diejenige, von der sie sich am meisten bedroht fühlen (Hays 2022) (▶ Dar. 4-7).

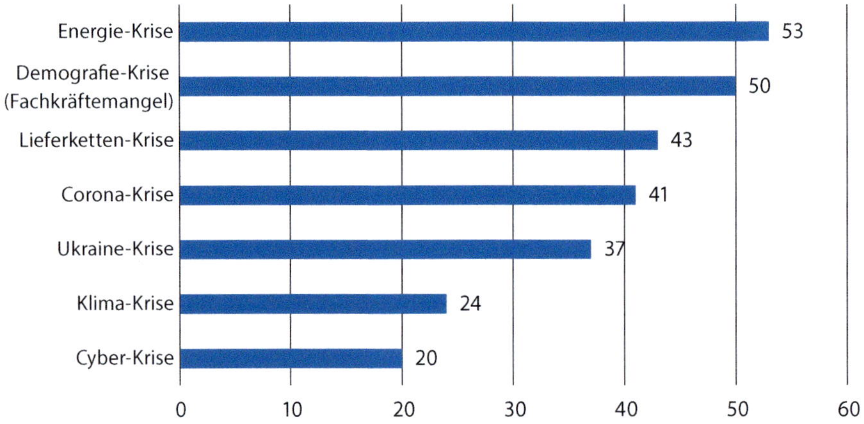


**Dar. 4-7:** Betroffenheit der Unternehmen von unterschiedlichen Krisen (Hays 2022, n = 803, Angaben in Prozent)

Blickt man zurück in die späten 1990er- und frühen 2000er-Jahre, so muss konstatiert werden, dass vor eben dieser krisenhaften Situation in Bezug auf die demografische Entwicklung bereits frühzeitig gewarnt wurde. Der Eintritt der sogenannten Baby-Boomer-Generation in den Ruhestand in den 2020er Jahren war stets ein ebenso statistisch belegbares Szenario wie die verringerte Geburtenhäufigkeit der Generation, die im gleichen Zeitraum diese Lücke würde füllen müssen. Zwar wurde dieser Entwicklung durchaus mit Kampagnen, Arbeitskreisen und proaktiven Handlungsansätzen entgegengetreten, doch offensichtlich nicht in ausreichendem Maße. Denn die Formulierung des IW Köln »Der Fachkräftemangel ist plötzlich Realität« macht deutlich, dass Warnungen zu lange ungehört blieben und die beginnende Ausstiegswelle der geburtenstarken Jahrgänge die Unternehmen hart und vielfach unvorbereitet trifft (IW Köln 2022). Die bewährte Strategie, auf

Arbeitskräfteengpässe mit der Verstärkung der Mitarbeitergewinnung zu reagieren, greift nur noch bedingt. Zudem fehlen in der nicht enden wollenden Dauerkrise für die Einarbeitung neuer Mitarbeitender vielfach die Ressourcen. Vielmehr gilt es, schnell und entschlossen mit dem bewährten Team Lösungen für die auftretenden Herausforderungen zu finden.

Wenn man also Talente einmal an Bord hat, tut man gut daran, sie zu halten, da man am Arbeitsmarkt vermutlich keinen adäquaten Ersatz mehr finden wird. Hinzu kommt, dass die Wahlmöglichkeiten der Arbeitnehmenden sich vergrößern und die Hemmschwelle, den Arbeitgeber zu wechseln, sinkt. Denn Beschäftigte, die zunehmend die Wahl zwischen unterschiedlichen Arbeitgebern haben, schauen sehr genau hin, wenn es darum geht, welche Instrumente und Maßnahmen ihr Arbeitsplatz im Vergleich zu vielen anderen bietet und entscheiden sich bewusst für die für sie individuell optimalen Bedingungen. Dabei wirken die neue Transparenz durch Austauschforen und -portale, aber auch Vernetzungsplattformen im Internet stark unterstützend. In diesem Zusammenhang erschreckend für viele Arbeitgeber: Zuletzt war eine Reduzierung der Mitarbeiterbindung auf breiter Linie zu erkennen. So zeigte der aktuelle Gallup Engagement Index, dass sich nur noch jede:r sechste Arbeitnehmende in Deutschland emotional stark an den Arbeitgeber gebunden fühlt. 23 % der Befragten und damit mehr als in den Vorgängerbefragungen möchten in einem Jahr nicht mehr bei ihrem aktuellen Unternehmen tätig sein, 42 % planen, innerhalb der kommenden drei Jahre zu wechseln. Gleichzeitig verneinen nur noch 61 % der Teilnehmenden (verglichen mit 77 % bei der gleichen Fragestellung vor fünf Jahren) die Frage, ob sie ihren eigenen Job gänzlich aufgeben würden, wenn sie finanziell unabhängig wären (Wolter 2022).

Der aktuelle HR-Report 2023 hat sich daher explizit dem Thema Mitarbeiterbindung mit all seinen Facetten gewidmet. Dabei halten 68 % der Befragten Mitarbeiterbindung für relevant oder sehr relevant für ihre Geschäftstätigkeit oder ihren Geschäftserfolg (Rump et al. 2023). Die nachfolgenden Ausführungen geben Einblick in die zentralen Befragungsergebnisse.

### 4.2.2 Zentrale Erkenntnisse des HR-Reports 2023

Der HR-Report 2023, an dem sich insgesamt 1001 Personen beteiligt haben, greift neben Fragen zum Umgang mit der Thematik der Mitarbeiterbindung im Unternehmen auch Kernfelder wie Unternehmenskultur, Führung und Organisation auf.

#### 4.2.2.1 Umgang mit Mitarbeiterbindung im Unternehmen

In den Unternehmen der am HR-Report 2023 teilnehmenden Personen ist die Zuständigkeit für das Thema Mitarbeiterbindung unterschiedlich geregelt. Ein Viertel der Befragten gibt an, es gebe keine konkrete Zuständigkeit, in 29 % der Unternehmen ist Mitarbeiterbindung Aufgabe der Führungskräfte, in 26 % ist sie im HR-Bereich verankert, in 12 % im Top-Management. Gemessen wird Mitarbeiterbindung in mehr als der Hälfte der beteiligten Unternehmen nicht. Dort, wo sie gemessen wird, erfolgt dies überwiegend anhand von Mitarbeiterbefragungen, in deutlich geringerem Umfang auch über die Fluktuation, die Teilnahme an offiziellen Rankings und den Krankenstand.

### 4.2.2.2 Kernfelder der Mitarbeiterbindung

Zunächst einmal stellt sich die grundsätzliche Frage, mit welchen Instrumenten sich Mitarbeitende an einen Arbeitgeber binden lassen. Darstellung 4-8 zeigt auf, dass die Befragten, die darum gebeten wurden, die fünf aus ihrer Sicht am geeignetsten Instrumente auszuwählen, einige Aspekte deutlich stärker befürworten als andere.

Da alle zwölf HR-Reports der Frage nach den Instrumenten zur Mitarbeiterbindung nun bereits seit 2011 nahezu unverändert nachgehen, lässt sich auch ein gewisser zeitlicher Effekt beobachten. So haben sich die Top 2 der Nennungen – ein gutes Betriebsklima und ein marktgerechtes Entgelt – im Zeitverlauf nicht verändert, und auch flexible Arbeitszeiten bleiben aus Sicht der Befragten eines der entscheidenden Bindungsinstrumente. Allerdings findet sich die Reputation des Arbeitgebers, die 2011/2012 noch Rang 3 einnahm, nun weit abgeschlagen auf dem letzten Platz der Nennungen, und auch die vormals weit vorn anzutreffende Beschäftigungssicherheit schafft es nur noch ins letzte Drittel. Dahingegen haben Maßnahmen zur Vereinbarkeit von Beruf und Privatleben ebenso deutlich zugelegt wie betriebliche Zusatzleistungen. Hier zeigt sich nicht zuletzt der Einfluss der nachrückenden sogenannten Generation Y, die heute im Vergleich zum Jahr 2011/2012 vollumfänglich im Berufsleben steht. Für sie ist die Vereinbarkeit beruflicher und privater Belange inzwischen fester Bestandteil des beruflichen Selbstverständnisses und ein zentraler Attraktivitätsfaktor für Arbeitgeber geworden, wie einschlägige Befragungen junger Menschen immer wieder bestätigen. Ähnlich verhält es sich mit betrieblichen Zusatzleistungen, die angesichts einer verlängerten Lebensarbeitszeit, niedrigerer Rentenerwartungen und einer steigenden Unsicherheit ebenfalls stetig an Bedeutung gewinnen. Erstaunlich ist, dass Instrumente wie eine stärkenorientierte Personalentwicklung im Zeitvergleich eher an Bedeutung eingebüßt haben.

Danach befragt, ob es in ihren Unternehmen differenzierte Maßnahmen zur Mitarbeiterbindung für bestimmte Zielgruppen gibt, geben nahezu 50 % der Befragten im HR-Report 2023 an, dies sei nicht der Fall, darunter insbesondere Vertreter:innen kleiner Unternehmen mit weniger als 500 Beschäftigten. Dort, wo es differenzierte Maßnahmen gibt, sind diese insbesondere auf die Position der Beschäftigten bezogen und eher seltener auf deren individuelle Situation, Lebensphase, Geschlecht, Alter oder Betriebszugehörigkeit. Dazu ist zu konstatieren, dass Mitarbeiterbindung etwas zutiefst Individuelles ist, dem ein Arbeitgeber mit einem »Gießkannenprinzip« nur bedingt gerecht werden kann. Nicht immer – auch das zeigen die Zeit-

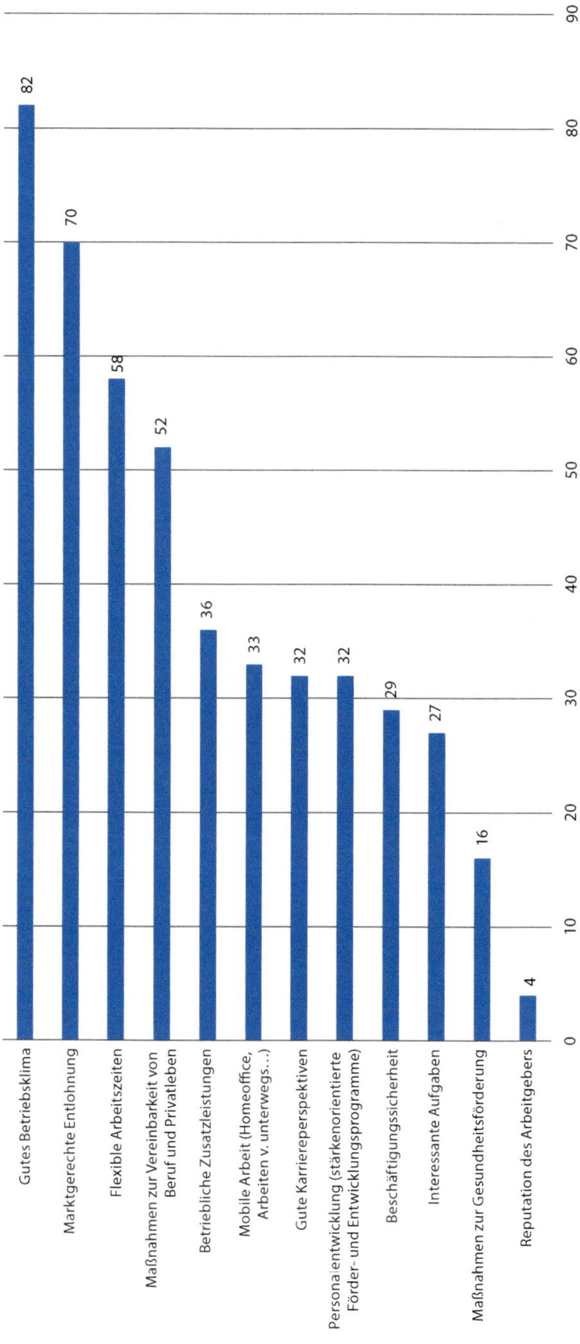


**Dar. 4-8:** Besonders gut geeignete Instrumente zur Mitarbeiterbindung (Rump et al. 2023, n = 1001, Angaben in Prozent)

reihen der HR-Reports – wird die Umsetzung von Maßnahmen zur Mitarbeiterbindung deren wahrgenommener Bedeutung gerecht. Vielmehr finden sich nicht unerhebliche Talking-Action-Gaps. Interessant ist dabei vor allem, dass beispielsweise Maßnahmen zur Förderung der Gesundheit zwar vielfach bereits einen vergleichsweise hohen Umsetzungsgrad aufweisen, jedoch von den Teilnehmenden der Studienreihe als kaum relevant für die Mitarbeiterbindung erachtet werden. Hier lohnt sich gegebenenfalls ein Blick in das einzelne Unternehmen, um nicht am Bedarf vorbei zu agieren. Als Kernfelder der Mitarbeiterbindung, die im HR-Report 2023 näher beleuchtet werden, sind die Unternehmenskultur, Führung, Personalentwicklung, Lernen, Karriereperspektiven, Arbeitsorganisation, Arbeitsumgebung sowie Compensation & Benefits im Fokus (welche im Folgenden näher beleuchtet werden). Hinzu kommen Aspekte rund um Nachhaltigkeit, Integrität und Fairness.

#### 4.2.2.3 Unternehmenskultur und Führung

Mitarbeiterbindung lässt sich idealerweise über eine mitarbeiterorientierte Unternehmenskultur fördern. Führungskräfte sind dabei vielfach diejenigen, die eine solche Unternehmenskultur transportieren. Sie sind auch nicht selten das »Zünglein an der Waage«, wenn es um Mitarbeiterbindung geht. Aufgrund ihres meist sehr engen Kontaktes zu ihren Mitarbeitenden spielen sie eine entscheidende Rolle in Bezug auf die Identifikation mit dem eigenen Unternehmen und können durchaus auch Auslöser:innen für Wechselabsichten sein. Darstellung 4-9 veranschaulicht, welche Aspekte der Unternehmenskultur die Teilnehmenden des HR-Reports 2023 als besonders förderlich zur Stärkung der Mitarbeiterbindung erachten.

An erster Stelle findet sich die Förderung der Vereinbarkeit von Beruf und Privatleben, was sich mit den bereits in Bezug auf die allgemeinen Instrumente gewonnenen Erkenntnissen deckt. Der Blick auf unterschiedliche Befragtengruppen zeigt, dass es insbesondere die Mitarbeitenden ohne Führungsverantwortung sind, die diesem Aspekt eine sehr hohe Bedeutung beimessen. Es folgen mehrere Maßnahmen im »Mittelfeld« auf ähnlichem Zustimmungsniveau, die dem Themenbereich Kommunikation, Transparenz und Förderung des Gemeinschaftssinns zuzuordnen sind und sich nicht zuletzt auch dazu eignen, mit den aktuellen Krisensituationen umzugehen. Eher abgeschlagen sind Themen wie Partizipation, Generationen- oder Diversitätsbewusstsein. Zu einem Führungsverhalten, das Mitarbeiterbindung fördert, gehört für die Befragten ein Zusammenspiel unterschiedlicher Faktoren (▶ Dar. 4-10).

Für die Teilnehmenden ist es insbesondere die Anerkennung der Leistung, die den Unterschied macht, und dies umso stärker, je älter die Befragten sind. Doch auch Fairness und ausreichend Zeit für die Mitarbeitenden spielen eine gewichtige Rolle dabei, Mitarbeitende an ein Unternehmen zu binden. Gerade die Zeit für Führungsaufgaben kommt jedoch im Arbeitsalltag nicht selten zu kurz. In eher geringem Umfang sehen die Befragten Führungskräfte in der Verantwortung für Personalentwicklung oder zur Förderung von Work-Life-Balance bzw. Diversity.

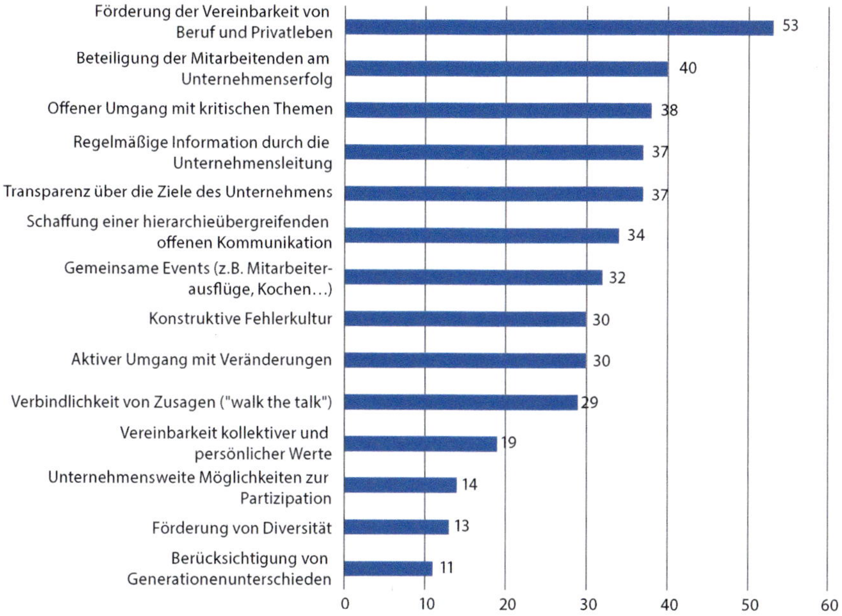


**Dar. 4-9:** Beitrag der Unternehmenskultur zur Mitarbeiterbindung (Rump et al. 2023, n = 1001, Angaben in Prozent)

Dies verwundert angesichts der hohen Bedeutung, die in den vorangestellten Fragen der Vereinbarkeit von Beruf und Privatleben beigemessen wurde. Denn in der betrieblichen Praxis sind es in der Regel die Führungskräfte, von denen die Umsetzbarkeit entsprechender Maßnahmen in hohem Maße abhängt. Flexible Arbeitsmodelle beispielsweise benötigen einen Führungsstil, der mehr auf Vertrauen als auf Kontrolle basiert.

### 4.2.2.4 Personalentwicklung, Lernen und Karriereperspektiven

In einer im Wandel befindlichen Arbeitswelt ist Beschäftigten die Möglichkeit, sich selbst stetig weiterzuentwickeln und »am Ball zu bleiben«, sehr wichtig. Und so liegt es auf der Hand, dass die Wechselwilligkeit steigt, wenn der aktuelle Arbeitgeber keine oder nur eingeschränkte Möglichkeiten im Hinblick auf Personalentwicklung und Lernen bietet oder diese gar blockiert. Ähnlich verhält es sich bei den Karriereperspektiven.

Befragt nach den Personalentwicklungsinstrumenten, die Mitarbeiterbindung am ehesten fördern (▸ Dar. 4-11), liegen für die Befragten des HR-Reports 2023 abwechslungsreiche Aufgaben und die Berücksichtigung der Vereinbarkeit von Beruf und Familie bei Entwicklungsangeboten nahezu gleichauf an der Spitze. Ebenfalls sehr wichtig sind den Teilnehmenden der Zugang zu Entwicklungsmaßnahmen für alle Mitarbeitenden und ein stärkenorientierter Ansatz. Zudem soll die

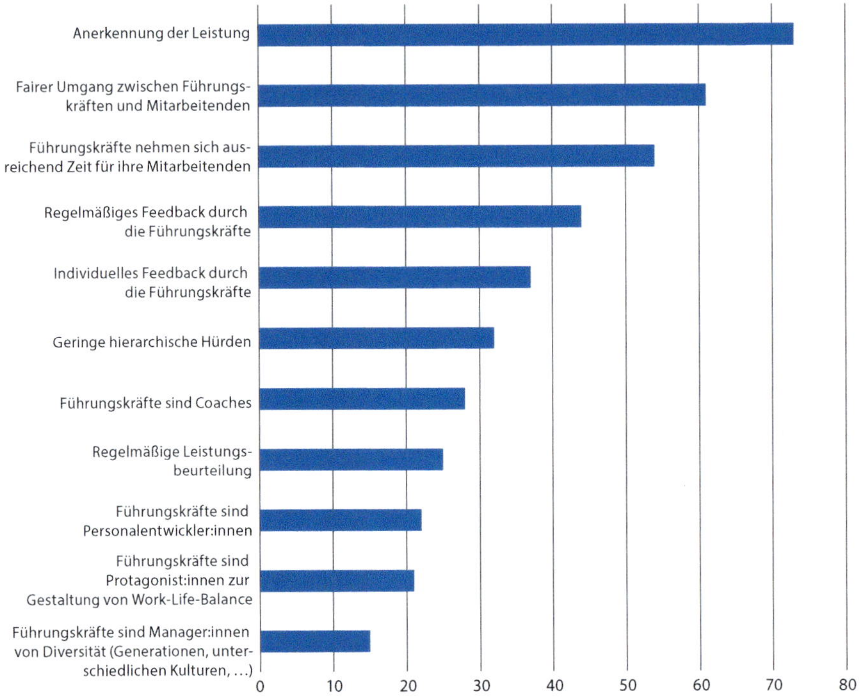


**Dar. 4-10:** Beitrag der Führung zur Mitarbeiterbindung (Rump et al. 2023, n = 1001, Angaben in Prozent)

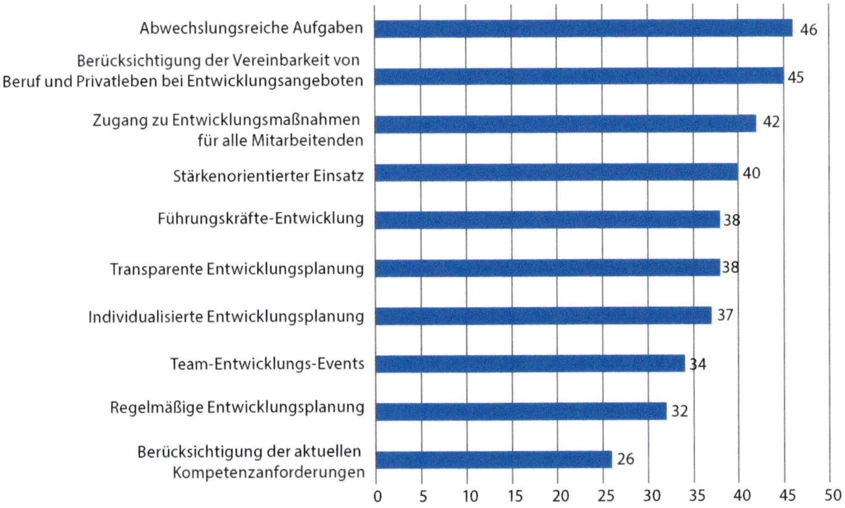


**Dar. 4-11:** Beitrag der Personalentwicklung zur Mitarbeiterbindung (Rump et al. 2023, n = 1001, Angaben in Prozent)

Entwicklungsplanung individualisiert und transparent sein sowie regelmäßig stattfinden. Auch die Führungskräfte-Entwicklung sollte nicht zu kurz kommen.

Es zeigt sich hier erneut, dass der Wunsch nach dem Eingehen auf individuelle Bedürfnisse – sei es durch den Einbezug der Vereinbarkeit von Beruf und Privatleben oder durch einen regelmäßigen Austausch zur Gestaltung einer transparenten und individuellen Entwicklungsplanung – groß ist.

In engem Zusammenhang zur Personalentwicklung steht die Frage, wie Lernen gestaltet sein sollte, um zur Mitarbeiterbindung beizutragen. Dabei wird von den Befragten vor allem praxisnahen Lernangeboten sowie ausreichend Zeit und der Wertschätzung von Lernen die höchste Bedeutung beigemessen (▶ Dar. 4-12). Dies entspricht auch dem wissenschaftlichen Diskurs über die nachhaltige Sicherung von Lernerfolg.

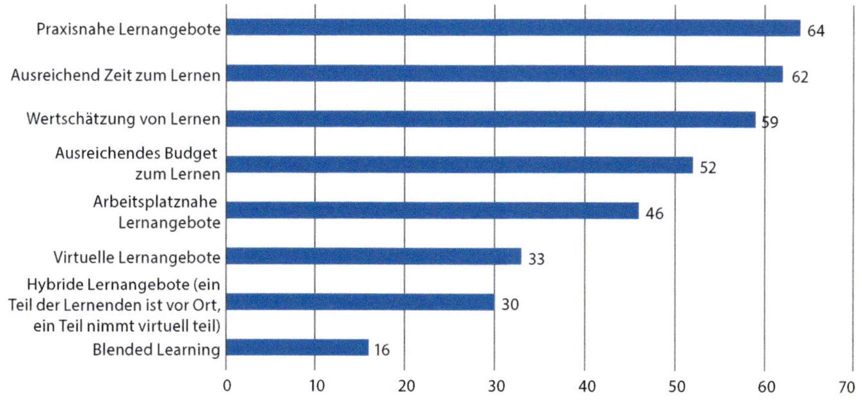


**Dar. 4-12:** Beitrag von Lernen zur Mitarbeiterbindung (Rump et al. 2023, n = 1001, Angaben in Prozent)

Neben den Entwicklungsmöglichkeiten spielen auch die Karriereperspektiven eine nicht unerhebliche Rolle, um Mitarbeitende zu binden. Dabei gilt zu beachten, dass sich der Karrierebegriff im Wandel befindet und durchaus nicht mehr rein auf den vertikalen Aufstieg beschränkt ist. Dies zeigen auch die Einschätzungen der Befragten, die der Gleichwertigkeit von Fach-, Projekt- und Führungslaufbahn sowie dem Angebot unterschiedlicher Laufbahnpfade eine hohe Bedeutung beimessen. Den größten Einfluss nimmt ihrer Ansicht nach jedoch die Berücksichtigung der jeweiligen Lebensphase bei der Karriereplanung. Hier zeigen sich Parallelen zum Antwortverhalten in Bezug auf die Berücksichtigung der Vereinbarkeit von Beruf und Privatleben bei der Personalentwicklung und bei der Unternehmenskultur. Des Weiteren halten die Befragten eine transparente Beförderungspolitik ebenso für entscheidend wie eine stärkenorientierte Laufbahngestaltung, und auch eine regelmäßige Potenzialbeurteilung findet sich noch unter den wichtigsten Aspekten (▶ Dar. 4-13).

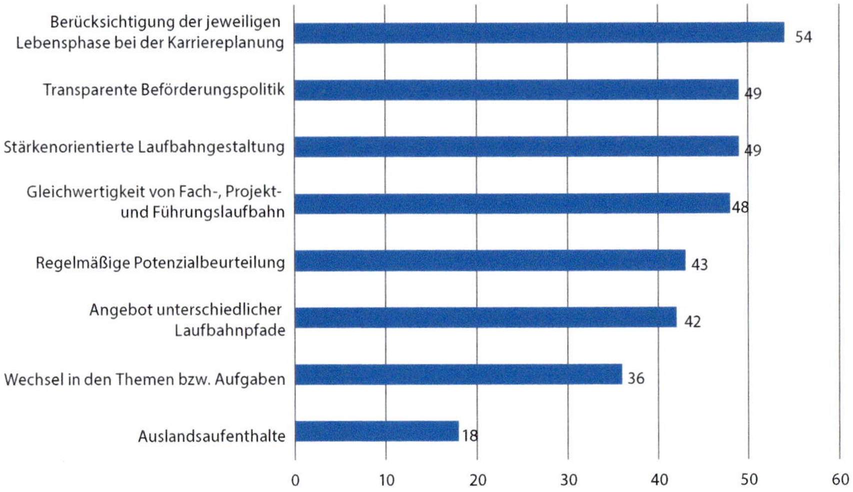


**Dar. 4-13:** Beitrag von Karriereperspektiven zur Mitarbeiterbindung (Rump et al. 2023, n = 1001, Angaben in Prozent)

Altersbezogen sehen die jüngsten und die ältesten Befragten die Berücksichtigung der Lebensphase bei der Karriereplanung als besonders entscheidend für die Mitarbeiterbindung an. Das Angebot unterschiedlicher Laufbahnpfade ist für die bis 29-Jährigen besonders attraktiv, während es den 50- bis unter 60-Jährigen und den über 60-Jährigen als Bindungsfaktor nur noch wenig wichtig erscheint. Sie scheinen ihre »Karriere« gemacht bzw. mit ihrem Werdegang abgeschlossen zu haben.

### 4.2.2.5 Arbeitsorganisation und Arbeitsumgebung

Auch die Arbeitsorganisation nimmt Einfluss darauf, inwieweit Mitarbeitende ihrem Arbeitgeber die Treue halten. Allen voran gilt dies für eine flexible Arbeitszeitgestaltung, die sich bei der Auswahl der insgesamt bedeutendsten Instrumente zur Mitarbeiterbindung in der Geschichte der HR-Reports stets auf einem der vordersten Ränge findet. Und so stellt sie auch im HR-Report 2023 die Top-Nennung dar. Ebenfalls entscheidend zur Stärkung der Mitarbeiterbindung tragen nach Ansicht der Befragten kurze Entscheidungswege, das Gewähren von Handlungsspielräumen und die Förderung der Selbstorganisation bei. Hinzu kommen die Übertragung von Entscheidungsbefugnissen, effiziente Informationskanäle und die Förderung des bereichsübergreifenden Denkens (▶ Dar. 4-14). Dabei lässt sich bei genauerem Blick auf die unterschiedlichen Befragtengruppen erkennen, dass das Gewähren von Handlungsspielräumen, die Übertragung von Entscheidungsbefugnissen und kurze Entscheidungswege mit zunehmendem Alter an Bedeutung im Hinblick auf die Mitarbeiterbindung gewinnen.

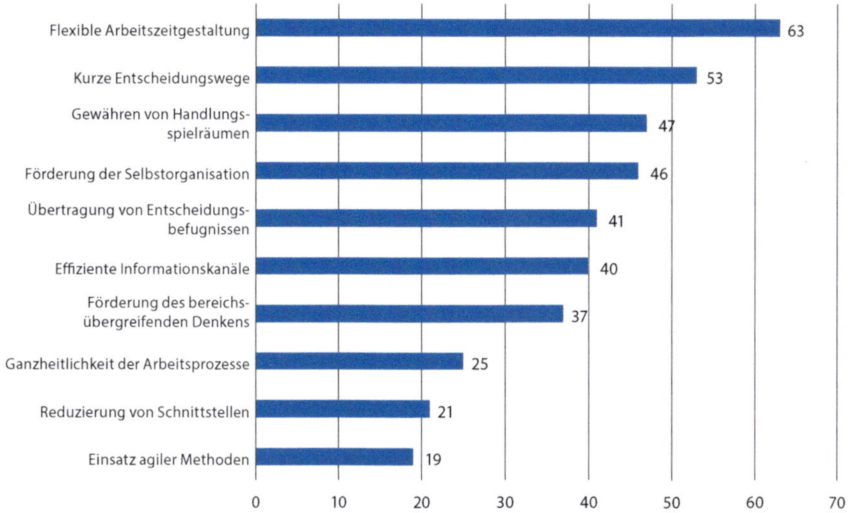


**Dar. 4-14:** Beitrag der Arbeitsorganisation zur Mitarbeiterbindung (Rump et al. 2023, n = 1001, Angaben in Prozent)

Als gesonderte Fragestellung wird im Rahmen des HR-Reports 2023 das Thema mobile Arbeit behandelt, das gerade durch die Corona-Pandemie einen deutlichen Schub im Hinblick auf Akzeptanz und Verbreitung in den Bereichen erhalten hat, in denen sie umsetzbar ist. In Bezug auf die Mitarbeiterbindung allerdings wird mobile Arbeit zuweilen differenziert betrachtet. Denn während sie einerseits unbestritten einen immer gewichtigeren Attraktivitätsfaktor für viele Beschäftigte darstellt, führt sie andererseits dazu, dass sich das Miteinander von Teams vor Ort im Unternehmen und die persönliche »face-to-face«-Kommunikation reduziert und damit auch das als entscheidend für die Mitarbeiterbindung erachtete gute Betriebsklima leiden kann. Entsprechend fallen auch die Aussagen der Befragten differenziert aus. So glauben 27 %, dass sich die Mitarbeiterbindung durch mobile Arbeit nicht verändert, 40 % gehen von einer Steigerung der Mitarbeiterbindung aus, 19 % von einer Reduzierung. Eine genauere Nachfrage dahingehend, wie mobile Arbeit zur Steigerung der Mitarbeiterbindung beitragen kann, ergibt, dass dies insbesondere über solche Maßnahmen gelingt, die der Förderung des Austauschs und des Miteinanders trotz räumlicher Distanz dienen. Darstellung 4-15 gibt einen Überblick.

Laut der Untersuchung »Attraktivität des Standortes aus der Sicht von Young Professionals« wird deutlich, dass mit zunehmendem Anteil von mobiler Arbeit der Arbeitsstandort eine geringere Rolle spielt. Beträgt der Anteil der mobilen Arbeit weniger als 50 %, hat der Arbeitsort für 42 % der befragten Young Professionals eine Bedeutung. Steigt der Anteil der mobilen Arbeit über die 50 % hinaus, sind es nur noch 32 % der Befragten, für die der Arbeitsort wichtig ist (Rump u. Ogermann 2022).

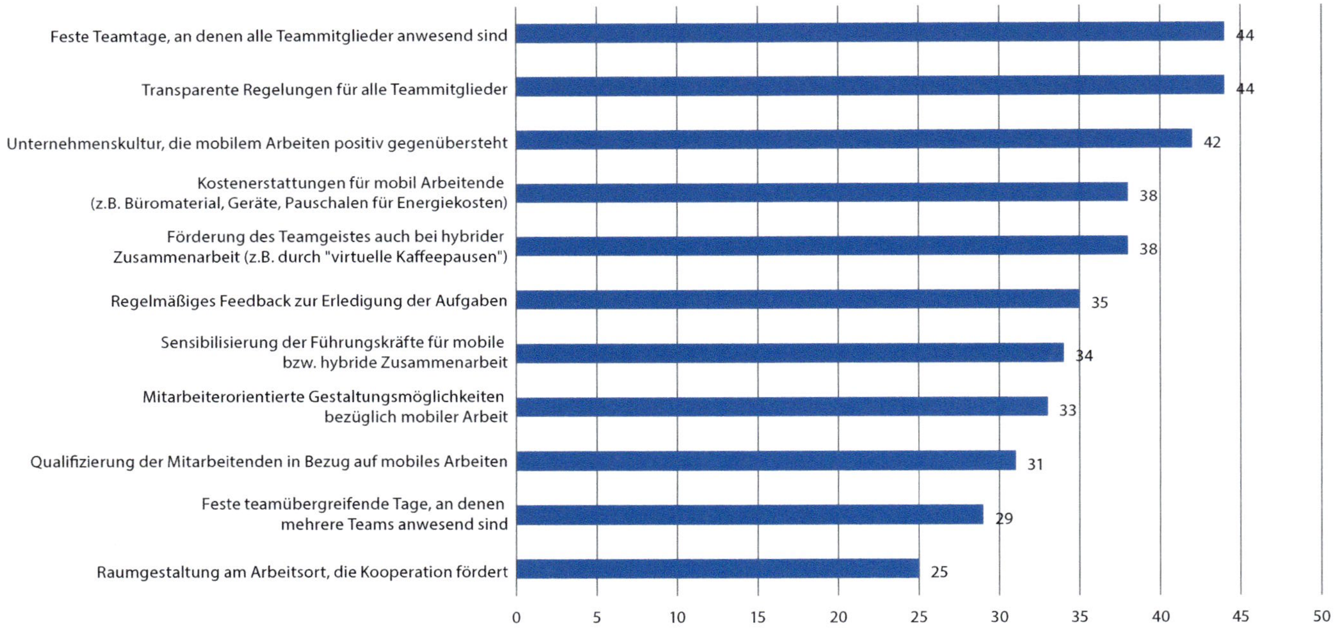


**Dar. 4-15:** Möglichkeiten zur Mitarbeiterbindung im Kontext mobiler Arbeit, wenn die Tätigkeit dies zulässt (Rump et al. 2023, n = 1001, Angaben in Prozent)

Durch die zunehmende Verbreitung mobiler Arbeit in vielen Bereichen rückt auch die Frage der Gestaltung der Arbeitsumgebung für den Präsenzbetrieb zunehmend in den Fokus. Denn wenn ein Teil des Arbeitens von zuhause stattfindet und Teams nicht mehr täglich gemeinsam vor Ort im Unternehmen sind, dann stellt sich unweigerlich die Frage, wie die Präsenzräumlichkeiten idealerweise gestaltet sein sollten – nicht zuletzt auch, um die Mitarbeiterbindung zu fördern. Dies scheint allerdings noch nicht umfassend realisiert worden zu sein, wie die Befragungsergebnisse zeigen. Denn während Aspekte wie die Wohlfühlatmosphäre am Arbeitsplatz oder die entsprechende Arbeitsplatzausstattung eher Zustimmung erhalten, sind die Reaktionen in Bezug auf innovative Konzepte, die beispielsweise die Einrichtung unterschiedlicher Zonen für Stillarbeit, Teamarbeit und teamübergreifendes Arbeiten vorsehen, sehr verhalten (▶ Dar. 4-16).

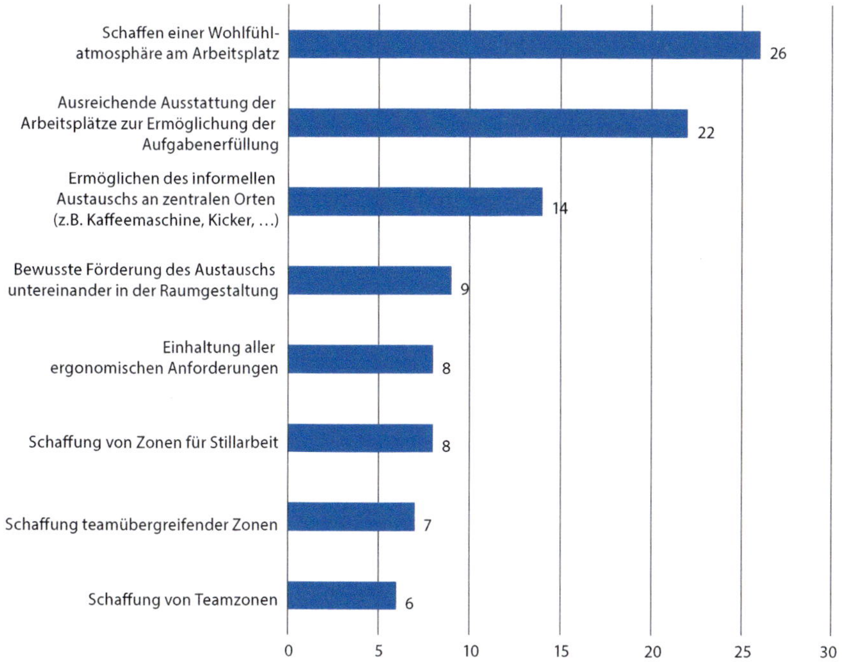


**Dar. 4-16:** Beitrag der Arbeitsumgebung zur Mitarbeiterbindung (Rump et al. 2023, n = 1001, Angaben in Prozent)

### 4.2.2.6 Compensation & Benefits

Beschäftigte möchten für Ihre Leistung eine angemessene Wertschätzung und Anerkennung erhalten – und dies auch in monetärer Form. Dabei lässt sich in den Antworten der Befragten eine hohe Leistungsorientierung erkennen, denn nicht nur marktorientierte, sondern eben auch leistungsorientierte Entlohnung werden als besonders entscheidend zur Förderung der Mitarbeiterbindung erachtet (▶ Dar. 4-17). Hier ergibt sich ein gewisses Spannungsfeld zur aktuellen gesellschaftlichen und politischen Diskussion in Bezug auf eine soziale Gerechtigkeit. Altersbezogen zeigt sich, dass in der Altersgruppe ab 60 Jahren Leistungsgerechtigkeit eine weniger bedeutsame Rolle spielt. Hier ist zu vermuten, dass für sie die soziale Gerechtigkeit an Wichtigkeit gewinnt. Auch die übrigen zur Auswahl gestellten Merkmale im Kontext Compensation & Benefits erhalten vergleichsweise hohe Zustimmungswerte.

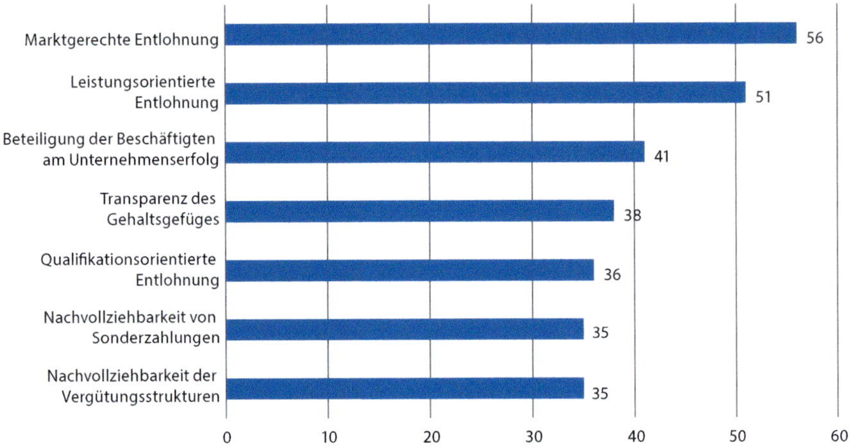


**Dar. 4-17:** Beitrag von Compensation & Benefits zur Mitarbeiterbindung (Rump et al. 2023, n = 1001, Angaben in Prozent)

## 4.2.2.7 Weitere Aspekte

Auch Nachhaltigkeit, Integrität und Fairness sowie regionales Engagement zahlen auf die Mitarbeiterbindung ein. Dass der letztgenannte Punkt und die Rückbesinnung auf die Herkunftsregion als Arbeits- und Lebensmittelpunkt zusehends an Bedeutung gewinnen, zeigt auch eine die bereits genannte Studie des Instituts für Beschäftigung und Employability IBE zum Thema Standortattraktivität für Young Professionals: wenn diese auf der Suche nach einem Job sind (dies trifft auf nahezu die Hälfte der Befragten zu), dann tun sie dies in der Nähe, das heißt, im Umfeld von 100 km von ihrem Heimatort. Hier ist von einer hohen Heimatverbundenheit und dem Wunsch nach der Nähe zur Familie auszugehen. Wird der Gender-Fokus auf die Ergebnisse gelegt, lässt die Untersuchung die These zu, dass Frauen eher im Umkreis ihres Wohnortes suchen, während Männer in die Welt hinausziehen. Auf den zweiten Blick zeigt sich, dass auch die befragten Männer die Region goutieren. Sie haben jedoch einen deutlich weiteren Radius bei der Jobsuche. Für den »idealen« Arbeitgeber würden die Befragten jedoch »über ihren Schatten springen«. Trotz Heimatverbundenheit und Familienbezug sind drei von vier Young Professionals bereit, die Region zu verlassen, wenn ein Arbeitgeber als »ideal« wahrgenommen wird. Es gibt aber auch hier einen Unterschied zwischen Frauen und Männern: während 82 % der Männer bereit sind, jobbedingt umzuziehen, sind es nur 70 % der Frauen. Da die Befragung allerdings auch zutage fördert, dass der Wunsch nach einem Wohnort in der Nähe des Heimatortes groß ist, kann davon ausgegangen werden, dass selbst im Falle eines jobbedingten Umzugs die Wahrscheinlichkeit einer Rückkehr in die Heimatregion durchaus gegeben ist (Rump u. Ogermann 2022).

Im HR-Report 2023 sind es vor allem die Fairness im Umgang mit Kund:innen, das aktive Leben der nach außen kommentierten Werte nach innen und das nachhaltige Agieren im Unternehmen, die für die Befragten den Unterschied machen. Dies zeigt Darstellung 4-18.

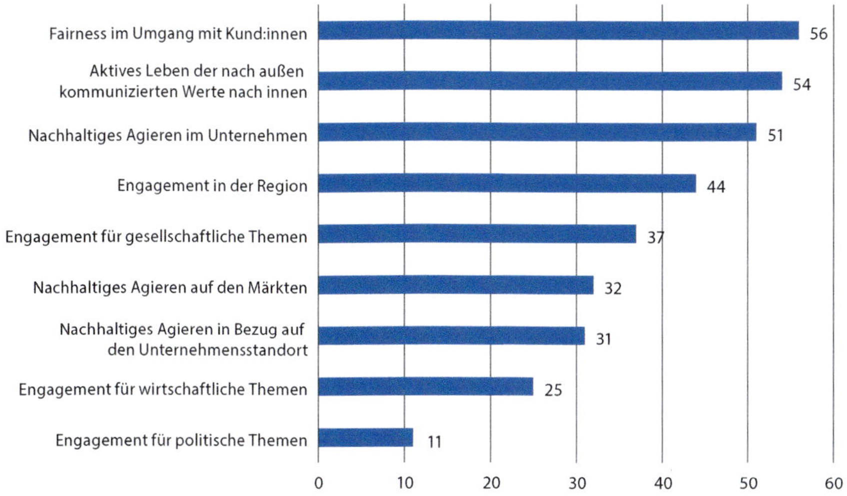


**Dar. 4-18:** Beitrag weiterer Aspekte zur Mitarbeiterbindung (Rump et al. 2023, n = 1001, Angaben in Prozent)

### 4.2.3 Fazit

Mit Blick auf die wirksamsten Instrumente zur Förderung der Mitarbeiterbindung ist zu erkennen, dass es neben einem angemessenen finanziellen Rahmen gerade die mitarbeiterorientierten Aspekte sind, die den Unterschied machen, und darunter wiederum insbesondere solche, in denen Beschäftigte und ihre Arbeitgeber individuelle Lösungen finden, von denen beide Seiten profitieren können. In Bezug auf Führung lassen sich Mitarbeitende insbesondere dadurch binden, dass Werte wie Leistungsorientierung, Fairness und Transparenz im Mittelpunkt stehen. Beschäftigte schätzen es, wenn ihnen Handlungsspielräume gewährt werden, man ihnen Entscheidungsbefugnisse überträgt und die Möglichkeit zur Selbstorganisation gegeben ist. Auch die Personalentwicklung und Karriereoptionen spielen eine nicht unerhebliche Rolle. Hier geht es insbesondere um interessante und abwechslungsreiche Aufgaben, die Beachtung von Stärken, Präferenzen und Lebensphasen und eine Wertschätzung von Lernbereitschaft und -fähigkeit. Dem Wertewandel in der Gesellschaft geschuldet ist die zunehmende Relevanz eines nachhaltigen Agierens von Unternehmen nach innen und außen, auch in Bezug auf den Unternehmensstandort und das regionale Engagement.

Zusammenfassend lässt sich festhalten, dass Beschäftigte am ehesten wegen eines guten Betriebsklimas, interessanter Aufgaben und Beschäftigungssicherheit bei ihrem Arbeitgeber bleiben. Sie gehen dahingegen primär wegen der Entlohnung, der Führung und einem schlechten Betriebsklima – auch dies zeigt der HR-Report 2023 eindrucksvoll auf. Zudem entscheidet für knapp die Hälfte der Teilnehmenden die emotionale Verbundenheit über Bleiben oder Gehen, knapp ein Drittel gehen eher pragmatisch vor, indem sie die Vor- und Nachteile ihres Verbleibs im Unternehmen abwägen, und 20 % bleiben, weil sie sich ihrem Arbeitgeber verpflichtet fühlen.

### Zu den Autorinnen

**Dr. Jutta Rump** ist Professorin für Allgemeine Betriebswirtschaftslehre, insbesondere Internationales Personalmanagement und Organisationsentwicklung an der Hochschule für Wirtschaft und Gesellschaft Ludwigshafen. Daneben leitet sie das Institut für Beschäftigung und Employability IBE, das den Schwerpunkt seiner Forschungsarbeit auf personalwirtschaftliche, arbeitsmarktpolitische und beschäftigungsrelevante Fragestellungen legt. Sie hat darüber hinaus zahlreiche Mandate auf regionaler und nationaler Ebene inne.

**Silke Eilers** ist Wissenschaftliche Mitarbeiterin und Projektleiterin am Institut für Beschäftigung und Employability IBE der Hochschule für Wirtschaft und Gesellschaft Ludwigshafen. Ihre Arbeitsschwerpunkte liegen im Bereich New Work und New Normal, Basic Work sowie Employability und Lebensphasen-orientierte Personalpolitik.

## Literatur

Hays (2022): Unternehmen im Krisenmodus!? Stimmungsbild zur aktuellen Situation. Eine empirische Studie des Instituts für Beschäftigung und Employability IBE und Hays. Online verfügbar unter: https://studien.hays.de/unternehmen-im-krisenmodus/start (Zugriff: 05.12.22).

IW Köln (2022): Der Fachkräftemangel ist plötzlich Realität. Online verfügbar unter https://www.iwd.de/artikel/der-fachkraeftemangel-ist-ploetzlich-realitaet-551257/?gclid=EAIaIQobChMI37C2oJ-t-wIVCq13Ch3TcgCtEAMYAiAAEgKmEPD_BwE (Zugriff: 14.11.22).

Rump, J. / Eilers, S. / Schabel, F. / Möckel, K. (2022): HR-Report 2022: Organisationen unter Druck – Zu wenig Zeit, Geld, Personal – wie die Pandemie den Kampf um knappe Ressourcen beeinflusst. Der Versuch einer Explikation. Online verfügbar unter: https://www.hays.de/personaldienstleistung-aktuell/studie/studie-hr-report-2022 (Zugriff: 05.12.22).

Rump, J. / Eilers, S. / Schabel, F. / Möckel, K. (2023): HR-Report 2023: Schwerpunkt Mitarbeiterbindung. Online verfügbar unter: https://www.hays.de/personaldienstleistung-aktuell/studie/hr-report-2023-mitarbeiterbindung (Zugriff: 30.10.23)

Rump, J. / Ogermann, A.-M. (2022): Attraktivität eines Standortes aus Sicht von Young Professionals. Online verfügbar unter: https://www.ibe-ludwigshafen.de/aktuelles/detail/attraktivitaet-eines-standortes-aus-sicht-von-young-professionals/ (Zugriff: 05.12.22).

ZEIT ONLINE, dpa, mp (2022): Mangel an Arbeitskräften kostet deutsche Wirtschaft Milliarden. Online verfügbar unter: https://www.zeit.de/wirtschaft/2022-10/fachkraeftemangel-studie-volkswirtschaftliche-schaeden-zuwanderung (Zugriff: 14.11.22).

## 4.3 Führung im digitalen Zeitalter

*Simon Drescher/Sebastian König*



### 4.3.1 Einführung und Überblick

Die Literatur zur digitalen Führung ist sowohl für Theoretiker als auch Praktiker ein weithin unübersichtliches Feld. Vergleichende Studien listen eine Fülle unterschiedlicher und schwer voneinander abzugrenzender Themen auf, die unter digitaler Führung subsumiert werden (vgl. Tagscherer/Carbon 2023) und benennen eine Vielzahl unterschiedlicher Rollen, Stile und Fähigkeiten, die als normative Vorgaben für *digital leader* in der Literatur geführt werden (vgl. Eberl/Drews 2021, S. 225 f.). Bereits anhand der Schlagworte ist schnell zu erkennen, dass kaum trennscharf unterschieden werden kann zwischen Themen, die genuin in den Bereich digitaler Transformation fallen, und Themen, die sich auf allgemeine organisationale bis hin zu führungsethischen Fragestellungen beziehen.

Unstrittig ist, dass Führungskräfte eine vertiefte digital-technische Kompetenz brauchen, wobei es weniger um spezifische IT-Kenntnisse geht, sondern vor allem um ein Verständnis der Anwendbarkeit und Auswirkung digitaler Technologien auf die strategische und operative Ebene des jeweiligen Business (vgl. Imran et al. 2021,

S. 82 f.; Tagscherer/Carbon 2023). Digitale Führung besteht demzufolge in einer bewussten Ausrichtung des unternehmerischen und strategischen Anteils von Führung auf die Chancen und Potentiale digitaler Anwendungen für das eigene Geschäftsfeld. Da mit der Digitalisierung einer Organisation notwendigerweise Veränderungen für die meisten Mitarbeiter einhergehen, weist digitale Führung auch eine große Nähe zum Changemanagement auf. Zum Profil einer digitalen Führungskraft gehören die eigene Veränderungsbereitschaft (vgl. Kollmann 2020, S. 39) sowie die Fähigkeit, Mitarbeiter als Changemanager durch die digitale Transformation zu führen (vgl. Tagscherer/Carbon 2023; Gfrerer et al. 2021; Sainger 2018). Damit wird die Idee digitaler Führung um die Perspektive der sozialen Interaktion und der Beziehung zwischen Führungskraft und Mitarbeiter erweitert.

Darüber hinaus werden mit digitaler Führung auch immer häufiger typische sozial-transformative Themen aus der modernen Organisationsentwicklung assoziiert: Flache Hierarchien (vgl. Bachmann/Jung 2023, S. 199 f.; Picot et al. 2023, S. 87 f.), Empowerment (vgl. Tagscherer/Carbon 2023, S. 8; Schermuly 2019, S. 176), partizipative und dezentralisierte Entscheidungsstrukturen (vgl. Heerwagen et al. 2023, S. 60 f.), die Einführung von Agilität (vgl. Helmold et al. 2023, S. 9) und die Umstrukturierung zur Netzwerkorganisation (vgl. Picot et al. 2023, S. 105 f.). Die Verbindung zwischen den Themen Digitalisierung und organisationaler Transformation ergibt sich aus der Beobachtung, dass mit der Digitalisierung für viele Unternehmen exogene Druckfaktoren einhergehen, die eine schnelle Anpassungsfähigkeit an Marktanforderungen, Kundenbedürfnisse, Vertriebsstrategien der Wettbewerber etc. notwendig machen (Drescher/König/Hepp 2021, S. 210 f.). Für die erforderliche Reaktionsgeschwindigkeit und Adaptivität spielt beispielsweise die Agilität einer Organisation eine zentrale Rolle (vgl. Kollmann 2020, S. 30). Auch die Stichworte Partizipation, Hierarchieabbau und Empowerment resultieren aus theoretischen Überlegungen sowie praktischen Befunden der sich verändernden Arbeitsteilung in der digitalen Arbeitswelt. Ein zentraler Faktor ist hier die zunehmende Komplexität, die eine funktionalere Rollenverteilung notwendig macht, als dies bei starren Hierarchien mit festen Positionen und Entscheidungsbefugnissen der Fall ist (vgl. Heerwagen et al. 2023, S. 60).

Auffällig ist jedoch, wie im Zuge der Auseinandersetzung mit digitaler Führung viele transformationale Organisationskonzepte mitverhandelt werden, die auch schon vor dem Aufkommen der digitalen Transformation als Megatrend in der Leadership- und Managementliteratur diskutiert wurden. Für Unternehmer, Führungskräfte und Entscheidungsträger stellt sich dabei die Frage, wie sich aus diesem Blumenstrauß an Anforderungen und Konzepten ein spezifischer Plan für die Weiterentwicklung der Führungsstrukturen und -kompetenzen in ihren Organisationen entwickeln lässt. Aus der alltäglichen Praxis ist klar, dass die Zusammenarbeit in digitalen Teams eine darauf abgestimmte und daran geschulte Form der Führung verlangt. Wir verstehen unter digitalen Teams sowohl Teams, die ausschließlich virtuell zusammenarbeiten, als auch Konstellationen, in denen ein Teil der Teammitglieder dauerhaft oder in einem rotierenden Rhythmus in Präsenz zusammenkommt. Im ersten Fall sprechen wir auch von virtuellen Teams, im zweiten von hybriden Teams. Häufig bleibt jedoch unklar, welche organisationalen und strukturellen Veränderungen für verschiedene Arten digitaler Zusammenarbeit vorgenommen werden müssen und inwiefern die Entwicklung digitaler Führungskompetenz in einem Unternehmen zwangsläufig mit der Förderung von Partizipation, Kollaboration, Hierarchieabbau und Agilität einhergehen muss.

Das liegt auch daran, dass das Verhältnis von New Work als neuem Paradigma industrieller Erwerbstätigkeit auf der einen Seite und dem technischen sowie organisationalen Strukturwandel von Wirtschaft und Gesellschaft in Form der digitalen Transformation auf der anderen Seite unterschiedlich interpretiert werden kann. So kann dafür argumentiert werden, typische organisationale Veränderungen des New-Work-Paradigmas wie »Flexibilität, Agilität und Kollaboration« seien die »wichtigsten Voraussetzungen für eine ganzheitliche Digitalisierung« (Helmold et al. 2023, S. 7). Diese Position sieht also in einer umfassenden organisationalen Umstrukturierung überhaupt erst die Voraussetzung bzw. Gelingensbedingungen für eine erfolgreiche Digitalisierung. Umgekehrt kann aber auch Digitalisierung als zentrale Ursache und wesentlicher Treiber für die Entstehung von New Work betrachtet werden (vgl. Vazquez et al. 2019, S. 13 f.; Hackl et al. 2017, S. 24 f.; Kollmann 2020, S. 1). Analysen, die diese Haltung vertreten, argumentieren, dass die Folgen der Anwendung digitaler Technologien dazu führen, dass sich auch Sozialformen und Strukturen in Unternehmen ändern müssen. New Work ist dann die soziale Konsequenz der radikalen Veränderung, die sich auf technischer Ebene ereignet.

Hinzu kommt, dass in den Begriff New Work auch weitere Phänomene aufgenommen werden, die ebenfalls für die Frage nach guter Führung von Bedeutung sind. Zu nennen sind hier unter anderem Überlegungen zu den Erwartungen an die Arbeitswelt der sogenannten Generation Y und Z, die Tendenz zur Individualisierung von Arbeit und Karrierewegen sowie sozio-kulturelle und politische Themen wie Diversität und Gleichberechtigung (vgl. Hackl et al. 2017, S. 48 f.). Diese Diffusion im Verhältnis von Ursache und Wirkung der verschiedenen transformativen Kräfte ist insofern nicht irrelevant, als sich für den Praktiker die Frage stellt, welche Veränderungen in seinem Unternehmen der erste Schritt für eine zukunftsfähige Mitarbeiterführung sind. Einfach ausgedrückt: Muss ich erst einen unternehmensweiten Sharepoint einrichten und alle Mitarbeiter mit Laptop ausstatten, um technisch für New Work gerüstet zu sein? Oder gilt es zunächst Hierarchieebenen abzubauen und partizipative Entscheidungsstrukturen einzuführen, um agil genug auf die Anforderungen des digitalen Wettbewerbs am Markt reagieren zu können?

Die Beantwortung dieser Fragen ist vor allem dann relevant, wenn Unternehmen bestrebt sind, ein einheitliches Führungsverständnis bei allen Führungskräften zu etablieren. Dafür muss eine Organisation jedoch eine Vorstellung davon haben, welcher zukünftigen Ausrichtung die Führung folgen soll und an welchen Kompetenzen, Leitlinien oder Modellen man sich orientieren will. Aus Sicht einer nachhaltigen Personal- und Organisationsentwicklung ist es dafür notwendig, nicht nur über abstrakte Führungsleitbilder zu sprechen, sondern sich bewusst zu machen, welche Implikaturen eine bestimmte Führungsform für Positionen, Kompetenzbereiche und interne Prozesse haben kann. Wer eine möglichst partizipative Entscheidungskultur etablieren will, wird zugleich auch bestehende formale Freigabeprozesse sowie Positionen und Hierarchieebenen in der Aufbauorganisation hinterfragen müssen. Hier treffen kulturelle und strukturelle Bedingungen für eine Veränderung aufeinander und müssen wechselseitig aufeinander abgestimmt werden (vgl. Heerwagen et al. 2023, S. 3). Fragil wird die Verknüpfung von Digitalisierung in technischer Hinsicht und digitaler Führung im Sinne einer New-Work-Orientierung dann, wenn im Management zwar eine Bereitschaft zur technisch-digitalen Aufrüstung und entsprechenden Kompetenzschulung besteht, Führungsthemen wie Hierarchieabbau oder Partizipation jedoch kritisch gesehen werden. Vor diesem Hintergrund ist es hilfreich, sich die Unterschiede in der Begriffsanwendung und Bedeutung von digitaler Führung nochmal vor Augen zu führen: Digitale Führung kann in einer engeren Auslegung zunächst auf die digitale (hybride oder rein virtuelle) Zusammenarbeit von Teams bezogen werden sowie auf den Anspruch an eine Führungskraft, nicht nur im operativen, sondern auch im strategischen Handeln die Digitalisierung des Unternehmens aktiv zu gestalten. Auch in diesem Verständnis geht es nicht bloß um technische Kompetenz, sondern – wie immer in der Führung – ebenso um die kommunikative und psychologische Gestaltung der Zusammenarbeit. Digitale Führung besteht also auf jeden Fall aus kognitiver, kommunikativer, pragmatischer und emotionaler Kompetenz (vgl. König/Drescher/Hemel 2022, S. 94). Um genau diese praktischen Aspekte werden sich auch die Handlungsempfehlungen im zweiten Teil dieses Beitrags drehen.

Demgegenüber kommen in einer erweiterten, holistischen Auslegung digitaler Führung Konzepte aus anderen Management- und Organisationsbereichen ins Spiel, die sich mit der grundsätzlichen Struktur von Organisationen und Paradigmen menschlicher Zusammenarbeit befassen. Teilweise werden in diesem Zusammenhang selbst radikal disruptive Organisationsformen wie soziokratische Modelle, Holokratie oder die Organisationslehre nach Laloux angesprochen (vgl. Kollmann 2020, S. 30; Schermuly 2019, S. 176; Laloux 2014). Hier muss jedoch kritisch eingewandt werden, dass ein solch paradigmatischer Sprung von einer digitalen Kompetenzentwicklung von Führungskräften im Rahmen klassischer Organisationsformen hin zur Umgestaltung eines ganzen Unternehmens in Richtung Holokratie nicht allein durch den Hinweis auf die disruptive Kraft der digitalen Transformation begründet werden kann.

Für den Praktiker bedeutet das, dass sich gute digitale Führung auch verwirklichen lässt, ohne zugleich das Holacracy-Prinzip nach Robertson umsetzen zu müssen (vgl. Robertson 2015). Wenn solche Organisationsformen in der Forschungsliteratur genannt werden, dann können sie aus Sicht einer anwendungsorientierten Führungskräfteentwicklung eher als Inspirationsquellen für die Veränderbarkeit von Führung dienen, als ein realistisches Zielbild für die Transformation des Großteils aller Organisationen vorgeben. Zudem ist fraglich, ob sich die Forderung von New Work, konsequent den Menschen in das Zentrum der Arbeitswelt von morgen zu stellen, am besten mit einer primär auf Strukturen und Regelwerke fokussierten

Organisationskultur erfüllen lässt (vgl. Bachmann/Jung 2023, S. 199 f.; Schermuly 2019, S. 177 f.). Allgemeine Verweise darauf, die notwendige Partizipation und Agilität in einem digitalisierten Unternehmen könne man durch die Einführung von radikal veränderten Unternehmenskonzepten erreichen, ist daher für die meisten Unternehmer und Führungskräfte wenig hilfreich. Für eine organisationsweite Entwicklung digitaler Führungskompetenz scheint es daher aussichtsreicher, sich zunächst an Konzepten zu orientieren, die eine digitale Führungskultur auch im Rahmen bestehender Organisationsformen ermöglichen. Darauf aufbauend lässt sich dann auf strategischer Ebene überlegen, welche Strukturveränderungen vorgenommen werden müssen, um das gesamte Unternehmen zukunftsfähig zu machen.

Um ein besseres Gefühl für die tatsächliche Ausgestaltung digitaler Führung zu bekommen, lohnt ein Vergleich mit bereits bekannten Führungsstilen, die noch vor dem Megatrend der digitalen Transformation entwickelt wurden. Ein Führungsstil ist eine Art konzeptueller Fixpunkt für das Selbstverständnis und das tägliche Handeln einer Führungskraft. Er beschreiben saliente Verhaltensmuster (vgl. Northouse 2019, S. 96) und dient als abstraktes Vorbild für die eigene Führungsarbeit. Damit fassen Führungsstile idealtypisch zusammen, was der jeweilige Kern eines bestimmten Führungsverständnisses ist, und ermöglichen eine gemeinsame Ausrichtung und Zielstellung für alle Führungskräfte einer Organisation.

Unabhängig davon, ob der Begriff digitale Führung wie oben dargestellt eher eng oder holistisch ausgelegt wird, ist sowohl aus theoretischer als auch alltagspraktischer Warte eine programmatische Fokussierung auf das Individuum wesentlich. Bedingt durch die hochfrequenten Veränderungen, die Umbrüche im Arbeitsalltag und die Anforderungen an die Adaptionsfähigkeit und zunehmende Eigenständigkeit von Teams und Teammitgliedern, muss digitale Führung den einzelnen Mitarbeiter in den Mittelpunkt stellen (vgl. Helmold et al. 2023, S. 8; Heerwagen et al. 2023, S. 71). Daher liegt eine Verbindung zu stark personen-fokussierten und beziehungsorientierten Führungsstilen nahe. Dieser Abschied vom klassischen *command and control*-Ansatz hat natürlich bereits vor der Digitalisierung Einzug in die Arbeitswelt gehalten (Seddon 2019, S. 11 f.). Besonders prominente Konzepte sind etwa *transformational leadership* (vgl. Bass/Riggio 2006; Bass 1999) oder *servant leadership* (Greenleaf 2002; Van Dierendonck 2011).

Die Konjunktur verschiedener Führungsstile lässt sich gut anhand der Frage ablesen, was eigentlich neu ist an der Idee eines *digital leadership*. So war beispielsweise das Konzept *transformational leadership* Teil der *new leadership*-Bewegung der 1980er Jahre (Northouse 2019, S. 163). Der transformationale Führungsansatz ist gekennzeichnet durch eine intensivierte persönliche Beziehung zwischen Führungskraft und Mitarbeiter. Der Leader gibt eine starke Zukunftsvision vor und macht sie durch eigenes Handeln und eigene Weiterentwicklung erfahrbar. Die Kombination aus persönlicher Bindung und erlebbarer Vision inspiriert Mitarbeiter, der Führungskraft auf dem Weg der Transformation zu folgen (vgl. Bass/Avolio 1990, S. 22). Im Gegensatz zu einem transaktionalen Führungsverständnis, bei dem Führungskräfte Gegenleistungen für die Leistung der Mitarbeiter bieten, setzt transformationale Führung darauf, die intrinsische Motivation der Mitarbeiter zu erhöhen. Dafür setzt sich die Führungskraft vermehrt mit den individuellen Bedürfnissen und Leistungspotentialen der einzelnen Teammitglieder auseinander (vgl. Northouse 2019, S. 164 f.). Aus heutiger Perspektive sprechen wir erneut über ein *new leadership*, diesmal eines, das zur New Work des 21. Jahrhunderts passt, der transformationale Führungsstil aber wird inzwischen dem *traditional leadership* begrifflich zugeordnet (Petrucci/Rivera 2018, S. 53). Dabei zeigen Untersuchungen aus der Zeit der COVID-19-Pandemie, dass gerade unter dem Einfluss der disruptiven Veränderung und radikalen Digitalisierung vieler Arbeitsbereiche der Ansatz der transformationalen Führung aktueller ist, denn je (vgl. Claus 2021, S. 165). Aber auch jenseits des Ausnahmezustandes einer globalen Pandemie spielen visionäres Denken, strategisches Verständnis, Changemanagement sowie emotionale und kommunikative Kompetenzen in der Mitarbeiterführung eine zentrale Rolle für die digitale Transformation (vgl. Philip/Gilli/Knappstein 2023, S. 397 f.).

Ein weiteres Beispiel für die Reminiszenz eines längst bekannten Führungsansatzes ist die Idee des *servant leadership*, die bereits 1970 in die praxisorientierte Management-Literatur eingebracht wurde (vgl. Greenleaf 2002). Während der transformationale Führungsansatz die gemeinsame Vision von Führungskraft und Team in den Vordergrund stellt, zielt die Idee von *servant leadership* noch stärker auf die Bedürfnisse der Mitarbeiter ab (vgl. Eva et al. 2019, S. 113). Diese dienende Führung legt der Führungskraft als Haltung nahe, sich konsequent in den Dienst des Teams zu stellen und die Entfaltung des einzelnen Mitarbeiters als höchstes Ziel der eigenen Führungsaufgabe zu betrachten (vgl. Eva et al. 2019, S. 114). Insbesondere der Krisen-Modus der COVID-19-Pandemie hat zur verstärkten Aufmerksamkeit gegenüber diesem Leadership-Konzept geführt (vgl. Claus 2021, S. 165). Aber auch darüber hinaus passt die radikale Fokussierung auf den einzelnen Mitarbeiter und seine Entfaltungsmöglichkeiten zu den Leitmotiven von Individualismus und Bedürfnisorientierung im Rahmen von New Work. Durch die oben beschriebene konzeptuelle Überblendung von New Work und Digitalisierung rückt *servant leadership* auch für die digitale Transformation wieder als Führungskonzept in den Fokus der Aufmerksamkeit.

Es zeigt sich also, dass die neuen Arbeits- und Organisationsbedingungen von New Work und digitaler Transformation keineswegs nach völlig neuen Führungsideen verlangen. Vielmehr scheint durch die zunehmende Umsetzung und Normalisierung digitaler Arbeitsstrukturen eine neue Notwendigkeit geschaffen, sich Führungskonzepten zu widmen, die zuvor noch als optional oder besonders progressiv gelten konnten. Die organisationale Wirklichkeit holt demnach den Diskurs um moderne Führungsansätze ein und schafft zugleich ein breiteres Bewusstsein für die Bedeutung der oben beschriebenen Führungsstile.

### 4.3.2 Fünf Thesen zur digitalen Führung in Organisationen

Aus den bisherigen konzeptuellen Überlegungen und Gegenüberstellungen lassen sich nun vier Thesen ableiten, die Unternehmern, Führungskräften und auch Beratern helfen sollen, die Idee von digitaler Führung klarer in Diskurs und Praxis zu verorten.

**These 1: Viele Konzepte, die als Digitale Führung oder New Leadership bezeichnet werden, gab es bereits vor den Megatrends Digitalisierung und New Work.**

Diese Einschätzung wird besonders evident durch den Blick auf die Konzepte von *transformational* und *servant leadership*, die durch die digitale Transformation und die Disruption der COVID-19-Pandemie eine Art Revival erleben. Des Weiteren führt die digitale Transformation dazu, dass sich Führung vermehrt dezentralisiert und Führungskräfte darauf angewiesen sind, ihre Teams zu mehr Selbststeuerung und Partizipation zu führen (vgl. Kane et al. 2019). Diese Ansätze von partizipativer Führung und flachen Hierarchien werden in der Literatur dann oft mit weitaus radikaleren Organisationsentwürfen gekoppelt. Während jedoch Strukturveränderungen wie Hierarchieabbau und strukturelles Empowerment auch von einzelnen Führungskräften in Organisationen geleistet werden können, sind fundamentale Reorganisationen nicht ohne einen breiten Konsens von Unternehmensführung und Mitarbeiterschaft umzusetzen.

**These 2: Die realen Veränderungen der Digitalisierung machen Führungskompetenzen notwendig, die zuvor noch optional waren.**

Obwohl gemäß These 1 viele Ideen moderner Führung einer Art Fortschreibung oder Wiederentdeckung bereits bekannter Konzepte gleichen, haben sich die Ausgangsbedingungen für Unternehmen spätestens seit der COVID-19-Pandemie stark verändert. Waren Überlegungen zur Selbstorganisation und Empowerment von Mitarbeitern vor der Pandemie für viele Unternehmen noch eine abstrakte Zukunftsfrage, wurden sie durch die soziale Disruption der Gesellschaft und Arbeitsbedingungen auf einmal zur unausweichlichen Realität. Seitdem haben sich die Maßstäbe für modernes, digitales Arbeiten verändert. Für Manager führt nun kein Weg mehr an der Frage vorbei, wie sich zum Beispiel ein transformationales Führungsverständnis in ihrem konkreten Arbeitskontext umsetzen lässt. Führungskonzepte, die sich an Ideen wie Empowerment, Hierarchieabbau und Selbststeuerung von Teams orientieren, waren vor der Digitalisierung primär von einem bestimmten Menschenbild und organisationsethischen Ansätzen getrieben. Dementsprechend galten sie als mögliche Auslegungen von Führung, der aber die nach wie vor funktionierende Management-Logik klassisch hierarchischer Organisationen entgegenstand. Die Veränderungen durch die digitale Transformation schaffen nun jedoch einen harten physischen, strukturellen und ökonomischen Anreiz, sich diesen Führungsmodellen neu zu widmen und sie nicht mehr nur als idealisierte

Optionen zu betrachten, sondern sich ihrer (zumindest teilweisen) Notwendigkeit bewusst zu werden. In einem digitalen Team führt schlicht kein Weg mehr an einer höheren Verantwortung einzelner Mitarbeiter mehr vorbei, wie wir auch im zweiten Teil dieses Aufsatzes zeigen werden.

These 3: Digitale Führung braucht keine neuen ideologischen Leitmotive, sondern konsequent praxisbezogene Anleitungen, wie sich bereits bekannte Führungsstile operationalisieren lassen.

Aus den Thesen 1 und 2 ergibt sich, dass Konzepte wie *transformational leadership* und *servant leadership* nichts an Aktualität und Relevanz eingebüßt haben. Sie besitzen auf einer normativen Ebene nach wie vor ausreichend Inspirationspotential und Identifikationsangebot für Führungskräfte, um sich für eine moderne und digitale Führungshaltung an ihnen zu orientieren. Abstrakte, normative Beschreibungen von Absichten, Haltungen und Ansprüchen an die Grundsätze von Führung brauchen jedoch immer eine Übersetzung in konkrete Handlungsanweisungen, um in der Praxis Anwendung zu finden. Diese Anforderung gilt besonders für die gegenwärtige Phase der digitalen Transformation, in der sich die physischen und virtuellen Arbeitsbedingungen in hohem Tempo verändern. Der eigentliche Anspruch an die Vermittlung von Führungskompetenz besteht also darin, abstrakte Konzepte operationalisierbar zu machen und aufzuzeigen, wie sich etwa eine transformationale Haltung in den konkreten Arbeitsalltag einer Führungskraft übersetzen lässt, die ein digital arbeitendes Team führt. Sowohl grundlagenorientierte als auch anwendungsorientierte Literatur muss daher die Anwendungskomponente unterschiedlicher Führungskonzepte stärker in den Blick nehmen, als dies bisher der Fall ist.

These 4: Digitale Führung ist nicht nur eine Aufgabe für die einzelne Führungskraft, sondern eine Anforderung an die gesamte Organisation.

Auffällig ist ein starker Fokus in der Literatur auf die einzelne Führungskraft in ihrer Stellung gegenüber Mitarbeitern und Teams, nicht jedoch auf die Gesamtheit aller Führungskräfte eines Unternehmens. Dabei ist Führung in Organisationen immer eine Frage kollektiver Standards. Eine Führungskultur ergibt sich aus der Gesamtheit des Führungsverhaltens aller Führungskräfte und auch des Führungserlebens aller Mitarbeiter. Dabei ist stets zu beachten, dass bis auf wenige Ausnahmen Führungskräfte auch selbst wiederum geführt werden und ihrerseits in Hierarchien, Weisungs- und Delegationsbeziehungen eingebunden sind. Überlegungen zur digitalen Führung und Führung in New Work müssen dabei mitberücksichtigen, wie sich nicht nur Einzelpersonen als Führungskräfte weiterentwickeln können, sondern wie ganze Organisationen eine digitale Führungskultur etablieren können. In der Praxis entwickelt sich eine Führungskraft nicht einfach unabhängig von ihrem organisationalen Umfeld weiter. Die Ausbildung digitaler Führungskompetenz ist eingebettet in organisationsspezifische Führungsleitbilder und interne

Führungskompetenzmodelle. Ferner ist sie abhängig vom Verhalten der Kollegen auf gleicher Ebene sowie der eigenen Erfahrung mit dem Vorgesetzen.

Hier besteht ein Mangel an Anleitungen für eine einheitliche Personalentwicklung in Sachen digitaler Führungskompetenz in Organisationen, die sich nicht auf die Entwicklung einzelner Führungskräfte beziehen, sondern eine unternehmensweite Veränderung der Führungskultur in den Blick nehmen. So lassen sich zwar aus Befragungen von Führungskräften sowie theoretischen Überlegungen mehr oder minder klare Anforderungsprofile für eine moderne Führungskraft entnehmen. Weitaus seltener werden daraus jedoch Ideen abgeleitet, wie innerhalb eines Unternehmens Führungskräfte systematisch zu diesem Führungsverständnis und den zugehörigen Handlungsoptionen in konkreten Fällen angeleitet werden können. Aus Sicht einer konsequenten Personalentwicklung ist es daher wichtig, die Ausbildung digitaler Führungskompetenz auf die Agenda von Entwicklungsprogrammen, Leadership-Trainings und organisationsweiten Learning-Angeboten zu setzen. Für den Anwendungsbereich digitaler Tools und Praktiken führt dabei kein Weg an einer ebenfalls digitalisierten Lernumgebung bzw. digitalen Fortbildungsangeboten vorbei. Dies ist eine pragmatische Notwendigkeit, wenn es beispielsweise darum geht, Führungskräften dezentrales und asynchrones Lernen zu ermöglichen oder Manager von unterschiedlichen internationalen Standorten zusammenzuführen. Aber auch didaktisch ist es erforderlich, zum Beispiel die effektive Moderation von Online-Meetings zu trainieren (mehr dazu im zweiten Teil dieses Aufsatzes). Dabei kommt der Personalentwicklung die Aufgabe zu, die digitalen Lernangebote auf eine einheitliche Kompetenzentwicklung hin abzustimmen und entsprechend zu kuratieren (vgl. König/Drescher/Hemel 2022, S. 106 f.).

### These 5: Digitale Führung ist nicht nur eine Anforderung, sondern eine Chance für Unternehmen.

Dass die Digitalisierung erhebliche unternehmerische Potentiale mit sich bringt, scheint evident (vgl. Picot et al. 2023, S. 71 f.; Heerwagen et al. 2023, S. 17). Die Veränderung des operativen Führungsalltags wird durch die Digitalisierung jedoch häufig ambivalent oder als defizitär empfunden. Dies resultiert zunächst aus typischerweise auftretenden Widerständen in der digitalen Führung, die Führungskräften die Herausforderungen ihrer Arbeit besonders vor Augen führen (vgl. Birkinshaw/Gudka/D'Amato 2021, S. 6). Führungsaufgaben auf der Beziehungsebene zwischen Führungskraft und Mitarbeiter werden im virtuellen oder hybriden Kontext als besonders problematisch eingeschätzt. Hier werden Erfahrungen aus der Arbeit mit Führungskräften durch die Befunde wissenschaftlicher Studien bestätigt (vgl. Birkinshaw/Gudka/D'Amato 2021, S. 10). Gleichzeitig kommt eine konsequent chancenorientierte Perspektive auf digitale Führung in Unternehmen oft zu kurz. Es fehlt an einer grundlegend offenen und experimentierfreudigen Haltung gegenüber den sozialen Folgen und Formen virtueller Teamarbeit. In Organisationen, die sich in der digitalen Transformation befinden, ist also ein positives Framing von digitaler Führung entscheidend. Dieser Chancen-Frame muss die Potentiale digitaler Führung aufzeigen, anstatt digitale Führung per se als Defizit und Schwundstufe klassischer physischer Führungssettings zu sehen. Vielmehr gilt es zu reflektieren, inwiefern der digitale Raum auch Vorteile für die Zusammenarbeit im Sinne einer New-Work-Culture haben kann. Dafür dürfen Personalentwickler und Unternehmensführer nicht die Bedeutung eines positiven Digital Mindsets unterschätzen, das es in Unternehmen zu etablieren gilt. Es liegt auf der Hand, dass Führungskräften wie Personalentwicklern hier gleichermaßen die Aufgabe zukommt, auf ein entsprechendes Mindset auf allen Ebenen in einer Organisation hinzuarbeiten.

Die genannten fünf Thesen zur digitalen Führung zeigen, dass es in der gegenwärtigen Auseinandersetzung mit dem Thema nicht an passenden Führungskonzepten, sondern vor allem an der Operationalisierung bereits bekannter Führungsstile im digitalen Arbeitsalltag mangelt. Das betrifft zum einen die einzelne Führungskraft, die sich die Frage stellt, wie sich beispielsweise der transformationale Führungsstil in einem Projekt konkret umsetzen lässt, bei dem alle Teammitglieder rein virtuell zusammenarbeiten. Zum anderen ist dies aber auch eine Frage konsequenter Organisations- und Personalentwicklung, bei der es darauf ankommt, einheitliche Standards digitaler Führungskompetenz zu vermitteln und kognitiv, kommunikativ, pragmatisch und emotional zu verankern.

Besonders ist deutlich geworden, dass sich viele Ideen gelingender Führung aus der Zeit vor oder zu Beginn der Digitalisierung des Arbeitsalltags als sehr valide und vielversprechend für die Führung in und durch die digitale Transformation erweisen. Offen bleibt jedoch vielfach die Frage, wie sich diese abstrakten Konzepte in klare Handlungsanweisungen oder zumindest alltagstaugliche Orientierungspunkte für digital operierende Führungskräfte überführen lassen. Daher widmet sich der zweite Teil dieses Beitrags nun bewusst dieser pragmatischen und kommunikativen Ebene digitaler Führung und bietet sieben Orientierungsaspekte digitaler Führung im Alltag.

### 4.3.3 Digitale Führung in der Praxis: Sieben Orientierungsaspekte digitaler Führung

Nach der grundlegenden Betrachtung digitaler Führung auf konzeptueller Ebene nehmen wir nun die operative Ebene des digitalen Führungsalltags in den Blick. Wie im ersten Teil dargestellt, mangelt es oft an der Verbindung von abstrakten Überlegungen zu Führungsstilen und konkreten Ideen dazu, wie sich diese Stile im digitalen Raum realisieren lassen. Dabei stehen alle praktischen Leitfäden und Ratgeber stets vor dem Problem, für eine Vielzahl unterschiedlicher Situationen allgemeingültige Empfehlungen aussprechen zu müssen. Tipps und *best practices* können daher oft nur näherungsweise angewandt werden oder müssen zumindest von einer Führungskraft an ihr jeweiliges soziales Umfeld angepasst werden.

Daher schlagen wir hier vor, sich an bestimmten, konkreten Handlungsmustern und Verhaltensaspekten zu orientieren, die das eigene Handeln als Führungskraft in eine funktionale Richtung lenken. Diese Orientierungsaspekte behandeln die wichtigsten sozialen, psychologischen und kommunikativen Einflussfaktoren, die eine Führungskraft aktiv gestalten kann, um Mitarbeiter digital zu führen. Praktiker können also ihre tägliche Arbeit und damit alle Handlungen, die sie als Führungskraft ausüben, an diesen Aspekten ausrichten und sich immer die Frage stellen, ob sie mit ihrem Verhalten zu einem oder mehreren dieser Orientierungsaspekte beitragen.

Um digital erfolgreich zu führen, müssen sich Führungskräfte daher an diesen sieben Faktoren orientieren:

- Relationship
- Purpose
- Outcome
- Support
- Collaboration
- Learning
- Empowerment

Im Folgenden erläutern wir jeden Orientierungsaspekt genauer und beschreiben konkrete Maßnahmen, die Führungskräfte durchführen können, um ihre Führung an dem jeweiligen Aspekt auszurichten.

### Relationship-Orientierung: Führungskräfte müssen eine gemeinsame Teamidentität und den Aufbau von starken Beziehungen gezielt fördern.

Der vielleicht größte Unterschied zwischen Teams, denen es gelingt, virtuell oder auch hybrid zusammenzuarbeiten, und Teams, die in dieser Konstellation weniger erfolgreich sind, ist der Aufbau von Vertrauen (vgl. Torres/Orhan 2023, S. 9; Goodbody 2005). In den Jahren der COVID-19-Pandemie haben wir mehrfach beobachtet, dass Teams, die eine besonders starke gemeinsame Teamidentität entwickelt hatten und deren Mitglieder eine intensive Beziehung zueinander aufbauen konnten, besonders motiviert, resilient und leistungsfähig waren (vgl. Alaiad/Alnsour/Alsharo 2019, S. 219). Während eine starke Teamidentität und eine positive Beziehungsebene für alle Teams als Performancetreiber gesehen werden können, sind sie für digitale Teams von noch größerer Bedeutung (vgl. Pianese/Errichiello/Da Cunha 2023, S. 335 ff.; Brown/Hill/Lorinkova 2021). Das liegt an der Gefahr möglicher Entfremdung und sozialer Isolation in der digitalen Zusammenarbeit (vgl. Toscano/Zappalà 2020; Breuer et al. 2020). Es ist daher eine notwendige Bedingung für die erfolgreiche Führung von digitalen Teams, eine positive Teamidentität aufzubauen und die Beziehungsebene zu stärken (vgl. Garro-Abarca/Palos-Sanchez/Aguayo-Camacho 2021). Für die Stärkung des Wir-Gefühls eines Teams und die psychologische Modellierung einer Gruppe als Team können Führungskräfte fünf konkrete Strategien ergreifen.

### Regelmäßigen audio-visuellen Austausch sicherstellen

Regelmäßiger audio-visueller Austausch ist in digitalen Teams die Grundlage für eine gemeinsame Teamidentität und Voraussetzung für den Aufbau positiver Beziehungen (Bleakley et al. 2022, S. 407 f.). Je regelmäßiger der Austausch stattfindet, desto einfacher ist es für Teammitglieder, ihre Bedürfnisse zu artikulieren, problematische Punkte anzusprechen, Konflikte konsensorientiert zu lösen und ein konstruktives Arbeitsklima aufzubauen (Morrison-Smith/Ruiz 2020). Zwar ist es von den individuellen Anforderungen jedes Teams abhängig, wie viel Austausch in Präsenz oder in Videocalls möglich und notwendig ist (Torres/Orhan 2023, S. 8), jedoch legen unsere Erfahrungen der letzten Jahre nahe, dass ein 14-tägiger Rhythmus das absolute Minimum darstellt.

### Informelle Kommunikation ermöglichen

Zeit und Raum für informelle Kommunikation ist für den Aufbau von virtuellen und hybriden Teams essenziell (vgl. Dinh et al. 2021). Nur, indem Teammitglieder strukturell die Möglichkeit bekommen, sich kennenzulernen, ist es ihnen möglich, sich gegenseitig zu verstehen, Vertrauen aufzubauen und sich als eine Gruppe mit einer gemeinsamen Identität zu begreifen (vgl. Koch/Denner 2022). Das Teilen von privaten Alltagserfahrungen ist deswegen so bedeutsam, weil digitales Arbeiten in den meisten Fällen mit mobilem Arbeiten oder Homeoffice einhergeht. Im Alltag verschmilzt so die Wahrnehmung zwischen Beruf und Privatleben (vgl. Cloots 2022, S. 10; Landes et al. 2020, S. 11). Insbesondere bei Mitarbeitern aus der Generation Z besteht häufig der Anspruch, am Arbeitsplatz freundschaftsäquivalente Beziehungen aufzubauen und in einem Team zu arbeiten, das gemeinsame Werte teilt (vgl. Barhate/Dirani 2022, S. 140; Schroth 2019, S. 13). Um informelle Kommunikation strukturell zu fördern, ist es empfehlenswert, Teammitgliedern vor und nach Meetings ausreichend Zeit zu geben, sich zwanglos auszutauschen (vgl. Viererbl/Denner/Koch 2022, S. 338 ff.). Aus der Praxis heraus schlagen wir vor, dass 10–20 % der Meetingzeit für diese informelle Kontaktzeit investiert werden sollte. Damit digitale Teams dieses zusätzliche Zeitvolumen in Online-Besprechungen zur Verfügung haben, muss die tatsächliche Besprechungs- und Arbeitszeit effektiv und partizipativ genutzt werden (siehe »Collaboration-Orientierung«).

### Teamevents und Socializing-Formate organisieren

Teamevents und kreative Formen des digitalen Socializing sind ein probates Mittel, den Aufbau einer gemeinsamen Identität zu fördern. Die positiven Erlebnisse, die während Retreats, Ausflügen, aber auch digitalen Veranstaltungen wie virtuellen Weindegustationen entstehen, bieten die Grundlage für positive Identitätsnarrative. Durch gemeinsam erlebte Ereignisse ist das Team in der Lage, kollektive Geschichten zu konstruieren und zu sich gegenseitig zu erzählen und wiederzuerzählen (vgl. Koschorke 2012, S. 84 ff.). Durch diese Geschichten entsteht eine geteilte, positive Identität, die in den meisten Fällen direkt nach dem Teamevent spürbar wird (vgl. König 2021, S. 1 f.; Quasthoff 1980). Darüber hinaus dienen diese Geschichten als kognitive Anker, die in arbeitsintensiven Phasen erinnert werden können und dabei helfen, die kollektive Motivation aufrecht zu erhalten (vgl. Lechner/Mortlock 2022; König/Drescher 2020, S. 727 f.). Grundsätzlich sind Teamevents für den Beziehungsaufbau besonders produktiv, wenn sie in Präsenz stattfinden und nicht nur einen Unterhaltungswert besitzen, sondern Teambuilding auch aktiv anregen (vgl. Klein et al. 2009, S. 213 f.). Socializing-Formate wie gemeinsame Gaming-Abende, aber auch Sportevents haben sich für den Aufbau einer Teamkohäsion bewährt (vgl. Ellis et al. 2008). Als Minimum sind die jährliche Weihnachtsfeier und das wiederkehrende Sommerfest zu betrachten. Führungskräfte müssen für die digitale Führung daher unbedingt dafür sorgen, dass Teamevents, falls sie in Präsenz nicht möglich sind, durch virtuelle Äquivalente ersetzt werden.

### Zusammenarbeit in Governance-Meetings reflektieren

Eine weitere Maßnahme, um eine positive Identitätsentwicklung von digitalen Teams kontinuierlich zu fördern und Beziehungspflege strukturell zu verankern, sind Governance-Meetings. Darunter sind Meetings zu verstehen, in denen Teams ihre Zusammenarbeit systematisch reflektieren (vgl. Robertson 2015). In ihrem ursprünglichen Sinn hatten Governance-Meetings eine starke Prozess- und Workflow-Orientierung und verfolgten das Ziel, die Zusammenarbeit durch klare Analysen effizienter zu gestalten (vgl. Ackermann/Schell/Kopp 2021). Mittlerweile wird diese Meeting-Art in der Praxis immer häufiger genutzt, damit Teams sich immer wieder die Frage stellen können, welche Werte ihnen wichtig sind, welche Standards für die gemeinsame Kommunikation gelten sollen und welche Regeln in der Zusammenarbeit eingehalten werden müssen (vgl. Kaduthanam/Heim 2019, 316 ff.). Sie fördern also auch die nachfolgend besprochene Purpose-Orientierung. Trotzdem bleibt eine wichtige Funktion der Beziehungsaufbau. Durch die Metareflexionen in Governance-Meetings bieten Führungskräfte ihrem Team die Möglichkeit, einen Raum psychologischer Sicherheit aufzubauen (vgl. Lee 2021, S. 120 f.). Dabei wird auch allen Mitgliedern vermittelt, dass sie ihre Perspektive sanktionsfrei teilen können. Damit Governance-Meetings gelingen und als produktiv wahrgenommen werden, ist auf eine konstruktive Kommunikationsatmosphäre zu achten. Regeln und Strukturen können helfen: So ist es wichtig, dass sich Teammitglieder nicht unterbrechen und jeder die Möglichkeit hat, seine Perspektive aktiv einzubringen.

Durch die genannten vier Maßnahmen können Führungskräfte die für digitale Teams essenzielle Aufgabe des Aufbaus einer positiven Teamidentität sowie der Stärkung von Beziehungen im Team strukturell realisieren. Da digitale Teams aus dem Homeoffice heraus oder mobil arbeiten, entsteht die Teamidentität nicht in der Präsenz, sondern in einem sozialen Raum, der Privates und Berufliches vereint. Die Qualität der Beziehungen ist eine andere als in traditionellen Arbeitskontexten in Präsenz. Führungskräfte müssen für diesen Umstand daher auch ein Bewusstsein entwickeln.

Purpose-Orientierung: Führungskräfte müssen über klar definierte Ziele, geteilte Werte und gemeinsam entwickelte Visionen führen.

Digitale Teams arbeiten per definitionem räumlich getrennt und durch digitale Medien verbunden. Mit diesem Zustand gehen im Vergleich zu Teams, die den Arbeitsalltag gemeinsam in einem Büro bestreiten, ein geänderter Modus des Austauschs und eine unterschiedliche Frequenz der Kommunikation einher. Durch die räumliche Trennung des Teams und die damit verbundene unterschiedliche Alltagsrealität der Teammitglieder sowie durch neue im Homeoffice und in der Mobilität entstehende Arbeitsweisen ist eine fehlende kollektive Orientierung zunächst strukturell angelegt. Systemisch betrachtet, befinden sich virtuelle und hybride Teams zunächst in einem Zustand der Desorientierung und der fehlenden Ausrichtung. Für den gemeinsamen Gleichklang des Teams, der sich normalerweise qua geteilter räumlicher Präsenz oder spontanem Austausch ergibt, muss es deshalb Ersatz geben (vgl. Garro-Abarca/Palos-Sanchez/Mariano 2021, S.4). Orientierung und Ausrichtung müssen entsprechend aktiv durch bewusste Handlungen aufgebaut werden (vgl. Degbey/Einola 2020, S. 1303 ff.). Eine zentrale Aufgabe der Führungskraft besteht also in der bewussten Sinnstiftung für das ganze Team. Bei der Sinnstiftung geht es nicht darum, dass die Führungskraft Vorgaben macht, Regeln definiert oder Werte bestimmt, die für das Team handlungsleitend sind, vielmehr sollte in einem partizipativen und kontinuierlichen Prozess ein gemeinsamer Sinnhorizont ausgestaltet werden, vor dem Teammitglieder ihre alltägliche Arbeit sowie einzelne Projekte verstehen. Für die substanzielle Ausgestaltung eines gemeinsamen Sinnhorizonts können sich Führungskräfte an drei Aufgaben orientieren.

### Teamvision in einem Workshop ausarbeiten

Die Ausarbeitung einer Teamvision ist ein wichtiger Schritt, der für sich neu konstituierende Teams genauso notwendig ist, wie für Teams, die in ihrer bisherigen Konstellation schon seit Jahren zusammenarbeiten. Die Teamvision ist erstens ein Identifikationsmittel, das jedem Team eine gemeinsame Identität verleiht und in Konfliktsituationen eine Grundlage zur Konsensorientierung und Lösungsfindung bietet. Zweitens ist eine Teamvision ein Art Nordstern, der den grundsätzlichen Kurs der Zusammenarbeit definiert und in Situationen der Ungewissheit und Entscheidungsunklarheit Orientierung bietet (vgl. Kirkman/Stoverink 2021). Aufgrund dieser doppelten Funktionalität wäre es für Führungskräfte der falsche Ansatz, eine Teamvision top-down einzuführen. Vielmehr ist eine partizipative Erarbeitung durch einen gemeinsamen Workshop empfehlenswert, in dem die Teamvision auf Basis bisheriger Stärken und gemeinsam identifizierter Entwicklungsfelder ausgearbeitet wird. Um das Sinnerleben und die Identifikation des

Teams mit der Organisation zu stärken, sollten Führungskräfte in die Ausarbeitung der Teamvision auch die Vision, die Strategie sowie die wirtschaftlichen Ziele der gesamten Organisation einfließen lassen (vgl. Alexander et al. 2021, S. 3 f.). Für hybride Teams ist es vorteilhaft, die Teamvision innerhalb eines Präsenztages auszuarbeiten, virtuelle Teams können in einer Videokonferenz über Zoom, Teams oder Webex produktiv mit Tools wie Mural, Miro oder Teams-Whiteboard arbeiten. Bei der Ausformulierung der Vision kann die Führungskraft auf zwei Punkte achten: Eine Vision sollte einerseits nicht unterkomplex sein. Lediglich ein Satz, der als Marketing-Claim verstanden werden kann, ist für eine Ausrichtung der Zusammenarbeit substanzlos. Andererseits sollte eine Vision auch nicht überkomplex sein. Alle Teammitglieder sollten sich im Alltag problemlos an die Formulierung oder zumindest Teile davon erinnern können. In der Praxis haben sich fünf bis sieben Sätze als funktional herausgestellt. Ferner ist im Prozess der Ausarbeitung auch sicherzustellen, dass sich alle Teammitglieder mit dem Text identifizieren. Dafür sind meist zwei bis drei Überarbeitungsschleifen notwendig.

### Gemeinsame Werte festlegen

Ein nächster wichtiger Schritt in der gemeinsamen Ausrichtung ist die Verständigung über gemeinsame Werte. Die Reflexion darüber, welche Standards das Team in der Zusammenarbeit etablieren möchte und welche Regeln bei der gemeinsamen Kommunikation beachtet werden sollen, ist als kontinuierlicher Prozess zu verstehen, der im Alltag durch iterative Feedbackschleifen realisiert wird (vgl. Kilcullen/Feitosa/Salas 2022, S. 1430 f.). Die Aufgabe der Führungskraft liegt darin, Strukturen für diesen Prozess zu schaffen und konstruktive Impulse zu geben (vgl. Kilcullen/Feitosa/Salas 2022, S. 1436). Als Kick-Off für solch eine gemeinsame Verständigung kann der Workshop zur Ausarbeitung einer Teamvision dienen. Das Team kann dort Werte sammeln und diese systematisch in eine Werte-Charta überführen und erläutern. Aus der Praxis empfiehlt sich am Ende eine gemeinsame Sammlung von fünf bis zehn Werten. Ausgehend von dieser Werte-Charta kann das Team Regeln und Standards für die Zusammenarbeit und die Kommunikation definieren. Da digitale Teams sich nicht täglich in Präsenz oder in Videocalls sehen und ein Großteil der Kommunikation schriftlich abläuft, ist das Potenzial für Ambiguität und Missverständnisse hoch. Eine Werte-Charta sowie daraus abgeleitete Regelwerke schaffen einen gemeinsamen Sinnhorizont, geben klare Orientierung und wirken Ambiguität in der Kommunikation und Missverständnissen in der Zusammenarbeit entgegen.

### Konkrete Ziele formulieren

Gemeinsame Teamvisionen, Werte-Chartas und Regelwerke für die Kommunikation bilden das formale Rahmenwerk für die Zusammenarbeit in digitalen Teams. Inhaltlich ist es für Führungskräfte notwendig, klare Ziele mit ihren Teams zu vereinbaren. Es geht einerseits darum, klare Teamziele auszuarbeiten, andererseits sind für alle Teammitglieder auch greifbare Individualziele erforderlich (vgl. Chai/Hwang/Joo 2017, S. 140). Um die Wahrscheinlichkeit der Identifikation der Teammitglieder mit den vereinbarten Zielen zu erhöhen, sollten diese erneut in einem partizipativen Prozess erarbeitet werden (vgl. Brahm/Kunze 2012, S. 607 f.). In diesem Prozess ist es eine wichtige Aufgabe der Führungskraft, die Bedeutung der Team- und Individualziele für die Strategie der Organisation aufzuzeigen und die Verbindung mit den konkreten wirtschaftlichen Zielen des Unternehmens herzustellen (vgl. Newman/Ford 2021). Durch das Aufzeigen dieser Verbindung entsteht für das Team ein Gefühl der Kohärenz zwischen der eigenen Arbeit und der Ausrichtung der Organisation, was für ein Erlebnis von Sinnhaftigkeit essenziell ist. Während Teamziele im Rahmen eines Team-Workshops festgelegt werden, sollten Führungskräfte Individualziele mit jedem Teamglied in Einzelgesprächen vereinbaren. Aus der Praxis möchten wir auf einen Punkt aufmerksam machen: Es reicht nicht aus, Individualziele einmalig in Jahresmitarbeitergesprächen zu definieren und sie dann im nächsten Jahr kritisch zu reflektieren. Insbesondere in virtuellen und hybriden Teams ist eine höhere Frequenz der gemeinsamen Verständigung über Aktualität und Erfüllungsgrad der Ziele notwendig. In vielen Fällen hat sich ein Rhythmus von drei bis sechs Monaten bewährt. Diese Form der Führung erfordert selbstredend einige zeitliche Ressourcen der Führungskraft. Um diesem Zeitaufwand gerecht werden zu können, müssen sich Führungskräfte von digitalen Teams daher oft noch stärker aus dem operativen Geschäft zurückziehen. Dies kann wiederum durch eine zunehmende Selbststeuerung des Teams gelingen, zu der wir im letzten Punkt, der Empowerment-Orientierung, kommen werden.

### Outcome-Orientierung: Führungskräfte müssen den Fokus des Performance-Managements auf das Ergebnis, nicht die Kontrolle der Arbeitszeit richten.

Mit der räumlichen Trennung von Führungskraft und Mitarbeiter ergibt sich für digitale Teams die Eigenschaft, dass Mitarbeiter nicht mehr dem unmittelbaren physischen Zugriff der Führungskraft unterliegen. Der klassische *command and control*-Ansatz, der jenseits der digitalen Transformation schon nicht mehr Teil einer modernen Führungskultur von New Work ist, kann nun auch strukturell nicht mehr realisiert werden (vgl. Seddon 2019, S. 11 f.). Die Führungskraft kann den Arbeitsprozess und die Aktivitäten ihrer Mitarbeiter nicht mehr in Präsenz beobachten. So greift beispielsweise die klassische »Parkplatzanalyse« nicht mehr, um festzuhalten, welche Mitarbeiter am frühsten beginnen und spätesten wieder gehen. Die Erfassung der formalen Arbeitszeit ist zwar durch Softwarelösungen gut umsetzbar und auch eine Überprüfung oder sogar eine Live-Aufzeichnung der digitalen Aktivitäten von Mitarbeitern sind grundsätzlich möglich, doch stellt sich die Frage, ob solch eine »digitale Überwachung« der angestrebten Dynamik und Selbststeuerung des mobilen Arbeitens und der Idee von New Work mit Vertrauen als wichtige Arbeitsgrundlage gerecht wird (vgl. Delfino/Van Der Kolk 2021, 1386 f.; Robert 2016). Außerdem müssen Führungskräfte die jeweilige *mobile working policy* ihres Unternehmens beachten, in dem die Arbeitszeiterfassung im Fall von Homeoffice oder Mobilem Arbeiten geregelt ist.

Diese beiden typischen Arbeitsformen von New Work führen ausgehend von der Verbindung von Privat- und Arbeitsraum auch zu einer Verschmelzung von Privat- und Arbeitsleben (vgl. Bellmann/Hübler 2021, S. 434 f.; Shirmohammadi/Au/Beigi 2022, S. 167 f.). Evident wird die unausweichliche Verschmelzung in Videocalls, in denen Haustiere durch das Bild rennen oder Kinder spontan nach Aufmerksamkeit verlangen. Anstatt diese Verschmelzung technisch trennen zu wollen und die veränderte Arbeitsdynamik zurück in das Muster einer klassischen Arbeitsweise in Präsenz bringen zu wollen, ist es aus theoretischer Perspektive sinnvoll, die neuen Arbeitsbedingungen als einen Paradigmenwechsel zu verstehen. Für Organisationen und Führungskräfte gleichermaßen hat dieser Paradigmenwechsel praktische Konsequenzen: die Bedeutung von Arbeitszeit und der Kontrolle der Aktivitäten des Mitarbeiters nimmt ab, die Notwendigkeit für Vertrauen und der Fokus auf Ergebnisse und konkrete Leistungen in klar definierten Zeiträumen nimmt zu (vgl. De Jong/Elfring 2010, S. 543; Lee 2021, S. 118 f.). Um diesen Paradigmenwechsel erfolgreich zu bestreiten, können Führungskräfte auf drei Maßnahmen zurückgreifen.

### Volumen und zeitlichen Aufwand von Aufgaben bestimmen

Eine »Outcome-Orientierung« bedeutet für Führungskräfte, dass sie sich zusammen mit ihren Mitarbeitern klar über den zu erwartenden Aufwand eines Arbeitspakets verständigen müssen. Damit dieser Schritt gelingt und eine geteilte Erwartungshaltung aufgebaut werden kann, ist es erforderlich, dass Führungskräfte das Volumen von Routine- oder Projekt-Aufgaben mit ihrem Team abklären und zeitliche Aufwände gemeinsam abschätzen (vgl. Ingusci et al. 2021). Eine genaue Analyse ist nicht immer möglich, insbesondere, wenn sich Teams konstituieren und Aufgaben neu definiert werden. Nichtsdestoweniger stehen das präzise Erfassen des Umfangs von Arbeitspaketen bei einer Outcome-Orientierung mehr denn je im Vordergrund. Dabei geht es zu Beginn dieser Abschätzungen darum, gemeinsam Erfahrungswerte zu sammeln, um zunehmend präziser in der Kapazitäts-Planung zu werden (vgl. Landes et al. 2020, S. 25 ff.)

### Ziele durch eine »*Definition of Done*« bestimmen

Mit der Etablierung eines gemeinsamen Verständnisses für das Volumen und dem zeitlichen Aufwand aller Teamaufgaben legen Führungskräfte eine erste Grundlage für Klarheit in der Zusammenarbeit. Eine zweite Grundlage besteht in der gemeinsamen Bestimmung des zu erwartenden Outcomes durch eine präzise Definition. Die Wichtigkeit von präzisen Definitionen und klaren Zielen ist der Management- und auch der übergeordneten Wissenschaftstheorie schon lange bewusst. Die Führungs- und Managementpraxis hat, nachdem die Begeisterung für SMART-Ziele in den letzten Jahren etwas zurückgegangen ist (vgl. Sull/Sull, 2018; Reeves/Fuller

2018), dieses Bewusstsein insbesondere durch den aus dem agilen Projektmanagement kommenden Begriff der »*Definition of Done*« wiedererlangt (vgl. Silva et al. 2017).

Eine »*Definition of Done*« beschreibt den angestrebten Zustand, der nach der Bearbeitung einer Aufgabe oder eines Arbeitspakets vorliegen soll, damit die Aufgabe als erledigt gilt (vgl. Maximini 2018, S. 311 f.). Je konkreter eine »*Definition of Done*« für kleinere Aufgaben, Aufgabenpakte, aber auch Projektziele formuliert wird, desto einfacher ist es, Ambiguitäten zu verhindern und Missverständnissen vorzubeugen (vgl. Breyter 2022, S. 161 ff.). Legt beispielsweise eine Führungskraft mit ihrem Salesteam fest, dass innerhalb der nächsten Wochen neue Akquise-Aktivitäten einzuleiten sind, dann lässt diese Zieldefinition einen großen Interpretationsspielraum zu. Ist die Aufgabe erledigt, wenn zwei E-Mails verschickt wurden, oder verbirgt sich hinter dieser Formulierung die Erwartungshaltung von 50 Anrufen? Es geht bei der Präzisierung von Zielvorgaben nicht darum, dass Führungskräfte ihr Team durch strenge Vorgaben und ein Micro-Management in ein enges Korsett zwängen. Im Gegenteil: Die Ausarbeitung einer konkreten Ergebnisdefinition sollte stets vom Team und seinen Mitgliedern ausgehen. Die Führungskraft nimmt die Rolle des Sparringspartners ein. Präzise Formulierungen und ausgearbeitete Konkretionen sind eine notwendige Bedingung für den Aufbau einer gemeinsamen Erwartungshaltung, die Zusammenarbeit »outcome-orientiert« zu gestalten und digitalen Teams zeitliche Freiheit in der Erreichung von Zielen zu ermöglichen. Rhetorische Techniken, die helfen, Zieldefinitionen zu konkretisieren, sind somit ein wichtiges Werkzeug für Führungskräfte von digitalen Teams.

### Regelmäßige Retrospektiven halten

Eine weitere kritische Maßnahme, um outcome-orientiertes Zusammenarbeiten im Team zu ermöglichen, ist die Einführung von Retrospektiven. Der Ansatz von Retrospektiven stammt ebenfalls aus dem agilen Projektmanagement, er ist aber problemlos auf andere Arbeitsprozesse übertragbar (vgl. Derby/Larsen/Schwaber 2006; Kerth 2001). Führungskräfte sprechen in diesen Regelterminen mit ihrem Team über Widerstände, über Erfolge, aber auch über Arbeitsmethoden und über strategisches Vorgehen bei Routineaufgaben. Gemeinsam wird überlegt, ob zuvor definierte Ziele und vereinbarte Timelines angepasst werden müssen und inwiefern zur Verfügung stehende Ressourcen Mitarbeitern helfen können, schnellere Fortschritte zu erzielen (vgl. Nelson 2005). Die in Retrospektiven angelegte Outcome-Orientierung erfordert damit zugleich auch eine Support-Orientierung der Führungskraft.

### Support-Orientierung: Führungskräfte müssen ihre Mitarbeiter durch kontinuierliche Unterstützung führen.

Studien aus der COVID-19-Pandemie zeigen, dass Manager im Rahmen digitaler Führung oft keine Einschränkung ihrer Leistungsfähigkeit bei kognitiven und aufgabenorientierten Arbeiten sehen, ja teilweise sogar angeben, im Homeoffice ungestörter und dadurch produktiver arbeiten zu können. Mitarbeiterorientierte Aspekte ihrer Arbeit werden von den befragten Führungskräften jedoch teilweise signifikant schlechter eingeschätzt (vgl. Birkinshaw/Gudka/D'Amato 2021, S. 10 f.). In der Praxis zeigt sich also ein intuitives Problembewusstsein in Bezug auf den persönlichen Kontakt zu Mitarbeitern. Typischerweise fällt dies auf, wenn es zu Problemen in der Führungsinteraktion kommt, etwa weil Meinungsunterschiede auftreten oder Führungskräfte mit der gezeigten Leistung unzufrieden sind. An diesem Punkt ist die Beziehungsebene jedoch häufig bereits gestört bzw. wurde im Vorfeld so vernachlässigt, dass etwa Performance-Verluste mitunter durch eine fehlende soziale Bindung, mangelnde Kommunikation oder fehlendes Feedback zu erklären sind. Umso bedeutender sind die direkte Interaktion zwischen Führungskraft und Mitarbeiter sowie die Unterstützung innerhalb des Teams, auch, wenn sie ausschließlich digital stattfinden kann. Um die soziale Isolation einzelner Teammitglieder zu vermeiden, eine positive Beziehungsebene aufzubauen und generell ein outcome-orientiertes Arbeiten zu ermöglichen, können Führungskräfte drei Maßnahmen realisieren.

### Einzelgespräche strukturell verankern

Das wohl wichtigste Führungsinstrument zur Unterstützung von digitalen Teams ist das Einzelgespräch. Der regelmäßige, ungestörte Austausch zwischen Führungskraft und einzelnem Mitarbeiter dient vor allem dem Vertrauensaufbau und der gegenseitigen psychologischen Modellierung des anderen. Mit psychologischer Modellierung ist gemeint, dass Führungskraft und Mitarbeiter durch die gemeinsame Interaktion Einblick in die psychische Verfassung und Persönlichkeitsstruktur des jeweils anderen erhalten und sich so ein besseres Bild von ihrem Gegenüber machen können. Dieses Bild basiert dann nicht nur auf Gruppeninteraktionen, in denen Personen immer anderen sozialen Konventionen und Druckfaktoren unterworfen sind als in Gesprächen unter vier Augen. In Individualgesprächen entsteht ein geschützter Rahmen, in dem Mitarbeiter frei über ihre Stimmung und Herausforderungen sprechen können und eine Vielzahl an Informationen ausgetauscht werden können. Diese individuelle Kontaktzeit ist die Voraussetzung für den Aufbau einer persönlichen Beziehung zwischen Führungskraft und Mitarbeiter und auch für ein tiefergehendes Verständnis für die Perspektive des jeweils anderen. Ferner sind regelmäßige Einzelgespräche für Führungskräfte ein probates Mittel, um Mitarbeiter in der Komplexität ihrer Identität zu verstehen, ihre motivationale Struktur zu erfassen und so auf Bedarfe und persönliche Ziele einzugehen, sodass Aufgaben passend gestellt werden können und eine langfristige Motivation für die Zusammenarbeit potentiell möglich ist (vgl. Dionne et al. 2004, S. 186 f.).

Darüber hinaus sind Einzelgespräche auch der richtige Rahmen, um kontinuierlich über Projektfortschritte zu sprechen, gemeinsam Lösungsstrategien für Herausforderungen zu erarbeiten und zu eruieren, welche Ressourcen Mitarbeiter für ihre Aufgaben benötigen (siehe Outcome-Orientierung). Der inhaltliche Fokus der Einzelgespräche sollte also auf der Unterstützung von Mitarbeitern liegen und nicht auf der Überprüfung von Leistung. In der Praxis haben sich Einzelgespräche zur Unterstützung von Mitarbeitern in einem Rhythmus von ein bis zwei Wochen bewährt. Auch für diese Art der Führungsarbeit ist es in vielen Fällen notwendig, dass Manager operative Aufgaben delegieren oder ganz abgeben, um Zeit für die individuelle Mitarbeiterführung zu schaffen.

### Coaching-Angebote machen

Eine Weiterführung der Idee von Einzelgesprächen sind Coaching-Angebote durch die Führungskraft. In diesem unterstützenden Format steht die Weiterentwicklung von Mitarbeitern im Vordergrund. Die Führungskraft bietet zunächst an, bewusst eine coachende Rolle einzunehmen. Das bedeutet, nicht durch Vorgaben und eigene Ratschläge zu führen, sondern primär über Fragen dem Mitarbeiter dabei zu helfen, eigene Lösungsstrategien für Aufgaben zu erarbeiten. Coachinggespräche sind demzufolge geprägt durch eine unterstützende Rhetorik im Fragemodus als Resonanzboden für die Potentiale und Ideen des Mitarbeiters. So können in einem konstruktiven, kontinuierlichen Dialog Lösungen für komplexe Probleme erarbeitet werden (vgl. Greif et al. 2022). Dieses Führungsinstrument eignet sich insbesondere, um Entwicklungsziele von Mitarbeitern systematisch und strategisch anzugehen. Während diese Rollenkonstellation von Führungskraft und Mitarbeiter nicht immer einfach ist (vgl. Ben-Hador 2023), scheint diese starke Hinwendung zu einem transformationalen Führungsstil doch ein wichtiger Schritt für Führungskräfte zu sein, um digitale Teams leistungsfähig zu halten und eine langfristige Zusammenarbeit mit Mitarbeitern zu ermöglichen (vgl. Beattie et al. 2014). Wir sehen hier eine konstruktive Verzahnung von New Work und digitaler Führung.

### Selbststeuerung durch das Buddy-System stärken

Während die direkte Unterstützung von Mitarbeitern durch die Führungskraft für eine erfolgreiche Arbeit in digitalen Teams eine wichtige Rolle spielt, ist eine systematische und strukturell angelegte gegenseitige Unterstützung von Teammitgliedern ein zweites wichtiges Instrument, um Teamkohäsion herzustellen, kollegial komplexe Herausforderungen zu bewältigen und Teams in Richtung Selbststeuerung und *shared leadership* zu bewegen (vgl. Newman/Ford 2021). Eine einfache Methodik, die sich in der Praxis bewährt hat, ist das Buddy-System, in dem sich Teammitglieder in Zweierkonstellationen zusammenschließen, um sich gegenseitig bei Projekten zu unterstützen, in der Onboarding-Phase zu helfen oder Wissen zu vermitteln und gemeinsam Kompetenzen aufzubauen. Das Buddy-System und der dadurch entstehende intensivere Austausch mit einem anderen Teammitglied können auch helfen, die Gefahr sozialer Isolation zu verringern und mit psychologischen Herausforderungen umzugehen, die sich für Menschen in der Arbeit in digitalen Teams ergeben.

### Collaboration-Orientierung: Führungskräfte müssen digitale Meetings partizipativ, effektiv und motivierend gestalten.

Ein Phänomen, dass sich schon in den Anfängen der COVID-19-Pandemie beobachten ließ, ist die zunehmende Anzahl von Besprechungen. Einerseits war es für viele Teams, die zuvor nicht digital zusammengearbeitet haben, wichtig, die fehlende Präsenz durch kontinuierlichen Austausch auszugleichen. Dies half dabei, Teams eine gemeinsame Ausrichtung zu ermöglichen (Purpose-Orientierung), tragfähige Beziehungen aufzubauen (Relationship-Orientierung), soziale Isolation zu verhindern und dafür zu sorgen, dass alle Teammitglieder einen gleichen Wissenstand haben (vgl. Davidavičienė/Al Majzoub/Meidute-Kavaliauskiene 2020). Andererseits wurde schnell klar, dass die Niederschwelligkeit, mit der Online-Meetings einberufen werden können, zu so gefüllten Terminkalendern führt, dass Führungskräfte und Teammitglieder gleichermaßen an Technostress und Meeting-Overload litten (vgl. Epstein 2020, S. 356; Nisafani/Kiely/Mahony 2020). Während das Hoch des Meeting-Overload für die meisten Teams zwischenzeitlich überwunden ist, finden innerhalb von digitalen Teams doch wesentlich mehr Meetings statt als innerhalb klassischer Office-Teams.

Hinzu kommt, dass die Aufmerksamkeitsspanne in digitalen Meetings erheblich geringer ist als in *face to face*-Besprechungen. Dieser Befund lässt sich damit begründen, dass der soziale Druck der körperlichen Präsenz wegfällt, Ablenkungspotenziale durch E-Mails, Nachrichten und andere Meldungen deutlich größer sind und das Fokussieren eines kleinen Bildschirms wahrnehmungstechnisch anstrengender ist (vgl. Cao et al. 2021, S. 10). Verbunden mit anderen kognitiven Ermüdungseffekten und dem gerade beschriebenen Meeting-Overload ergibt sich daraus das Phänomen der »Zoom-Fatigue« (vgl. Karl/Peluchette/Aghakhani 2022; Fosslien/Duffy 2020; Strassman 2020). Ferner ist durch das reduzierte Wahrnehmungsfeld in Video-Calls, in dem Vortragende und Meetingteilnehmer erscheinen, die Vermittlung von Informationen im Kommunikationsprozess eingeschränkt und es wird anstrengender, Emotionen zu übertragen und Beziehungen aufzubauen (vgl. Bailenson 2021, S. 3). Für hybride Teams stellt sich zudem strukturell eine Asymmetrie zwischen den sich in einem Raum befindenden Meetingteilnehmern und den digital zugeschalteten Teammitgliedern ein. Es entsteht eine Dualität: Während die eine Gruppe qua räumlicher Gemeinschaft auch eine soziale Gemeinschaft bildet, bleiben die Teammitglieder in der Virtualität sozial isoliert, kleinere Zwischengespräche sind nicht möglich, der Redeanteil ist meist reduziert und sie erfahren weniger Beachtung als Personen, die sich mit den anderen im Raum befinden.

Wenn es um Meetings geht, haben digitale Teams also mit einigen Herausforderungen zu kämpfen. Für Führungskräfte ergibt sich aus dieser Vielfalt an strukturellen Widerständen die Notwendigkeit für eine starke Collaboration-Orientierung. Zur Umsetzung dieser Orientierung haben sich in der Praxis drei Strategien bewährt.

## Sinnhaftigkeit von Meetings und Notwendigkeit der Teilnahme überprüfen

Während regelmäßiger Austausch im Team und auch bereichsübergreifende Kommunikation essenziell für digitale Zusammenarbeit sind, empfiehlt es sich doch, die Notwendigkeit von anberaumten Besprechungen konsequent zu prüfen (vgl. Karl/Peluchette/Aghakhani 2022, S. 348). Ein probates Verfahren dafür ist die Zielreflexion. Alle Beteiligten sollten ein Bewusstsein dafür haben, ob eine bestimmte Besprechung dem Informieren, der Entscheidungsfindung, der Ideenfindung oder Problemlösung dient (vgl. Mroz et al. 2018). Einfach über Thema X zu sprechen, ist kein hinreichender Grund für eine Besprechung. Im Falle des Jour Fixe mit einer Agenda, die mehrere dieser Ziele erfüllen kann, sollte bei jedem einzelnen TOP geklärt werden, was das jeweilige Ziel für diesen Teil der Agenda ist. Ferner müssen digitale Teams darüber nachdenken, ob sich das angestrebte Ziel auch anders als durch ein Team-Meeting erreichen lässt (vgl. Nesher Shoshan/Wehrt 2022, S. 846). Beispielsweise per Chat, Umlaufverfahren oder in einem bilateralen Gespräch. Mit diesem Ansatz ist auch der Gedanke verknüpft, dass digitale Teams stets überprüfen sollten, welche Personen in einem Meeting etwas aktiv zur Zielerreichung beitragen können. In vielen Fällen reicht eine saubere Dokumentation der Ergebnisse mit einer klaren Darstellung der getroffenen Entscheidungen. Die Frage der Notwendigkeit einer Teilnahme stellt sich insbesondere auf der Leitungsebene. Häufig werden Führungskräfte bei bereichsübergreifenden Themen nur zur Imageaufwertung des Projekts zu Meetings eingeladen. Der Beitrag von Führungskräften besteht dann letztlich nur in ihrer Präsenz. Eine deutliche Kommunikation, dass Mitarbeiter und noch wichtiger Projektleiter Entscheidungen selbstständig treffen können, hilft auch einer Kultur des Meeting-Overload entgegenzuwirken.

## Dialogizität in den Vordergrund stellen

Haben digitale Teams und ihre Führungskräfte die Anzahl ihrer Online-Meetings reduziert, ist für eine effiziente Gestaltung des Arbeitsalltags schon einiges gewonnen. Nun stellt sich allerdings noch die Frage der konstruktiven und effizienten Gestaltung der Meetings selbst. Wie eingangs beschrieben, bestehen die strukturellen Widerstände von Online-Meetings in einer kürzeren Aufmerksamkeitsspanne der Teilnehmer, der eingeschränkten Übertragung von Informationen und Emotionen sowie einem verlangsamten Beziehungsaufbau (vgl. König/Drescher/Hemel 2022, S.35 ff.). Als Antwort auf diese starken Widerstände ist ein Paradigmenwechsel notwendig: Weg von der Monologizität und der singulären Steuerungsinstanz hin zu einer starken Form von Dialogizität und Partizipation (vgl. Cao et al. 2021, S. 10). Dieser Ansatz lässt sich strukturell durch klare Rollendefinitionen umsetzen. Die Führungskraft kann zum Beispiel die Moderatorenrolle an das Team abgeben und wenn sich einzelne Teammitglieder die Moderation nicht zutrauen, sind auch Doppelmoderationen möglich. Weitere Rollen sind die des Protokollanten und ggf. die Rolle eines »Hybridbeauftragten«, der in hybriden Meetings dafür sorgt, dass physisch präsente und online zugeschaltete Teilnehmer gleichberechtigt zu Wort kommen.

Die Dialogizität von Meetings lässt sich auch durch einzelne rhetorische Techniken erreichen. Durch einen Check-In zu Beginn des Meetings kann jeder Teilnehmer kurz zu Wort kommen, um eine Eingangsfrage zu beantworten (vgl. Robertson 2015, S. 70 f.). Diese Eingangsfrage kann informell sein, um einen lockeren Gesprächsfluss zu erzeugen oder sich bereits auf das Thema des Meetings beziehen. In größeren Runden ist auch eine Beteiligung per Chat möglich. Ziel ist, direkt am Anfang des Meetings Partizipation zu erzeugen und den Teilnehmern zu signalisieren, dass sie nicht einfach nur als stumme Zuhörer anwesend sein können. Auch Präsentationen sollten möglichst dialogisch gestaltet werden (vgl. Kollmann 2020, S. 87 ff.). Dazu müssen sie auf Kernbotschaften fokussiert sein, damit es viel Raum für Rückfragen gibt und ein Gespräch über das Thema entstehen kann. Um den »Kinomodus« zu verhindern, in dem die Teilnehmer wie im Kino passiv dasitzen, sich Folien anschauen und in eine kognitive Starre verfallen, ist es technisch wichtig, das Screensharing regelmäßig zu unterbrechen und den Zuhörern Fragen zu stellen (vgl. König/Drescher/Hemel 2022, S. 46). In der Praxis haben sich Präsentationen über 15 Minuten selten bewährt, 30-minütige Monologe sollten unbedingt vermieden werden. Am besten ist es, etwa alle 5 Minuten die Präsentation zu unterbrechen und eine kurze Publikumsinteraktion einzuleiten. Zudem steigen auch die Motivation und das Involvement der Meetingteilnehmer erheblich, wenn Wissen nicht frontal vermittelt, sondern gemeinsam im Gespräch aufgebaut wird.

### Asymmetrie in hybriden Teams reduzieren

Wie eingangs beschrieben, stellen Meetings mit hybriden Teams eine besondere Situation dar, weil sich zwischen den Teilnehmern eine Asymmetrie ergibt (vgl. Ellis et al. 2022). Ein konsequenter Umgang mit dieser Asymmetrie, ist diese aufzulösen. Konkret heißt das: Auch in hybriden Teams sind hybride Meetings besser zu vermeiden und gleiche technische Bedingungen für alle Meetingteilnehmer zu schaffen. Wenn die Möglichkeit besteht, alle Mitarbeiter im Office getrennt digital an einem Meeting teilnehmen zu lassen, dann sollte die Hybridität aufgelöst werden. Einzelgespräche und kleinere Runden des Austauschs können auch in Breakout-Sessions realisiert werden. Die entstehende Dualität des Meetings wird dadurch vermieden. Lässt sich eine solche Lösung technisch nicht realisieren, weil nicht alle Mitarbeiter über entsprechendes Equipment verfügen oder die Bürofläche nicht für individuelle Video-Calls ausgerichtet ist, müssen Strukturen geschaffen werden, um die digital zugeschalteten Meetingteilnehmer aktiv einzubinden (Saatçi et al. 2019). Dafür kann der Moderator beispielsweise einen festen Rhythmus festlegen, in dem alle Teilnehmer der Reihe nach zu Wort kommen (vgl. Ellis et al. 2022). Zudem kann die oben bereits angesprochene Rolle eines Hybrid-Beauftragen eingeführt werden, der konsequent auf die Einbindung aller Meetingteilnehmer achtet, seinen Fokus insbesondere auf die Partizipationsquote der zugeschalteten Teammitglieder richtet und diese durch Fragen und andere rhetorische Moderationstechniken aktiv einbindet (vgl. Desiere/Meyer 2022, S. 185 f.).

Learning-Orientierung: Führungskräfte müssen ihren Mitarbeitern aktiv Impulse zur Weiterentwicklung geben und einen Kontext des kontinuierlichen Lernens schaffen.

Wie bereits im ersten Teil dieses Beitrags erwähnt, ist ein konsequent auf Digitalisierung und digitale Zusammenarbeit zugeschnittenes *Learning & Development*-Programm für jede zukunftsweisende Personalentwicklung in Unternehmen notwendig. Digitale Kompetenz bei Mitarbeitern und Führungskräften ist einer der zentralen Erfolgsfaktoren für Unternehmen in der Zukunft. Dafür müssen sich Führungskräfte und Mitarbeiter konsequent in der Anwendung und Handhabung digitaler Tools und Prozesse schulen, um technisch und methodisch auf dem aktuellen Stand der Entwicklung zu bleiben. Dies ist zum einen ein wesentlicher Faktor für effiziente interne Prozesse und zum anderen eine Investition in die Wettbewerbsfähigkeit eines Unternehmens. Zusätzlich gehört es sowohl zur Anforderung kontinuierlicher Verbesserungsprozesse als auch zu einem unternehmensweiten Innovationsmanagement, dass Mitarbeiter und Führungskräfte stets die Entwicklungen digitaler Tools und Geschäftsmodelle im Blick behalten, um daraus gegebenenfalls Handlungsoptionen im eigenen Wirkungsbereich ableiten zu können.

Abgesehen von diesen offensichtlichen, technischen und ökonomischen Notwendigkeiten sorgen die zentralen Merkmale der Individualisierung und Singularisierung digitaler Arbeit für einen erhöhten Weiterbildungsbedarf. Allein die räumliche und partiell auch zeitliche Trennung von Teammitgliedern in der virtuellen Zusammenarbeit setzt ein hohes Maß an Selbstständigkeit des Einzelnen voraus. Wenn, wie im Aspekt der Outcome-Orientierung dargelegt, die Führungskraft nicht mehr für jeden Mitarbeiter das Ressourcen-Management übernimmt, sondern primär ergebnisorientiert führt und zum Sparringspartner für Lösungsansätze wird, erfordert das erhöhte fachliche und vor allem methodische Fähigkeiten auf Seiten der Teammitglieder. Strukturelles Empowerment muss eine entsprechende individuelle Kompetenzentwicklung zur Ausübung der zunehmenden Eigenverantwortlichkeit zur Folge haben. Hinzu kommt, dass die Volatilität auf makroökonomischer Ebene erfordert, dass Mitarbeiter auch auf mikroökonomischer Ebene ein zunehmend unternehmerisches Denken entwickeln. Hier spielt wieder die Fähigkeit eine Rolle, aufkommende Trends der Digitalisierung im eigenen Marktumfeld zu erkennen und daraus ein unternehmerisches Kalkül für deren etwaige Nutzung abzuleiten. Die Entwicklung digitaler Kompetenz darf jedoch nicht als bloße HR-Aufgabe gesehen werden. Jede Führungskraft kann und muss selbst dazu beitragen, in ihrem Team eine digitale Lernkultur zu fördern. Dafür können sich Führungskräfte an drei Faktoren orientieren.

### Positives *Digital Mindset* fördern

Die Einstellung gegenüber Veränderungen und die Selbsteinschätzung von Menschen, wie gut oder schlecht sie sich neue Kompetenzen aneignen können, ist ein entscheidender Faktor für Lernmotivation und Lernerfolg. Insbesondere Teams, die über Jahre hinweg primär oder ausschließlich in physischer Präsenz zusammengearbeitet haben, stehen bei der Überführung in hybride oder vollständig virtuelle Arbeitsabläufe vor einer großen Umorientierung. Noch vor der ersten Auseinandersetzung mit den veränderten technischen Anforderungen entscheiden das Selbstbild und die Einschätzung der eigenen Lernfähigkeit darüber, wie motiviert und engagiert Teammitglieder die neue Form der Zusammenarbeit gestalten. Gleiches gilt auch für die Anwendung digitaler Plattformen und neuer Softwarelösungen.

Führungskräfte können über persönliche Interaktionen mit Mitarbeitern gezielt und konstruktiv an einem positiven und motivierenden Gefühl der Selbstwirksamkeit arbeiten und versuchen, ein sogenanntes Growth-Mindset aktiv zu fördern (vgl. Dweck/Yeager 2019). In der Praxis trägt dazu vor allem hochfrequentes und direktes Feedback bei, das Mitarbeitern immer wieder ihre Potentiale und Entwicklungsfähigkeit aufzeigt. Eine konkrete Technik für diese Arbeit am Mindset kann stärkenbasiertes Performance-Feedback sein. Bei diesem Feedbackansatz geht es bewusst darum, konkrete Leistungen nicht nur zu würdigen, sondern mit den wahrgenommenen, dahinterliegenden Stärken eines Mitarbeiters in Verbindung zu bringen und so ein Bewusstsein für die Fähigkeiten, Kompetenzen und Talente einer Person zu schaffen (vgl. Aguinis/Gottfredson/Joo 2012, S. 107 f.). Darüber hinaus können Führungskräfte auch die Rolle eines Coaches oder Mentors einnehmen, um individuell an der Stärkung eines positiven Mindsets zu arbeiten (vgl. Solberg/Traavik/Wong 2020, S. 118).

Für einen kollektiven Mindset-Shift in einem Team oder in einer ganzen Organisation ist es zudem erforderlich, eine konsequente Kultur des Förderns und Forderns zu etablieren. Motivierte Mitarbeiter müssen sich darauf verlassen können, in ihrem Eifer nicht ausgebremst oder gegenüber weniger veränderungsaffinen Kollegen zurückgestellt zu werden. Für die Veränderung eines Mindsets ist es wichtig, dass Vorgesetzte über positive Verstärker und Bestätigung führen, mit denen sie Bemühungen und gewünschtes Verhalten belohnen und anerkennen (vgl. Pendleton/Furnham/Cowell 2021, S. 99). Im Sinne eines transformationalen Führungsverständnisses muss zudem die Führungskraft gerade bei der Aneignung neuer Kompetenzen mit gutem Beispiel vorangehen und im Team vorleben, dass Lernen und Weiterentwicklung dauerhafte Aufgaben neben dem operativen Tagesgeschäft sind.

### Digitale Lern- und Schulungsangebote aktiv anbieten

Kompetenzentwicklung ist natürlicherweise ein anhaltender Prozess und lässt sich nicht im Rahmen eines einmaligen Trainings absolvieren. Einzelne Schulungsmaßnahmen können zwar punktuelle Trainingsreize und ein wertvolles Reflexionspotential bieten, für eine Verstetigung von Lernerfolgen sind jedoch Wiederholung und Lernbegleitung wesentliche Erfolgsfaktoren (vgl. Hasenbein 2020, S. 89). Eine nachhaltige Kompetenzentwicklung kommt also nur zustande, wenn entsprechende Maßnahmen konsekutiv und kohärent zueinander sind, also eine aufeinander aufbauende Lernerfahrung ermöglichen. Dieser Anspruch ist wiederum nur zu verwirklichen, wenn für die Kompetenzentwicklung nicht nur die obligatorisch einmal jährlich stattfindende Weiterbildungsmaßnahme vorgesehen ist, sondern Lernen zu einem ständigen Alltagsbegleiter wird.

Für den digitalen Kompetenzausbau muss dieses alltägliche Lernen primär virtuell möglich sein und sich neben einzelnen zeitintensiven Maßnahmen auch immer wieder in kleinen Lerneinheiten und digitalen *Learning nuggets* realisieren lassen. Führungskräfte können daher in Abstimmung mit den Verantwortlichen für Learning & Development auf eine Vielzahl online verfügbarer Lernangebote zurückgreifen und diese zu einem dauerhaften Bestandteil der Zusammenarbeit im Team machen. Vor allem aber wird die Begleitung der individuellen Kompetenzentwicklung eines Mitarbeiters durch seine Führungskraft immer wichtiger. Lernen und Kompetenzentwicklung sollten zu zentralen Themen in der Mitarbeiterführung werden.

### Peer-Learning im Team strukturell einführen

Digitale Lernangebote machen asynchrones und individualisiertes Selbstlernen ohne sozialen Kontakt verstärkt möglich. Das bietet große Flexibilität und Zugänglichkeit sowie didaktische Vorteile, wie etwa die persönliche Anpassung von Lernzeit, Lernrhythmus und Lerngeschwindigkeit. Gleichzeitig sorgt diese Vereinzelung wiederum für eine soziale Entkoppelung von Mitarbeitern. Ein zentraler Nutzen von internen Trainings und Schulungsmaßnahmen ist typischerweise die Vernetzung und der soziale Austausch unter den Teilnehmern. Dieser Effekt verschwindet, wenn ausschließlich digitale Selbstlernkurse zur Verfügung gestellt werden. Angebote wie LinkedIn-Learning oder Coursera sind daher sinnvolle Ergänzungen eines Learning-Portfolios für Führungskräfte und Personalentwickler, können aber Live-Online-Trainings nicht ersetzen. Es lohnt daher, bei der Auswahl der Weiterbildungsangebote dafür zu sorgen, nicht nur auf unterschiedliche Inhalte und Qualifikationsziele zu achten, sondern vor allem auch auf verschiedene Modi der Teilnahme und Vermittlung (vgl. Blum/Gabathuler 2019, S. 87–91).

Eine besondere Form der digitalen Kompetenzentwicklung ist das Peer-Learning in Teams (vgl. Topping 2005). Die Idee ist hier, dass sich Teammitglieder in regelmäßigen Abständen gegenseitig Wissen und neue Erkenntnisse vermitteln und neu Gelerntes oder *best practices* aus ihrer Erfahrung weitergeben. In der Praxis haben sich etwa sogenannte Peer-Advice-Sessions etabliert. Dabei treffen sich alle Teammitglieder einmal pro Monat physisch oder virtuell. In jeder Sitzung übernimmt einer der Mitglieder die Rolle des Experten und vermittelt den anderen zum Beispiel Wissen über einen Prozess, die Funktionen einer Software oder Informationen über neue Tools (vgl. Schaefer/Fabian/Kopp 2020, S. 1418). Durch diesen Wissenstransfer innerhalb des Teams wird eine gemeinsame Kompetenz ausgebildet und zugleich der Austausch im Team gestärkt. Oft entstehen über den Austausch der Teammitglieder zu spezifischen Anwendungsfällen auch neue Ideen oder Lösungen für Probleme, die Einzelne oder auch das ganze Team haben. Aus diesen Gründen ist die Methode des Peer-Learnings besonders wert- und wirkungsvoll für die digitale Kompetenzentwicklung im Team.

### Empowerment-Orientierung: Führungskräfte müssen operative Aufgaben abgeben und Entscheidungsfähigkeit fördern.

Mit der Bewegung von Teams hinein in die Digitalität ändert sich ihre Art der Zusammenarbeit grundlegend. Dies liegt an strukturell veränderten Voraussetzungen für die Zusammenarbeit, an Widerständen und Potenzialen, die sich durch die Kommunikation über ein digitales Medium ergeben, aber auch an den Bedürfnissen, die durch mobiles Arbeiten und Homeoffice entstehen. Wir haben in der Ausarbeitung der bisherigen Orientierungsaspekte dafür argumentiert, dass Führungskräfte auf diese veränderte Situation reagieren müssen, indem sie den Sinn der Zusammenarbeit in den Fokus stellen, die Beziehung des Teams stärken, ihre Mitarbeiter intensiver unterstützen, Arbeitsleistung ergebnisorientiert evaluieren und bei Online-Meetings Effizienz und Partizipation in den Mittelpunkt stellen. Diese Neuorientierung ist mit zusätzlichen Aufgaben verbunden, sodass auch Führungskräfte selbst ihre eigene Arbeit neu ausrichten müssen.

In der Alltagspraxis bedeutet das, dass Arbeit in der Digitalität es noch stärker notwendig macht, dass Führungskräfte ihren Fokus auf genuine Führungsaufgaben richten. Damit einher geht auch die Notwendigkeit, operative Aufgaben abzugeben und Teams in Richtung Selbststeuerung zu führen (vgl. Creusen/Gall/Hackl 2017, S. 76 ff.). Aber auch aus Sicht von digitalen Teams selbst ist es zentral, selbstgesteuert zu arbeiten. Nur, indem Teammitglieder in ihrer Arbeit befähigt werden und eigenverantwortlich Entscheidungen treffen, sind sie in der Lage, Motivation zu entwickeln und ein bedeutender Teil des Systems und der Kultur einer Organisation zu werden (vgl. D'Innocenzo/Mathieu/Kukenberger 2016, S. 1981 ff.). Ein hoher Grad an Selbststeuerung und Eigenverantwortlichkeit des Teams wird auch dann zu einer notwendigen Bedingung, wenn Teammitglieder aus hochspezialisierten Fachkräften bestehen, die über Fachwissen und Kompetenzen verfügen, die die Führungskräfte nicht besitzen. Um Teams strukturell zu ermächtigen und Selbststeuerung zu fördern, können Führungskräfte auf drei Strategien zurückgreifen.

#### Eine Selbstorganisationsmatrix erstellen

Um die Selbststeuerung eines Teams zu fördern, muss zunächst der Status quo der Selbststeuerung erfasst werden. Dafür sollten sich Führungskräfte mit ihrem Team die Frage stellen, wie selbstgesteuert und eigenverantwortlich sie aufgestellt sind. Wir schlagen für die Analyse vier Dimensionen der Führung und der Teamarbeit vor:

- Strategische Dimension: Strategische Ausrichtung, Zielvorgaben, Personal- und Budgetplanung

- Operative Dimension: Verteilung und Priorisierung von Aufgaben, Freigabe von Entscheidungen, Arbeits- und Urlaubspläne
- Interpersonelle Dimension: Austausch und Wissenstransfer, Vernetzung und Konfliktlösung
- Intrapersonelle Dimension: Motivation zur Weiterentwicklung, Akzeptanz von Teamentscheidungen, Bereitschaft zur Abgabe von Informationshoheit und Macht

Das Führungskompetenzmodell von Pendleton/Furnham/Cowell wird damit um die Dimension der intrapersonellen Dimension erweitert und als Kompetenzmodell für selbstgesteuerte Teamarbeit weitergedacht (vgl. Pendleton/Furnham/Cowell 2021, S. 55 f.). Durch die Analyse dieser Dimensionen können Führungskräfte mit ihren Teams eine sehr klare Übersicht über den Status der Selbstorganisation erhalten. Bei der Analyse sollte auch festgehalten werden, wer in Bezug auf die genannten Punkte jeweils die Entscheidungen trifft. Dadurch entsteht ein klares Bild der Verteilung von Entscheidungslast und Verantwortung im Team.

Entscheidungsfindung wird dabei in der Praxis häufig sehr dichotomisch betrachtet: Entweder die Führungskraft entscheidet allein oder das Team bzw. einzelne Teammitglieder entscheiden für sich. Für die Weiterentwicklung der Selbstorganisation eines Teams können Entscheidungsprozesse jedoch deutlich differenzierter und abgestufter gestaltet sein. In Anlehnung an die *seven levels of authority* aus dem Management 3.0 (vgl. Appelo 2011, S. 127 f.) können wir sieben Modi der Entscheidungsfindung und -kommunikation differenzieren, hier aus Sicht der Führungskraft dargestellt:

- Mitteilen: selbst entscheiden und andere informieren
- Erklären: selbst entscheiden und anderen begründen
- Konsultieren: sich beraten lassen und dann selbst entscheiden
- Vereinbaren: gemeinsam entscheiden
- Beraten: andere beraten und dann entscheiden lassen
- Übertragen: andere entscheiden lassen und sich informieren lassen
- Delegieren: andere entscheiden lassen und nicht informiert werden

Diese Perspektive, die sich aus den sieben Modi der Entscheidungsfindung sowie aus den vier Dimensionen der Führung und Arbeit ergibt, kann Führungskräften und Teams helfen, ein differenziertes Verständnis des Status quo ihrer Selbstorganisation zu bekommen und ein Zielbild zu entwickeln.

### Kollektive Entscheidungsmeetings einführen

Um die Selbststeuerung von Teams zu fördern, die Entscheidungsfähigkeit zu erhöhen und Entscheidungen im gesamten Team konstruktiv zu treffen, können Führungskräfte auch auf die Methode des kollektiven Entscheidungsmeetings (*integrative decision making*) zurückgreifen (vgl. Robertson 2015, S. 72 f.). Dieses Besprechungsformat ist veränderungsaffin, fördert dadurch strukturell Innovationen und verhindert Entscheidungsparalyse (vgl. Oestereich/Schröder 2016, S. 160). Ausgangspunkt ist ein Veränderungsvorschlag, der von einer oder mehreren Personen vorbereitet wurde und im Meeting präsentiert wird. Die Leitidee bei der Entscheidungsfindung ist die Konsentorientierung (vgl. Oestereich 2015, S. 237 f.). Der Begriff »Konsent« bedeutet, ein Vorschlag wird angenommen, wenn es keine schwerwiegenden Einwände dagegen gibt (vgl. Eckstein 2016, S. 4). Um systematisch zu einer Entscheidung zu kommen, können Teams sich an fünf Schritten orientieren:

- Vorschlagsvorstellung: Der Vorschlaggeber präsentiert seine Veränderungsidee.
- Informationsrunde: In dieser Runde geht es darum, Verständnisfragen zu klären, sodass sich alle Teammitglieder diskussionsfähig fühlen.
- Meinungsrunde: Jedes Teammitglied soll seine Meinung zum Vorschlag äußern. Man kann zustimmen, sich enthalten (jeweils keine Begründung erforderlich) oder einen Einwand formulieren (Begründung erforderlich). Ein Einwand bedeutet, dass der Vorschlag einen Schaden für das Team oder die Organisation bedeuten würde.
- Einwandintegration: Vorschlaggeber und Team überlegen gemeinsam, wie sich der Vorschlag verändern lässt, um den oder die Einwände zu integrieren und damit zu entkräften.
- Beschluss: Bei erfolgreicher Einwandintegration wird der Vorschlag von allen Teammitgliedern angenommen und hat von da an Gültigkeit. Bewährt er sich in der Praxis nicht, kann er in einem neuen Entscheidungsmeeting durch einen veränderten Vorschlag ersetzt werden.

Die Modelle von Robertson (vgl. Robertson 2015, S. 72 f.). und von Oestereich/Schröder werden damit für die Praxis etwas vereinfacht (vgl. Oestereich/Schröder 2016, S. 168 ff.). Mit diesem Verfahren der Entscheidungsfindung können Teams sanft in die Selbststeuerung geführt werden, ohne dass die Ansätze der Soziokratie oder der Holokratie vollumfänglich umgesetzt werden müssen.

### Netzwerkstrukturen für Mitarbeiter aufbauen

Eine wichtige Voraussetzung für selbstgesteuertes Arbeiten von Teams ist ein gutes Netzwerk (vgl. Yang et al. 2021, S. 43 f.). Nur wenn Teammitglieder auf Ressourcen innerhalb der Organisation zurückgreifen können, können sie für Entscheidungen notwendiges Wissen aufbauen, bei Projekten effektiv Stakeholdermanagement betreiben und ihre Position innerhalb von Gremien mit einem Verständnis für strategische Ziele fundiert vertreten. Treten im Arbeitsalltag Herausforderungen auf, können Teammitglieder mit Hilfe eines Netzwerks durch das Einholen von Expertenperspektiven und Impulsen von anderen Bereichen und Abteilungen selbstständig Lösungen erarbeiten (Henttonen/Johanson/Janhonen 2014).

Die Herausforderung für digitale Teams besteht darin, dass die organische Entwicklung eines Netzwerks innerhalb der Organisation, die in Präsenz durch zufällige Begegnungen im Alltag stattfinden würde, digital stark eingeschränkt ist. Spontane Gespräche mit Personen anderer Abteilungen in der Kantine sind beispielsweise nicht möglich. Entsprechend müssen Führungskräfte mit ihrem Team den Aufbau von Netzwerken strategisch planen und aktiv initiieren (vgl. Suh et al. 2011).

Ein erster wichtiger Schritt dafür ist die Einführung eines strukturierten Onboarding-Prozesses, bei dem neue Teammitglieder über einen längeren Zeitraum die Möglichkeit bekommen, zentrale Business-Partner aus anderen Abteilungen kennenzulernen und diese zeitweise im Rahmen eines Work-Shadowing zu begleiten (vgl. Franken et al. 2022). Darüber hinaus lohnt es sich, virtuelle Lunchtermine oder kleinere soziale Events mit anderen Teams zu organisieren. In größeren Abständen können auch bereichsübergreifende Regeltermine stattfinden. Ferner ist es auch wichtig, dass Führungskräfte ihre Mitarbeiter bei Präsentationen in Gremien und Lenkungskreisen einbinden. Dadurch wird die Position von Mitarbeitern gestärkt und das gesamte Team, nicht nur die Führungskraft, wird von außen als Businesspartner verstanden.

### 4.3.4 Fazit

Wirkungsvolle digitale Führung ist zweifelsohne eine Schlüsselkompetenz für die erfolgreiche Gestaltung von New Work und digitaler Transformation. Wie die Ausführungen in diesem Beitrag versucht haben zu zeigen, besteht die Herausforderung dabei jedoch weniger in einer Neu-Konzeptualisierung von Führung, sondern vielmehr in der Anwendung von Führungsprinzipien auf die veränderte Wirklichkeit der digitalen Zusammenarbeit. Gleichwohl lohnt sich eine Auseinandersetzung mit Führungsideen und -stilen auf der theoretischen Ebene, um ein besseres Verständnis dafür zu entwickeln, welche Anforderungen New Work an Führungskräfte stellt.

In den fünf Thesen des ersten Teils unseres Beitrags haben wir eine Positionsbestimmung zum Begriff der digitalen Führung vorgenommen. Es wird deutlich, dass sich Führungstheorien, die bereits vor der Digitalisierung auf eine starke Beziehung zwischen Führungskraft und Mitarbeiter aufgebaut haben, für die Führung in der digitalen Arbeitswelt besondere Relevanz erfahren. Dafür bedarf es keiner grundlegend neuen Idee digitaler Führung, wie ein Blick auf bereits etablierte Konzepte wie *transformational leadership* oder *servant leadership* zeigt. Jedoch sorgen die realen Veränderungen durch die Digitalisierung dafür, dass nun endgültig Führungskräfte gefragt sind, die auch jenseits von Druck, Kontrolle und Mikro-Management führen können. Entsprechend gibt es einen steigenden Bedarf an konkreter Anleitung, wie sich transformationale Aspekte wie Motivation, Unterstützung, Selbststeuerung, Eigenverantwortung und die gemeinsame Orientierung an Werten und Zielen im Arbeitsalltag digitaler Führung realisieren lassen. Aus einer Beobachterperspektive ist dabei zu konstatieren, dass häufig vernachlässigt wird, dass für die Entwicklung digitaler Führungskompetenz nicht nur die

Führungskraft als Individuum betrachtet werden muss, sondern die Gestaltung von Führungskultur immer eine gesamtorganisationale Aufgabe ist. Dafür kommt es auch darauf an, digitale Führung nicht als Notlösung zu verstehen, die nur angewandt und geschult werden muss, wenn eine Führung in Präsenz nicht möglich ist. Vielmehr ist digitale Führung eine Chance für Unternehmen, aber auch einzelne Teams, ihre Zusammenarbeit in virtuellen oder hybriden Konstellationen effektiv und motivierend zu gestalten.

Dazu bedarf es einer Übertragung der Leitmotive digitaler Führung in den praktischen Alltag. Zu diesem Zweck haben wir im zweiten Teil des Aufsatzes sieben Aspekte dargestellt, die einer Führungskraft zur Orientierung für wirkungsvolle digitale Führung dienen sollen. Diese Orientierungsaspekte führen dazu, die Aufmerksamkeit, Ressourcen, Entscheidungen und Handlungen einer Führungskraft auf die notwendigen Erfolgsfaktoren digitaler Wirkung zu fokussieren. Durch die Relationship-Orientierung wird die für jede Zusammenarbeit essenzielle Beziehungsebene und gemeinsame Identität gefördert und mithilfe der Purpose-Orientierung auf eine gemeinsame Vision und klare Ziele hin fokussiert. Dabei müssen digital agierende Führungskräfte vor allem über eine starke Outcome-Orientierung führen. Über die Support- und Collaboration-Orientierung können Vorgesetzte ein gutes Klima der Zusammenarbeit und eine erhöhte Motivation im Team erreichen und zugleich dafür sorgen, dass Mitarbeiter ihre Ressourcen möglichst effektiv einsetzen können. Um die Effektivität und Produktivität des Teams auch nachhaltig sicherzustellen, hilft die Learning-Orientierung bei der nachhaltigen Kompetenzerweiterung des Teams. Schließlich münden diese Aspekte in einer erhöhten Selbststeuerung digitaler Teams, die durch die Empowerment-Orientierung auch von der Führungskraft aktiv gefördert werden kann. Diese Orientierungsaspekte können damit aktiv dazu führen, dass die konzeptuellen Anforderungen an digitale Führung, die im ersten Teil des Beitrags dargestellt und kritisch hinterfragt wurden, umgesetzt werden. Sie sorgen für eine Aktualisierung und Realisierung von unterstützender und transformationaler Führung im digitalen Zeitalter.

## Zu den Autoren

**Dr. Simon Drescher** ist Partner bei König & Drescher. Sein Schwerpunkt liegt dort auf Fragen strategischer Kommunikation und Prozessveränderungen sowie der Ausarbeitung wissenschaftlich fundierter Trainings- und Weiterbildungskonzepte für Organisationen. Von 2015 bis 2021 war er als Akademischer Mitarbeiter am Seminar für Allgemeine Rhetorik tätig. Von 2019 bis 2021 leitete er das Forschungs- und Beratungsprojekt »Disruptive Rhetoric. Strategische Innovationsförderung in Unternehmen«, gefördert durch die Innovation Grants der Universität Tübingen.

**Dr. Sebastian König** ist Partner bei König & Drescher. Dort hilft er Organisationen bei der Gestaltung von New Work, berät bei kulturellen Veränderungsprojekten und konzipiert nachhaltige Entwicklungsprogramme für Führungskräfte. Von 2009 bis 2023 forschte er am Seminar für Allgemeine Rhetorik, Universität Tübingen, mit den Schwerpunkten: Wirtschaftskommunikation, Gesprächsrhetorik, digitale Kommunikation und strategisches Erzählen. Dabei gehörte er dem Senat, dem Fakultätsrat der Philosophischen Fakultät und zahlreichen Findungskommissionen an. Von 2019 bis 2021 leitete er zusammen mit Dr. Simon Drescher das Forschungs- und Beratungsprojekt »Disruptive Rhetoric. Strategische Innovationsförderung in Unternehmen«, gefördert durch die Innovation Grants der Universität Tübingen.

## Literatur

Ackermann, M., Schell, S., Kopp, S.: How Mercedes-Benz Addresses Digital Transformation Using Holacracy, in: Journal of Organizational Change Management 34, 7 (2021), S. 1285-1299.

Aguinis, H., Gottfredson, R. K., Joo, H.: Delivering Effective Performance Feedback: The Strengths-Based Approach, in: Business Horizons 55, 2 (2012), S. 105–111.

Alaiad, A., Alnsour, Y., Alsharo, M.: Virtual Teams: Thematic Taxonomy, Constructs Model, and Future Research Directions, in: IEEE Transactions on Professional Communication 62, 3 (2019), S. 211-238.

Alexander, A. et al.: What Employees Are Saying about the Future of Remote Work, 2021.

Appelo, J.: Management 3.0: Leading Agile Developers, Developing Agile Leaders, Boston, MA 2011.

Bachmann, T., Jung, J.: New Work oder die Dimensionen des Organisierens, in: Organisationsberatung, Supervision, Coaching 30, 2 (2023), S. 195-211.

Bailenson, J. N.: Nonverbal Overload: A Theoretical Argument for the Causes of Zoom Fatigue, in: Technology, Mind, and Behavior 2, 1 (2021), S. 1-6.

Barhate, B., Dirani, K. M.: Career Aspirations of Generation Z: A Systematic Literature Review, in: European Journal of Training and Development 46, 1/2 (2022), S. 139-157.

Bass, B. M.: Two Decades of Research and Development in Transformational Leadership, in: European Journal of Work and Organizational Psychology 8, 1 (1999), S. 9-32.

Bass, B. M., Avolio, B. J.: Developing Transformational Leadership: 1992 and Beyond, in: Journal of European Industrial Training 14, 5 (1990), S. 21-27.

Bass, B. M., Riggio, R. E.: Transformational Leadership, 2. Auflage, Mahwah, NJ 2006.

Beattie, R. S. et al.: Managerial Coaching: A Review of the Empirical Literature and Development of a Model to Guide Future Practice, in: Advances in Developing Human Resources 16, 2 (2014), S. 184-201.

Bellmann, L., Hübler, O.: Working from Home, Job Satisfaction and Work-Life Balance – Robust or Heterogeneous Links?, in: International Journal of Manpower 42, 3 (2021), S. 424-441.

Ben-Hador, B.: The Practice of Manager as Coach (MAC): Unequal Power Relations and Their Effect on Feelings Toward the Organization, in: Human Resource Development Quarterly 34, 2 (2023), S. 1-22.

Birkinshaw, J., Gudka, M., D'Amato, V.: The Blinkered Boss: How Has Managerial Behavior Changed with the Shift to Virtual Working?, in: California Management Review 63, 4 (2021), S. 5-26.

Bleakley, A. et al.: Bridging Social Distance during Social Distancing: Exploring Social Talk and Remote Collegiality in Video Conferencing, in: Human–Computer Interaction 37, 5 (2022), S. 404-432.

Blum, U., Gabathuler, J.: PE 4.0 – Herausforderungen für Führungskräfte und Bildungsverantwortliche, in: Negri, C. (Hrsg.): Führen in der Arbeitswelt 4.0, Berlin 2019, S. 73-93.

Bouncken, R. B., Lapidus, A., Qui, Y.: Organizational Sustainability Identity: ›New Work‹ of Home Offices and Coworking Spaces as Facilitators, in: Sustainable Technology and Entrepreneurship 1, 2 (2022), S. 1-10.
Brahm, T., Kunze, F.: The Role of Trust Climate in Virtual Teams, in: Journal of Managerial Psychology 27, 6 (2012), S. 595-614.
Breuer, C. et al.: Trust in Teams: A Taxonomy of Perceived Trustworthiness Factors and Risk-Taking Behaviors in Face-to-Face and Virtual Teams, in: Human Relations 73, 1 (2020), S. 3-34.
Breyter, M.: Agile Product and Project Management: A Step-by-Step Guide to Building the Right Products Right, New York, NY 2022.
Brown, S. G., Hill, N. S., Lorinkova, N. M.: Leadership and Virtual Team Performance: A Meta-Analytic Investigation, in: European Journal of Work and Organizational Psychology 30, 5 (2021), S. 672-685.
Cao, H. et al.: Large Scale Analysis of Multitasking Behavior During Remote Meetings, in: Proceedings of the CHI Conference on Human Factors in Computing Systems (CHI'21), Yokohama, Japan 2021, S. 1-13.
Chai, D. S., Hwang, S. J., Joo, B.-K.: Transformational Leadership and Organizational Commitment in Teams: The Mediating Roles of Shared Vision and Team-Goal Commitment, in: Performance Improvement Quarterly 30, 2 (2017), S. 137-158.
Claus, L.: Do We Need a New Leadership Paradigm Due to Covid-19?, in: International Journal of Business and Management Research 9, 2 (2021), S. 162-167.
Cloots, A. (Hrsg.): Hybride Arbeitsgestaltung: Herausforderungen und Chancen, Wiesbaden 2022.
Creusen, U., Gall, B., Hackl, O.: Digital Leadership, Führung in Zeiten des digitalen Wandels, Wiesbaden 2017.
Davidavičienė, V., Al Majzoub, K., Meidute-Kavaliauskiene, I.: Factors Affecting Knowledge Sharing in Virtual Teams, in: Sustainability 12, 17 (2020), 6917.
Degbey, W. Y., Einola, K.: Resilience in Virtual Teams: Developing the Capacity to Bounce Back, in: Applied Psychology, an International Review 69, 4 (2020), S. 1301-1337.
De Jong, B. A., Elfring, T.: How Does Trust Affect the Performance of Ongoing Teams? The Mediating Role of Reflexivity, Monitoring, and Effort, in: Academy of Management Journal 53, 3 (2010), S. 535-549.
Delfino, G. F., van der Kolk, B.: Remote Working, Management Control Changes and Employee Responses during the COVID-19 Crisis, in: Accounting, Auditing & Accountability Journal 34, 6 (2021), S. 1376-1387.
Derby, E., Larsen, D., Schwaber, K.: Agile Retrospectives: Making Good Teams Great, Dallas, TX, Raleigh, NC 2006.
Desiere, N., Meyer, P.: How to Design Tomorrow's HYBRID Culture, in: Cloots, A. (Hrsg.): Hybride Arbeitsgestaltung, Herausforderungen und Chancen, Wiesbaden 2022, S. 179-190.
Dinh, J. V. et al.: Developing Team Trust: Leader Insights for Virtual Settings, in: Organizational Dynamics 50, 1 (2021), 100846.
D'Innocenzo, L., Mathieu, J. E., Kukenberger, M. R.: A Meta-Analysis of Different Forms of Shared Leadership–Team Performance Relations, in: Journal of Management 42, 7 (2016), S. 1964-1991.
Dionne, S. D. et al.: Transformational Leadership and Team Performance, in: Journal of Organizational Change Management 17, 2 (2004), S. 177-193.
Drescher, S., König, S., Hepp, M.: Kommunikation als Erfolgsfaktor für Digitalstrategien, in: Detscher, S. (Hrsg.): Digitales Management und Marketing. So nutzen Unternehmen die Marktchancen der Digitalisierung. Wiesbaden 2021, S. 209-228.
Dweck, C. S., Yeager, D. S.: Mindsets: A View from Two Eras, in: Perspectives on Psychological Science 14, 3 (2019), S. 481-496.
Eberl, J. K., Drews, P.: Digital Leadership – Mountain or Molehill? A Literature Review, in: Ahlemann, F., Schütte, R., Stieglitz, S. (Hrsg.): Innovation Through Information Systems, Volume III: A Collection on Latest Research on Management Issues, Bd. 48, Cham 2021, S. 223-237.

Eckstein, J.: Sociocracy: An Organization Model for Large-Scale Agile Development, in: Proceedings of the Scientific Workshop Proceedings of XP '16 Workshops in Edinburgh, New York, NY 2016.

Ellis, J. B. et al.: Games for Virtual Team Building, in: Proceedings of the Conference on Designing Interactive Systems: Processes, Practices, Methods and Techniques, Cape Town 2008, S. 295-304.

Ellis, R. et al.: The Application of Human Factors at Hybrid Meetings: Facilitating Productivity and Inclusivity, in: British Journal of Oral and Maxillofacial Surgery 60, 6 (2022), S. 740-745.

Epstein, H.-A. B.: Virtual Meeting Fatigue, in: Journal of Hospital Librarianship 20, 4 (2020), S. 356-360.

Eva, N. et al.: Servant Leadership: A Systematic Review and Call for Future Research, in: The Leadership Quarterly 30, 1 (2019), S. 111-132.

Fosslien, L., Duffy, M. W.: How to Combat Zoom Fatigue, in: Harvard Business Review, online im Internet, 29.04.2020, URL: https://www.hbr.org/2020/04/how-to-combat-zoom-fatigue Abruf am 31.08.2023.

Franken, A. et al.: Design of Learning and Team-Building Processes in Remote Onboarding, in: Proceedings of the 2022 IEEE Frontiers in Education Conference (FIE), Uppsala, Schweden 2022, S. 1-8.

Garro-Abarca, V. M., Palos-Sanchez, P. R., Mariano, A. C.: Virtual Teams in Times of Pandemic: Factors That Influence Performance, in: Frontiers in Psychology 12 (2021), S. 1-14.

Gfrerer, A. et al.: Ready or Not: Managers' and Employees' Different Perceptions of Digital Readiness, in: California Management Review 63, 2 (2021), S. 23-48.

Goodbody, J.: Critical Success Factors for Global Virtual Teams, Overcoming Common Obstacles to Improve Team Performance, in: Strategic Communication Management 9, 2 (2005), S. 18-21.

Greenleaf, R. K.: Servant Leadership: A Journey into the Nature of Legitimate Power and Greatness, Ausgabe zum 25. Geburtstag, Mahwah, NJ 2002.

Greif, S. et al.: Coaching Definitions and Concepts, in: Greif, S. et al. (Hrsg.): International Handbook of Evidence-Based Coaching: Theory, Research and Practice, Cham 2022, S. 1-12.

Hackl, B. et al.: New Work: Auf dem Weg zur neuen Arbeitswelt, Management-Impulse, Praxisbeispiele, Studien, Wiesbaden 2017.

Hasenbein, M.: Der Mensch im Fokus der digitalen Arbeitswelt: Wirtschaftspsychologische Perspektiven und Anwendungsfelder, Berlin 2020.

Heerwagen, S. et al.: Digitale Transformation wirksam gestalten, Handlungsimpulse für Strategie, Struktur, Führung und Kultur, Wiesbaden 2023.

Helmold, M.: New Work, Transformational and Virtual Leadership, Lessons from COVID-19 and Other Crisis, Cham 2021.

Helmold, M.: New Work als neues Arbeitskonzept, in: Helmold, M. et al. (Hrsg.): New Work, neues Arbeiten virtuell und in Präsenz, Konzepte und Werkzeuge zu innovativer, agiler und moderner Führung, Wiesbaden 2023, S. 1-17.

Henttonen, K., Johanson, J.-E., Janhonen, M.: Work-Team Bonding and Bridging Social Networks, Team Identity and Performance Effectiveness, in: Personnel Review 43, 3 (2014), S. 330-349.

Imran, F. et al.: Digital Transformation of Industrial Organizations: Toward an Integrated Framework, in: Journal of Change Management 21, 4 (2021), S. 451-479.

Ingusci, E. et al.: Workload, Techno Overload, and Behavioral Stress During COVID-19 Emergency: The Role of Job Crafting in Remote Workers, in: Frontiers in Psychology 12 (2021), 655148.

Kaduthanam, S., Heim, E.: Holacracy bei Labster, in: Uhl, A., Loretan, S. (Hrsg.): Digitalisierung in der Praxis: So schaffen KMU den Weg in die Zukunft, Wiesbaden 2019, S. 311-323.

Kane, G. C. et al.: How Digital Leadership Is(n't) Different, in: MIT Sloan Management Review 60, 3 (2019), S. 34–39.

Karl, K. A., Peluchette, J. V., Aghakhani, N.: Virtual Work Meetings During the COVID-19 Pandemic: The Good, Bad, and Ugly, in: Small Group Research 53, 3 (2022), S. 343-365.
Kerth, N. L.: Project Retrospectives: A Handbook for Team Reviews, New York, NY 2001.
Kilcullen, M., Feitosa, J., Salas, E.: Insights from the Virtual Team Science: Rapid Deployment During COVID-19, in: Human Factors: The Journal of the Human Factors and Ergonomics Society 64, 8 (2022), S. 1429-1440.
Kirkman, B. L., Stoverink, A. C.: Building Resilient Virtual Teams, in: Organizational Dynamics 50, 1 (2021), 100825.
Klein, C. et al.: Does Team Building Work?, in: Small Group Research 40, 2 (2009), S. 181-222.
Koch, T., Denner, N.: Informal Communication in Organizations: Work Time Wasted at the Water-Cooler or Crucial Exchange among Co-Workers?, in: Corporate Communications: An International Journal 27, 3 (2022), S. 494-508.
Kollmann, T.: Digital Leadership: Grundlagen der Unternehmensführung in der Digitalen Wirtschaft, Wiesbaden 2020.
König, S.: Rhetorisches Erzählen im Gespräch. Ein analytisches Framework entwickelt an Beispielen der Courtship-Kommunikation, Berlin, München, Boston 2021.
König, S., Drescher, S.: Rhetorisches Erzählen in Strategieprozessen. Gesprächsrhetorik und Unternehmenskommunikation, in: Hess-Lüttich, E. W. B. (Hrsg.): Handbuch Gesprächsrhetorik, Berlin, München, Boston 2020.
König, S., Drescher, S., Hemel, U.: Digitale Kompetenz im Beruf, Stuttgart 2022.
Koschorke, A.: Wahrheit und Erfindung, Grundzüge einer Allgemeinen Erzähltheorie, Frankfurt am Main 2012.
Laloux, F.: Reinventing Organizations: A Guide to Creating Organizations Inspired by the Next Stage of Human Consciousness, Brüssel 2014.
Landes, M. et al.: Führung von Mitarbeitenden im Home Office: Umgang mit dem Heimarbeitsplatz aus psychologischer und ökonomischer Perspektive, Wiesbaden 2020.
Lechner, A., Mortlock, J. T.: How to Create Psychological Safety in Virtual Teams, in: Organizational Dynamics 51, 2 (2022), 100849.
Lee, H.: Changes in Workplace Practices during the COVID-19 Pandemic: The Roles of Emotion, Psychological Safety and Organisation Support, in: Journal of Organizational Effectiveness: People and Performance 8, 1 (2021), S. 97-128.
Maximini, D.: The Scrum Culture, Introducing Agile Methods in Organizations, 2. Auflage, Cham 2018.
Morrison-Smith, S., Ruiz, J.: Challenges and Barriers in Virtual Teams: A Literature Review, in: SN Applied Sciences 2, 6 (2020), 1096.
Mroz, J. E. et al.: Do We Really Need Another Meeting? The Science of Workplace Meetings, in: Current Directions in Psychological Science 27, 6 (2018), S. 484-491.
Nelson, R. R.: Project retrospectives: Evaluating Project Success, Failure, and Everything in Between, in: MIS Quarterly Executive 4, 3 (2005), S. 361-372.
Nesher Shoshan, H., Wehrt, W.: Understanding »Zoom fatigue«: A Mixed-Method Approach, in: Applied Psychology 71, 3 (2022), S. 827-852.
Newman, S. A., Ford, R. C.: Five Steps to Leading Your Team in the Virtual COVID-19 Workplace, in: Organizational Dynamics 50, 1 (2021), 100802.
Nisafani, A. S., Kiely, G., Mahony, C.: Workers' Technostress: A Review of its Causes, Strains, Inhibitors, and Impacts, in: Journal of Decision Systems 29, 1 (2020), S. 243-258.
Northouse, P. G.: Leadership: Theory & Practice, Thousand Oaks, CA 2019.
Oestereich, B.: Praktiken und Prinzipien der Selbstorganisation: Führungsarbeit statt Führungskräfte, in: Sattelberger, T., Welpe, I., Boes, A. (Hrsg.): Das demokratische Unternehmen. Neue Arbeits- und Führungskulturen im Zeitalter digitaler Wirtschaft, Freiburg, München 2015, S. 231-248.
Oestereich, B., Schröder, C.: Das kollegial geführte Unternehmen: Ideen und Praktiken für die agile Organisation von morgen, München 2016.
Pendleton, D., Furnham, A. F., Cowell, J.: Leadership: No More Heroes, 3. Auflage, Cham 2021.

Petrucci, T., Rivera, M.: Leading Growth through the Digital Leader, in: Journal of Leadership Studies 12, 3 (2018), S. 53-56.
Philip, J., Gilli, K., Knappstein, M.: Identifying Key Leadership Competencies for Digital Transformation: Evidence from a Cross-Sectoral Delphi Study of Global Managers, in: Leadership & Organization Development Journal 44, 3 (2023), S. 392-406.
Pianese, T., Errichiello, L., Da Cunha, J. V.: Organizational Control in the Context of Remote Working: A Synthesis of Empirical Findings and a Research Agenda, in: European Management Review 20, 2 (2023), S. 326-345.
Picot, A. et al.: The Boundaryless Enterprise: Information, Organization & Leadership, Wiesbaden 2023.
Quasthoff, U. M.: Erzählen in Gesprächen – Linguistische Untersuchungen zu Strukturen und Funktionen am Beispiel einer Kommunikationsform des Alltags, Tübingen 1980.
Reeves, M., Fuller, J.: When SMART Goals Are Not So Smart, in: MIT Sloan Management Review 59, 4 (2018), S. 1-5.
Robert, L. P.: Monitoring and Trust in Virtual Teams, in: Proceedings of the 19th ACM Conference on Computer-Supported Cooperative Work and Social Computing, New York, NY 2016, S. 245-259.
Robertson, B. J.: Holacracy: The Revolutionary Management System for a Rapidly Changing World, New York, NY 2015.
Sainger, G.: Leadership in Digital Age: A Study on the Role of Leader in this Era of Digital Transformation, in: International Journal on Leadership 6, 1 (2018), S. 1-6.
Schaefer, T., Fabian, C. M., Kopp, T.: The Dynamics of Online Learning at the Workplace: Peer-Facilitated Social Learning and the Application in Practice, in: British Journal of Educational Technology 51, 4 (2020), S. 1406-1419.
Schermuly, C. C.: New Work und Coaching – Psychologisches Empowerment als Chance für Coaches, in: Organisationsberatung, Supervision, Coaching 26, 2 (2019), S. 173-192.
Schroth, H.: Are You Ready for Gen Z in the Workplace?, in: California Management Review 61, 3 (2019), S. 5-18.
Seddon, J.: Freedom from Command and Control, Rethinking Management for Lean Service, New York, NY 2019.
Shirmohammadi, M., Au, W. C., Beigi, M.: Remote Work and Work-Life Balance: Lessons Learned from the Covid-19 Pandemic and Suggestions for HRD Practitioners, in: Human Resource Development International 25, 2 (2022), S. 163-181.
Silva, A. et al.: A Systematic Review on the Use of Definition of Done on Agile Software Development Projects, in: Proceedings of the 21st International Conference on Evaluation and Assessment in Software EASE'17, Karlskrona, Schweden 2017, S. 364-373.
Solberg, E., Traavik, L. E. M., Wong, S. I.: Digital Mindsets: Recognizing and Leveraging Individual Beliefs for Digital Transformation, in: California Management Review 62, 4 (2020), S. 105-124.
Strassman, M.: Strategies to Eliminate Zoom Fatigue, in: Fast Company, online im Internet, 27.08.2020, URL: https://www.fastcompany.com/90543890/try-this-strategy-to-eliminate-zoom-fatigue-and-help-teams-collaborate Abruf am 31.08.2023.
Suh, A. et al.: The Influence of Virtuality on Social Networks Within and Across Work Groups: A Multilevel Approach, in: Journal of Management Information Systems 28, 1 (2011), S. 351-386.
Sull, D., Sull, C.: With Goals, FAST Beats SMART, in: MIT Sloan Management Review 59, 4 (2018), S. 1-13.
Tagscherer, F., Carbon, C.-C.: Leadership for Successful Digitalization: A Literature Review on Companies' Internal and External Aspects of Digitalization, in: Sustainable Technology and Entrepreneurship 2, 2 (2023), 100039.
Topping, K. J.: Trends in Peer Learning, in: Educational Psychology: An International Journal of Experimental Educational Psychology 25, 6 (2005), S. 631-645.
Torres, S., Orhan, M. A.: How It Started, How It's Going: Why Past Research Does Not Encompass Pandemic-Induced Remote Work Realities and What Leaders Can Do for More Inclusive Remote Work Practices, in: Psychology of Leaders and Leadership 26, 1 (2023), S. 1-32.

Toscano, F., Zappalà, S.: Social Isolation and Stress as Predictors of Productivity Perception and Remote Work Satisfaction during the COVID-19 Pandemic: The Role of Concern about the Virus in a Moderated Double Mediation, in: Sustainability 12, 23 (2020), 9804.

Van Dierendonck, D.: Servant Leadership: A Review and Synthesis, in: Journal of Management 37, 4 (2011), S. 1228–1261.

Vazquez, G. et al. (Hrsg.): The changing nature of work and skills in the digital age, EUR 29823 EN, Publications Office of the European Union, JRC 117505, Luxemburg 2019.

Viererbl, B., Denner, N., Koch, T.: »You Don't Meet Anybody When Walking from the Living Room to the Kitchen«: Informal Communication During Remote Work, in: Journal of Communication Management 26, 3 (2022), S. 331-348.

Yang, L. et al.: The Effects of Remote Work on Collaboration Among Information Workers, in: Nature Human Behaviour 6, 1 (2021), S. 43-54.

## 4.4 Flexible Formen internationalen Arbeitens – internationales Personalmanagement in Zeiten gesellschaftlicher, wirtschaftlicher und geopolitischer Veränderungen

*Julia Hormuth*

### 4.4.1 Einleitung

Die Geschwindigkeit, mit der sich die Art, wie wir arbeiten, in den letzten Jahren gewandelt hat, ist enorm. Was vor ein paar Jahren noch als innovativer Arbeitsplatz galt (mobile Arbeitsplätze, offene Großraumbüros mit Kaffeeecken zum informellen Austausch), ist heute schon wieder veraltet. Zukunftsorientierte Büros stehen leer, die Mitarbeiter arbeiten von zu Hause und was gefragt ist, sind innovative Ideen für einen sozialen Austausch zwischen mobilen Mitarbeitern und für virtuelle Begegnungen. Auch die Organisationsformen internationaler Mobilität haben sich erheblich gewandelt. Während vor einigen Jahren zunächst verschiedene Alternativen zur klassischen Langzeitentsendung in den Blick kamen, z. B. Kurzzeitentsendung, Vielflieger-Entsendung und Flexpatriate-Entsendung (Collings et al. 2007), wird heute über eine noch stärkere Flexibilisierung internationaler Arbeitseinsätze und über internationale Formen des ›Work-from-Anywhere‹ (Choudhury 2020) diskutiert. Wie kommt es zu diesen Veränderungen und wie können Unternehmen die aktuellen Trends globaler Mobilität erfolgreich bewältigen?

### 4.4.2 Entwicklungen und Trends des internationalen Personalmanagements

Die Gründe, warum sich die globale Arbeitswelt wandelt, sind vielfältig. Vergegenwärtigen wir uns einige zentrale Entwicklungen mit Einfluss auf die Orte und Arten internationalen Arbeitens:

- Die **COVID-19-Pandemie** hat dem mobilen Arbeiten auf nationaler und internationaler Ebene einen enormen Impuls gegeben. Daneben hat sie auch neue Erwartungen bei Arbeitnehmern in Bezug auf Sicherheit, Gesundheit und Work-Life-Balance hervorgebracht.
- Die **geopolitische Entwicklung**, mit populistischen Strömungen und autokratischen Tendenzen auch in westlichen Demokratien, der sich verstärkenden US-chinesischen Antagonie und zuletzt dem russischen Angriffskrieg in der Ukraine haben nicht nur die Ordnung der Welt neu infrage gestellt, sondern auch die globale Mobilität von Arbeitnehmern verändert. Zielländer wirtschaftlicher Aktivität und damit auch internationaler Mobilität haben sich geändert. Bestimmte Regionen und Länder wurden für Arbeitnehmer als Entsendungsländer unattraktiv bzw. sogar inakzeptabel (Collings & Sheeran 2020). Auch Reisen in diese Länder wurden erheblich reduziert oder sogar gestrichen, sodass Arbeitnehmer mit neuen Partnerländern und bei bestehenden Partnern mit neuen Formen der Zusammenarbeit konfrontiert werden.
- Die **Klimakrise** hat die Diskussion um Alternativen zur physischen Mobilität und zu globalen Reisetätigkeiten weiter verschärft. Die Corona-Krise hat gezeigt, dass Alternativen zum Reisen möglich und durchaus auch erfolgreich sind.

- Die **Digitalisierung** hat nicht nur neue Formen mobilen Arbeitens und Zusammenarbeitens möglich gemacht und immer weiter verbessert und vereinfacht; darüber hinaus ermöglicht der zunehmende Einsatz von KI im Personalmanagement eine vereinfachte und gezieltere Auswahl, Unterstützung und Beurteilung international tätiger Manager.

All diese Entwicklungen haben Konsequenzen für die Frage, wie und wo Menschen in Zukunft arbeiten und zusammenarbeiten und wie Unternehmen ihre Arbeitnehmer bei dieser Arbeit unterstützen können – und tragen damit bei zum gegenwärtigen Bedeutungsgewinn des Personalmanagements. »Nie haben mehr Unternehmen einen guten Personalchef gebraucht,« konstatierte der Economist im März 2020 (Übersetzung J. H.). Die COVID-19-Krise hat die Rolle des Chief Human Resource Officers gestärkt – wie seinerzeit die Finanzkrise die Rolle des CFOs (vgl. auch Caligiuri et al. 2020): Themen wie Mitarbeitergesundheit oder Motivation, Leistungsfähigkeit und Work-Life-Balance in Krisensituationen standen plötzlich oben auf der Tagesordnung. Wie lassen sich in einer Pandemie Gesundheit und Sicherheit von Mitarbeitern in anderen Ländern sicherstellen? Und wie erhält man Loyalität der Mitarbeiter zum Unternehmen, wenn die Arbeit nur noch ›remote‹ erledigt wird? Als Antwort auf diese Herausforderungen haben sich im internationalen Personalmanagement eine Reihe von Trends entwickelt, die ich im Folgenden vorstellen möchte.

#### 4.4.2.1 Virtuelle Mobilität – die Mobilitätsform der Zukunft?

Virtuelle Arbeit und virtuelle Mobilität sind die großen Stichworte der aktuellen Trendstudien zur globalen Mobilität (BGRS 2021, Deloitte 2021, KPMG 2021). Dies bedeutet allerdings nicht, dass physische Mobilität weniger relevant wird: »Physische Mobilität bleibt stabil, während virtuelle Mobilität an Bedeutung gewinnt,« so fasst es der globale Mobilitätsdienstleister BGRS in seiner Studie ›Reinventing Mobility Beyond 2020‹ zusammen (BGRS 2021, Übersetzung J. H.). 45 % der Studienteilnehmer gehen davon aus, dass das Volumen virtueller Mobilität in den nächsten Jahren steigen wird (14 % nehmen an, dass es gleichbleibt, nur 3 %, dass es sinken wird). Im Vergleich dazu gehen nur 35 % der Teilnehmer davon aus, dass auch das Volumen physischer Mobilität steigen wird – aber 45 % erwarten, dass es gleich bleibt (20 % dass es sinken wird). Laut der Studie kommt virtuelle Mobilität für alle Mobilitätsziele zum Einsatz: allen voran für die Entwicklung des globalen Talentpools und globaler Führungskompetenzen, für Wissenstransfer und um arbeitnehmerinitiierten Wünschen nach einer Entsendung nachzukommen. Doch für das Management von Auslandsniederlassungen und den Aufbau neuer Niederlassungen in neuen Märkten erscheint die physische Entsendung nach wie vor geeigneter.

Laut dem ›Global Mobility Forecast‹ der KPMG (2021) können sich 66 % der Unternehmen virtuelle Entsendungen als Entsendungsform vorstellen bzw. setzen diese schon ein. Allerdings muss man berücksichtigen, dass in den Jahren 2020/2021 akut davon auszugehen war, dass Reisen weiterhin schwierig sein würden. Es bleibt abzuwarten, ob diese Einschätzung in der Zukunft ganz so hoch bleiben wird.

#### 4.4.2.2 Employee-Experience, Work-Life-Balance, Wohlbefinden der Mitarbeiter

Ein Begriff, der bei der Karriereplanung internationaler Mitarbeiter schon seit einigen Jahren auftaucht, ist die ›Employee Experience‹, das Mitarbeitererlebnis. Bereits 2017 betonte die führende Schweizer HR-Fachzeitschrift ›HR Today‹, dass die Optimierung des Mitarbeitererlebnisses zu den relevanten Trends und Herausforderungen gehört. »Im Falle von Mitarbeitern, die in ein neues Land mit einer neuen Kultur entsendet werden, ist dieser Faktor noch viel relevanter«, so die Argumentation weiter (Debner 2017). Auch die neuste KPMG-Studie zur globalen Mobility argumentiert: »Bei der Karriereplanung jetzt und in der Zukunft geht es [...] vor allem um die Erfahrung des Mitarbeiters« (KPMG 2021, Übersetzung J. H.). Gelungene globale Mobilität – eine gelungene Auslandserfahrung – konnte schon immer zu einem positiven Mitarbeitererlebnis beitragen. Aktuell, in einer Zeit, die von Unsicherheit, ständigem Umbruch und Ängsten geprägt ist, gewinnen aber einige Faktoren neue Bedeutung: Themen wie das Wohlbefinden des Mitarbeiters, physische und mentale Gesundheit und die Work-Life-Balance geraten mehr in den Fokus. Die KPMG-Studie (2021) identifizierte als wichtigste Faktoren der Employee Experience im globalen Kontext erstens den ›Arbeitsplatz der Zukunft‹ und zweitens die Themen ›Gesundheit und Wohlbefinden‹. Unternehmen müssen sich also zunehmend darum kümmern, die Erwartungen ihrer globalen Mitarbeiter in Bezug auf Wohlbefinden, Gesundheit und Work-Life-Balance zu erfüllen, um positive Mitarbeitererlebnisse im globalen Kontext zu ermöglichen. Diese wiederum sind wichtig, um zu vermeiden, dass globale Talente das Unternehmen verlassen, um die Bereitschaft zu globaler Mobilität zu fördern und um die Motivation und Leistung der Mitarbeiter aufrechtzuerhalten.

#### 4.4.2.3 People Analytics im internationalen Personalmanagement

Eine Folge der Digitalisierung ist die zunehmende Bedeutung von People Analytics nicht nur im nationalen, sondern auch im internationalen Personalmanagement. Ziel ist es, HR-relevante Daten systematisch zu sammeln und zu analysieren, um »neues Wissen über den Einsatz und das Verhalten von Mitarbeitern« (Moser et al. 2021) sowie über eingesetzte HR-Instrumente zu generieren – und darauf aufbauend evidenzbasierte HR-Entscheidungen zu treffen (vgl. auch van den Heuvel & Bondarou 2017).

Im Bereich des internationalen Personalmanagement zielt People Analytics auf Fragen wie:

- Welche Auswirkungen haben Faktoren wie z. B. Persönlichkeitseigenschaften, Vorerfahrungen oder HR-Vorbereitungsmaßnahmen auf den Erfolg und die Leistungsfähigkeit von Auslandsentsandten?
- Wie wirken sich HR-Instrumente auf die Karriere internationaler Manager aus?
- Welche Anreizprogramme sind in Bezug auf die Bindung globaler Talente erfolgreich?
- Welche Maßnahmen der globalen Mobilität helfen, den erzeugten CO2-Fußabdruck von Unternehmen zu reduzieren?

Für globale Mobilitätsprogramme lassen sich insbesondere in Bezug auf den schwer zu fassenden ›Return on Investment‹ (ROI) einer Entsendung interessante Schlüsse ziehen:

- Durch welche Maßnahmen lassen sich die Kosten für eine Auslandsentsendung am effektivsten reduzieren?
- Wie unterscheiden sich in verschiedenen Settings die Kosten für unterschiedliche Entsendungsformen (z. B. Langzeit-, Kurzzeit-, Vielfliegerentsendung)?
- Wurden bei einer konkreten Entsendung die zuvor gesetzten quantifizierbaren (z. B. finanziellen) Entsendungsziele erreicht?
- Wie wirken sich bestimmte Vorbereitungsmaßnahmen auf die Performance von Auslandsentsandten aus?

Laut der Global-Mobility-Studie von Deloitte (2021) berichten 60 % der beteiligten Unternehmen regelmäßig oder manchmal messbare Ergebnisse, um den Nutzen ihrer globalen Mobilitätsprogramme im Sinne eines ROI zu demonstrieren. Allerdings deuten die Ergebnisse der BGRS-Studie (2021) darauf hin, dass die Nutzung von Daten im Bereich der globalen Mobilität eher noch in den Anfängen steckt und sich viele Unternehmen schwer damit tun, gewinnbringende Erkenntnisse im Blick auf ihre Mobilitätsprogramme zu erzielen. 37 % der an dieser Studie beteiligten Unternehmen nutzen nur deskriptive Analysen für ihre Mobilitätsprogramme, also Analysen zur Beschreibung des Status quo globaler Mobilität. Nur 5 % bzw. 4 % gaben an, präskriptive bzw. prädikative Analyseinstrumente einzusetzen (d. h. Instrumente, die Vorhersagen erlauben, beispielsweise über zu erwartende Entsendungserfolge oder -kosten). Allerdings gaben 75 % der Beteiligten an, dass sie in den nächsten 12–24 Monaten ihre Datenanalyseverfahren ausbauen werden.

#### 4.4.2.4 Nachhaltiges internationales Personalmanagement

Im Zusammenhang mit dem Megatrend zu mehr Nachhaltigkeit hat sich auch eine Diskussion dazu entwickelt, wie sich das Personalmanagement stärker nachhaltig ausrichten kann: Man spricht vom ›nachhaltigen Personalmanagement‹ (nHRM). Dabei geht es nicht nur darum, wie HR das Unternehmen bei nachhaltigem wirtschaftlichen Handeln unterstützen kann. Vielmehr wird gefragt, wie die Instrumente und Prozesse des Personalmanagements selbst stärker nachhaltig gestaltet werden können. Zunehmend hat sich ein breites Verständnis von nachhaltigem Personalmanagement durchgesetzt. Dieses umfasst sowohl **ökologische** Aspekte (für diesen Teilbereich wird auch der Begriff ›Green HRM‹ verwendet) als auch **sozial-ethische** Aspekte. Man spricht von der ›triple bottom line‹ des nachhaltigen Personalmanagements: Es richtet sich an ökonomischen, ökologischen und sozialen Aspekten aus (Stahl et al. 2020). Nachhaltiges Personalmanagement meint somit »die Anwendung von HRM-Strategien und -Praktiken, die das Erreichen von finanziellen, sozialen und ökologischen Zielen ermöglichen, [...] mit einem langfristigen Zeithorizont« (Ehnert et al. 2016, Übersetzung J. H.).

Betrachten wir nHRM in Bezug auf das internationale Personalmanagement: Ein Beispiel für eine stärkere Ausrichtung an **ökologischen** Aspekten ist die Neubewertung internationaler Reiseaktivitäten vor dem Hintergrund der sich zuspitzenden Klimakrise. Eine zentrale Maßnahme des nHRM ist es hier, Reiseaktivitäten möglichst zu kürzen und, wo nicht möglich, auf umweltfreundlichere Reisemittel zu verlagern (z. B. Zug statt Flugzeug). Ein Beispiel für ein stärker **sozial** ausgerichtetes internationales Personalmanagement sind Maßnahmen zur Sicherstellung der psycho-physischen Gesundheit global tätiger Manager (z. B. Burnout-Vorbeugung bei Personen, die häufig reisen). Nur mit einem langfristig angelegten Personalmanagement können Unternehmen globale Manager an sich binden und ihre Leistungsfähigkeit auf Dauer – nachhaltig – erhalten. Eine Herausforderung des nHRM im internationalen Kontext ist die Erfüllung der vom Unternehmen im Heimatland gesetzten Anforderungen auch in den Auslandspräsenzen. Dies betrifft beispielsweise die Einhaltung bestimmter Arbeitsbedingungen für Mitarbeiter (z. B. Sicherheitsstandards), Maßnahmen der Gesundheitsprävention, Sicherheitstrainings, aber auch eine angemessene Bezahlung inklusive Vorsorge etc. Insgesamt geht es im nationalen wie internationalen nHRM darum, dass Unternehmen bei Personalentscheidungen neben ökonomischen Faktoren wie Profit und Performance auch ökologische und soziale Faktoren berücksichtigen.

#### 4.4.2.5 Internationale Rekrutierung – der Wettbewerb um internationale Talente

Ein weiterer HRM-Diskussionsfokus der letzten Jahre ist die Frage, wie Unternehmen internationale Rekrutierungsmöglichkeiten besser nutzen können, um im ›War for Talents‹ zu bestehen. Für deutsche Unternehmen sind der Fachkräftemangel und der harte Kampf um Talente wichtige Gründe, ihren Rekrutierungshorizont auf das Ausland auszuweiten. Die zunehmende Nutzung flexibler und digitaler Arbeitsformen erleichtert dies, denn internationale Arbeitnehmer müssen weder für Auswahlinterviews noch ggf. für den Job selbst ins Zielland reisen.

Dennoch bleibt die internationale Rekrutierung eine Herausforderung – für kleine und mittelständische Unternehmen und auch für den Global Player. Es liegt nicht immer auf der Hand, was passende Rekrutierungsländer für bestimmte

Unternehmen bzw. Stellen sind. Die rechtlichen Rahmenbedingungen sind häufig komplex (Stichwort Aufenthaltsgenehmigung/ Arbeitserlaubnis). Wie lassen sich virtuelle Job-Interviews oder Worksamples integrieren? Ist eine Anpassung der Stellenanzeigen auf die Rekrutierungsländer erforderlich? Bedingen kulturelle Differenzen Anpassungen des Auswahlprozesses (können beispielsweise einzelne Aufgaben eines Assessment Centers in bestimmten Kulturkreisen unangemessen sein)? Welche neuen Herausforderungen ergeben sich beim Onboarding von Arbeitskräften aus dem Ausland aufgrund der jeweiligen kulturellen Hintergründe? Unternehmen müssen sich bei der internationalen Rekrutierung viele neue Fragen stellen; dies hat die Praxisdiskussion und Forschung des internationalen Personalmanagements der letzten Jahre in den Blick genommen (z. B. Bossler 2016, Eskenazi et al. 2010, Ma & Allen 2009).

### 4.4.3 Flexible Formen globaler Mobilität als Alternative zur Langzeitentsendung

Ein zentrales Thema im gegenwärtigen internationalen Personalmanagement ist die Zukunft globaler Mobilität. Lange galt die Entsendung von Mitarbeitern aus dem Headquarter in eine Auslandsniederlassung für einen Zeitraum von 2-5 Jahren, d. h. die klassische Auslandsentsendung, als wichtigstes strategisches Element der globalen Mitarbeitermobilität (Collings & Isichei 2018). Seit Beginn der 2000er kamen allerdings neue Formen globaler Mobilität und internationaler Arbeit in den Blick (einen aktuellen Überblick geben Jooss et al. 2021, Collings & Sheeran 2020, Dickmann et al. 2018): die Kurzzeitentsendung, das internationale Pendeln, die internationale Geschäftsreise (bzw. Vielflieger- oder Flexpatriate-Entsendung) und die virtuelle Entsendung (Collings et al. 2007).[19] Studien zeigen, dass immer mehr Unternehmen diese Alternativen zur Langzeitentsendung nutzen (Deloitte 2019, KPMG 2022, Santa Fe 2019).

Unternehmen begannen aus diversen Gründen, auf dieses breitere Spektrum an Entsendungsformen zurückzugreifen (Jooss et al. 2021, Collings & Sheeran 2020):

- **Hohe Kosten der klassischen Entsendung:** Diese entstehen insbesondere durch den Umzug der gesamten Familie ins Gastland. Bei den meisten der Alternativen zur Langzeitentsendung verbleibt die Familie im Heimatland, was diese finanziell deutlich günstiger macht.
- **Abnehmende Attraktivität der Zielländer:** Die zunehmende Notwendigkeit, Kandidaten in für Auslandsentsandte und ihre Familien weniger attraktive Länder zu entsenden (z. B. aufstrebende Entwicklungsländer), erhöht die Schwierig-

19 Dickmann et al. (2018) führen eine lange Liste weiterer Bezeichnungen für Typen globalen Arbeitens an, wie z. B. den Boomerang-Expatriate, Global Careerist, Global or International Itinerant, Globetrotter, Just-in-time-Expatriate etc.

keit, Kandidaten zu finden. Um Mitarbeiter für diese Positionen zu gewinnen, ist häufig mehr Flexibilität in Bezug auf die Einsatzform nötig.

- **Sinkende Entsendungsbereitschaft:** Insgesamt sehen sich Unternehmen grundsätzlich mit einer abnehmenden Bereitschaft von Managern und Familien zur Langzeitentsendung konfrontiert. Dies ist eine der Hauptbarrieren für Unternehmen bei der Erfüllung ihrer Global-Mobility-Ziele (Collings & Sheeran 2020). Insbesondere wenn beide Partner arbeiten, ist für Paare bzw. Familien die Entsendung eines Partners für zwei oder mehr Jahre oft keine Option mehr. Auch die Sorge vor Reintegrations-Problemen senkt die Bereitschaft potentieller Kandidaten (Collings et al. 2007). In der COVID-19 Pandemie kamen gesundheitliche Risiken und Sicherheitsbedenken hinzu (Collings & Sheeran 2020). Ein breiteres Spektrum an Formen internationalen Arbeitens ermöglicht es, besser auf die individuelle Situation potentieller Kandidaten einzugehen und erhöht damit den Kandidatenpool.

Flexiblere internationale Entsendungsformen erscheinen also sowohl aus Unternehmensperspektive (z. B. geringere Kosten) als auch aus der Kandidatenperspektive (z. B. Familie will nicht umziehen) attraktiv. Nicht zuletzt haben die oben genannten Entwicklungen den Bedeutungsgewinn von Alternativen zur Langzeitentsendung weiter befördert. Betrachten wir daher die wichtigsten Formate dieser neuen Entsendungsformen etwas genauer: die Kurzzeitentsendung, die Pendler-Entsendung, die internationale Geschäftsreisetätigkeit (oder Vielflieger- bzw. Flexpatriate-Entsendung) und die virtuelle Entsendung.

#### 4.4.3.1 Kurzzeitentsendung

Unter einer Kurzzeitentsendung wird üblicherweise eine Entsendung von ein paar Wochen bis zu einem Jahr verstanden (Collings & Isichei 2018, Dickmann et al. 2018). Oft behalten die Kandidaten dabei ihren Vertrag im Heimatland und auch Gehalt und Zusatzleistungen werden weiterhin vom Heimatland aus gesteuert (Tahvanainen et al. 2005). Die Familie bleibt meist im Heimatland – günstig für Familien, die nicht als gesamte Familie für längere Zeit ins Ausland gehen wollen oder können; die Trennung stellt allerdings auch eine Herausforderung für die Familie dar (Starr & Currie 2009). Als weitere Vorteile sind die kulturelle Anpassung im Gastland und die Rückkehr ins Heimatland – typische Herausforderungen einer Langzeitentsendung – meist einfacher zu bewältigen (Collings et al. 2018, zur Rückkehr vgl. Starr 2009). Kurzzeitentsendungen ermöglichen auch jüngeren Kandidaten, die aufgrund ihrer begrenzten Erfahrung nicht die gleichen Chancen auf eine Langzeitentsendung haben wie erfahrene Manager, internationale Erfahrungen zu sammeln (Dickmann et al. 2018). Sie werden daher oft als Methode der Managemententwicklung genutzt, um Nachwuchskräften die Möglichkeit zu bieten, ihre interkulturellen Kompetenzen und Sprachkenntnisse auszubauen und fremde Märkte kennenzulernen (Dickmann et al. 2018). Da Kurzzeitentsendungen oft für zeitlich begrenzte Projekte im Ausland genutzt werden, entwickeln die Kandidaten häufig auch ihre Projektmanagementkompetenzen weiter. Die Kandidaten sind allerdings in der Regel weniger intensiv in die Kultur des Gastlandes integriert und bekommen entsprechend auch meist weniger interkulturelle Vorbereitungsunterstützung (Dickmann et al. 2018). Entsprechend ist die interkulturelle Erfahrung im Vergleich zur Langzeitentsendung begrenzter. Das Stresslevel ist dafür aufgrund der Kürze der Zeit oft sehr hoch, was bis zum Burnout führen kann (Collings et al. 2007).

Die Kurzzeitentsendung wird als die am häufigsten genutzte Alternative zur Langzeitentsendung betrachtet. Die Umfrage von Santa Fe Relocation Services aus dem Jahr 2019 berichtet, dass die Nutzung von Kurzzeitentsendungen zum ersten Mal den Einsatz der traditionellen Langzeitentsendung überholt hat. Sie gehen davon aus, dass dieser Trend sich in den nächsten fünf Jahren noch weiter fortsetzen wird (Santa Fe 2019). Auch die Ergebnisse der Umfragen von KPMG (2022) und Deloitte (2019) deuten darauf hin, dass Kurzzeitentsendungen in Zukunft noch mehr genutzt werden.

#### 4.4.3.2 Internationales Pendeln

Eine weitere Alternative zur Langzeitentsendung, die an Bedeutung zunimmt, ist die internationale Pendler-Entsendung. Beim internationalen Pendeln übernimmt die entsandte Person eine Funktion in einem Gastland, allerdings zieht sie nicht dorthin, sondern pendelt regelmäßig zwischen dem eigenen Land und dem Gastland, meistens einmal pro Woche oder einmal in vierzehn Tagen; die Familie bleibt zu Hause (Mayrhofer, Reichel & Sparrow, 2012). Hauptgründe für eine Pendler-Entsendung sind (a) der Wunsch der Familie, nicht umzuziehen, und/oder (b) eine geographische Nähe zwischen Heimat- und Gastland (Deloitte 2013). Für Unternehmen ist die Pendler-Entsendung meist kostengünstiger als die Langzeitentsendung, da Kosten für Umzug, Schule der Kinder etc. entfallen (Dickmann et al. 2018). Je nach Entfernung können die Reisekosten allerdings auch eine erhebliche Summe darstellen. Wie bei der Kurzzeitentsendung sind sowohl die familiäre Trennung als auch der Reisestress typische Herausforderungen der Pendler-Entsendung. Außerdem ist die Integration in die Gastkultur noch geringer als bei der Kurzzeitentsendung. Herausforderungen aus HR-Perspektive sind Compliance-Themen, v. a. in Bezug auf Steuern, Einwanderungsregelungen und Sozialversicherung (Deloitte 2013). Schon in der Studie von Deloitte aus dem Jahr 2013 speziell zur Pendler-Entsendung gaben 64 % der teilnehmenden Unternehmen eine steigende Nutzung von Pendler-Entsendungen an (Deloitte 2013). Laut der KPMG-Studie hatten im Jahr 2021 35 % der teilnehmenden Organisationen Pendler-Entsendungs-Policies. Dabei nehmen 51 % der teilnehmenden Unternehmen an, dass die Bedeutung dieser Entsendungsform noch weiter steigen wird (KPMG 2022).

### 4.4.3.3 Internationale Geschäftsreisen

Eine dritte Form internationalen Arbeitens, die als Alternative zur Langzeitentsendung diskutiert wird, ist die internationale Geschäftsreisetätigkeit. Während in früheren Diskussionsbeiträgen häufig die Begriffe ›Vielflieger-Entsendung‹ (z. B. Harris et al. 2005) oder ›Flexpatriate-Entsendung‹ (z. B. Demel & Mayrhofer 2010, Mayrhofer et al. 2004) verwendet wurden, spricht man heute meist allgemeiner vom ›internationalen Geschäftsreisenden‹ (Collings & Sheeran 2020, Dickmann et al. 2018, vgl. auch Welch & Worm 2006). Gemeinsam ist den Begriffen, dass Mitarbeiter sich nicht dauerhaft im Ausland niederlassen, sondern häufige internationale Geschäftsreisen unternehmen. Dabei können die Reisen durchaus an unterschiedliche Standorte unternommen werden; darin unterscheidet sich diese Alternative von der Langzeit-, Kurzzeit- und Pendler-Entsendung (Jooss et al. 2019). Die Dauer der Geschäftsreisen kann von einigen Tagen bis zu drei Wochen gehen, unter den Begriff des ›Flexpatriate‹ werden Reisen von bis zu zwei Monaten gefasst. Ein typischer Anwendungskontext für internationale Geschäftsreisen ist der Vertriebskontext, bei dem internationale Vertriebler für eine oder mehrere internationale Regionen zuständig sind (Welch & Worm 2006). Weitere typische Anlässe für internationale Geschäftsreisen sind Meetings, Staff-Briefing-Sessions, gemeinsame Trainingssessions, Produktentwicklungsmeetings, Meetings zur Diskussion technischer Probleme etc. Außerdem finden Geschäftsreisen bei Geschäftstätigkeiten mit externen Stakeholdern statt, z. B. um Verträge auszuhandeln, Produkte und Services zu verkaufen, Vertreter lokaler Regierungen oder ausländische Zulieferer zu besuchen (Welch & Worm 2006).

Vorteile internationaler Geschäftsreisen sind die hohe Flexibilität und Einfachheit (kein aufwändiger Umzug), in vielen Fällen auch Kostenersparnisse (Reisen sind billiger als ein Umzug) und nicht zuletzt die Aufrechterhaltung enger Beziehungen zum Heimatland und Mutterkonzern (Jooss et al. 2019). Lange Zeit wurden internationale Geschäftsreisen aus der Perspektive der Reisenden als interessanter ›Lifestyle‹ und als Möglichkeit der persönlichen Weiterentwicklung gesehen (Welch & Worm 2006). Ob dieses positive Bild des Geschäftsreisenden angesichts zunehmenden Reisestresses und steigender Wichtigkeit von Klimaschutzmaßnahmen aufrechterhalten werden kann, bleibt abzuwarten. Mögliche Nachteile internationaler Geschäftsreisen im Vergleich zu Langzeit- und Kurzzeitentsendungen sind die Trennung der Familie, der hohe Reisestress, ggf. verschärft durch häufigen Jetlag, und die geringere Integration in die Gastkultur (Jooss et al. 2019, Welch & Worm 2006). Auch die Bedeutung internationaler Geschäftsreisen nimmt in den letzten Jahren zu. Bis zu 65 % der teilnehmenden Unternehmen der Santa Fe Studie (2019) berichten, dass sie internationale Geschäftsreisen als ein Mittel nutzen, ihre globalen Tätigkeiten zu koordinieren.

#### 4.4.3.4 Virtuelle Auslandsentsendung

Zusätzlich zu den bisher genannten Formen internationalen Arbeitens wurde schon relativ früh die Möglichkeit virtueller Mobilität diskutiert (Welch, Worm & Fenwick 2003). Bei einer virtuellen Entsendung zieht die entsandte Person nicht physisch in das Gastland, sondern übernimmt vom Heimatland aus eine bestimmte Verantwortung in einem Gastland. Damit ist diese ›Entsendungsform‹ noch weniger aufwändig und auch noch kostengünstiger als die Kurzzeitentsendung oder Vielflieger-Entsendung. Virtuelle Entsendungen ersparen den entsandten Personen die Belastung der familiären Trennung und den Reisestress und sie verringern den CO2-Fußabdruck des Unternehmens und entsprechen damit den Anforderungen nachhaltigen Personalmanagements (Collings & Sheeran 2020). Allerdings wurde in der frühen Literatur zur virtuellen Entsendung immer betont, dass sie sich nur für bestimmte, eher routinemäßige Aufgaben eignet, bei denen keine enge Interaktion und Face-to-face-Kommunikation mit den Mitarbeitern im Gastland erforderlich ist (Collings et al. 2007).

Durch die technologische Entwicklung und spätestens durch die Erfahrungen im Zuge der COVID-19-Pandemie hat sich die Sicht auf die Möglichkeiten virtueller Zusammenarbeit verändert. Neuere Studien bestätigen, dass die Bedeutung virtueller Mobilität zunimmt und noch weiter zunehmen wird (BGRS 2021, Deloitte 2021). Die COVID-19-Pandemie hat der Diskussion einen starken Impuls gegeben (Collings & Sheeran 2020). Manche Aufgaben, die früher im Rahmen einer Pendler-Entsendung oder auch Kurzzeitentsendung durchgeführt wurden, werden heute virtuell realisiert. Voraussetzung bzw. förderlich ist es, wenn die Personen, die dabei zusammenarbeiten, sich schon kennen und eine gewisse Beziehung aufgebaut haben (Collings & Sheeran 2020). Häufig wird virtuelle Mobilität daher in Kombination mit einer Kurzzeitentsendung oder mit internationalen Geschäftsreisen genutzt. Zum Beispiel kann ein Auslandseinsatz so konzipiert sein, dass eine entsandte Person zunächst im Rahmen einer Kurzzeitentsendung die Ansprechpartner und Kollegen vor Ort kennenlernt, was anschließend die virtuelle Zusammenarbeit erleichtert. Dabei können dann gelegentliche oder auch häufigere Geschäftsreisen dennoch nötig werden, um wichtige Meetings, Verhandlungen oder Kundengespräche face-to-face durchzuführen. Insgesamt ist – auch vor dem Hintergrund der eingangs beschriebenen Entwicklungen – erwartbar, dass zukünftig noch mehr Geschäftsreisen durch globale virtuelle Interaktion ersetzt werden (Collings & Sheeran 2020).

Die Diskussion um die Möglichkeiten virtueller Zusammenarbeit als Alternative zur physischen Entsendung ist inzwischen so umfassend geworden, dass sie häufig nicht mehr im Kontext der flexiblen Formen internationalen Arbeitens stattfindet, sondern also eigene Diskussion (Collings & Isichei 2018) oder als Diskussion um Möglichkeiten eines globalen Work-from-Anywhere (Choudhury 2020). Im folgenden Kapitel werde ich auf die Chancen, Herausforderungen und Erfolgsfaktoren virtueller internationaler Mobilität noch etwas genauer eingehen. Darstellung 4-19 gibt noch einmal einen Überblick über die genannten flexiblen Formen internationalen Arbeitens in Abgrenzung zur Langzeitentsendung.

**Dar. 4-19:** Übersicht über flexible Formen globaler Mobilität im Vergleich zur Langzeitentsendung (in Anlehnung an Jooss et al. 2019)

| | Langzeitentsendung | Kurzzeitentsendung | Internationales Pendeln | Internationale Geschäftsreise bzw. Flexpatriation | Virtuelle Entsendung |
|---|---|---|---|---|---|
| **Definition** | Entsendung von 2-5 Jahren, inkl. Umzug der Familie ins Gastland | Entsendung von ein paar Wochen bis zu einem Jahr | Pendeln zwischen Heimatort und Auslandsstandort, meist wöchentlich oder alle zwei Wochen | viele kurze internationale Geschäftsreisen an unterschiedliche Standorte | kein physischer Umzug ins Gastland, sondern virtuelle Übernahme internationaler Verantwortung |
| **Anwendungskontext** | • Übernahme einer Position im Gastland<br>• Wissens- und Kompetenztransfer<br>• Kontrolle von Auslandsniederlassungen<br>• Management-Development | • Wissens- und Kompetenztransfer<br>• Lösung akuter Probleme<br>• Projektleitung<br>• Nachwuchskräfte-Entwicklung | • Übernahme einer Position im Gastland | • Wissenstransfer<br>• Verhandlungen<br>• Diskussionen<br>• Meetings<br>• Konferenzen | • Routineaufgaben<br>• Kombination mit Kurzzeitentsendung oder internationalen Geschäftsreisen möglich |
| **Dauer** | ca. 2-5 Jahre | 3-12 Monate | 1-2 Wochen | ca. 1 Woche bis 2 Monate | beliebig |
| **Ort** | 1 Gastland | 1 Gastland | 1 Gastland | mehrere Gastländer | 1/mehrere Gastländer |
| **Relocation** | mit Familie | meist ohne Familie | ohne Familie | ohne Familie | nein |
| **Vorteile / Chancen** | • hohe Integration in die Gastkultur<br>• enge Beziehungen | • Familie kann zu Hause bleiben, dadurch geringere | • Flexibilität<br>• Familie kann zu Hause bleiben | • Flexibilität<br>• Familie kann zu Hause bleiben | • Flexibilität<br>• entsandte Person und Familie kön- |

**Dar. 4.19:** Übersicht über flexible Formen globaler Mobilität im Vergleich zur Langzeitentsendung (in Anlehnung an Jooss et al. 2019) – Fortsetzung

| | **Langzeitentsendung** | **Kurzzeitentsendung** | **Internationales Pendeln** | **Internationale Geschäftsreise bzw. Flexpatriation** | **Virtuelle Entsendung** |
|---|---|---|---|---|---|
| | zu lokalen Personen<br>• intensive interkulturelle Erfahrungen | Kosten<br>• kulturelle Anpassung fällt leichter<br>• Reintegration leichter | • Aufrechterhaltung von Beziehungen im Heimatland<br>• Reintegration leichter | • geringere Kosten<br>• Aufrechterhaltung der Kontakte zum Heimatland/Mutterkonzern | nen zusammenbleiben<br>• geringe Kosten<br>• kein Reisestress |
| **Nachteile / Herausforderungen** | • hohe Kosten<br>• Herausforderungen für die Familie<br>• Repatriation-Probleme | • Trennung der Familie<br>• weniger kulturelle Integration als bei Langzeitentsendung<br>• hoher Stresslevel, Risiko zu Burnout | • Trennung der Familie<br>• Reisestress, ggf. verschärft durch Jetlag<br>• geringere Integration in Gastkultur<br>• oberflächliche Beziehungen zu Kollegen vor Ort | • Trennung der Familie<br>• Reisestress, ggf. verschärft durch Jetlag<br>• geringere Integration in Gastkultur<br>• oberflächliche Beziehungen zu Kollegen vor Ort | • keinerlei Integration in Gastkultur<br>• fehlende Face-to-face-Kommunikation mit Kollegen vor Ort |

### 4.4.4 Zunehmende Bedeutung selbstinitiierter und selbstbestimmter Mobilität

Bei allen bisher genannten Formen internationalen Arbeitens werden Arbeitnehmer vom Unternehmen ins Ausland entsandt. Natürlich entscheiden sie am Ende selbst, ob sie ein Angebot annehmen oder nicht, und die neueren Entwicklungen gehen immer stärker auf die Bedürfnisse und die individuelle Lebenssituation der Kandidaten ein. Wir kommen nun aber zu zwei Alternativen, bei denen die Wünsche und Anforderungen der Kandidaten und ihrer Familien noch stärker im Fokus stehen. Bei dem selbstinitiierten Auslandseinsatz und dem globalen Work-from-Anywhere entscheiden die Kandidaten noch viel umfassender selbst, dass sie ins Ausland gehen bzw. im Ausland bleiben und wo genau sie leben und arbeiten wollen.

#### 4.4.4.1 Selbstinitiierter Auslandseinsatz

Von einem selbstinitiierten Auslandseinsatz spricht man, wenn sich Kandidaten entscheiden, sich direkt selbst im Ausland für einen Job zu bewerben – und zwar bei einem Unternehmen, für das sie aktuell nicht tätig sind (Suutari et al. 2018, Suutari & Brewster 2000). Häufig suchen sie dabei einen Job bei einem Tochterunternehmen oder einer Auslandsniederlassung eines Unternehmens des eigenen Heimatlandes. Die Kandidaten erhalten meist einen zeitlich befristeten, lokalen Vertrag und finanzieren ihren Auslandsaufenthalt selbst. Sie sind auch für die Organisation des Aufenthalts komplett selbst zuständig: Auswahl des Zielorts, Bewerbung um eine Stelle, Vorbereitung der Entsendung, Umzug, administrative Aspekte, Klärung steuerlicher Fragen, Rückkehr in das Heimatland etc. Dafür können sie den Ort ihres Einsatzes grundsätzlich frei wählen und auch über einige sonstige Rahmenbedingungen – im Rahmen der verfügbaren Stellenangebote – entscheiden (z. B. Art des Jobs, Länge des Aufenthalts). Da die Kandidaten für Unternehmen ein großes Potential darstellen, gibt es zunehmend Fälle, bei denen sie dennoch bis zu einem einen gewissen Grad organisatorische Unterstützung durch ihren neuen Arbeitgeber erhalten (z. B. Unterstützung bei Umzug, Sprach- oder Integrationskurs).

Aus Kandidatensicht gibt es unterschiedliche Gründe bzw. Umstände, die einen selbstinitiierten Auslandseinsatz nahelegen (Brewster et al. 2021; Dickmann et al. 2018). Beispiele für typische Kandidaten sind:

- Junge Nachwuchskräfte, die in ihrem Unternehmen aufgrund der geringen Erfahrung noch keine Chance zur Auslandserfahrung bekommen, oder Hochschulabsolventen, die gerne direkt nach dem Studium ins Ausland gehen möchten (Hormuth & Ferencz 2021).
- Kandidaten/Familien, die ganz konkrete Vorstellungen haben, an welchen Ort sie gehen wollen und dafür keine Möglichkeit in ihrem aktuellen Unternehmen sehen.

- Kandidaten, deren Partner als Expatriate an den Zielort entsendet werden.
- Personen, die ihr Heimatland aufgrund einer schlechten Arbeitsmarktsituation verlassen wollen.

Für internationale Unternehmen stellen diese Kandidaten ein Rekrutierungspotential dar. Sie können zwar klassische Expatriates nicht ersetzen, sind aber für einige Positionen durchaus wertvoll:

- Sie sind bereit, eine Funktion im Ausland zu übernehmen, für Unternehmen entstehen aber deutlich geringere Kosten als bei der klassischen Entsendung (keine finanziellen Zulagen, die Kosten für den Umzug übernimmt der Entsandte im Normalfall selbst, keine Kosten für Vorbereitung etc.).
- Wenn die Kandidaten aus dem Land des Mutterkonzerns kommen, können sie eine wichtige Funktion beim Auf-/Ausbau von Kommunikation/Vertrauen zwischen Headquarter und lokaler Niederlassung übernehmen.
- Studien zeigen, dass selbstinitiierte Expatriates eher bereit sind, für einen längeren Zeitraum in der Gastkultur zu bleiben (Doherty, 2013). Das kann für Unternehmen angesichts der sinkenden Bereitschaft von Managern zur Langzeitentsendung von Vorteil sein kann.
- Selbstinitiierte Expatriates sind meist intrinsisch motiviert und weisen ein hohes Maß an Eigeninitiative auf. In der Forschung konnten einige typische Persönlichkeitseigenschaften identifiziert werden: ausgeprägtes Selbstbewusstsein, Selbstsicherheit, Selbstständigkeit, Unabhängigkeit, Individualismus, Nonkonformismus, Selbstbestimmung, proaktive Herangehensweise und persönliche Tatkraft (Farcas & Gonçalves 2016). Diese Eigenschaften machen selbstinitiierte Expatriates zu wertvollen Mitarbeitern, die einen Auslandsaufenthalt in der Regel sehr gut bewältigen. Sie passen sich meist leichter an die Gastkultur an und haben geringere interkulturelle Integrationsprobleme (Farcas & Gonçalves 2016, Doherty 2013).
- Schließlich ist das Unternehmen bei selbstinitiierte Expatriates nicht verantwortlich für die Reintegration im Heimatland, da die Kandidaten einen lokalen Vertrag haben und damit keine Zusicherung einer Stelle im Headquarter nach dem Auslandseinsatz besteht.

Der selbstinitiierte Auslandseinsatz ist sowohl für Kandidaten als auch für Unternehmen eine Option mit Potential. Allerdings stellen die Persönlichkeitsmerkmale und Karriereperspektiven der Kandidaten für Unternehmen auch eine Herausforderung dar – insbesondere mit Blick auf die Integration und langfristige Bindung der Kandidaten. Studien zeigen, dass selbstinitiierte Expatriates meist persönliche Motivationen stärker gewichten als berufliche Motivationen (Doherty 2013). Wenn Unternehmen die Kandidaten halten wollen, sollten sie sich also bewusst darum bemühen, sie von Anfang an im Unternehmen zu integrieren. Unterstützungsmaßnahmen schon bei der Rekrutierung können dazu ein erster Schritt sein. Der systematische Aufbau einer Bindung auch an den Mutterkonzern (z. B. durch regelmäßigen Kontakt oder Reisen zum Mutterkonzern) können die Integration weiter fördern. Eine Alternative ist, dass Unternehmen selbstinitiierte Expatriates von vornherein als temporäre Mitarbeiter sehen, die eine bestimmte Aufgabe in der Auslandsniederlassung erfüllen, bevor sie das Unternehmen wieder verlassen.

#### 4.4.4.2 Globales ›Work-from-Anywhere‹

Noch einen Schritt weiter als die Diskussion um Alternativen zur Langzeitentsendung und um die selbstinitiierte Entsendung geht die Idee des Work-from-Anywhere (Choudhury 2020, Choudhury et al. 2019). Der Begriff wurde geprägt von Raj Choudhury, Professor an der Harvard Business School, der sich schon Jahre vor der Pandemie intensiv mit der Zukunft der Arbeit beschäftigt hat. Nach seinem Verständnis ist WFA eine Form der Remote-Arbeit, die weit über die regelmäßige Arbeit vom Homeoffice aus hinausgeht. WFA bedeutet in seinem Verständnis nicht, dass man ein paar Tage in der Woche von zu Hause arbeitet und an den anderen Tagen ins Büro kommt – was wiederum erfordert, dass man in der Nähe des Standorts des Büros wohnt. Bei WFA arbeiten Arbeitnehmer neben dem Homeoffice auch in Coworking-Spaces, im Café, in der Natur oder wo auch immer sie sich gerade aufhalten möchten. Darüber hinaus haben Arbeitnehmer die Freiheit, die Stadt, die Region oder sogar das Land, in dem sie leben und arbeiten möchten, selbst zu wählen. Entsprechend bietet WFA Arbeitnehmern die größtmögliche geografische Flexibilität. Mit der Überschreibung nationaler Grenzen wird WFA auch eine Option für internationale Arbeit. Dabei kann es sein, dass ein Mitarbeiter weit entfernt vom Unternehmen und von den Kollegen lebt und arbeitet und so gut wie nie ins Büro kommt.

Für Arbeitnehmer, Unternehmen und auch die Gesellschaft hat WFA auf nationaler und internationaler Ebene viele Vorteile (Choudhury 2020). Betrachten wir zunächst die Sicht der Arbeitnehmer:

- Arbeitnehmer müssen nicht umziehen, wenn Sie eine Stelle an einem Ort annehmen, an dem sie derzeit nicht leben. Das gilt auf internationaler Ebene sowohl wenn man einen Job in einem anderen Land als dem Heimatland annimmt (vgl. internationale Rekrutierung), als auch wenn man eine Verantwortung an einer Auslandsniederlassung übernimmt (vgl. die klassische virtuelle Entsendung).
- Das bedeutet auch, dass Ehepartner den Arbeitsplatz nicht wechseln müssen, wenn der Partner einen neuen Job an einem anderen Ort annimmt, und dass Kinder nicht ihr vertrautes Umfeld verlieren. Insgesamt eröffnet WFA enorme Chancen für Familien und für Paare, bei denen beide Partner arbeiten.
- Arbeitnehmer können in die Nähe ihrer Eltern ziehen, wenn diese älter werden und Unterstützung brauchen.
- Für einige Kandidaten ist ein Pluspunkt, dass sie an einen Ort ziehen können, an dem die Lebenshaltungskosten geringer sind.

- Andere nutzen die Möglichkeit, um an ihrem Traumort zu wohnen, an dem sie das Wetter, die Landschaft oder die Freizeitmöglichkeiten reizen.
- Studien zeigen, dass WFA insgesamt die Lebensqualität und Work-Life-Balance von Arbeitnehmern deutlich erhöhen kann.

Auch Unternehmen können in vielfältiger Weise von WFA profitieren:

- Ein Hauptvorteil für Unternehmen besteht darin, dass sie sich dank WFA nicht auf den lokalen Arbeitsmarkt beschränken müssen, sondern Mitarbeiter überall, auch international, rekrutieren können. Besonders in einem Arbeitnehmermarkt ist dies ein großer Vorteil.
- Außerdem kann WFA das Engagement der Arbeitnehmer sichtbar erhöhen. Choudhury (2020) berichtet, dass das US-Patentamt (USPTO) ein Jahr nach der Einführung von WFA beim ›Best Place to Work‹ des Federal Government den ersten Platz erlangte.
- WFA kann unter bestimmten Bedingungen auch zu Produktivitätssteigerungen führen. Choudhury et al. (2020) zufolge stieg beispielsweise die Produktivität um 4 %, als das US-Patentamt WFA einführte – und das zusätzlich zu den Produktivitätsgewinnen, die bereits zu verzeichnen waren, nachdem man den Mitarbeitern erlaubt hatte, von der Büro- zur Heimarbeit zu wechseln.
- Auf der Hand liegt, dass Unternehmen durch WFA Kosten für Büroräume sparen. Das US-Patentamt schätzt, dass durch die Zunahme an Remote-Arbeit im Jahr 2015 38,2 Millionen Dollar gespart werden konnten.

Schließlich hat WFA auch für die Gesellschaft Vorteile:

- Wie auch die Homeoffice-Arbeit hilft WFA der Umwelt. Choudhury (2020) berichtet, dass die Amerikaner im Jahr 2018 im Durchschnitt etwa 4,5 Stunden pro Woche pendelten. Der Wegfall dieses Pendelns, insbesondere an Orten, wo die meisten Menschen mit dem Auto pendeln, führt zu einer erheblichen Verringerung der Emissionen. Das US-Patentamt schätzt, dass seine Außendienstmitarbeiter im Jahr 2015 nach Einführung von WFA 84 Millionen weniger Meilen zurückgelegt haben, als wenn sie zum Hauptsitz gefahren wären – was zu einer Verringerung der Kohlenstoffemissionen um mehr als 44.000 Tonnen führte.
- Außerdem hat WFA das Potential, die Abwanderung von Fachkräften in bestimmten Ländern und Regionen zu verhindern. Das gilt insbesondere für aufstrebende Märkte, aber auch für Kleinstädte und ländliche Gebiete, die als Wohnort nicht so attraktiv sind.

Auf der anderen Seite hat WFA auch einige Nachteile. Das sind insbesondere die typischen Nachteile von Remote-Work: fehlende spontane informelle Kommunikation, fehlende soziale Kontakte, fehlende persönliche Kommunikation, und entsprechend mangelnder Wissensaustausch und erschwertes Teambuilding (Choudhury 2020). Beim WFA sind die Herausforderungen noch größer als bei der klassischen Homeoffice-Arbeit – vor allem aufgrund der häufig noch größeren räumlichen Distanz (z. B. Zeitzonen-Problematik). Wenn Arbeitnehmer nicht einmal in der Nähe des Arbeitsplatzes wohnen, kommen sie noch seltener oder fast nie ins Büro.

Unternehmen, die WFA erfolgreich eingeführt haben, haben einige Möglichkeiten erprobt, mit den Herausforderungen von Remote-Arbeit und WFA umzugehen. Hier nur ein paar Beispiele (aus Choudhury 2020):

- **Soziale und informelle Kontakte:** Im Rahmen seiner Forschung ist Choudhury (2020) auf unterschiedliche Ideen von Unternehmen gestoßen, wie diese mit dem Problem der fehlenden sozialen Kontakte und des fehlenden informellen Austauschs umgehen.
  - Viele WFA-Unternehmen nutzen Möglichkeiten der virtuellen Begegnung, die auch während der COVID-19-Pandemie angewandt wurden (z. B. virtuelle Kaffeepause, virtueller Wasserspender, gemeinsame virtuelle Mittag- oder Abendessen).
  - Deutlich komplexer sind KI- und Virtual-Reality-Tools, bei denen Kollegen regelmäßig virtuell in Gesprächen zusammengebracht werden. Zum Beispiel nutzt das Unternehmen eXp Reality, das komplett remote arbeitet, eine Plattform namens ›VirBELA‹ als Ort, an dem sich Teammitglieder in Form von Avataren treffen können.
  - Um nicht komplett auf physische Begegnungen zu verzichten, organisieren viele WFA-Unternehmen regelmäßige Teamevents, bei denen sich die Mitarbeiter persönlich treffen, oft für mehrere Tage. Beispielsweise führt das Unternehmen Zapier zweimal im Jahr ein solches Event durch. Das Unternehmen bezahlt dann jeweils Flüge, Unterkunft, Essen und Teamaktivitäten vor Ort.
  - Das US-Patentamt organisiert darüber hinaus häufigere regionale Treffen zwischen Mitarbeitern, die nicht so weit voneinander entfernt wohnen. Diese treffen sich zu einem Golfkurs, einem Sportevent o.ä.
- **Wissensaustausch:** Choudhury (2020) empfiehlt für WFA-Organisationen eine transparente und leicht zugängliche Dokumentation. Er berichtet beispielsweise, dass das Unternehmen GitLab ein ›Working Handbook‹ verwendet, dass mehrere tausend Seiten umfasst und in das alle Mitarbeiter Einträge machen können. Als Vorbereitung für Meetings verschicken die Organisatoren zur Vorbereitung immer auch Links zu den relevanten Abschnitten des Working Handbook.
- **Zeitzonen-Problematik:** Unternehmen, die WFA nutzen, müssen aufgrund der Zeitzonen-Problematik häufiger asynchrone Kommunikationstools nutzen. Im Rahmen des Onboardings sollten Mitarbeiter mit dieser Art der Kommunikation vertraut werden.

So wie die Diskussion um flexiblere Formen internationalen Arbeitens hat auch die Diskussion um WFA infolge der COVID-19-Pandemie zusätzliche Dynamik bekommen. Einige Autoren haben den Begriff WFA von Choudhury in diesem Kontext übernommen (z. B. Heidt 2023, Sako 2021). Häufig wird er dabei aber nicht in seiner ursprünglichen Bedeutung verwendet: WFA wird teilweise gleichgesetzt mit Homeoffice-Arbeit und einem Setting, bei dem Mitarbeiter teilweise im Homeoffice und teilweise im Büro arbeiten. Die Idee von WFA geht aber, wie wir gesehen haben, noch deutlich weiter.

Ein Beispiel für ein Unternehmen, das in der Folge der COVID-19-Pandemie eine WFA-Policy eingeführt hat, ist Spotify. Im Februar 2021 hat Spotify-CEO Daniel Ek WFA im Unternehmen etabliert – die Idee war für das Unternehmen nicht komplett neu, es gab auch vor der Pandemie schon eine Entwicklung hin zu einer immer stärkeren Flexibilisierung des Arbeitsplatzes (Spotify 2021). Mit der Einführung von WFA haben rund 6 % der Mitarbeiterinnen und Mitarbeiter den Wohnort gewechselt – zwei Drittel davon sind innerhalb der USA in einen anderen Bundesstaat umgezogen, die übrigen an einen Wohnort außerhalb der USA. Rund 60 % der Mitarbeiter haben weiterhin hauptsächlich im Büro gearbeitet (mit bestimmten Homeoffice-Tagen). Es haben also nicht sehr viele, aber durchaus einige Mitarbeiter die Möglichkeit von WFA in seiner vollen Ausprägung genutzt. Insgesamt bewertete ein Großteil der Mitarbeiter die enorme Flexibilität und Autonomie, die den Mitarbeitern mit dieser Initiative gegeben wurde, positiv.

Für Spotify hat die Einführung der WFA-Policy laut eigener Auskunft erhebliche Rekrutierungserleichterungen geschaffen. Ungefähr die Hälfte aller Mitarbeiter, die im Jahr 2021 neu eingestellt wurden, wurden nicht lokal rekrutiert, sondern überregional oder sogar international. Darüber hinaus konnten auch Talente im Unternehmen besser gehalten werden. Manager, die zuvor für den Job zum Headquarter des Unternehmens gezogen waren, konnten durch das WFA-Arrangement zurück zu ihren Familie ziehen und trotzdem weiterhin für das Unternehmen arbeiten. Hätte das Unternehmen ihnen diese Möglichkeit nicht angeboten, hätten sie das Unternehmen vielleicht verlassen und einen Job am Ort ihres Lebensmittelpunkts gesucht.

Spotify (2022) hat einige Erfolgsfaktoren für die Umsetzung von WFA identifiziert:

- Wichtig ist, dass das Onboarding physisch erfolgt. Neue Mitarbeiter bei Spotify müssen für die ›IntroDays‹ auf jeden Fall physisch im Unternehmen präsent sein.
- Das Unternehmen legt Teams darüber hinaus nahe, sich ca. alle sechs Monate persönlich zu treffen.
- Es hat sich herausgestellt, dass Teams, bei denen mehrere Mitglieder über verschiedene Regionen verteilt sind, erfolgreicher sind als Teams, bei denen nur ein Mitglied in einer anderen Region lebt.
- Es sollte darauf geachtet werden, dass sich virtuelle Teams nicht über zu viele Zeitzonen verteilen, um sicherzustellen, dass es genug überschneidende Arbeitszeiten gibt.
- Schlüssel zum Erfolg sind eine Unternehmenskultur, die sich durch ein hohes Maß an Vertrauen und Unterstützung auszeichnet, und gute Absprachen im Team.

Auch wenn WFA ein großes Potential für Unternehmen darstellt, eignet sich der Ansatz natürlich für manche Tätigkeitsbereiche mehr (z. B. IT, Medien) als für andere (z. B. Produktion, R&D). Auf internationaler Ebene steht WFA teilweise der virtuellen Entsendung nahe. WFA geht aber darüber hinaus und umfasst deutlich mehr Situationen. Der neuste Global Mobility Forecast von KPMG (2021) führt WFA als neuen Schritt in der Entwicklung globaler Mobilität. Die Studie diagnostiziert eine Work-from-Anywhere-Mentalität, die sich in Unternehmen entwickelt. Dar. 4-20 gibt noch einmal einen Überblick über die genannten Trends in Bezug auf selbstinitiierte und selbstbestimmte Mobilität.

**Dar. 4-20:** Übersicht über neuere Trends in Bezug auf selbst-initiierte und selbstbestimmte Mobilität

| | **Selbstinitiierte Entsendung** | **Global Work-from-Anywhere** |
|---|---|---|
| **Definition** | Kandidaten werden nicht vom Unternehmen entsandt, sondern bewerben sich aus eigener Initiative für einen zeitlich befristeten Job im Ausland ihrer Wahl. | Arbeitnehmer entscheiden selbst, wo sie leben und arbeiten möchten:<br>(a) in welcher Stadt, Region oder welchem Land, (b) in Büro, Homeoffice, Coworking-Space, Café, in der Natur … |
| **Anwendungskontext** | für viele Jobs möglich<br>Übernahme einer Position im Gastland<br>Projektleitung<br>Wissens- und Kompetenztransfer | für viele Jobs möglich<br>in bestimmten Branchen und Tätigkeitsbereichen geeigneter (z. B. IT, Medien) |
| **Dauer** | beliebig | beliebig |
| **Ort** | 1 Gastland (selbst gewählt) | selbst gewählt |
| **Relocation** | selbst bestimmt (mit/ohne Familie) | selbst bestimmt (mit/ohne Familie) |
| **Vorteile / Chancen** | Kandidaten können Zielland selbst wählen<br>Chance für junge Nachwuchskräfte, die noch keine Chance auf Auslandsentsendung im Unternehmen bekommen<br>für Unternehmen entstehen geringere Kosten<br>hohe intrinsische Motivation der Kandidaten<br>keine Reintegration | Arbeitnehmer müssen nicht umziehen (v. a. von Vorteil für Familien, dual-career-couples)<br>Arbeitnehmer können wählen, wo sie leben möchten (z. B. nahe bei Familie/Eltern, an Ort mit geringen Lebenshaltungskosten, an ihrem »Traumort«)<br>Unternehmen können leichter international rekrutieren<br>erhöhtes Engagement, teilweise Produktivitätssteigerung<br>geringere Kosten für Büroräume<br>Vorteile für Umwelt (weniger pendeln, weniger Emissionen) |

**Dar. 4.20:** Übersicht über neuere Trends in Bezug auf selbst-initiierte und selbstbestimmte Mobilität – Fortsetzung

| | Selbstinitiierte Entsendung | Global Work-from-Anywhere |
|---|---|---|
| **Nachteile / Herausforderungen** | wenig Integration der Kandidaten in Unternehmen (Mutterkonzern)<br>keine Vorerfahrungen im Unternehmen, weniger Bindung ans Unternehmen | fehlende soziale Kontakte und Face-to-face-Kommunikation (noch mehr als bei Settings mit Homeoffice-Möglichkeiten)<br>erschwertes Teambuilding<br>mangelnder Wissensaustausch<br>Zeitzonen-Problematik bei der Zusammenarbeit<br>mangelnde Loyalität und Identifikation mit dem Unternehmen |

## 4.4.5 Fazit und Ausblick

Der genauere Blick auf die neueren Formen internationalen Arbeitens offenbart, in welchem Maße das Themenfeld der globalen Mobilität an Variantenreichtum und Dynamik gewonnen hat. Auch wenn die Langzeitentsendung nach Einschätzung vieler Unternehmen wichtig ist und auch bleiben wird, werden zunehmend flexiblere Alternativen genutzt, die zudem stärker auf die Bedürfnisse der Kandidaten eingehen. Die Gründe für diese Entwicklung sind vielfältig und liegen nicht zuletzt in den aktuellen gesellschaftlichen, wirtschaftlichen und geopolitischen Entwicklungen unserer Zeit. Wenn sich der Trend einer sinkenden Bereitschaft zur Langzeitentsendung sowie verstärkter Kostensenkungs- und Nachhaltigkeits-Anforderungen fortsetzt, müssen Unternehmen über Alternativen nachdenken – Alternativen dazu, wie sie eine enge Zusammenarbeit mit den Auslandsgesellschaften gestalten, wie sie künftige globale Führungskräfte entwickeln, und wie sie dem Fachkräftemangel in bestimmten Ländern begegnen können. Die Erfahrungen mit virtueller Arbeit während der Pandemie und der dadurch ausgelöste Impuls für eine weiter beschleunigte technologische Entwicklung eröffnen neue Möglichkeiten – nicht nur für Homeoffice und Remote-Work auf nationaler Ebene, sondern gerade auch für globale virtuelle Mobilität und Work-from-Anywhere.

### Zur Autorin

**Prof. Dr. Julia Hormuth** ist Professorin für Personalmanagement und interkulturelles Management an der ESB Business School der Hochschule Reutlingen. Sie ist dort außerdem seit vielen Jahren verantwortlich für die Mobilität von Studierenden an Partnerhochschulen weltweit. Daneben verfügt sie über langjährige Erfahrung im Bereich interkultureller Trainings und Beratung. Schwerpunkte ihrer Forschung sind Vertrauen in internationalen Geschäftsbeziehungen sowie flexible Formen internationalen Arbeitens.

# Literatur

BGRS (2021): 2021 Talent Mobility Trends Survey. Reinventing Mobility Beyond 2020. Verfügbar unter http://www.bgrs.com/2021-talent-mobility-trends/ (15.03.2023).

Bossler, M. (2016): Recruiting abroad. An empirical analysis. In: International Journal of Manpower 37(4), 590-605.

Brewster, Ch.; Suutari, V. & Waxin, M.-F. (2021): Two decades of research into SIEs and what do we know? A systematic review of the most influential literature and a proposed research agenda. In: Journal of Global Mobility 9(3), 311-337.

Caligiuri, P.; De Cieri, H.; Minbaeva, D.; Verbeke, A. & Zimmermann, A. (2020): International HRM insights for navigating the COVID-19 pandemic. Implications for future research and practice. In: Journal of International Business Studies 51(5), 697-713.

Choudhury, P. (2020): Our work-from-anywhere future. In: Harvard Business Review, Nov/Dez 2020, 58-67.

Choudhury, P.; Foroghi, C. & Larson, B. (2020): Work-from-anywhere. The productivity effects of geographic flexibility. In: Strategic Management Journal 42(4), 655-683.

Choudhury, P.; Larson, B. & Foroughi, C. (2019): Is it time to let employees work from anywhere? Harvard Business Review. Verfügbar unter https://hbr.org/2019/08/is-it-time-to-let-employees-work-from-anywhere (15.03.2023).

Collings, D. G. & Isichei, M. (2018): The shifting boundaries of global staffing. Integrating global talent management. Alternative forms of international assignments and non-employees into the discussion. In: The International Journal of Human Resource Management 29(1) 165-187.

Collings, D. G.; Scullion, H. & Morley, M. J. (2007): Changing patterns of global staffing in the multinational enterprise. Challenges to the conventional expatriate assignment and emerging alternatives. In: Journal of World Business 42(2), 198-213.

Collings, D. G. & Sheeran, R. (2020): Research insights. Global mobility in a post-covid world. In: Irish Journal of Management 39(2), 77-84.

Debner, Ch. (2017): Compliance ist Pflicht. Employee Experience die Kür. In: HR Today Nr. 12 vom 29.11.2017. Verfügbar unter https://www.hrtoday.ch/de/article/compliance-ist-pflicht-employee-experience-die-kuer (15.03.2023).

Deloitte (2013): Commuter Survey Report. Business or personal? Current trends in managing commuter assignments. Verfügbar unter www.deloitte.com/content/dam/Deloitte/uk/Documents/tax/deloitte-uk-commuter-survey-report.pdf (15.03.2023).

Deloitte (2019). Back to the future: assessing the predicted 2018 global mobility trends and their continued impact in 2019. Verfügbar unter https://www2.deloitte.com/content/dam/Deloitte/uk/Documents/tax/deloitte-uk-tax-assessing-the-predicted-2018-global-mobility-trends-and-their-continued-impact-in-2019.pdf (15.03.2023).

Deloitte (2021): 2021 Global Mobility Trends Report. Verfügbar unter www.deloitte.com/content/dam/Deloitte/cn/Documents/tax/deloitte-cn-tax-global-mobility-trends-report-en-20211206.pdf (15.03.2023).

Demel, B. & Mayrhofer, W. (2010): Frequent business travelers across Europe. Career Aspirations and Implications. In: Thunderbird International Business Review 52(4), 301-311.

Dickmann, M.; Suutari, V. & Wurtz, O. (2018): The multiple forms and shifting landscapes of global careers. In: Dies. (Hrsg.): The management of global careers. Exploring the rise of international work. Cham: Palgrave Macmillan, 1-31.

Doherty, N. (2013): Understanding the self-initiated expatriate. A review and directions for future research. In: International Journal of Management Reviews 15(4), 447-469.

Ehnert, I.; Parsa, S.; Roper, I.; Wagner, M. & Müller-Camen, M. (2016): Reporting on sustainability and HRM. A comparative study of sustainability reporting practices by the world's largest companies. In: The International Journal of Human Resource Management 27(1), 88-108.

Eskenazi, J; Principal, M. & Advisors, R. (2010): When in Rome, recruit like the Romans do. An environmental scan of the European recruiting landscape. A comprehensive review

of the cultural and philosophical differences of leading corporate recruiting functions in Europe. In: Journal of Corporate Recruiting Leadership, June 2010, 3-9.
Farcas, D. & Gonçalves, M. (2016): Do three years make a difference? An updated review and analysis of self-initiated expatriation. In: Springerplus 5, 1326.
Harris, H.; Brewster, Ch. & Erten, Ch. (2005): Auslandseinsatz, aber wie? Klassisch oder alternative Formen. Neueste empirische Erkenntnisse aus Europa und den USA. In: Stahl, G. K.; Mayrhofer, W. & Kühlmann, T. M. (Hrsg.) (2005): Internationales Personalmanagement – neue Aufgaben, neue Lösungen. München: Rainer Hampp, 271-291.
Hormuth, J. & Ferencz, M. (2021): Die selbstinitiierte Auslandsentsendung. Potenzial für Unternehmen. In: PERSONALquarterly 01/21, 50-57.
Jooss, S.; McDonnell, A. & Conroy, K. (2021): Flexible global working arrangements. An integrative review and future research agenda. In: Human Resource Management Review 31 (4), 1-31.
KPMG (2021): Global Mobility Forecast. Trends in risk, talent and digital. Verfügbar unter https://assets.kpmg.com/content/dam/kpmg/xx/pdf/2021/02/global-mobility-forecast-trends-in-risk-talent-and-digital.pdf (15.03.2023).
KPMG (2022): Global Assignment Policies and Practices Survey. Verfügbar unter https://assets.kpmg.com/content/dam/kpmg/xx/pdf/2022/11/2022-global-assignment-policies-practices-survey-final.pdf (15.03.2023).
Ma, R. & Allen, D. G. (2009): Recruiting across cultures. A value-based model of recruitment. In: Human Resource Management Review 19(4), 334-346.
Mayerhofer, H.; Hartmann, L. C.; Michelitsch-Riedl, G. & Kollinger, I. (2004): Flexpatriate assignments. A neglected issue in global staffing. In: The International Journal of Human Resource Management 15(8), 1371-1389.
Mayrhofer, W.; Reichel, A. & Sparrow, P. R. (2012): Alternative forms of international working. In: Stahl, G. K.; Björkman, I. & Morris, S. (Hrsg.): Handbook of research into international HRM. 2nd Edition. London: Edward Elgar, 300-327.
Moser, M.; Günther, M. & Haenel, S. (2021): People Analytics: Neues Wissen für HR. In: Wissensmanagement 4/2021, 23-25.
Sako, M. (2021): From remote work to working from anywhere. In: Communications of the ACM 64(4), 20-22.
Santa Fe Relocation Services (2019): The Global Mobility Survey 2019 ›REVISION: Mobility through the looking glass‹. Verfügbar unter https://www.santaferelo.com/en/mobility-insights/global-mobility-survey/ (15.03.2023).
Spotify (2021): Introducing Working From Anywhere. Verfügbar unter https://www.hrblog.spotify.com/2021/02/12/introducing-working-from-anywhere/ (15.03.2023).
Spotify (2022): The Reality of Working From Anywhere. Verfügbar unter https://www.hrblog.spotify.com/2022/03/29/the-reality-of-working-from-anywhere/ (15.03.2023).
Stahl, G. K.; Brewster, C. J.; Collings, D. G. & Hajro, A. (2020): Enhancing the role of human resource management in corporate sustainability and social responsibility. A multi-stakeholder, multidimensional approach to HRM. In: Human Resource Management Review 30 (3).
Starr, T. L. (2009): Repatriation and short-term assignments. An exploration into expectations, change and dilemmas. In: The International Journal of Human Resource Management 20(2), 286-300.
Starr, T. L. & Currie, G. (2009): Out of sight but still in the picture. Short-term international assignments and the influential role of family. In: The International Journal of Human Resource Management 20(6), 1421-1438.
Suutari, V. & Brewster, Ch. (2000): Making their own way. International experience through self-initiated foreign assignments. In: Journal of World Business 35(4), 417-432.
Suutari, V.; Brewster, Ch. & Dickmann, M. (2018): Contrasting assigned expatriates and self-initiated expatriates. A review of extant research and a future research agenda. In: Dickmann, M.; Suutari, V. & Wurtz, O. (Hrsg.): The management of global careers. Exploring the rise of international work. Cham: Palgrave Macmillan, 63-89.
Tahvanainen, M.; Welch, D. & Worm, V. (2005): Implications of short-term international assignments. In: European Management Journal 23(6), 663-673.

The Economist (2020): The coronavirus crisis thrusts corporate HR chiefs into the spotlight. In: The Economist vom 24.03.2020. Verfügbar unter https://www.economist.com/business/2020/03/24/the-coronavirus-crisis-thrusts-corporate-hr-chiefs-into-the-spotlight (15.03.2023).

Van den Heuvel, S. & Bondarou, T. (2017): The rise (and fall?) of HR analytics. A study into the future application, value, structure, and system support. In: Journal of Organizational Effectiveness People and Performance 4(2), 127-148.

Welch, D. & Worm, V. (2006): International business travellers. A challenge for IHRM. In: Stahl, G. K. & Björkman, I. (Hrsg.): Handbook of research in international human resource management. Cheltenham, UK & Northhampton, MA, USA: Edward Elgar, 283-301.

Welch, D.; Worm, V. & Fenwick, M. (2003): Are virtual assignments feasible? In: Management International Review 43(1), 95-114.

# 4.5 New Work als Schlüssel zur Ambidextrie – mit transparenter Kommunikation, Diversität und innovativem Führungsverständnis zur Beidhändigkeit

*Tim Schirmer*

### 4.5.1 Einführung: Ambidextrie als Schlüsselkompetenz für innovative Unternehmen

In einer Zeit, in der neue technologische Trends, zunehmende Unsicherheit und dynamischer Wandel die Geschäftswelt prägen, gewinnt Ambidextrie als zentrales Konzept an Bedeutung. Gemeint ist, wörtlich übersetzt, die Beidhändigkeit – und im betriebswirtschaftlichen Kontext in übertragener Bedeutung die Fähigkeit eines Unternehmens zur Ausnutzung bestehender Geschäftsfelder und Ressourcen bei gleichzeitiger Erkundung neuer Produkt- und Absatzmärkte. Effizienz und Effektivität reichen sich im Idealbild der Ambidextrie somit die Hände, und mit Blick auf diese knappe Definition wird klar, was Ambidextrie so wesentlich für erfolgreiche Unternehmen macht.

Dieser Artikel setzt sich mit verschiedenen Aspekten der Ambidextrie auseinander, insbesondere mit Leadership, Zusammenarbeit, Unternehmenskultur, Kommunikation, Selbstorganisation und den verschiedenen Dimensionen von Beidhändigkeit. Ambidextrie und New Work gehen, wie zu zeigen sein wird, Hand in Hand, wenn es um die Zukunftsfähigkeit von Unternehmen und die Zukunft der Arbeit im Allgemeinen geht. Beide Konzepte haben das Potenzial, die Art und Weise zu verändern, wie wir arbeiten und wie Unternehmen erfolgreich sind. Wie Führungskräfte ihre Teams und ihr Unternehmen zukunftsfähig machen und wie diese vielschichtige Fähigkeit wiederum mit New Work korreliert, ist der Kern dieses Artikels.

#### 4.5.1.1 Ambidextrie – das bedeutet Beidhändigkeit im Unternehmen

In einem zunehmend dynamischen Umfeld müssen Unternehmen Marktveränderungen erkennen und kontinuierlich mit Innovationen auf diese reagieren (Danneels, 2002). Bereits Tushman und O'Reilly (1996) stellen fest, dass Organisationen beidhändig sein müssen, um erfolgreich zu werden oder zu bleiben. Die Herausforderung besteht darin, die Effizienz durch Prozessverbesserungen zu steigern und gleichzeitig neue Produkte, Märkte und Geschäftsmodelle zu erforschen. Ambidextrie bezieht sich somit auf die Fähigkeit einer Organisation, gleichzeitig sowohl »Exploitation« als auch »Exploration« zu betreiben, um es in Fachtermini auszudrücken. Exploitation umfasst Aktivitäten, die auf die Effizienzsteigerung und Optimierung bestehender Produkte, Prozesse und Geschäftsmodelle abzielen. Exploration hingegen bezieht sich auf die Identifizierung und Entwicklung neuer Geschäftsmöglichkeiten, Produkte und Technologie. Nach March (1991) umfasst die Exploration Suche, Variation, Risikobereitschaft, Experimentieren, Flexibilität und Innovation. Im Gegensatz dazu meint die Exploitation Verfeinerung, Produktion, Effizienz, Umsetzung und Ausführung. Beide Ansätze sind für den langfristigen Erfolg eines Unternehmens relevant, da sie eine Balance zwischen der Nutzung bestehender Ressourcen und der Anpassung an Veränderungen gewährleisten.

Stichwort Balance: Ambidextrie wird oft als Gleichgewicht zwischen Exploitation und Exploration verstanden (Birkinshaw & Gupta, 2013; Raisch & Birkinshaw, 2008). In der heutigen Geschäftswelt allerdings bedeutet sie indes weniger die Balance als vielmehr die ganzheitliche Integration dieser beiden gegensätzlichen Handlungsoptionen. Ambidextrie muss also deutlich praktischer und handlungsorientierter gedacht werden und nicht bloß als abstrakte Idee eines Gleichgewichts. Dieser Artikel geht demzufolge von der Prämisse aus, dass der zentrale Aspekt der Beidhändigkeit die gleichzeitige Integration von Exploitation wie Exploration ist – nicht etwa das Erreichen eines Gleichgewichts zwischen beiden. Diese Integration von Gegensätzen erfordert eine neue Art von Leadership, die den Fokus auf die Implementierung unterschiedlicher Tätigkeiten, die Schaffung von Effizienzgewinnen, Flexibilität und Befähigung der Mitarbeitenden legt, um zwischen Explorations- und Verwertungsaufgaben wählen zu können. Die Führungskraft hat also die Aufgabe, die Fähigkeiten und Einsatzmöglichkeiten ihrer Teammitglieder mit der Beidhändigkeit im Hinterkopf gewinnbringend zu nutzen. Aufgrund der hohen Veränderungsdynamik von Markt und Technologien rücken Themen wie Kollaboration, Kommunikation und Selbstorganisation in den Fokus – insbesondere auch für die Mitarbeitenden und den Kontakt zwischen ihnen und Führungskräften. In einer zunehmend vernetzten Welt ist es unerlässlich, dass Organisationen ihre Mitarbeitenden dazu befähigen, sich selbst zu organisieren, effektiv zu kommunizieren und kollaborativ zusammenzuarbeiten. Hier setzt die Aufgabe einer Führungskraft an, die sich Ambidextrie zum Ziel gesetzt hat.

#### 4.5.1.2 Ambidextrie ist mehrdimensional

Nachdem mit obiger Erläuterung und Begriffseingrenzung der Grundstein gelegt ist, lässt sich Ambidextrie noch weiter differenzieren, denn sie kann in unterschiedliche Dimensionen untergliedert werden (Goossen et al., 2012). Dieser Artikel fokussiert auf die organisationale Ambidextrie und somit die Dimension der Beidhändigkeit, die speziell Unternehmen voran- und entsprechende Aufgaben für Führungskräfte mit sich bringt. Organisationale Ambidextrie beschreibt die Fähigkeit einer Organisation, gleichzeitig effiziente Prozesse zu optimieren und innovative Ideen zu entwickeln. Es geht darum, Effizienz und Effektivität des Kerngeschäfts aufrechtzuerhalten, während sich das Unternehmen gleichzeitig auf die Entwicklung von neuen Ideen und Geschäftsmodellen konzentriert.

Organisatorische Ambidextrie lässt sich noch feinteiliger aufgliedern: In großen Organisationen existieren kontextuelle, strukturelle und sequenzielle Ambidextrie in unterschiedlichen Ausprägungen und Intensitäten. Obgleich in der Praxis statt einer klaren Trennung zumeist eine Koexistenz dieser Dimensionen besteht, lohnt ein klärender Blick auf diese Untergliederung.

Im Zusammenhang bestehender Strukturen wird von kontextueller Ambidextrie gesprochen. Während äußere Rahmenbedingungen also gleichbleiben, wird mit anpassungsfähigen Faktoren wie Führungsstil oder Unternehmenswerten Beidhän-

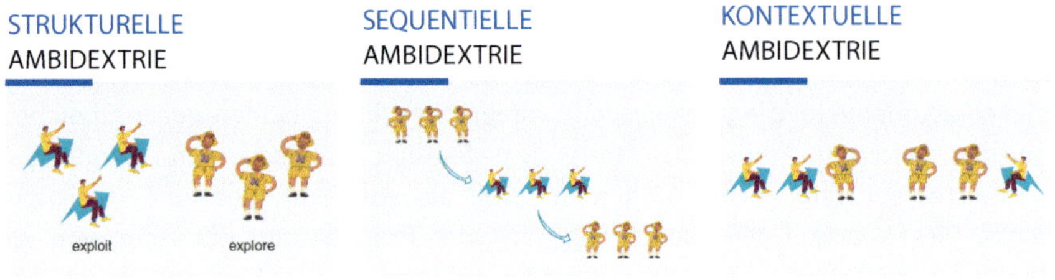


**Dar. 4-21:** Dimensionen von Ambidextrie

digkeit gefördert. Kontextuelle Ambidextrie bietet Vorteile durch die Bildung von Effizienzen und Synergien, wie beispielsweise die Bündelung von Wissen und die Zentralisierung von Kompetenzen. Diese funktionalen oder themenbezogenen Zentren ermöglichen es, Ressourcen effektiv zu nutzen und schnell auf Veränderungen zu reagieren.

Die strukturelle Ambidextrie ist wiederum umfassender zu denken als die kontextuelle. Während letztere innerhalb eines gleichbleibenden Konstrukts, wie bspw. einer festen Abteilungsstruktur innerhalb eines Unternehmens agiert, wird beim strukturellen Ansatz das gesamte Unternehmen in den Blick genommen. So könnten bspw. neue Organisationseinheiten geschaffen werden. Strukturelle Ambidextrie ermöglicht bei Themen mit hoher Wichtigkeit, Dringlichkeit, Komplexität und hohem Neuheitsgrad eine schnelle und effektive Bearbeitung durch entsprechende Fokussierung. Hierdurch können Organisationen flexibel auf neue Herausforderungen reagieren und innovative Lösungen entwickeln.

Der sequenzielle Ansatz konzentriert sich auf eine zeitliche Trennung von Explorations- und Verwertungsaktivitäten, basierend auf dem theoretischen Rahmen von Duncan (1976). Die beiden Aspekte laufen also nicht synchron, sondern zeitversetzt ab. Wie diese Untergliederung zeigt, bildet die organisationale Ambidextrie gewissermaßen den Oberbegriff, der organisatorische wie prozessuale Perspektiven kombiniert.

In einer Organisation wie eben einem Unternehmen besteht die Komplexität bei der Integration von Ambidextrie darin, dass die Potenziale und Fähigkeiten unterschiedlichster Menschen und Teams sinnvoll und harmonisch unter Nutzung bestehender hierarchischer Gefüge für diese Zielerreichung eingesetzt werden müssen. Der Mensch als Individuum wie im kollegialen und betriebswirtschaftlichen Zusammenspiel muss mitgedacht werden. Und genau darin liegt ein zentraler Anknüpfungspunkt an die wegweisenden Ideen von New Work. In einer Welt, in der sich Technologie und Kundenbedürfnisse schnell verändern, ist organisationale Ambidextrie zugleich ein wichtiger Faktor für den Erfolg von Unternehmen, die mit der New-Work-Philosophie Schritt halten wollen.

### 4.5.2 Die Bedeutung von Ambidextrie im Zeitalter von New Work: Ein zeitgemäßes Zukunftsthema

Organisationale Ambidextrie will also bestehende Ressourcen in Unternehmen ausschöpfen und das Kerngeschäft gewinnbringend führen und zugleich neue Geschäftsfelder erkunden, um wirtschaftlichen Erfolg nachhaltig und langfristig zu sichern. Was es hierfür braucht, sind die richtige Unternehmenskultur, ein modernes Verständnis von Leadership und selbstverständlich qualifizierte und geförderte Mitarbeitende. Ambidextrie verlangt, den Status quo kontinuierlich infrage zu stellen und sowohl bestehende als auch neue Ansätze zu verfolgen. Unternehmen sollten stets ihre Prozesse, Produkte und Dienstleistungen hinterfragen, um Verbesserungspotenziale zu erkennen und Wachstum zu fördern. Hierzu ist es wichtig, eine Kultur des kritischen Denkens und des ständigen Hinterfragens zu etablieren. Und um eine solche Kultur zu fördern, braucht es nicht bloß Wertekodizes und Guidelines, sondern in erster Linie Menschen, die sie leben und vorantreiben.

An ebendiesem Punkt setzt auch der Grundgedanke von New Work an: New Work ist ein Konzept, das auf die Veränderungen im Arbeitsmarkt und die steigenden Erwartungen von Arbeitnehmenden reagiert. Es geht darum, eine Arbeitsumgebung zu schaffen, die sich auf Freiheit, Flexibilität und Kreativität konzentriert, um bessere Arbeitsbedingungen für die Menschen und zugleich höhere Produktivität für die Unternehmen zu ermöglichen. Die organisationale Ambidextrie spielt eine wichtige Rolle bei der Umsetzung dieses Konzepts, gibt eine sinnvolle Richtung vor und liefert im übertragenen Sinne das Handwerkszeug. Organisationale Ambidextrie und New Work zielen also im weiteren Sinne auf dasselbe ab: den unternehmerischen Erfolg, der mit und durch die Ressource Mensch erreicht wird und diese wertschätzend und gewinnbringend einbezieht. Unter diesem Aspekt können beide Konzepte als zeitgemäß wie zukunftsorientiert gelten, denn sie optimieren das aktuelle Arbeitsleben, sichern langfristigen Erfolg im »War for Talents« und machen Unternehmen zugleich auf lange Sicht zukunftsfähig.

#### 4.5.2.1 So greifen New Work und Ambidextrie ineinander

Ambidextrie und New Work sind zwei sich ergänzende Konzepte, die Organisationen dabei unterstützen können, in einer zunehmend dynamischen und unsicheren Welt erfolgreich zu sein. Während Ambidextrie die Fähigkeit einer Organisation beschreibt, sowohl Exploitation als auch Exploration zu meistern, konzentriert sich New Work auf die Schaffung von Arbeitsumgebungen, die Zusammenarbeit, Innovation, Flexibilität und Selbstorganisation fördern.

Im Kontext von New Work spielt organisationale Ambidextrie eine wichtige Rolle, da Unternehmen dank ihr flexibler und agiler auf Veränderungen in der Arbeitswelt reagieren und innovative Arbeitsmodelle entwickeln können. Die Umsetzung von organisationaler Ambidextrie erfordert eine sorgfältige Planung und

Implementierung. Es geht schließlich darum, das Gleichgewicht zwischen Stabilität und Flexibilität zu finden und auf Marktveränderungen reagieren zu können, ohne dabei das Kerngeschäft zu vernachlässigen. New Work hingegen soll die Arbeitswelt revolutionieren, indem Flexibilität, Autonomie und Selbstbestimmung in den Fokus gestellt werden.

Organisationale Ambidextrie ist in der New-Work-Philosophie von entscheidender Bedeutung, da sie Unternehmen dazu befähigt, die sich schnell verändernden Bedürfnisse von Kunden wie auch Mitarbeitenden zu erfüllen. Hierfür bringen die Mitarbeitenden ihrerseits mehr ein als bloße Fachkompetenz: Kreativität, Flexibilität, Selbstmotivation, Eigenverantwortung und Digitalkompetenz sind zentrale Fähigkeiten der Arbeitnehmer, um in diesen Arbeitsumgebungen erfolgreich zu sein. Es kommt in einem ambidextren Unternehmensumfeld nicht nur, aber auch auf die Soft Skills an. In Umkehrschluss kann die organisationale Ambidextrie helfen, eine Kultur der Innovation und des kreativen Denkens innerhalb des Unternehmens zu fördern. Indem Mitarbeiterinnen und Mitarbeiter ermutigt werden, neue Ideen und Ansätze zu entwickeln und umzusetzen, können sich Unternehmen schneller an Veränderungen anpassen und erfolgreich sein. Eine solch offene Unternehmenskultur der Experimentierfreude braucht aber nicht etwa das sprichwörtliche kreative Chaos, sondern muss vielmehr klare Strukturen und Prozesse etablieren, um sicherzustellen, dass innovative Ideen auch tatsächlich umgesetzt werden können. Kreative Köpfe werden sinnstiftend für das Unternehmen wie sich selbst eingesetzt und können ihr Potenzial entfalten. Und genau darin korrelieren New-Work-Ideen und Ambidextrie: Mitarbeitende werden in ihrer Mit- und Selbstbestimmung und im Out-of-the-Box-Denken gefördert. Sie können sich dem Gedanken von New Work gemäß selbst verwirklichen und mit dem gleichzeitigen Ziel der organisationalen Ambidextrie für den Unternehmens- wie den persönlichen Erfolg einsetzen.

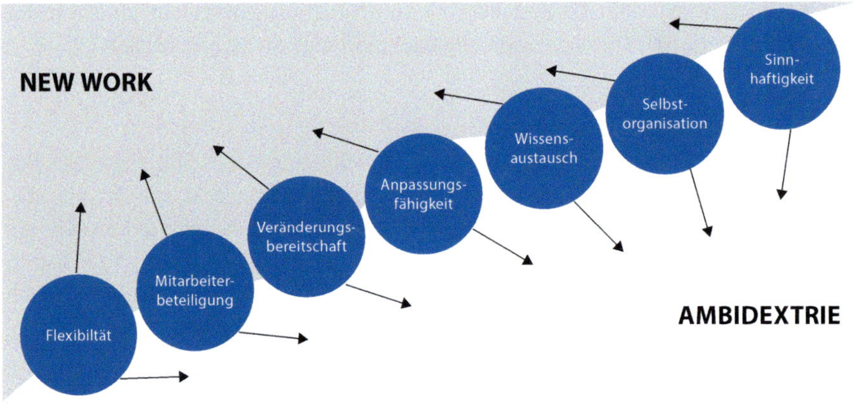


**Dar. 4-22:** Zusammenhänge zwischen New Work und Ambidextrie

Insgesamt sind New Work und organisationale Beidhändigkeit eng miteinander verbunden und unterstützen Unternehmen dabei, sich mit Erfolg an die Herausforderungen der modernen Arbeitswelt anzupassen. Ambidextrie schafft Sinnhaftigkeit – wie sie dem Konzept von New Work inhärent ist.

#### 4.5.2.2 Organisatorische Ansätze

New Work und organisationale Ambidextrie korrelieren miteinander, da sich beide Konzepte auf die Herausforderungen und Veränderungen der modernen Arbeitswelt beziehen. Die Grundvoraussetzungen einer Organisation, die sowohl nach Ambidextrie strebt, also auch New-Work-Ideen implementieren möchte, lassen sich wie folgt zusammenfassen. Sowohl New Work als auch organisationale Ambidextrie fordern Flexibilität von Unternehmen. New Work bezieht sich auf eine Arbeitskultur, die flexibler und offener für Veränderungen ist, während organisationale Ambidextrie Unternehmen dabei unterstützt, flexibel auf Veränderungen in der Marktumgebung zu reagieren und sowohl das Kerngeschäft als auch neue Geschäftsfelder zu betreiben. New Work und organisationale Ambidextrie fördern des Weiteren gleichermaßen die Innovationsfähigkeit von Unternehmen. New Work bezieht sich auf die Schaffung von Arbeitsumgebungen, die Kreativität und Innovation unterstützen. Organisationale Ambidextrie hilft Unternehmen dabei, innovative Geschäftsmodelle und -prozesse zu entwickeln und zu implementieren. Ein weiterer gemeinsamer Nenner ist die Mitarbeiterbeteiligung. Sowohl New Work als auch organisationale Ambidextrie legen den Fokus auf die Beteiligung der Mitarbeitenden. New Work betont die Bedeutung von Mitarbeiterengagement und -beteiligung, während organisationale Ambidextrie die Teammitglieder dazu ermutigt, neue Ideen und Ansätze einzubringen und sich an der Umsetzung von innovativen Projekten zu beteiligen. Der basale Wille zur Veränderung macht eine zusätzliche Gemeinsamkeit aus. New Work wie auch organisationale Ambidextrie machen Veränderungsbereitschaft bei Mitarbeitenden und Unternehmen notwendig. New Work fordert eine Kultur des Wandels und der Veränderung, während sich Unternehmen mit organisationaler Ambidextrie weitaus besser an Veränderungen in der Marktumgebung anpassen und innovative Lösungen entwickeln.

Die konzeptionellen Knotenpunkte zwischen New Work und Ambidextrie sind damit allerdings noch nicht ausgeschöpft: New Work kann als Katalysator für Ambidextrie dienen, indem sie eine Arbeitsumgebung schafft, die die Integration von Exploitation und Exploration unterstützt. Es gibt handfeste Handlungsoptionen für Unternehmen, die sich im Geist von New Work ambidextrisch aufstellen möchten. So können flexible Arbeitsstrukturen und -prozesse Beidhändigkeit fördern. New Work schafft Raum für Flexibilität und Anpassungsfähigkeit, die für die Integration von Ambidextrie erforderlich sind. Indem Organisationen flache Hierarchien, crossfunktionale Teams und flexible Prozesse einführen, können sie besser auf Veränderungen reagieren und sowohl Exploitation als auch Exploration fördern. Zugleich sollten auch die Arbeitsplätze und -methoden flexibel gestaltet werden, sodass Mitarbeitende ihre Arbeit eigenverantwortlich organisieren können, etwa mittels Homeoffice-Optionen oder flexibler Arbeitszeiten. So können sie ihre Arbeit besser an ihre Bedürfnisse und ihre Produktivität anpassen und gleichzeitig die Effizienz und Effektivität des Kerngeschäfts aufrechterhalten. New Work kann hierbei ein wichtiger Bestandteil sein, muss aber mit organisatorischer Ambidextrie kombiniert werden, um langfristig erfolgreich zu sein.

Außerdem fördert New Work offene Kommunikation und Zusammenarbeit, die für die erfolgreiche Umsetzung von Ambidextrie entscheidend sind. Indem Mitarbeiterinnen und Mitarbeiter über Abteilungen und Funktionen hinweg zusammenarbeiten, können sie ihr Wissen und ihre Fähigkeiten teilen und neue Ideen und Lösungen entwickeln. Wissensaustausch schafft Synergien, knüpft Netzwerke, nutzt unterschiedliche Kompetenzen und Diversität und sorgt zudem für gemeinsame Ziele und ein gleichmäßiges Verständnis. Kritisches Hinterfragen ist notwendig und erwünscht!

New Work legt den Fokus auf die individuellen Bedürfnisse und Fähigkeiten der Mitarbeiterinnen und Mitarbeiter und ermöglicht ihnen, selbstorganisiert und eigenverantwortlich zu arbeiten. Dieser Ansatz kann dazu beitragen, Ambidextrie zu fördern, indem er den Mitarbeitenden die Freiheit gibt, sowohl Exploitation- als auch Explorationstätigkeiten zu erkunden und auszuführen. New Work und organisatorische Ambidextrie fordern jeweils hohe Eigenverantwortung von den Mitarbeitenden. Die Selbstorganisation auf Basis des Unternehmenszwecks macht eigenständige Entscheidungen der Mitarbeitenden möglich, führt damit zu schnelleren Reaktionszeiten sowie höherer Flexibilität und nutzt die Expertise aller Mitarbeitenden.

### 4.5.3 Leadership und Organisationskultur: So lässt sich Ambidextrie umsetzen

Wie im Vorangegangenen gezeigt, gibt es einige zentrale Stellschrauben, die für Ambidextrie im Unternehmen zu drehen sind. Und da es hierbei um die praktische Umsetzung konzeptioneller Ideen geht, gilt es, Führungsaufgaben neu zu definieren. Wer über Führungsverantwortung verfügt, hat den notwendigen Gestaltungsspielraum, um Ambidextrie mit den richtigen Entscheidungen voranzutreiben: Die Schlagworte sind Vielfalt, Ressourcenmanagement, Entscheidungsfreude und Strategie. Denn eines ist gewiss – Mitarbeitende betonen, dass Ambidextrie einer durchdachten Führung bedarf, um die damit einhergehenden Spannungen zu managen. 2015 haben Zacher und Rosing eine solide und hilfreiche Basis für ambidextre Führung geliefert. Im Folgenden wird der Fokus auf die Mitarbeiterebene gerichtet, um ganzheitlich gedachte Ambidextrie und konkretes Führungsverhalten zu synthetisieren.

Organisationale Ambidextrie kann das Mitarbeiterengagement erhöhen und braucht wiederum genau diese Einsatzfreude. Wenn Mitarbeitende die Möglichkeit bekommen, an neuen und spannenden Projekten zu arbeiten und ihre Kreativität und Innovationsfähigkeit einzubringen, sind sie fachlich wie emotional engagiert. Dies kann zu ihrer Zufriedenheit beitragen und dazu führen, dass sie sich stärker mit ihrem Unternehmen identifizieren. Mit anderen Worten: Hierin liegt eine wesentliche Aufgabe für Führungskräfte.

#### 4.5.3.1 Die Rolle von Führungskräften

Die erfolgreiche Integration von Ambidextrie hängt im Wesentlichen von der Führung ab. Führungskräfte müssen Sinn und Nutzen von Exploitation und Exploration hervorheben, alte Denkweisen und Strukturen hinter sich lassen und die agile Transformation vorantreiben. Im Kontext von Ambidextrie werden Führungskräfte zu »Enablern« für die Integration von Verwertungs- und Erkundungsaktivitäten – sie werden zu Wegbereitern der Ambidextrie vor dem Hintergrund von New Work. Um dieser anspruchsvollen organisationalen Funktion gerecht zu werden, muss ein Grundverständnis für Ambidextrie vorausgesetzt werden können. Die Entwicklung von Fähigkeiten, Fertigkeiten und einem neuen Mindset ist entscheidend, um agile Arbeitsweisen erfolgreich umzusetzen und Ambidextrie in der Organisation zu fördern. Dass Führungspersönlichkeiten im Rahmen ihres Kompetenz- und Verantwortungsbereichs Flexibilität und Kreativität ermöglichen sollten, ist mit Blick auf obige Ausführungen naheliegend. Die strukturelle Gestaltung des Arbeitsumfelds ermöglicht die effektive Verfolgung von exploitativen oder explorativen Praktiken, und der Transfer sowie die Integration von Wissen zwischen den Abteilungen sind für das Erreichen von Ambidextrie unerlässlich. Dieser Aspekt zeigt, dass abteilungsbezogenes Silodenken durchbrochen werden muss, wenn Ambidextrie langfristig und nachhaltig verankert werden soll. Die Führung muss zu dem Faktor werden, der Wissenstransfer ermöglicht und so die Innovationskraft des Unternehmens stärkt. Selbstreflexion der Führungskraft ist entscheidend, um sich über die eigenen Fähigkeiten und Kenntnisse sowie die der Mitarbeiterinnen und Mitarbeiter bewusst zu sein. Letztere sollten Verantwortung übernehmen und Vertrauen erhalten, während Führungskräfte sich zurücknehmen und Raum für Eigeninitiative schaffen. Indem Führungskräfte diese Elemente in ihrem Führungsstil verankern, schaffen sie die Voraussetzungen für eine Organisation, die sowohl auf bestehenden Stärken aufbauen als auch Neues erkunden und entwickeln kann.

#### 4.5.3.2 Integration von Ambidextrie: Praktische Ansätze aus der organisationalen Ambidextrie für New Work

Oben wurde bereits skizziert, inwiefern Unternehmen mit strukturellen Änderungen Ambidextrie fördern können und welche Funktion Führungskräften in diesem Prozess zukommt. Wie aber können Führungskräfte die Beidhändigkeit im Unternehmen fördern? Dieses Kapitel gibt den dafür notwendigen Praxisbezug an die

Hand. Eines vorweg: Ambidextrie kann nur dort gedeihen, wo seitens der Führung ein Grundvertrauen in die Mitarbeitenden herrscht. Dieses Vertrauen spielt die entscheidende Rolle, um ein Betriebsklima zu schaffen, in dem organisationale Beidhändigkeit gelebt und zielführend eingesetzt wird. Vertrauen wiederum wird beidseitig durch Befähigung, Fehlerkultur, Offenheit und persönliche Beziehungen aufgebaut. Führungskräfte müssen insbesondere bei explorativen Aufgaben aktiv vermitteln und helfen, Fehler zu korrigieren. Dieses Beispiel zeigt, dass Ambidextrie nicht von oben verordnet werden sollte, sondern vielmehr im täglichen Austausch praktiziert werden muss.

Führungskräfte müssen bei ihren Teams ein Bewusstsein für die konkurrierenden Ziele der Exploitation und Exploration schaffen und eine offene Kommunikation und Transparenz fordern und fördern. Neben dem Erkennen der richtigen Fokussierung, ob also verstärkt explorativ oder exploitativ vorzugehen ist, gilt es, diese in Leitlinien für die Teams und deren Mitglieder umzusetzen. Generell ist schon viel gewonnen, wenn das Spannungsfeld Exploration und Exploitation in den Teams klar kommuniziert wird und ein Verständnis darüber vorliegt. Führungskräfte müssen in der Lage sein, Extreme auszugleichen und gegebenenfalls das eine oder andere mehr zu fördern. Sie navigieren ihre Mitarbeiterinnen und Mitarbeiter somit zwischen Prozessoptimierung und einer produktiven, integrativen Kultur des Ideenaustauschs und der Zusammenarbeit und müssen die Balance zwischen Vorausplanung und Offenheit für neue Ideen finden.

Mit diesen grundlegenden Voraussetzungen lassen sich einige sinnstiftende Handlungsempfehlungen für Führungskräfte geben, um Ambidextrie wirkungsvoll zu integrieren:

**Dar. 4-23:** Praktische Ansätze aus der Ambidextrie für New Work

- Führung ermöglicht Synergien und den Wissenstransfer innerhalb der Organisation und der verschiedenen Prozessphasen. Statt abteilungsbezogenen Silodenkens muss Wissensmanagement im Wortsinn strukturell und konstant mitgedacht werden.

- Die Umsetzung von Ambidextrie ist insbesondere von Individuen abhängig. Aufgabe der Führungskraft ist es, individuelle Fähigkeiten zu erkennen und die Verantwortlichkeiten entsprechend zu verteilen. Neben Förderung von Talenten sind auch Extreme auszugleichen und Teams von Beginn an mit Blick auf Ambidextrie-Potenziale zusammenzusetzen. Um der Vielschichtigkeit der Aufgaben gerecht zu werden, sollten die Teams möglichst divers aufgestellt werden, um einen Pool an Fähigkeiten und Potenzialen zu kreieren.
- Führungskräfte müssen ein Bewusstsein für die konkurrierenden Ziele der Exploitation und Exploration schaffen. Die Synergien und den gegenseitigen Nutzen zwischen diesen Polen müssen sie offen und transparent kommunizieren und diese Kommunikation fördern.
- Definierte Verbindungsglieder zwischen Teams können Informationsaustausch und Wissenstransfer zwischen unterschiedlichen Projektphasen, Prozessschritten und Beteiligten sicherstellen.
- Vertrauen braucht es nicht nur ins eigene Team – auch Stakeholder und andere externe Interessengruppen sollten frühzeitig einbezogen werden. Das gelingt mit offener Kommunikation und unter Berücksichtigung der Persönlichkeiten und Interessen der Mitarbeitenden.
- Erfahrungsgemäß wird Exploitation in Unternehmen wegen kurzfristiger und teils massiver monetärer Auswirkungen oft höher priorisiert als Exploration. So nachvollziehbar derlei Geschäftsentscheidungen sein mögen, so gehen damit dennoch meist Störungen für konzentrationsbedürftige Explorationsaufgaben einher. Die Führungskraft muss Störfaktoren reduzieren und für Balance sorgen.
- Es braucht Selbstreflexion der Führungskraft, um sich der eigenen Fähigkeiten und Kenntnisse sowie die der Mitarbeitenden bewusst zu sein. Teammitglieder bekommen Verantwortung und Vertrauen, während sich die Führungskraft zurücknimmt und insbesondere bei der Exploration coacht und berät.
- Das Eingeständnis von Fehlern gilt auch für Führungskräfte. Sie müssen zudem schwierige Entscheidungen treffen, Teammitglieder schützen und Konflikte bewältigen. Effektive Führung erfordert, dass man ansprechbar und entscheidungsfreudig ist und das Team vorbehaltlos unterstützt.

Letztlich hängt der Erfolg der Ambidextrie in Organisationen von der Führung und Zusammenarbeit ab, die eine Kultur der kontinuierlichen Verbesserung und Innovation schaffen. Ihre Integration erfordert Führungsdimensionen, die unmittelbar mit New Work korrespondieren – angefangen bei der Mitarbeiterzentrierung. Führungskräfte sollten die Bedürfnisse und Fähigkeiten ihrer Mitarbeiter individuell berücksichtigen und gezielte Unterstützung bieten. Die Sinnvermittlung steht ebenfalls im Zentrum, denn nur bei Verständnis für Sinn und Zweck der Ambidextrie erleben Mitarbeiterinnen und Mitarbeiter ihre Tätigkeit als sinnvoll und sind entsprechend engagiert und empowert. Zugleich wird ihre Eigenverantwortung gefördert, was ihren Handlungsspielraum in einem offenen, kommunikativen Arbeitsumfeld erweitert. Ihre Fehler werden zu positiven Lernchancen in Zusammenarbeit mit konstruktiven und produktiven Teams. Job der Führungskräfte ist es, diese Ideen vorzuleben, Veränderungen anzustoßen und sich selbst an der richtigen Stelle zurückzunehmen. Will heißen: Es braucht von Führungskräften eine Balance von Freiraum, Offenheit, Empowerment und Richtungsvorgabe.

### 4.5.4 Zusammenfassung: Ambidextrie als Schlüsselkompetenz für Unternehmen

Eine ambidextre Organisation verfügt über die Fähigkeit, ihre Prozesse kontinuierlich zu optimieren, um Kosten zu senken, die Qualität zu steigern und Kundenbedürfnisse zu erfüllen. Gleichzeitig ist sie in der Lage, innovative Ideen zu entwickeln, um neue Produkte und Dienstleistungen zu schaffen und sich so im Markt zu differenzieren. Dabei ist es wichtig, dass die Organisation diese beiden Fähigkeiten nicht als Gegensätze betrachtet, sondern als komplementäre Elemente, die gemeinsam zu nachhaltigem Erfolg führen können. Zudem darf weder zu kleinteilig noch ausschließlich auf der Metaebene gedacht werden – mit Blick auf die Dimensionen von vor allem kontextueller sowie struktureller Ambidextrie sollte sowohl mit detaillierten also auch mit umwälzenden Ideen gearbeitet werden. Um diese Ziele zu erreichen, bedarf es neuer Konzepte von Leadership, die wiederum mit New Work korrelieren und die Mitarbeiterinnen und Mitarbeiter ins Zentrum stellen.

#### 4.5.4.1 Die Vorteile für Unternehmen

Die Vorteile, die gelingende Ambidextrie einem Unternehmen liefert, liegen auf der Hand: Vorhandene Ressourcen werden bestmöglich genutzt und neue Geschäftsfelder erkundet. Im Idealfall ist ein ambidextres Unternehmen somit synchron wie diachron wettbewerbsfähig, flexibel und wendig unterwegs. Um über den Status quo hinauszugehen, müssen Unternehmen bereit sein, Risiken einzugehen und neue Wege zu beschreiten. Mit den oben skizzierten Führungsansätzen hin zur Beidhändigkeit wird es möglich und notwendig, die Komplexität zu reduzieren, Freiräume zu schaffen und zu zeigen, dass innovative Arbeit greifbar ist. Die Integration von Exploration und Exploitation erfordert Zusammenarbeit, interdisziplinäre Arbeitsgruppen und Vernetzung, um Synergien zu schaffen. Letztlich ist konstantes Lernen für den anhaltenden Erfolg in der Ambidextrie unerlässlich. Die Schaffung einer Kultur des Lernens und Experimentierens ermöglicht es den Mitarbeiterinnen und Mitarbeitern, die Kluft zwischen Exploitation und Exploration zu überbrücken. Im Sinne des Unternehmens wie ihrem intrinsischen Wunsch nach Weiterbildung und Entwicklung gemäß leisten sie mittel- wie langfristig mehr für ihr Unternehmen.

Ein weiterer wesentlicher Aspekt ist das Arbeitgebermarketing: Ein positives, produktives Arbeitsumfeld, in dem sich Mitarbeitende entfalten und entwickeln können, wird auf dem Arbeitsmarkt dem Zeitgeist gemäß zweifellos mehr Talente anziehen als ein streng hierarchisch und pyramidal geführtes Unternehmen. Eine von zufriedenen Mitarbeitenden verbreitete positive Arbeitgeberreputation kann nur von Vorteil für das jeweilige Unternehmen sein.

Oben wurde bereits gezeigt, dass eine produktive und positive Mitarbeiterzentrierung unerlässlich und zugleich eine wesentliche Schnittmenge von New Work und ambidextrer Führung darstellt. Eine von der Führungskraft vorgelebte Vision vermittelt den von New Work geforderten Sinn an der Arbeit und motiviert. Mitarbeiterinnen und Mitarbeiter mit intrinsischer Motivation sind eher in der Lage, in ihren verschiedenen Rollen und Aufgaben hervorragende Leistungen zu erbringen, da sie ein echtes Interesse an ihrer Arbeit und den Wunsch nach Beherrschung und persönlicher Weiterentwicklung haben. Im Idealfall ermuntert ein ambidextres Unternehmen seine Mitarbeiterinnen und Mitarbeiter somit implizit, noch mehr Leistung zu erbringen und dies gern und aus eigenem Antrieb! Es darf vermutet werden, dass die Mitarbeiterfluktuation in einem ambidextren Unternehmen weitaus niedriger ist, wofür der empirische Beweis zu erbringen sein wird.

Ambidextrie und New Work sollten als Teil einer globalen Arbeitsphilosophie betrachtet werden, die in einer vernetzten Welt relevant ist. Unternehmen, die diese Konzepte umsetzen, werden aller Voraussicht nach in der Lage sein, erfolgreich auf die Herausforderungen der Globalisierung, der Digitalisierung und der sich ständig ändernden Arbeitsumgebungen zu reagieren und für aktuelle wie künftige Mitarbeitende attraktiv zu wirken. Es lässt sich festhalten, dass Ambidextrie dazu beitragen kann, Unternehmen innovativ und flexibel zu halten, während New Work sie agiler und effizienter werden lässt.

#### 4.5.4.2 Die Auswirkungen auf Mitarbeitende

Mit Blick auf obige Ausführungen dürfte schon der Gedanke aufgekommen sein, dass Mitarbeiterinnen und Mitarbeiter von ambidextrer Leadership profitieren. Die Ambidextrie zeigt sich in diesem Kontext als Leitstern, nicht aber als aufgepfropfte Maßnahme. Denn: Verordnete Ambidextrie, vielleicht noch dazu bei Mitarbeiterinnen und Mitarbeitern, deren Persönlichkeits- bzw. Führungsprofile andere Stärken aufweisen, bringt wenig. Darum ist Mitarbeiterzentrierung mit Blick auf individuelle Kompetenzprofile so wichtig.

Mitarbeiterzentrierung sollte sich somit stets positiv auf ihre Zielgruppe auswirken. Die Berücksichtigung des bzw. der Einzelnen ist zweifelsohne ein entscheidender Faktor bei der Entwicklung und Aufrechterhaltung von Flexibilität in Organisationen. An dieser Stelle noch ein offenes Wort: Die Teammitglieder bzw. die Mitarbeitenden ins Zentrum zu stellen, meint nicht das sprichwörtliche Wunschkonzert, das vorwiegend egoistische Bedürfnisse Einzelner fokussiert. Vielmehr ist es von Bedeutung, die Mitarbeiterinnen und Mitarbeiter als Individuen wertzuschätzen, dabei aber den professionellen Anspruch an sie nicht aus den Augen zu verlieren. Sie sollten fachlich entwickelt und gefördert werden, wobei ihre persönlichen Charakteristika Raum erhalten und nicht unterdrückt werden. Platz zur beruflichen wie menschlichen Entfaltung sollte für alle geschaffen werden und nicht bloß für die Präsentesten. Das kann in der Praxis für die Führungskraft möglicherweise zum Drahtseilakt werden, aber in einem von offener Kommunikations-, Diskussions- und Fehlerkultur geprägten Umfeld können mündige, empowerte Mitarbeitende am besten für sich selbst einstehen. Sie bekommen somit den Raum, sich fachlich weiterzuentwickeln und menschlich zu wachsen, indem sie ihre Soft Skills bewusster einsetzen. Ihr Selbstwert und ihr Selbstbewusstsein werden gestärkt. Mit dem Freiraum, den sie für ihre Selbstorganisation erhalten, können sie ihre Autonomie und letztlich ihren Kompetenzrahmen vergrößern.

Dabei sollte ambidexter Führungsstil eine Stütze sein und nicht etwa ein einengendes Korsett: Es ist nicht zwingend ratsam, Mitarbeitende in Gruppen aufzuteilen, die sich ausschließlich der Exploitation oder aber der Exploration widmen. Vielmehr können Variationen der Aufgabenstellung den Horizont erweitern und eben zur Kompetenzerweiterung einzelner Teammitglieder beitragen. Hierbei steht erneut New Work Pate: Dank Mitarbeiterzentrierung können Herausforderungen der ambidextren Führung besser gelöst werden, während zugleich sinnstiftende Tätigkeitsfelder für die Mitarbeitenden entstehen. Eine Rotation der Teammitglieder schafft Abwechslung und verbreitert ganz automatisch die Perspektive.

Kurzum: Ein ambidexter Führungsstil stellt die Mitarbeiterinnen und Mitarbeiter als Fachkräfte wie als Menschen in den Mittelpunkt. Im Sinne von New Work erleben diese eine abwechslungsreiche, gedanklich stimulierende und kommunikativ offene Arbeitswelt, in der sie ihre Stärken einsetzen, sich neue Kompetenzen aneignen können und als autonom agierende Expertinnen und Experten verstanden werden. Gleichzeitig aber wird die Zusammenarbeit dieser fachlich versierten Mitarbeitenden gefördert, die somit als Individuen in einem kooperativen Umfeld ihre Talente entfalten. Beste Voraussetzungen also für eine sinnstiftende Tätigkeit.

### 4.5.5 Fazit: Ambidextrie und New Work gehören zusammen

Indem kontinuierlich neue Geschäftsfelder erschlossen und bestehende Geschäftsmodelle optimiert werden, kann ein Unternehmen langfristig wettbewerbsfähig bleiben und erfolgreich sein. Betriebliche Beidhändigkeit ist hierfür eine vielschichtige und mehrdimensionale Schlüsselkompetenz. Ambidextrie und New Work sollten als Teil einer neuen Arbeitsphilosophie betrachtet werden, die eine bessere Zukunft für Arbeitnehmende, Unternehmen und die Gesellschaft insgesamt schaffen kann. Die konsequente und durchdachte Umsetzung dieser Konzepte kann dazu beitragen, die Arbeit individueller und erfüllender zu gestalten und gleichzeitig die Effizienz und Wettbewerbsfähigkeit von Unternehmen zu steigern. Sinnhaftigkeit verbindet sich so mit Effizienz und wirtschaftlichem Erfolg.

Die erfolgreiche Umsetzung von Ambidextrie erfordert eine unterstützende Führung und Organisationskultur, die sowohl Exploitation als auch Exploration ermöglicht und fördert. Führungskräfte spielen eine entscheidende Rolle bei der Schaffung einer Umgebung, in der sich Mitarbeiterinnen und Mitarbeiter sicher fühlen, Ideen einzubringen und Neues auszuprobieren. Eine offene, transparente und vertrauensbasierte Kommunikation sowie die Zusammenarbeit in interdisziplinären Teams sind dabei wichtige Faktoren. Die Implementierung von New-Work-Ansätzen kann diesen Prozess zusätzlich unterstützen.

Die Integration von Ambidextrie in der breiten Masse gelingt, indem Mitarbeiterinnen und Mitarbeiter einbezogen und dazu befähigt werden, sich selbst zu organisieren. Sie sollten im Zentrum eines jeden mit New Work wie Ambidextrie liebäugelnden Führungsverständnisses stehen. Dies fördert Eigenverantwortung und Motivation der Mitarbeitenden und ermöglicht es, im Sinne der Exploitation sowohl bestehende Strukturen und Prozesse zu optimieren, als auch für die Exploration Neues zu erkunden und zu entwickeln. Im Zeitalter von New Work sind innovative Unternehmen, die Ambidextrie erfolgreich einsetzen, besser gerüstet, um in einem hart umkämpften Marktumfeld zu bestehen und langfristig erfolgreich zu sein. Von daher sollte der Mensch in den Mittelpunkt gerückt werden für den Weg Richtung Beidhändigkeit.

### Zum Autor

**Tim Schirmer** absolvierte den Bachelor in Maschinenbau und den MBA in Business Innovation Management. Zuletzt konzentrierte er sich bei Daimler Truck auf die Transformation hin zur Elektromobilität, was zu strategischen Partnerschaften und Fortschritten bei der Produktionstechnologie für Elektromotoren führte. Heute ist er Head of Product Management PLASTICS & METALS bei Herrmann Ultraschall und treibt die Weiterentwicklung des Produktmanagements und -portfolios mit Fokus auf nachhaltige und innovative Lösungen für die Kunden voran. Durch seine aktuellen Forschungsaktivitäten in Konzernen und im Mittelstand verfügt er über umfangreiche Erfahrung im Innovationsmanagement und in organisationaler Ambidextrie.

## Literatur

Birkinshaw & Gupta (2013). Clarifying the Distinctive Contribution of Ambidexterity to the Field of Organization Studies. Academy of Management Perspectives, 27(4), 287–298. https://www.doi.org/10.5465/amp.2012.0167 (Abgerufen am 9.11.2023).

Danneels (2002). The dynamics of product innovation and firm competences. Strategic Management Journal, 23(12), 1095–1121. https://www.doi.org/10.1002/smj.275 (Abgerufen am 9.11.2023).

Duncan (1976). The ambidextrous organization, designing dual structures for innovation. The Management of Organization Design, 1 (1976), 167–188.

Goossen, Bazzazian & Phelps (2012). Consistently capricious: The performance effects of simultaneous and sequential ambidexterity, Vol. 2012: Academy of Management Briarcliff Manor, NY 10510.

March (1991). Exploration and exploitation in organizational learning. Organization Science, 2(1), 71–87.
Raisch & Birkinshaw (2008). Organizational ambidexterity: Antecedents, outcomes, and moderators. Journal of Management, 34(3), 375–409.
Tushman & O'Reilly (1996). Ambidextrous organizations: Managing evolutionary and revolutionary change. California Management Review, 38(4), 8–29.
Zacher & Rosing (2015). Ambidextrous leadership and team innovation. Leadership & Organization Development Journal, 36(1), 54–68. https://www.doi.org/10.1108/LODJ-11-2012-0141 (Abgerufen am 9.11.2023).

# 5 New Work und Gesellschaft

# 5.1 Transformation der Arbeitswelt und Auswirkungen auf die Gesellschaft

*Interview mit Alexander Schweitzer*



## 5.1.1 Veränderungen der Arbeitswelt und Treiber von New Work

Die Arbeitswelt war in den letzten Jahren von einer Vielzahl disruptiver Entwicklungen betroffen. Welche derzeitigen Entwicklungen prägen Ihrer Meinung nach aktuell die Arbeitswelt von Mitarbeitenden in Deutschland?

Wir alle erleben, wie sich unsere Arbeitswelt aktuell verändert, und zwar weitestgehend unabhängig davon, ob wir überwiegend mit oder an Maschinen arbeiten oder ob wir mit vielen Menschen zusammenarbeiten. Die fortschreitende Digitalisierung hat einen enormen Einfluss auf die gesamte Arbeitswelt. Neue Technologien und digitale Tools ermöglichen flexible Arbeitsformen und Arbeitszeiten. Zunehmenden Einfluss haben auch Aspekte der ökologischen Nachhaltigkeit. Die Corona-Pandemie und der jüngste Anstieg der Energiepreise haben diesen Wandel nochmals beschleunigt. Auch die Organisationsstrukturen verändern sich. Wir sehen, dass Hierarchien flacher und Entscheidungswege kürzer werden. Unternehmen setzen vermehrt auf agile Arbeitsmethoden. Gleichzeitig gibt es noch Betriebe, die einfach so weitermachen wollen wie bisher, auch im Umgang mit ihren Beschäftigten. Angesichts des zunehmenden Wettbewerbs um Fachkräfte müssen diese Unternehmen umdenken. Für viele Beschäftigte gewinnen die Sinnhaftigkeit der eigenen Arbeit, die persönlichen Gestaltungsmöglichkeiten und die Vereinbarkeit von Beruf und Privatleben in den verschiedenen Lebensphasen an Bedeutung. Gerade die jüngere Generation hat hier andere Ansprüche. Darauf sollten sich die Unternehmen einstellen, andernfalls wird für sie die Fachkräftesicherung ein immer schweres Unterfangen werden.

Welche Auswirkungen haben diese Veränderungen auf den Arbeitsmarkt?

Die Veränderungen unserer Arbeitswelt betreffen alle Branchen, wenn auch in unterschiedlicher Intensität. Damit betreffen sie auch alle Beschäftigten sowie diejenigen, die gerade erst an der Schwelle zum Arbeitsmarkt stehen. Wir sehen eine größere Bandbreite an Beschäftigungsformen. Dadurch werden auch neue Fragen zu sozialer Absicherung und Arbeitnehmerrechten aufgeworfen, wie etwa durch Clickworking. Aufgabe der Politik ist es, dafür Sorge zu tragen, dass Arbeit auch künftig unter fairen, gesunden und sicheren Bedingungen stattfindet.

Gleichzeitig bieten technologische Innovationen und neue digitale Tools für die Beschäftigten vielfältige Chancen. So können z. B. schwere körperliche Arbeiten vermindert oder standardisierte Arbeitsabläufe durch Künstliche Intelligenz bzw. Robotik ersetzt werden. Mit Blick auf die Arbeitszeit und den Arbeitsort werden wir flexibler werden und damit die Vereinbarkeit von Beruf und Familie verbessern. Dadurch können neue Arbeitsplätze entstehen oder vorhandene Arbeitsplätze aufgewertet werden.

Angesichts der Geschwindigkeit, mit der sich der Wandel vollzieht, entsteht bei vielen Menschen das Gefühl, nicht mehr mit ihm Schritt halten zu können. Insbesondere für langzeitarbeitslose Menschen mit nur geringen digitalen Kompetenzen oder für Menschen ohne berufliche Ausbildung ist das eine große Herausforderung. Denn es kann zusätzlich den (Wieder-)Einstieg ins Arbeitsleben erschweren. Es ist deshalb unsere Aufgabe, die Transformation der Arbeitswelt verantwortungsvoll zu gestalten. Für die Unternehmen sind die Auswirkungen der Transformation ähnlich groß. Sie müssen in neue Technologien und Produktionsprozesse investieren. Gleichzeitig müssen sie ihre Organisation, ihre Geschäftsprozesse und ihre Unternehmenskultur an die Veränderungen der Arbeitswelt anpassen und gute Arbeitsbedingungen für ihre Beschäftigten schaffen. Dabei kommt es zunehmend auch darauf an, Arbeit flexibler, kreativer und sinnstiftender zu gestalten.

Als Reaktion auf die vielfältigen Veränderungen und Rahmenbedingungen der Arbeitswelt ist in den letzten Jahren der Megatrend New Work entstanden.

Dieser Begriff ist auch zurzeit in aller Munde. Was assoziieren Sie mit der Begrifflichkeit New Work?

New Work ist für mich eng verknüpft mit den Möglichkeiten, die uns eine digitale Arbeitswelt bietet. Die Digitalisierung ermöglicht es, Informationen unabhängig von Zeit und Ort abrufen zu können. Das birgt einerseits die Gefahr, dass Arbeit und Freizeit entgrenzt werden. Andererseits kann die Flexibilisierung von Arbeitszeit und -ort die Work-Life-Balance verbessern und für eine bessere Vereinbarkeit von Familie und Beruf sorgen. Mehr Selbstbestimmung in der Arbeit bedeutet aber auch mehr Eigenverantwortung. Neue Formen der Arbeit ermöglichen neue Formen der Zusammenarbeit, zum Beispiel in hybriden Teams und mit agilen Methoden. Dabei unterstützen uns neue Technologien. Damit gehen aber auch neue Anforderungen einher, die an das Wissen und Können der Beschäftigten gestellt werden. Entsprechende Lern- und Entwicklungsmöglichkeiten für die Arbeitnehmerinnen und Arbeitnehmer genauso wie ihre Veränderungsbereitschaft sind also auch Teil von New Work.

### 5.1.2 New Work und Politik

Welche Transformationen scheinen aus Ihrer Sicht notwendig, um den Standort Deutschland fit für die Zukunft zu machen?

Deutschland und gerade auch Rheinland-Pfalz zeichnen sich durch eine starke industrielle Basis aus, die vor allem von mittelständischen Unternehmen geprägt und mit innovativen und hochwertigen Produkten auf dem Weltmarkt etabliert ist. Ausgangspunkt für unseren Erfolg sind dabei die gut ausgebildeten Fachkräfte. Hier müssen wir stark bleiben. Die zunehmende Digitalisierung und der ökologische Wandel stellen uns aber vor Herausforderungen. Beim Ausbau unserer Daten- und Energieinfrastruktur müssen wir das Tempo daher weiter erhöhen.

Welche Aufgaben hat die Politik im Rahmen der Veränderungen der Arbeitswelt und mit Blick auf den New-Work-Trend?

Potentialentfaltung der Arbeitnehmerinnen und Arbeitnehmer, Work-Life-Blending, flexible Arbeitszeitgestaltung einschließlich der Vertrauensarbeitszeit sowie die Einbeziehung der Mitarbeiterinnen und Mitarbeiter bei Unternehmensentscheidungen – das alles sind Maßnahmen, die zur Fachkräftesicherung und zur Bindung von Talenten an die Unternehmen immer mehr an Bedeutung gewinnen. Vor dem Hintergrund des Fachkräftemangels in Deutschland sind wettbewerbsfähige und praxistaugliche gesetzgeberische Regelungen, die die moderne Lebens- und Arbeitswelt abbilden, äußerst wichtig.

In Rheinland-Pfalz hat Ministerpräsidentin Malu Dreyer für diesen wichtigen Dialog den Transformationsrat eingerichtet. Hier diskutiert die Landesregierung mit Vertreterinnen und Vertretern von Gewerkschaften, Arbeitgeberseite, Kammern, Verbänden und der Bundesagentur für Arbeit die strategischen Weichenstellungen in der Transformation. In einer eigenen, regelmäßig fortgeschriebenen Fachkräftestrategie verständigen sich die genannten Arbeitsmarktpartnerinnen und -partner der Landesregierung zudem auf gemeinsame Ziele und Maßnahmen. Der Schwerpunkt der aktuellen Fachkräftestrategie liegt insgesamt auf dem Thema »Qualifizierung«. Dieser Schwerpunkt zeigt sich durch die diversen Vorhaben zur Stärkung der dualen Ausbildung, der Förderung der beruflichen Weiterbildung sowie der Erwerbsmigration von Ausbildungsinteressierten und Fachkräften.

Politik hat außerdem unter dem Gesichtspunkt des Arbeits- und Gesundheitsschutzes die Aufgabe, für New Work einen rechtlichen Rahmen zu schaffen. Dieser muss den unterschiedlichen Interessen gerecht werden, dabei aber den sozialen, technischen und medizinischen Arbeitsschutz aller Beschäftigten im Blick haben und ein angemessenes Arbeitsschutzniveau sicherstellen. Politik kann mit der gesetzlichen Ausgestaltung der Arbeitsschutzvorschriften auch die Anstrengungen der Sozialpartner unterstützen, durch tarifvertragliche Abschlüsse zeitgemäße Arbeitsbedingungen für die Veränderung der Arbeitswelt und einen gesetzlichen Rahmen für Sicherheit und Gesundheitsschutz am Arbeitsplatz sicherzustellen.

### Welche arbeitsrechtlichen Herausforderungen sehen Sie hierbei?

Mit der digitalen und ökologischen Transformation werden veränderte und neue arbeitsbedingte Belastungen für die Beschäftigten einhergehen. Darauf muss sich der Arbeitsschutz einstellen. Um ein Beispiel zu nennen: Homeoffice ist für viele Menschen gang und gäbe. Wichtig ist dabei, dass auch in den eigenen vier Wänden der Arbeitsschutz gewahrt bleibt. Darunter fallen geregelte Arbeitszeiten, aber zum Beispiel auch eine ausreichende Beleuchtung bei der Arbeit im Homeoffice.

Wenn wir über stärker selbstbestimmte Arbeit sprechen, müssen wir auch darüber sprechen, in welchem rechtlichen Rahmen wir diese Flexibilisierung umsetzen. New Work stellt uns dabei vor vielfältige arbeits(schutz)rechtliche Herausforderungen. Zum Beispiel erschweren neue Arbeitsformen eine eindeutige Zuordnung zu selbstständiger Tätigkeit oder abhängiger Beschäftigung. Wo letztere nicht mehr gegeben ist, entfällt auch der Schutz der Arbeitsschutzgesetze und die Aufsichtsbefugnisse der staatlichen Arbeitsschutzverwaltung. In den Fokus rückt dann die Eigenverantwortung der Selbständigen, sich und ihre Gesundheit langfristig und nachhaltig vor arbeitsbedingten Gefahren zu schützen. Unser Ziel muss sein, dass das Arbeitsrecht nicht nur schützt, sondern auch die Veränderungen der Arbeitswelt durch hinreichend flexible gesetzliche Bestimmungen unterstützt. Dabei spielen auch Tarifvertragsparteien mit zeitgemäßen Tarifabschlüssen im Rahmen der Tarifautonomie eine wichtige Rolle.

**Wie können politische Institutionen Unternehmen und die Mitarbeitenden bei der Entwicklung und Umsetzung von New-Work-Konzepten unterstützen?**

Das Land kann die Unternehmerinnen und Unternehmer sowie die Beschäftigten selbst durch eine aktive Arbeitsmarktpolitik bei der Einführung von New-Work-Konzepten unterstützen. In Rheinland-Pfalz machen wir das ganz konkret. In den Projekten »Unterstützung von Transformationsprozessen«, die aus Mitteln des ESF + finanziert werden, werden Erwerbstätige für Veränderungen ihrer Arbeitswelt sensibilisiert. Dabei geht es um zentrale Themen wie etwa Kompetenzerhalt und -entwicklung, Arbeitsorganisation und -führung, Gesundheit am Arbeitsplatz, Künstliche Intelligenz oder nachhaltiges Arbeiten. Mit dem Regionalen Zukunftszentrum für Künstliche Intelligenz gibt es in Rheinland-Pfalz zudem ein aus Bundes- und Landesmitteln finanziertes Projekt, das kleine und mittlere Unternehmen und ihre Beschäftigten bei der Einführung neuer Technologien und KI-Anwendungen unterstützt.

Eine Arbeitswelt im Wandel erfordert aber auch die vertrauensvolle Zusammenarbeit der Sozialpartner. Die Einführung neuer flexibler Arbeitsmodelle und Homeoffice-Regelungen gelingen im Dialog zwischen Beschäftigtenvertretung und Arbeitgeber häufig schneller und besser, erhöhen die Arbeitszufriedenheit und Produktivität. Auf Bundesebene setzen wir uns als Land deshalb für eine starke betriebliche Mitbestimmung gerade angesichts neuer Technologien wie beispielsweise Künstliche Intelligenz ein.

**Setzen Sie New-Work-Konzepte auch im eigenen Ministerium um?**

Der Wandel der Arbeitswelt betrifft den öffentlichen Dienst und die freie Wirtschaft gleichermaßen. Die Landesregierung hat daher im Koalitionsvertrag den Ausbau moderner und innovativer Arbeitszeitmodelle in der Landesverwaltung vereinbart. Im MASTD haben wir den Anteil von Homeoffice und mobiler Arbeit und damit die zeitliche und örtliche Flexibilität erhöht. Dort, wo es möglich ist, wird die Teilnahme am mobilen Arbeiten allen Mitarbeiterinnen und Mitarbeitern unbürokratisch ermöglicht. Flankiert wird dies mit Schulungen, die Führungskräfte im Umgang mit mobiler Arbeit und der Führung von hybriden Teams sensibilisieren.

Grundlage dafür, dass vermehrt Homeoffice in Anspruch genommen werden kann, ist die elektronische Akte. Sie ist seit vielen Jahren ein integraler Bestandteil des Arbeitsalltags im Ministerium und ein zentraler Baustein für die Digitalisierung der Landesverwaltung. Standardprozesse werden sukzessive digitalisiert und in der E-Akte optimiert abgebildet. Der ortsunabhängige Zugriff auf die elektronische

Akte ermöglicht den Mitarbeiterinnen und Mitarbeitern ein hohes Maß an Flexibilität bei der Wahl ihres Arbeitsortes. Die Stärkung der digitalen Kompetenzen der Bediensteten ist auch ein wichtiges Thema im Fort- und Weiterbildungsangebot des Ministeriums. Durch eine neue Telefonsoftware sind Mitarbeiterinnen und Mitarbeiter auch im Homeoffice gut erreichbar. Die Mitarbeiterinnen und Mitarbeiter sind darüber hinaus durchgängig mit Laptops und Fernzugang ausgestattet. Dies ermöglicht auch eine variable Raumnutzung und die Umsetzung neuer Raumkonzepte. So können Büroarbeitsplätze, die durch mobiles Arbeiten an manchen Tagen unbesetzt sind, bei Bedarf von anderen Mitarbeiterinnen und Mitarbeitern genutzt werden. Selbstverwaltete Videokonferenzsysteme schaffen den internen und externen digitalen Kontakt. Jeder EDV-Arbeitsplatz und alle Sitzungsräume wurden dafür mit Konferenztechnik ausgestattet.

Darüber hinaus ist es mir wichtig, eine moderne Arbeitskultur auch räumlich zu unterstützen. Hierzu wurde im MASTD ein Transformation-Lab eingerichtet – ein Raum, mit dem innovatives Projektmanagement implementiert und Kreativität und Effizienz innerhalb der eigenen Zuständigkeit, aber auch abteilungsübergreifend gefördert werden kann. Mitarbeiterinnen und Mitarbeiter werden hierzu in agilen Arbeitsmethoden, wie ›Design Thinking‹, geschult.

### 5.1.3 New Work und Erwerbstätige

**Werden auf dem Arbeitsmarkt der Zukunft andere Fähigkeiten auf Seiten der Erwerbstätigen benötigt? Falls ja, welche?**

Wie der Arbeitsmarkt der Zukunft aussehen wird, kann noch niemand so richtig beantworten. Wir wissen aber, dass er deutlich digitaler, mobiler und vernetzter sein wird. Es ist dabei die Aufgabe der Politik, den Rahmen so zu setzen, dass zukunftsfähige Arbeitsplätze in starken Betrieben in Rheinland-Pfalz erhalten bleiben und geschaffen werden. Für die Erwerbstätigen wird es immer wichtiger, sich die Frage zu stellen, wie sich der eigene Arbeitsplatz in den nächsten Jahren verändern wird. Diesen Veränderungen gilt es offen gegenüberzustehen und sie mutig mitzugestalten, gerade auch mit beruflicher Weiterbildung, insbesondere im Umgang mit digitalen Anwendungen. Digitalkompetenz, Veränderungskompetenz und Agilität sind hier wichtige Stichwörter. Wir lassen die Menschen in der Transformation dabei nicht allein. Wir begleiten sie aktiv. Unser Ziel ist, dass Beschäftigte und Betriebe in Rheinland-Pfalz zu Gewinnern der Transformation werden.

**Gibt es hier Initiativen und Maßnahmen, die den Erwerbstätigen Unterstützungsleistungen anbieten?**

Das Land unterstützt die Erwerbstätigen dabei, Transformation für sich zu gestalten. Digitale Kompetenzen verstehen wir dabei zum einen im Sinne der Anwendung digitaler Tools, also der Nutzung von Geräten, Apps und anderen digitalen Anwendungen. Zum anderen im Sinne der kritischen Bewertung von digitalen Inhalten, ihrer Funktionsweise und ihrem Einfluss auf Mensch und Gesellschaft. Es geht ganz entscheidend darum, die Prozesse im Hintergrund von digitalen Anwendungen und ›Klicks‹ zu kennen und zu verstehen und so Chancen und Risiken bewerten zu können.

Als Wegweiser im Wandel haben wir deshalb die Transformationsagentur ins Leben gerufen. Sie sensibilisiert zum einen für einzelne Aspekte rund um die Veränderung unserer Lebens- und Arbeitswelt, zum anderen bündelt sie Informationen zu den vielfältigen Beratungs- und Förderangeboten des Landes und seiner Partnerinnen und Partner. In enger Zusammenarbeit mit der Transformationsagentur bieten zum Beispiel die Transformationsbegleiterinnen und -begleiter ein individuelles Coaching auf Grundlage einer Arbeitsplatz- und Kompetenzanalyse. Sie unterstützen auf dieser Grundlage die Erwerbstätigen dabei, die für sie passende Weiterbildung zu finden. Häufig werden die Fort- und Weiterbildungen auch noch finanziell gefördert, sei es durch das Land – zum Beispiel mit dem ESF +-Förderprogramm ›QualiScheck‹ – oder durch die Bundesagentur für Arbeit, wo unsere Transformationsbegleiterinnen und -begleiter jeweils persönliche Ansprechpersonen haben. Mit den Digi-Scouts fördern wir gemeinsam mit den Jobcentern die digitalen Kompetenzen von Menschen, die Bürgergeld beziehen, um sie auf die Herausforderungen des Arbeitsmarkts vorzubereiten. Für Menschen mit geringen Lese- und Schreibekompetenzen – also Menschen mit funktionalem Analphabetismus – fördert das Land Kurse zur Vermittlung digitaler Grundbildungskompetenzen in Verbindung mit aufsuchender Arbeit und Leihgeräten für Teilnehmende. Dabei vermitteln die Kurse anhand digitaler Alltagsanwendungen das Lesen und Schreiben sowie digitale Kompetenzen und bereiten auf das selbstständige Weiterarbeiten im Lernportal vor.

Das große Potenzial digitaler Anwendungen wollen wir auch in der Pflege heben. Mit der Studie digi2care wurden im Jahr 2022 alle Pflegeschulen und Versorgungseinrichtungen (Krankenhäuser, stationäre und ambulante Pflegeeinrichtungen) in Rheinland-Pfalz zur Ausstattung, den Kompetenzen von Mitarbeitenden sowie den Entwicklungen und Planungen zum Einsatz digitaler Lösungen im Bildung- und Versorgungsbereich befragt. Die Studie liefert wichtige Informationen zum Status quo und den zukünftigen Entwicklungen und Schwerpunkten der relevanten Prozesse für die Einrichtungen, aber auch für die Politik. Die Möglichkeiten des digitalen Lehrens und Lernens, etwa durch Konzepte wie ›Blended Learning‹ wollen wir insbesondere in der Pflegeausbildung noch stärker ausschöpfen. Hier werden wir als Ministerium für Arbeit, Soziales, Transformation und Digitalisierung eine digitale Bildungsoffensive in Richtung Pflege auf den Weg bringen.

### 5.1.4 New Work und Gesellschaft

**Was bedeutet New Work für unsere Gesellschaft? Auch beispielsweise vor dem Hintergrund der demografischen Entwicklung in Deutschland?**

New Work bietet durch orts- und zeitunabhängiges Arbeiten völlig neue Möglichkeiten. Dadurch entsteht Raum, individuellen Lebenssituationen Rechnung zu tragen. Das stärkt die Teilnahme am Erwerbsleben insbesondere für Frauen und ältere Menschen. Die zunehmende Digitalisierung wird unsere Arbeitswelt weiter verändern. Sind für uns Videokonferenzen mittlerweile der Standard im Büroalltag, werden wir in Zukunft stärker zu einer echten Zusammenarbeit im virtuellen Raum kommen, auch über (Länder-)grenzen hinweg. Das bietet auch neue Möglichkeiten der beruflichen Teilhabe für mobilitätseingeschränkte Menschen. Es fördert zudem den interkulturellen Austausch, die Toleranz und den Respekt füreinander und schafft eine offene und inklusivere Arbeitskultur.

Wir alle sollten offen und flexibel mit diesen Veränderungen umgehen, aber dabei nicht naiv sein. Neue Arbeitsmodelle und -bedingungen, wie sie unter dem Stichwort New Work entstehen, machen unsere Arbeit vielfach angenehmer und können unsere Work-Life-Balance verbessern. Gleichzeitig bedeutet insbesondere die zunehmende Digitalisierung, dass neue Anforderungen an uns und unsere Qualifikation gestellt werden. Lebenslanges Lernen – beruflich, wie auch privat – helfen uns dabei, die Transformation zu gestalten.

**Vielen Dank für das Gespräch!**

Das Gespräch wurde geführt von Matthias Sellinger.

#### Zum Interviewpartner

**Alexander Schweitzer** ist seit Mai 2021 Minister für Arbeit, Soziales, Transformation und Digitalisierung des Landes Rheinland-Pfalz. Zuvor war er sieben Jahre Vorsitzender der SPD-Fraktion im rheinland-pfälzischen Landtag. Der rheinland-pfälzischen Landesregierung gehörte er bereits von 2013 bis 2014 als Minister für Soziales, Arbeit, Gesundheit und Demografie sowie von 2009 bis 2011 als Staatssekretär im Ministerium für Wirtschaft, Verkehr, Landwirtschaft und Weinbau an.

## 5.2 New Work und Generationen-Management – eine symbiotische Beziehung?![20]

*Martin Klaffke*



### 5.2.1 Einleitung

Neben Digitalisierung und Dekarbonisierung treiben demographischer Wandel sowie Bemühungen um soziale Nachhaltigkeit als Mega-Trends die Transformation der Arbeitswelt. Dabei sind »New Ways of Working« – in der öffentlichen Diskussion in Deutschland unter dem Begriff »New Work« subsumiert – Ausfluss und Wegbereiter des fortschreitenden, radikalen Umbaus von Wirtschaft und Gesellschaft.

20 Der Text basiert auf dem Beitrag »Erfolgsfaktor Generationen-Management – Roadmap für das Personalmanagement« von Martin Klaffke, veröffentlicht in Klaffke, M. (Hrsg.), Generationen-Management – Konzepte, Instrumente, Good-Practice-Ansätze, Wiesbaden 2022, S. 3–45

Ihren historischen Ausgangspunkt nimmt die gegenwärtige New-Work-Bewegung nicht zuletzt in den Ideen des Philosophen Frithjof Bergmann (2004), hat sich jedoch von dessen gesellschaftlicher Kapitalismuskritik weitgehend abgekoppelt. Den Kern aktueller Diskurse bestimmen Humanisierung und Flexibilisierung der Arbeitsbedingungen, um Arbeitszufriedenheit und Engagement der Belegschaft zu steigern sowie Agilität und Arbeitgeberattraktivität der Organisation zu fördern. Deutlich wird damit, dass New Work nicht gleichzusetzen ist mit hybridem Arbeiten oder gelegentlicher Homeoffice-Option und auch mehr meint als die Anwendung neuer (agiler) Techniken und Kollaborations-Tools wie Kanban, Design-Thinking oder Working-out-Loud. Vielmehr geht es um die Etablierung einer pluralen Arbeitskultur und die Verwirklichung einer experimentellen, lernenden Grundorientierung in der Organisation, wobei psychologische Sicherheit, Mitsprache und Bedürfnisbefriedigung der Beschäftigten neben ökonomischen Zielsetzungen gleichermaßen Berücksichtigung finden (vgl. Taimer und Weckmüller 2020).

Insbesondere junge Erwerbstätige sollen Studien zufolge vielfach anders arbeiten wollen als vorherige Generationen, und sie artikulieren ihre Ansprüche und Vorstellungen zusehends im Arbeitsleben. Medial vielfach aufgegriffen wurden bereits vor einem Jahrzehnt Veränderungen der Wünsche und Erwartungen der damaligen Berufseinsteigenden, etwa indem die ZEIT (Bund et al. 2013) fragte: »Wollen die auch arbeiten?« Unterschiedliche Erwartungshaltungen einzelner Altersgruppen sind per se kein unbekanntes Phänomen. Die Klage der etablierten Generation über Begehrlichkeit, Zügellosigkeit und mangelnden Respekt der Jugend ist ein Thema, das mindestens seit Platon die Weltliteratur beschäftigt. Neu sind allerdings die Rahmenbedingungen. Angesichts der Veränderung von Berufsprofilen infolge von Digitalisierung sowie Dekarbonisierung und des Ruhestandeintritts der geburtenstarken Jahrgänge geht der War for Talent im laufenden Jahrzehnt in seine heiße Phase. Denn nach der jüngsten Bevölkerungsvorausberechnung von Destatis (2022) wird bis zum Jahr 2035 das Erwerbsbevölkerungspotenzial je nach Umfang der Zuwanderung um 1,7 bis 4,8 Mio. Personen sinken. Arbeitgeber sind damit gezwungen, sowohl ihre älteren Beschäftigten bis zum Ruhestandsalter (und möglichst darüber hinaus) zu halten, als auch den vergleichsweise knappen jüngeren Nachwuchs mit allen Mitteln zu rekrutieren und an sich zu binden. In der Folge werden sich die Erwerbsphasen und damit auch die Dauer der Zusammenarbeit unterschiedlicher Altersgruppen verlängern.

Verbunden mit der Generationenvielfalt sind einerseits Vorteile, wie potenziell höhere Problemlösekompetenz und Innovationskraft oder ein umfassenderes Kundenverständnis – Fähigkeiten, die gerade für den Erfolg agiler Teams im Kontext der digitalen Transformation als kritische Voraussetzungen gelten. Andererseits impliziert die Mehr-Generationen-Belegschaft eine längere Parallelität unterschiedlicher Wertorientierungen, arbeitsrelevanter Vorstellungen wie auch Kommunikations- und Koordinationspräferenzen. So artikulieren die jüngeren Beschäftigtengruppen für etablierte Kollegen vielfach ungewöhnliche Ansprüche, etwa im Hinblick auf Freizeitgestaltung, Wochenend- oder Mehrarbeit. Als Folge und verstärkt durch Altersstereotype können Reibungszonen entstehen, die Kollaborationsbereitschaft, Wissenstransfer und wechselseitiges Lernen in altersgemischten Teams erschweren, die Gesundheit der Beschäftigten beeinträchtigen und somit Produktivität und Wettbewerbsfähigkeit von Unternehmen gefährden (vgl. Wegge und Schmidt 2015).

Im Hinblick auf New Work stellt sich für Arbeitgebende somit die Frage, was sie gezielt tun können, um multiple Vorstellungen der Beschäftigten von Arbeit und Arbeitsleben zu bedienen: Braucht es etwa jeweils eine New-Work-Strategie für die einzelnen Altersgruppen in der Organisation? Ausgehend von der inhaltlichen Klärung des populären Generationenbegriffs gibt der Beitrag einen Überblick zu den Beschäftigten-Generationen in Deutschland. Sodann werden konkrete Handlungsfelder eines betrieblichen Generationenmanagements skizziert, um im Kontext von New Work das produktive Miteinander im Generationen-Mix sowie den Ausgleich zwischen den Altersgruppen am Arbeitsplatz zu unterstützen.

## 5.2.2 Zusammenarbeit im Generationen-Mix

Zur Erklärung von Unterschieden im Erleben und Verhalten von Menschen verschiedenen Alters bieten sich grundsätzlich drei Hypothesen an: Alters-, Lebensphasen und Generationen-Effekte. Allen drei weisen empirische Studien Potenzial für die Erklärung von Einstellungsunterschieden in der Arbeitswelt zu (vgl. Bruch et al. 2010).

### 5.2.2.1 Erklärungsansätze für Altersdiversität

*Alters-Effekte* beziehen sich auf Veränderungen von Bedürfnissen und Einstellungen aufgrund des Alterungsprozesses eines Menschen. Mit dem (biologischen) Alter wandelt sich beispielsweise die zeitliche Perspektive, wobei ältere Beschäftigte ihren Blick stärker auf die Gegenwart richten. Dementsprechend werden Wünsche nach Weiterbildung, Aufgabenvielfalt, Karriere oder Macht im Lebensverlauf weniger bedeutsam. In den Vordergrund treten hingegen emotionale Bedürfnisse, wie Autonomie, Wertschätzung und der Wunsch, mit der Tätigkeit einen gesellschaftlichen Beitrag zu leisten (vgl. Hertel et al. 2013).

*Lebensphasen-Effekte* meinen den Wandel der im Verhalten wirksam werdenden Motive in Abhängigkeit der einzelnen Stationen im Lebensverlauf (z. B. Berufseinstieg, Karrierephase oder Familiengründung). Für letztere wird typischerweise angenommen, dass sie schematisch in einem bestimmten Alter bzw. einer bestimmten Altersspanne durchlaufen werden. Lebensphasen-Modelle erscheinen zwar intuitiv plausibel, indem sie Verhalten an den menschlichen Entwicklungs- und Reifungsprozess und an die damit verbundenen sozialen Rollen knüpfen, bergen allerdings Gefahr, die zunehmende Pluralisierung von Lebensentwürfen zu vernachlässigen (vgl. Oertel 2007).

*Generationen-Effekte* unterstellen, dass Werte und Einstellungen einer Altersgruppe durch kollektive Erlebnisse, Zeitgeist und Rahmenbedingungen ihrer Sozialisationsphase, d. h. in den Kinder-, Jugend- und frühen Erwachsenenjahren, beeinflusst werden. Nach dem historisch-gesellschaftlichen Generationenbegriff in der Tradition des Soziologen Karl Mannheim (1928) bezeichnet eine Generation eine gesellschaftliche Kohorte, die Geburtsperiode und prägende kollektive Ereignisse (zum Beispiel die Terroranschläge vom 11. September 2001, die Wirtschafts- und Finanzkrise oder die Corona-Pandemie) in Kindheit und Jugend teilt (vgl. Höpflinger 1999).

Lage und Dauer der formativen Phase werden in der Literatur unterschiedlich definiert, zum Beispiel zwischen dem 15. und 20. Lebensjahr (vgl. Inglehart 1977; Meulemann 2006) oder zwischen dem 16. und 24. Lebensjahr (vgl. Schuman und Scott 1989). Die Annahme der wesentlichen Prägung eines Individuums in seiner formativen Phase negiert zwar nicht, dass sich Menschen über ihre gesamte Lebensspanne im Zuge von persönlichen Erfahrungen und aktuellen Zeitgeistströmungen (weiter-)entwickeln. Der Schlüssel zum Verständnis des Verhaltens von Menschen unterschiedlichen Alters liegt aus Generationensicht jedoch in der Analyse historisch-bedeutsamer Konstellationen und wichtiger Veränderungen in den Lebensbedingungen während ihrer jeweiligen Kindheit und Jugend. Nach Mannheim (1928) sollen dabei Krisen- und Kriegszeiten besonders prägende Wirkung haben.

Soweit Generationenzugehörigkeit nicht nur auf das objektive Merkmal der Geburt in einem spezifischen Zeitraum abstellt, sondern auch, wie skizziert, das gemeinschaftliche Erleben von historisch-gesellschaftlichen Konstellationen umfasst, sind generationenspezifische Aussagen immer kontextabhängig. Die Betrachtung von Generationen als globale Einheiten würde vernachlässigen, dass kulturelle und sozio-ökonomische Prozesse in einzelnen Ländern nicht nur zeitlich versetzt, sondern auch vollkommen unterschiedlich verlaufen sind. Universelle Aussagen zur Einstellung einer Altersgruppe zur New-Work-Bewegung scheiden damit kategorisch aus. So dürfte sich etwa in China kaum eine Begeisterung für Soziokratie oder die Wahl von Führungskräften seitens der Belegschaft finden lassen.

Generationenzugehörigkeit kann sich in vielfältiger Weise ausdrücken, zum Beispiel im Kleidungsstil, in der Sprache oder den Umgangsformen. Im Hinblick auf die Bedeutung von Freizeit und extrinsischen Anreizen zeigte etwa eine Untersuchung von Twenge et al. (2010) generationale Unterschiede bei der als Generation Y oder auch Millennials-Generation bezeichneten Altersgruppe. Festzuhalten ist jedoch, dass ein Großteil der Untersuchungen von Generationen-Einflüssen explorativ und nicht quantitativ ausgerichtet ist und weitgehend auf qualitativen Interviews oder oftmals gar auf anekdotischer Evidenz beruht (vgl. Parry und Urwin 2011, Constanza et al. 2012). Schließlich erfolgen aufgrund des Aufwands in der Regel keine Langzeit- sondern nur Querschnittsstudien. Letztere lassen jedoch keine Unterscheidung zwischen Alters-, Lebensphasen- und Generationen-Effekten zu. Untersuchungen der Einstellung unterschiedlicher Altersgruppen zu New-Work-Elementen, wie z. B. zum Homeoffice oder zum Gig-Working, müssten somit wiederholt und in Panel-Form durchgeführt werden, um eine Konfusion von Alters- und Generationenzugehörigkeit zu vermeiden.

Indem der Generationenzugehörigkeits-Ansatz auf die bewusste Kategorisierung von Menschen setzt, bietet das Konzept wertvolle Orientierungshilfe, um Komplexität zu reduzieren und wichtige Tendenzen und Entwicklungen in der Gesellschaft zu verstehen. Allerdings kann das Konzept niemals das alleinige Erklärungsmuster für Verhaltens- und Einstellungsunterschiede sein. Durch die Betonung von Gemeinsamkeiten bzw. Regelmäßigkeiten ergibt sich nicht zuletzt ein verzerrtes Profil einer Altersgruppe, das die Lebenssituation und Entwicklungsperspektiven von Menschen am Rand der Gesellschaft praktisch ausblendet (vgl. Albert et al. 2015). Dies indiziert jedoch nicht, den Generationenansatz für das Arbeitsleben aufzugeben, sondern deutet vielmehr auf die Komplexität des Generationenphänomens hin und verlangt eine umsichtige Anwendung des Konzepts bis weitergehende Forschungsaktivitäten erfolgt sind.

#### 5.2.2.2 Generationen in der deutschen Arbeitswelt

Eine abschließende Generationengliederung für die gegenwärtige deutsche Arbeitswelt existiert bis dato noch nicht. Vielfach wird eine international gebräuchliche, auf die US-amerikanischen Generationen rekurrierende Systematik herangezogen und mit Anpassungen auf Deutschland reflektiert übertragen. Danach sind, wie Dar. 5-1 zeigt, typischerweise vier Generationen am Arbeitsplatz anzutreffen, wobei aufgrund der Teilung Deutschlands zumindest bei der Babyboomer-Kohorte zwischen einer Ost- und einer West-Generation zu differenzieren ist (vgl. Klaffke 2022a; Klaffke 2022b; Oertel 2007, 2022):

- Die *Babyboomer* bilden zahlenmäßig das Rückgrat der deutschen Erwerbsbevölkerung. Geboren zwischen circa 1956 und 1965 sind sie vermutlich geprägt von der Urerfahrung der Masse und mussten somit soziale Kompetenz in besonderem Maße entwickeln. Sozialpolitische Verbesserungen, Gleichberechtigung und das sukzessive Aufbrechen traditioneller Strukturen im privaten, beruflichen und politischen Bereich markierten vor allem im Westen ihre Sozialisation. Babyboomer besetzen vielfach noch Führungspositionen in Wirtschaft und Politik; als mittlerweile älteste Arbeitnehmenden-Gruppe beeinflusst ihre Bereitschaft über Regel(vor-)ruhestandsgrenze(n) hinaus zu arbeiten das Ausmaß zukünftiger Fachkräfte-Engpässe.
- Der Mauerfall dürfte das prägendste kollektive Ereignis der *Generation X* (geboren circa 1966-1980) in Deutschland darstellen. Der Begriff geht auf den von Coupland im Jahr 1991 publizierten Episodenroman »Generation X – Geschichten für eine immer schneller werdende Kultur« zurück. Ihre Kindheit und Jugend fiel in den Beginn der Medienrevolution. Bei ihrem Eintritt ins Erwerbsleben etablierten sich Internet und Email, starre, neoklassische Organisationsstrukturen wurden in Betrieben zunehmend verflacht und der Fokus auf Wertschöpfung und Mitunternehmertum stellte ab den 2000er-Jahren bislang ungekannte Anforderungen an Mobilität, Flexibilität und Lernbereitschaft. Nachdem die Phase der

Familiengründung zu Gunsten privater Selbstverwirklichung mitunter hinausgezögert wurde, sind Beschäftigte der Generation X vielfach noch mit der Kindererziehung befasst und widmen sich oftmals zugleich der Unterstützung bzw. Pflege ihrer alternden Eltern.

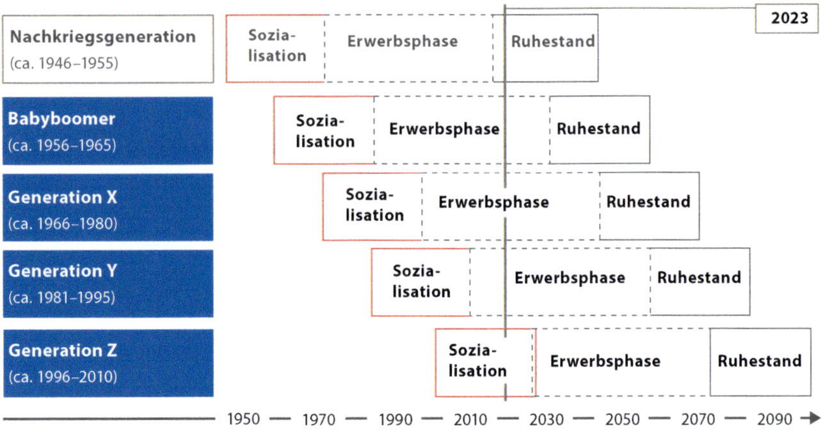


**Dar. 5-1:** Generationen-Tableau (Quelle: Einschätzung HICM)

- Prägendes Ereignis für die circa zwischen 1981 und 1995 geborene *Generation Y* (synonym *Millennials*) dürften die Terroranschläge vom 11. September 2001 sein. Alphabetisch an die vorherige Generation X anknüpfend, steht Y zugleich für WHY in der englischen Sprache (deutsch: Warum) und meint damit auch die Generation, die vieles hinterfragt bzw. die Effekte potenziellen Handelns im Hinblick auf die Erreichung persönlicher Ziele prüft. Die flächendeckende Verbreitung des Internets, zunehmende kulturelle Vielfalt und stärkere Pluralisierung der Lebenswelten sind Merkmale ihrer Jugendzeit. Am Arbeitsmarkt kam es im Zuge der »Agenda 2010« zur erheblichen Flexibilisierung, viele ältere Vertreter der Generation starteten ins Erwerbsleben mit einer atypischen Beschäftigung, etwa in Form von Leiharbeit, Befristung oder Praktikum, parallel wurden u. a. mit dem Aufkommen von Plattformarbeit Organisationsgrenzen zunehmend fluider. Ältere Generationenmitglieder befinden sich bereits in der »Rushhour des Lebens«, in der nicht nur die berufliche Entwicklung und weitere private Interessen, sondern auch die Versorgung von Kindern koordiniert werden müssen.
- Die *Generation Z* (geboren circa 1996-2010) wächst als erste Generation vollkommen im digitalen Zeitalter u. a. mit Social Media auf und befindet sich noch weitgehend in ihrer Sozialisationsphase. In ihre Schulzeit, Studienjahre oder ihre ersten Erwerbsjahre fiel die COVID-19-Pandemie mit Zwang zu Homeschooling, Online-Vorlesungen oder Remote-Arbeit, in deren Folge es zu einem massivem Digitalisierungs- und Flexibilisierungsschub kam. Die weiter fortschreitende digitale Transformation von Wirtschaft und Gesellschaft, u. a. in

Form der Nutzung Künstlicher Intelligenz, zusammen mit dem demografischen Wandel verleiht dem New-Work-Diskurs zu Beginn der 2020er-Jahre zusätzliches Momentum, zuletzt u. a. in Form der öffentlichen Debatte um die 4-Tage-Woche und dürfte Einstellungen und arbeitsbezogene Präferenzen dieser jüngsten Beschäftigtengruppe prägen. Aufgrund von zunehmenden Fachkräfteengpässen und der Macht ihrer kleinen Zahl können qualifizierte Nachwuchskräfte die Verbreitung von New Work beflügeln, zumal sie auf einen Arbeitsmarkt treffen, der mehr denn je auf ihre Wünsche und Vorstellungen eingeht.

#### 5.2.2.3 New Work und Zusammenarbeit im Generationen-Mix

Die schlaglichtartige und keinen Anspruch auf Vollständigkeit erhebende Darstellung wichtiger Konstellationen in der formativen Phase der einzelnen Generationen lässt den in den 1970er-Jahren einsetzenden Paradigmenwechsel in der klassischen Arbeitsmoral der (West-)Deutschen von »leben, um zu arbeiten« zu »arbeiten, um zu leben« erkennen. Mit der Wiedervereinigung und der Ablösung des starren, planwirtschaftlichen Wirtschaftssystems der DDR vollzieht sich die zunehmende Humanisierung des Erwerbslebens bzw. die sukzessive Verbreitung von New Work in Gesamtdeutschland (vgl. Oertel 2022).

Nun allerdings anzunehmen, dass im Einklang mit der Zeitgeistentwicklung die New-Work-Affinität von den Babyboomern, über die Generation X zu den jüngeren Generationen generell und wohlmöglich linear zunehme und die Generation Z demnach gar eine New-Work-Avantgarde sei, erscheint vorschnell. Verkennen würde dies, dass es vor allem Babyboomer waren, die im politischen Raum und auf betrieblicher Ebene Verbesserungen der Arbeitsbedingungen erstritten und umsetzten. Generationen sind zunächst als dynamische Konstrukte zu verstehen. Selbstverständlich haben sich Werte und Einstellungen zum Leben, zur Arbeit und zum Konsum nicht am zeitlichen Trennungspunkt zwischen zwei Generation schlagartig geändert, der obendrein vielfach unterschiedlich definiert wird. Zudem ist der Grad der persönlichen Betroffenheit von Veränderungen in den Lebensbedingungen des Aufwachsens bedeutsam. Auch schließt die Annahme der wesentlichen Prägung eines Individuums in seiner formativen Phase nicht aus, dass sich Menschen über ihre gesamte Lebensspanne (weiter-)entwickeln, u. a. im Zuge von persönlichen Erfahrungen und aktuellen Zeitgeistströmungen (vgl. Staudinger und Baltes 2000).

New Work ist überdies ein Sammelbegriff für eine Vielzahl von alternativen Organisationsansätzen, Arbeitsarrangements und Formen der Führung und Zusammenarbeit. Hierunter fallen Crowd-Working, Holokratie und Innovationsgaragen ebenso wie Barcamps oder neue Bürokonzepte (vgl. Schemuly und Geissler 2021). Allein aus Operationalisierungsgründen müssten daher Untersuchungen zu Generationenpräferenzen auf einzelne Elemente der New-Work-Bewegung fokussieren. Diesbezügliche Längsschnittstudien, wie etwa zur Akzeptanz hybriden Arbeitens oder zur transformationalen Führung, liegen jedoch (bislang) nicht vor. Ferner sind im Hinblick auf New-Work-Präferenzen einzelner Altersgruppen neben der Generationenprägung, wie bereits ausgeführt, weitere Faktoren, wie Merkmale des (biologischen) Alters oder Lebensphasenzugehörigkeit, zu berücksichtigen. So dürften Babyboomer angesichts ihrer umfangreichen Berufserfahrung und ihres über Jahre gewachsenen Verständnisses für betriebliche Zusammenhänge deutlich höhere Ansprüche an Handlungsautonomie stellen als lebensjüngere Nachwuchskräfte, die im Betrieb Fuß fassen wollen und daher deutlich mehr Orientierung seitens Vorgesetzter oder etalierter Fachkräfte bedürfen.

In Studien äußern Beschäftigte unterschiedlicher Altersgruppen prinzipiell ähnliche arbeitgeberbezogene Wünsche, wie u. a. Arbeitsplatzsicherheit, Kollegialität am Arbeitsplatz, Wertschätzung von Individualität, Fairness, Entwicklungsoptionen, Feedback und Selbstbestimmung (vgl. Klaffke 2022a, Schleer und Calmbach 2022, Schnetzler et al. 2023). Allerdings bestehen Unterschiede sowohl bei deren Priorisierung als auch bei den Vorstellungen, wie den einzelnen Attributen von Arbeitgeberattraktivität Ausdruck verliehen werden soll. Letztlich dürfte es jedoch weniger darauf ankommen, wie stark sich nominale Alterskategorien unterscheiden, sondern die subjektive Wahrnehmung und Bewertung der Unterschiedlichkeit durch die Teammitglieder erscheint bedeutsam (vgl. Parry und Urwin 2021; vgl. King et al. 2019). So könnte etwa trotz objektiver Geringfügigkeit von Generationenunterschieden die Annahme, diese seien groß, das arbeitsrelevante Verhalten von Beschäftigten und deren Zusammenarbeit in Teams beeinflussen. Eine wesentliche Erkenntnis des »Fehlzeiten-Reports 2014« war nicht zuletzt, dass sich etablierte und jüngere Generation in Betrieben oftmals falsch einschätzen (vgl. Zok et al. 2014). Generell würden gerade jüngere Beschäftigte (unter 30 Jahre) und ältere (über 50 Jahre) stärker an der Arbeit in altersdiversen Teams leiden als Personen mittleren Alters (vgl. u. a. Wegge und Schmidt 2015). Nicht nur im Hinblick auf New Work wird damit deutlich, dass altersgemischte Teams in der Hoffnung auf die vorteilhafte Wirkung produktiver kognitiver Konflikte nicht sich selbst überlassen werden sollten.

### 5.2.3 Handlungsfelder im Generationen-Management

Konzeptionell an der Schnittstelle von Wirtschaftswissenschaften und Soziologie, ist es Ziel von Generationen-Management, organisationale Rahmenbedingungen und Strukturen derart zu schaffen, dass Beschäftigte aller Altersgruppen fähig und bereit sind, ihr Potenzial auszuschöpfen, um ihren vollen Einsatz zu leisten. Als Facette von Diversity-Management geht Generationen-Management dabei nicht nur differenzierter auf die Bedürfnisse der einzelnen Kohorten ein. Indem das wertschätzende Miteinander und der Ausgleich zwischen den Altersgruppen in der Organisation unterstützt wird, fördert es zugleich Vertrauen, Offenheit und psychologische Sicherheit in altersgemischten Teams, trägt zur sozialen Nachhaltigkeit in der Arbeitswelt bei und ermöglicht oftmals erst die produktive Wirkung neuer Arbeitstechniken und Kollaborationsformen. Beispielsweise werden Beschäftigte eher bereit sein, sich an Working-out-Loud-Formaten zu beteiligen, ihr Wissen weiterzugeben oder bei »Fuck-up-Events« Fehler zu teilen, wenn sie Wertschätzung im Team erfahren und ihre Offenheit nicht sanktioniert, sondern belohnt wird.

| Organisationale und arbeitspolitische Rahmenbedingungen gestalten | Lebenslange Leistungsfähigkeit fördern | Intergenerative Wertschätzung und Zusammenarbeit stärken |
|---|---|---|
| • Anpassung Personal-Steuerungsinstrumente (Planung, Demografie-Reporting etc.)<br>• Monitoring generationenspezifischer Anforderungen<br>• Rekrutierung und Talent-Management alterssensibel gestalten<br>• Flexible Beschäftigungsmodelle (u.a. Arbeitszeit, -ort, Laufbahngestaltung)<br>• Altersunabhängige Karrieremöglichkeiten<br>• New-Office-Konzepte<br>• Nachfolge-Management<br>• … | • Transformationale Mitarbeiterführung und Etablierung Anerkennungskultur<br>• Gesundheitsmanagement und Stärkung Gesundheitskompetenz (Seminare etc.)<br>• Arbeitsplatzgestaltung und Ergonomie<br>• Rotation/Stellen- und Belastungswechsel (Schichtmodelle)<br>• Wissensmanagement<br>• "Lebenslanges Lernen" (ggf. mit generationenspezifischen Formaten und Anreizen)<br>• … | • Multimediale Kommunikationsokampagne "Erfolgreich im Generationen-Mix"<br>• Generationen-Workshops ("Dialog der Generationen")<br>• Verankerung Generationen-Management in Führungskräfteausbildung<br>• Altersstrukturanalyse und aufgabenabhängige Förderung generationenübergreifender Teams<br>• Tandems/Mentoren-Modelle (incl. Reverse Mentoring)<br>• … |

**Dar. 5-2:** Handlungsfelder im Generationen-Management

Das Management von Mehrgenerationen-Belegschaften ist ein vergleichsweise junges Gebiet betriebswirtschaftlicher Forschung und betrieblicher Praxis. In Unternehmensstudien, u. a. mit Mercedes Benz und Deutscher Bahn, wurden erste Maßnahmen identifiziert, die sich in drei Handlungsfeldern bündeln lassen. Der in Darstellung 5-2 aufgeführte Maßnahmenkatalog bietet Orientierung bei der Entwicklung einer Roadmap, ist jedoch weder abschließend noch als Patentlösung zu verstehen, da sich Organisationen nicht zuletzt in ihren Technologien, Arbeitskulturen und demografischen Strukturen unterscheiden (vgl. Klaffke und Schwarzenbart 2013, Klaffke und Von Wedel 2014 sowie Klaffke und Plambeck 2015):

- Das erste Handlungsfeld umfasst die Gestaltung der organisationalen und arbeitspolitischen Rahmenbedingungen. Hierzu gehören die Abkehr von ungeschriebenen Altersgrenzen bei Beförderungen oder die Einführung von attraktiven Senior-Experten-Modellen, die Anreize für die Beschäftigung über die Ruhestandsgrenze hinaus bieten. Erforderlich ist zudem die Individualisierung von Entwicklungsangeboten, u. a. durch Fach- und Projektlaufbahnen als Alternative zur traditionellen Führungskarriere sowie die Entstigmatisierung der Bogenkarriere für den Fall, dass verdiente Führungskräfte wieder inhaltlich-fachlich arbeiten wollen. Um schließlich das Verhältnis von Arbeit und Privatleben individuell auszubalancieren, bedarf es Konzepte zur Flexibilisierung von Arbeitszeit und Arbeitsort. Dies bedingt allerdings die Entwicklung eine Vertrauenskultur und erfordert vor allem auf Seiten der Vorgesetzten Akzeptanz für unterschiedliche Lebensmodelle und Karrierevorstellungen.

- Bei der Förderung der lebenslangen Leistungsfähigkeit im zweiten Handlungsfeld gilt es, nicht allein betriebliches Gesundheitsmanagement zu betreiben, sondern angesichts der digitalen Transformation der Arbeitswelt die Beschäftigungsfähigkeit insgesamt zu stärken. Qualifizierungsangebote sollten sich an alle Altersgruppen gleichermaßen richten und in den Bildungsformaten auch altersspezifische Lernpräferenzen und lebensphasenorientierte Bedürfnisse berücksichtigen. Damit einhergehend ist ein zeitgemäßes Führungsverständnis geboten, das Führen sowohl mit als auch ohne disziplinarische Verantwortung ebenso umfasst wie die Aufteilung der Führungsaufgabe im Team. Insbesondere der Ansatz der transformationalen Führung (vgl. Bass 1995) erlaubt es, auf die spezifischen Bedürfnisse der Mitarbeitenden einzugehen, deren Handlungsspielraum individuell zu gestalten und somit beispielsweise den jüngeren Beschäftigten regelmäßig Rückmeldung und Orientierung zu geben.
- Um im dritten Handlungsfeld das Verständnis Füreinander zu fördern, bieten sich beispielsweise Tandem- und Cross-Mentoring-Modelle an, die reziprokes Lernen unterstützen. Auch Generationenworkshops können kompakt generationsspezifisches Hintergrundwissen vermitteln und erlauben, einen moderierten Dialog zwischen den Altersgruppen über ihre Anforderungen und Vorstellungen zu führen, u.a im Hinblick auf neue Formen des Arbeitens. Hierbei erscheint die Nutzung von Aktionslernen und New-Work-Methoden besonders interessant. So konnten Beschäftigte bei Swiss Life in einem altersgemischt besetzten Design-Thinking-Workshop erleben, welche Vorteile sich aus Perspektivenvielfalt und Aufeinanderzugehen für agile Prozesse ergeben. Erfolgskritisch für das altersgemischte Miteinander im täglichen Arbeitsprozess ist nicht zuletzt eine wertschätzende Einstellung zu Generationen-Diversity bei Führungskräften. Daher gehört Generationen-Management als verbindlicher Inhalt in die Qualifizierungsprogramme des Führungspersonals (vgl. Klaffke und Weber 2017).

### 5.2.4 Fazit

Indem Generationenzugehörigkeit bewusst kategorisiert, bietet das Konzept ein weiteres Erklärungsmuster für Erwartungen und Auftreten von Individuen unterschiedlichen Alters. Verfehlt wäre jedoch dessen mechanistische Anwendung, etwa wenn Organisationen schablonenhaft New-Work-Ansätze oder Personalmanagement-Maßnahmen in Abhängigkeit von der an Geburtsjahren festgemachten Generationenzuordnung ihrer Mitarbeitenden anwenden würden. Eine derartige Simplifizierung des Generationenansatzes, wie sie mitunter in der Generationen-Ratgeberliteratur zu finden ist, widerspricht nicht nur dem New-Work-Prinzip der Selbstbestimmung, sondern läuft Gefahr, potenzielle Alters- und Generationen-Stereotype zu verfestigen oder gar neue entstehen zu lassen.

Generationenzugehörigkeit kann mithin nie das alleinige Erklärungsmuster für Einstellungsunterschiede von Individuen sein; Geschlecht, geographische Herkunft, sozioökonomischer Hintergrund oder Familienstrukturen sowie idiosynkratische

Erfahrungen und Charakterzüge sind für die Erklärung individuellen Verhaltens mindestens ebenso wichtig. Im Sinne eines Managements in Dyaden sind bei der Gestaltung von Führung und Zusammenarbeit jene Arbeitsmodelle sowie Personal- und Führungsinstrumente auszuwählen, die den Bedürfnissen der einzelnen Beschäftigten in optimaler Weise gerecht werden. Dies verlangt, den Spielraum bei der Personalführung durch zusätzliche Optionen zu erweitern, u. a. durch Flexibilisierung der Arbeitsbedingungen.

Um schließlich in altersgemischten Teams neue Formen des Arbeitens nachhaltig zu verwirklichen, sollte jede Organisation zunächst prüfen, welche Anforderungen von Beschäftigten gestellt, welche grundlegenden (Arbeits-)Werte geäußert werden und welche Reibungszonen bereits existieren oder durch die Einführung neuer Arbeitsmodelle entstehen könnten. Im Team gilt es ferner, den Blick auf Verbindendes zwischen den Altersgruppen zu richten, über unterschiedliche Denkweisen und Erwartungen sowie die damit einhergehenden Missverständnisse zu sprechen, und eine Situation zu schaffen, in der alle Teammitglieder Sicherheit und Vertrauen erfahren. Dies bedingt eine breit geführte Wertediskussion, die insbesondere Verständnis, Respekt und Wertschätzung zwischen den Generationen in den Vordergrund stellt und im Ergebnis zusätzliches Momentum für New Work schafft.

### Zum Autor

**Martin Klaffke** ist Inhaber einer Professur für Personalmanagement und Organisational Behavior an der Hochschule für Technik und Wirtschaft Berlin und Leiter des Hamburg Institute of Change Management. In seiner Forschung und als Fachbuchautor beschäftigt er sich mit New Ways of Working sowie Diversity und Generationenmanagement, insbesondere mit Fragen des Personalmanagements der nachrückenden Beschäftigten-Generationen. Zudem unterstützt er als Managementberater und Executive Coach Unternehmen im In- und Ausland bei der Gestaltung und Umsetzung von nachhaltigen Arbeitswelten.

## Literatur

Albert, M., Hurrelmann, K., Quenzel, G.: Jugend 2015 – Eine neue Generationsgestalt? in: Shell Deutschland (Hrsg.), Jugend 2015: 17. Shell Jugendstudie, Frankfurt 2015, S. 33–46

Bass, B. B.: The Theory of transformational leadership redux, in: Leadership Quarterly, 6 (4), 1995, S. 463–478

Bergmann, F.: Neue Arbeit, Neue Kultur, Freiburg 2004

Bruch, H., Kunze, F., Böhm, S.: Generationen erfolgreich führen: Konzepte und Praxiserfahrungen zum Management des demographischen Wandels, Wiesbaden 2010

Bund, K., et al.: Wollen die auch arbeiten? in: Die Zeit, 11, 2013, S. 23

Costanza, D., Badger, J., Fraser, R., Severt, J., Gade, P.: Generational differences in work related attributes – A meta-analysis, in: Journal of Business Psychology, 27 (4), 2012, S. 375–394

Coupland, D.: Generation X – Tales for an accelerated culture, New York 1991

Destatis: 15. koordinierte Bevölkerungsvorausberechnung, 2022, URL: https://www.destatis.de/DE/Themen/Gesellschaft-Umwelt/Bevoelkerung/Bevoelkerungsvorausberechnung/begleitheft.html, Abruf am 10.08.2023

Hertel, G., Thielgen, M., Rauschenbach, C., Grube, A., Stampov-Roßnagel, C., Krumm, S.: Age differences in motivation and stress at work, in: Schlick, C. M., Frieling, E., Wegge, J. (Hrsg.), Age-differentiated work systems, Berlin 2013, S. 119–148

Höpflinger, F.: Generationenfrage – Konzepte, theoretische Ansätze und Beobachtungen zu Generationenbeziehungen in späteren Lebensphasen, Lausanne 1999

Inglehart, R.: The silent revolution. Princeton 1977

King, E., Finkelstein, L., Thomas, C., & Corrington, A.: Generational differences at work are small – Thinking they are big affects our behavior, in: Harvard Business Review, 08, 2019, URL: https://hbr.org/2019/08/generational-differences-at-work-are-small-thinking-theyre-big-affects-our-behavior, Abruf am 10.08.2023

Klaffke, M.: Erfolgsfaktor Generationen-Management – Roadmap für das Personalmanagement, in: Klaffke, M. (Hrsg.), Generationen-Management – Konzepte, Instrumente, Good-Practice-Ansätze, Wiesbaden 2022a, S. 3–45

Klaffke, M.: Millennials und Generation Z – Charakteristika der nachrückenden Beschäftigten-Generationen, in: Klaffke, M. (Hrsg.), Generationen-Management – Konzepte, Instrumente, Good-Practice-Ansätze, Wiesbaden 2022b, S. 81–133

Klaffke, M., Plambeck, U.: Zusammenarbeit im Generationen-Mix – Fallbeispiel DB Netz AG, in: PersonalQuaterly, 67 (4), 2014, S. 36–43

Klaffke, M., Schwarzenbart, U.: Demografie als Chance, in: Personalmagazin, 03, 2013, S. 44–47

Klaffke, M., von Wedel, A.: Babyboomer und Generation Y im Dialog, in: Personalführung, 09, 2014, S. 84–87

Klaffke, M., Weber, S.: Generationen-Mix als Chance, in: HR-Today, 12, 2017, URL: https://www.hrtoday.ch/de/article/generationen-mix-als-chance, Abruf am 10.08.2023

Mannheim, K.: Das Problem der Generationen, in: Kölner Vierteljahrshefte für Soziologie, 7, 1928, S. 303–330

Meulemann, H.: Soziologie von Anfang an – Eine Einführung in Themen, Ergebnisse und Literatur, Wiesbaden 2006

Oertel, J.: Generationenmanagement in Unternehmen, Wiesbaden 2007

Oertel, J.: Baby Boomer und Generation X – Charakteristika der etablierten Beschäftigten-Generationen, in: Klaffke, M. (Hrsg.), Generationen-Management – Konzepte, Instrumente, Good-Practice-Ansätze, Wiesbaden 2022, S. 47–79

Parry, E., Urwin, P.: Generational differences in work values – A review of theory and evidence, in: International Journal of Management Reviews, 13 (1), 2011, S. 79–96

Parry, E., Urwin, P.: Generational categories: A broken basis for human resource management research and practice, in: Human Resource Management Journal, 31 (4), 2021, S. 857-869

Schemuly, C. C., Geissler, C.: New Work im Krisenmodus, in: Personalmagazin, 09, 2021, S. 24–28

Schleer, C., Calmbach, M.: Berufsorientierung Jugendlicher in Deutschland – Erwartungen, Sorgen und Bedarfe, Wiesbaden 2022

Schnetzler, S., Hampel, K., Hurrelmann, K.: Trendstudie Jugend in Deutschland, Kempten 2023

Schuman, H., Scott, J.: Generations and collective memories, in: American Sociological Review, 54, 1989, S. 359–381

Staudinger, U. M., Baltes, P. B.: Entwicklungspsychologie der Lebensspanne, in: Helmchen, H., Henn, F., Lauter, H., Sartorius, N. (Hrsg.), Psychiatrie spezieller Lebenssituationen, Heidelberg 2000, S. 3–17

Taimer, L., Weckmüller, H.: New Work-Diskursanalyse: Humanisierung der Arbeit oder effektives Managen, in: Personalführung, 10, 2020, S. 14–21

Twenge, J. M., et al.: Generational differences in work values: Leisure and extrinsic values increasing, social and intrinsic values decreasing, in: Journal of Management, 26, 2010, S. 1117–1142

Wegge, J., Schmidt, K.-H.: Diversity Management – Generationenübergreifende Zusammenarbeit fördern, Göttingen 2015

Zok, K., Pigorsch, M., Weirauch, H.: Babyboomer und Generation Y als Beschäftigte: Was eint, was trennt? in Bandura, B. et al. (Hrsg.), Fehlzeiten Report 2014, Heidelberg 2014, S. 47–59

# 5.3 Megatrends des Arbeitsmarktes: einige sozialpolitische Implikationen

*Hans-Peter Klös*



## 5.3.1 Strukturwandel des Arbeitsmarktes: ein Trend kommt selten allein

Deutschland steht gleichzeitig vor multiplen Herausforderungen. Neben der Bewältigung der ökonomischen und fiskalischen Folgen der Pandemie und zunehmend auch der Folgewirkungen des Ukrainekrieges wirken derzeit mindestens vier disruptive Trends stark ineinander, setzen bestehende Geschäftsmodelle und betriebliche Prozesse unter einen starken Veränderungsdruck und dürften an Breite und Wirkmächtigkeit in den kommenden Jahren noch zunehmen: erstens die Digitalisierung von Prozessen und Produkten, zweitens die Dekarbonisierung und Energieumstellung bei Produktion und Verbrauch, drittens die demografische Entwicklung mit einer sinkenden Erwerbsbevölkerung und Engpässen bei den für die Innovationskraft besonders wichtigen technischen Fachkräften sowie viertens die internationalen De- und Re-Globalisierungstendenzen, die mit Veränderungen in der G20 und bei den BRICS, zunehmend geopolitisch motivierten protektionistischen Tendenzen und dem Aufstreben Chinas als Konkurrent auf den internationalen Märkten zusammenhängen.

In gewisser Weise sind diese Megatrends auch eine Herausforderung für das »Geschäftsmodell Deutschland«. Dieses ruht auf einer starken wirtschaftlichen Basis mit einem überdurchschnittlichen Anteil der Industrie an Wertschöpfung und Beschäftigung. Es zeichnet sich durch ein enges Zusammenspiel von leistungsfähigen Klein-, Mittel- und Großbetrieben – häufig familiengeführt – mit dezentralen Standorten und Weltmarktführerschaften in nicht wenigen Marktsegmenten aus. Die Wertschöpfungsketten sind tief gestaffelt und die Unternehmen durch enge Kooperationen, die alle wichtigen Branchen aus Industrie und industrienahen Dienstleistungen umfassen, miteinander verbunden. Sie sind konsequent auf die Weltmärkte ausgerichtet und intensiv in die Weltwirtschaft eingebunden. Die international tätigen Unternehmen fokussieren sich auf Forschung und Innovation, die zu neuen Produkten, neuen Produktionsverfahren und neuen Formen der Organisation führen. Hoch qualifizierte Belegschaften sind eine wesentliche Erfolgsbedingung im internationalen Wettbewerb, für welche die berufliche Ausbildung trotz einer im Trend abnehmenden Bedeutung immer noch ein wichtiger Eckpfeiler ist.

Das zentrale Scharnier für diesen Strukturwandel des deutschen Geschäftsmodells ist der qualifikationsdifferenzierte Arbeitsmarkt. Eine wichtige beschäftigungspolitische Herausforderung in Zeiten multipler und in hoher Geschwindigkeit stattfindender struktureller Veränderungen ist daher – vereinfachend formuliert – die laufende Reallokation der derzeit verfügbaren aus unterschiedlichen Tätigkeiten, Branchen und Regionen mit einem Arbeitsplatzabbaudruck (z. B. Kohleverstromung) hin zu Tätigkeiten, Branchen und Regionen mit Arbeitsplatzzuwachspotenzialen (z. B. Künstliche Intelligenz) sowie die Integration durch Bildungsabschlüsse und Zuwanderung neu hinzukommender Arbeitskräfte. Für das Zusammenspiel von Arbeitsangebot und Arbeitsnachfrage laufen die vier strukturellen Trends aber weder auf einer aggregierten volkswirtschaftlichen noch auf einer betrieblichen Ebene in die gleiche Richtung:

- Im Kern gibt es durch Digitalisierung und De-Karbonisierung einen deutlichen Restrukturierungsbedarf für Beschäftigte in unter Druck geratenden Unternehmen, aber auch einen damit verbundenen qualifikatorischen Zusatzbedarf, etwa im Bereich des »Green Engineering«.
- Das demografiebedingte Ausscheiden der ersten geburtenstarken Jahrgänge führt zu einem wachsenden demografischen Ersatzbedarf, der aus dem heimischen Erwerbspersonenpotenzial nicht mehr vollständig bedient werden kann. Zudem gelingt die Integration der hohen Zuwanderung in den Arbeitsmarkt bisher nur bedingt.
- Hinzu kommen Phänomene wie etwa der vermutete, aber nicht belegte »Silent Quit« eines verbreiteten Rückzugs vom Arbeitsmarkt nach der Pandemie. In

Deutschland nimmt dies bisher aber eher die Form eines spürbaren Beschäftigungsaufbaus vor allem bei staatsnahen Dienstleistungen an.

- Beobachtbar ist ein verändertes Arbeitsmarktverhalten der nach und nach in den Arbeitsmarkt hineinwachsenden Jahrgänge nach 1995 (»GenZ«), vor allem bezüglich des gewünschten Arbeitsvolumens.
- Schließlich verschärft der Trend zu einer Neusortierung von Lieferketten (Re-Shoring, Near-Shoring) die Tendenz zu einem arbeitssparenden technischen Fortschritt und zusätzlich den Flexibilitätsdruck am Arbeitsmarkt hinsichtlich Beschäftigungsform, Arbeitszeit und Arbeitsort.

Damit sind bereits große Treiber der Veränderungen der Arbeitswelt auf der betrieblichen Ebene beschrieben, die letztlich auch den Rahmen für die Debatte um »New Work« abstecken. Insbesondere Digitalisierung und Demografie beeinflussen direkt auch die Arbeitsbeziehungen zwischen Unternehmen und ihren Beschäftigten: Zum einen stellen die *Digitalisierung* und ihre neueste Zuspitzung durch den zunehmenden Einsatz von Künstlicher Intelligenz (KI) eine Weiterführung der Automatisierungsdebatte dar, die am Beginn der frühen »New Work«-Diskussion durch Frithjof Bergmann stand. Schon damals bestand die Sorge vor negativen Beschäftigungseffekten des technischen Fortschritts. Diese wurde dann vor rund einem Jahrzehnt mit der Debatte um das »zweite Maschinenzeitalter« (vgl. Brynjolffson/Mc Afee, 2014) und sog. »Automatisierungswahrscheinlichkeiten« der bestehenden Arbeitsplätze von bis zu 70 Prozent (vgl. Frey/Osborne, 2013) fortgeführt. Nach und nach erscheinen daher erste Studien zu den arbeitsmarktbezogenen Effekten im Allgemeinen (OECD, 2023) und zu den vermuteten Beschäftigungseffekten der KI im Besonderen (vgl. Eloundou et al., 2023). Schon machen auch wieder Szenarien die Runde, wonach 80 Prozent der Arbeitsplätze durch eine automatisierte KI disruptiert werden könnten (Wallace, 2023).

Zum anderen beginnt die *Demografie* mit ihren derzeit immer klarer zutage tretenden Arbeitskräfteengpässen die Kräfteverhältnisse zwischen Beschäftigten und ihren Unternehmen zugunsten der Beschäftigten und ihren Vorstellungen einer sinnstiftenden Tätigkeit mit Freiräumen und Entfaltungsmöglichkeiten zu verschieben. Besonders anschaulich wird dies in sich verändernden Arbeitszeit- und Arbeitsortpräferenzen der »GenZ«, die sich deutlich stärker als alle anderen demografischen Gruppen auf einer aktiven Jobsuche befindet, eine ausgeprägte Wechselbereitschaft aufweist und für die Flexibilität und Agilität prioritär sind. Wechselbereitschaftsbeeinflussende Faktoren sind für die jüngeren Beschäftigten das Gehalt und das empfundene Stresslevel, die Führungskultur, eine flexible Arbeitszeiteinteilung, ein guter Zusammenhalt im Team, eine sinnerfüllende Tätigkeit, Angebote zum ortunabhängigen Arbeiten, allerdings in Verbindung mit einem attraktiven Standort des Büros, die Lust auf Abwechslung sowie die Möglichkeit von Sabbaticals oder von 4-Tage-Wochen (vgl. New Work, 2023). Medial gern vermittelt wird dabei häufig ein Bild einer Generation mit ausgeprägten Work-Life-Balance-Vorstellungen und entsprechend kritischen Reaktionen darauf (stellvertretend DER SPIEGEL, 2023).

Alles in allem gibt es aber noch keine allgemeine und einheitliche Definition dessen, was »New Work« ist (vgl. Lorra/Möltner, 2020). Die Spannbreite der Interpretation reicht von »einer grundlegenden und nachhaltigen Veränderung der Arbeitswelt« über ein »psychologisches Empowerment von Mitarbeitern« bis hin zu »Versuchen, innerhalb der Erwerbsarbeit eine Reihe von zukunftsorientierten Veränderungen zu implementieren, deren Realisierung eng mit den Möglichkeiten und Chancen der digitalen Transformation zusammenhängt« (vgl. Berend/Brohm-Badry, 2019, 107). Aus einer arbeitspsychologischen Perspektive wird folgender Abgrenzungsvorschlag unterbreitet: »New Work bezeichnet eine von selbstkonkordantem Handeln, Zeitsouveränität und hoher Zufriedenheit geprägte Arbeitskultur bestimmter Referenzgruppen, welche in der Regel durch Interventionen auf pädagogisch-psychologischer, organisationaler, technologischer und politischer Ebene angestrebt wird« (vgl. Berend/Brohm-Badry, 2019, 108). Schon daran wird die Vielschichtigkeit des Begriffs und des Konzepts »New Work« deutlich. Erschwerend kommt hinzu, dass es noch keine harte Evidenz zum Thema »New Work« gibt, wie Metastudien zeigen (vgl. Barhate/Dirani, 2022). Einen guten Überblick zur Studienlage für Deutschland bis zum Jahr 2021 einschließlich bietet das Institut für angewandte Arbeitswissenschaften (ifaa, 2022). Eine umfangreiche und wohltuend kritische Auseinandersetzung mit dem »New Work-Narrativ« findet sich bei Frischmuth (2021).

### 5.3.2 Arbeitsmarkt und Sozialpolitik: kommunizierende Röhren

Evident ist trotz aller begrifflichen und empirischen Unsicherheiten aber, dass der große strukturelle Reallokationsbedarf am Arbeitsmarkt und dessen Konsequenzen für das Zusammenspiel zwischen Betrieben und ihren Beschäftigten auf der Shopfloor-Ebene auch bedeutende Implikationen für die Sozialpolitik haben werden, und zwar sowohl auf der Ergebnisseite des realisierten Beschäftigungsvolumens als auch auf der Entstehungsseite über die Kosten der sozialen Sicherung. Letztlich entscheidet das geleistete Beschäftigungsvolumen in einem im Grundsatz beitragsfinanzierten sozialen Sicherungssystem wie dem deutschen über dessen Finanzierbarkeit. Diese gerät aber allein schon durch die Alterung der Bevölkerung unter einen massiven Anpassungsdruck, der sowohl die Zahl der verfügbaren Arbeitskräfte als auch die Folgen der Alterung vor allem für die Renten- und Pflegeversicherung betrifft. Hinzu kommt aber noch eine beträchtliche generelle Sozialstaatsexpansion in den Dekaden seit der Wiedervereinigung, denn die Sozialausgaben wachsen seit Jahren stärker als das Sozialprodukt. Die Sozialleistungsquote (Sozialleistungen in Prozent des BIP) ist allein seit 1991 von 25,0 auf 32,5 Prozent im Jahr 2021 gestiegen.

Für die Nachfrage nach sozialversicherter Arbeit bedeutsam ist, dass die arbeitskostenrelevante Sozialbeitragsquote seit 1991 von 16,3 auf 17,7 Prozent des BIP im Jahr 2021 angestiegen ist und dass in keinem anderen OECD-Land der Abgabenkeil zwischen Bruttoverdiensten und Nettoeinkommen nur noch in Belgien höher ist als in Deutschland. Umso mehr gilt es, einem weiteren Anstieg der Beitragssätze zur Sozialversicherung entgegenzuwirken, die den Faktor Arbeit verteuern. Kann dies nicht durch eine höhere Stundenproduktivität ausgeglichen werden, wird die Wettbewerbsfähigkeit der Arbeitsplätze beeinträchtigt und der arbeitssparende technische Fortschritt weiter beschleunigt. Ein relevantes politisches Ziel sollte es daher sein, den Gesamtbeitragssatz zur Sozialversicherung dauerhaft unter der 40-Prozent-Marke zu stabilisieren, was aber angesichts der seit dem 1. Januar bereits erreichten 38,85 Prozent – zusätzlich des durchschnittlichen Krankenkassenzusatzbeitrages von derzeit 1,6 Prozent – und mit Blick auf die zum 1. Juli erfolgte Erhöhung der Beiträge zur Pflegeversicherung bereits obsolet ist. Das nach und nach erfolgende Ausscheiden der »Baby-Boomer« aus dem Arbeitsmarkt wird diese Entwicklung weiter zuspitzen.

Der demografische Megatrend hat auch Auswirkungen auf den langfristigen Wachstumspfad einer Volkswirtschaft. Studien zeigen einen nachhaltigen Einfluss der demografischen Entwicklung auf die Arbeitsmarktergebnisse, das Wirtschaftswachstum und die damit einhergehenden Verteilungsspielräume sowie die Finanzierung der sozialen Sicherungssysteme. Die Art und Weise, wie soziale Sicherheit finanziert wird – Steuern vs. Sozialversicherungsbeiträge, definierte Leistungen vs. definierte Beiträge, umlagefinanzierte Systeme vs. kapitalgedeckte Systeme, bedürftigkeitsabhängige Leistungen vs. Grundeinkommenssysteme –, hat erhebliche Auswirkungen auf die Kosten von Arbeit und damit auch die Nachfrage nach Arbeitskräften. Darüber hinaus hat die Arbeitsmarktentwicklung Verteilungskonsequenzen in Bezug auf die persönliche und funktionale Einkommensentstehung und -verteilung sowie auf die Vermögensbildung und -verteilung. Die Lohnquote ist ein wichtiger Indikator der funktionalen Einkommensverteilung dafür, in welchem Umfang der Faktor Arbeit an der gesamtwirtschaftlichen Wertschöpfung und an der Finanzierung der sozialen Sicherungssysteme teilhaben kann. Auf der persönlichen Ebene der personellen Verteilung sind die Risiken, einkommensarm zu werden, zu sein und zu bleiben, eng mit der persönlichen Beschäftigungsentwicklung verbunden.

Deutlich wird mithin, welche Bedeutung der Arbeitsmarkt für die soziale Sicherung hat. Daher gibt es in der neueren Sozialstaatsforschung Überlegungen, wie durch eine lebensverlaufsbezogene, investiv und präventiv wirkende Sozialpolitik die Befähigung der Bevölkerung zur Bewältigung des Strukturwandels (»Resilienz«) verbessert werden und so auch zu einer längeren Phase der Erwerbstätigkeit auf einem höheren Beschäftigungsniveau führen kann (vgl. European High Level Group, 2023). Der Gedanke einer solchen »investitionsorientierten Sozialpolitik« ist es, dass gegenwärtigen Ausgaben entweder zukünftige Einnahmen (z. B. Erträge von Bildungsausgaben) oder verminderte Ausgaben (z. B. durch präventive Maßnahmen der Gesundheitsförderung) folgen. Solche investiv wirkenden Sozialausgaben können mittelfristig zu einer »doppelten Dividende« führen, indem sie etwa dank einer höheren Beschäftigung auf besseren Arbeitsplätzen die Steuer- und Beitragsbasis zur Finanzierung des Sozialschutzes erweitern und den Bedarf an »kompensatorischen« Ausgaben zu vermindern helfen. Beispiele hierfür sind etwa die frühkindliche Erziehung und Betreuung, die Jugendförderung, die allgemeine und berufliche Bildung und Qualifizierung im Laufe des Lebens, eine aktive Arbeitsmarktpolitik, die Gewährleistung einer guten Arbeitsplatzqualität und von guten Arbeitsbedingungen, Maßnahmen zur Vereinbarkeit von Beruf und Familie sowie von Beruf und Pflege.

### 5.3.3 Strukturwandel: eine betriebliche und legislative Gestaltungsaufgabe

Die genannten Beispiele deuten schon an, dass neben der steuer-, sozialrechtlichen und sozialpolitischen Rahmung der Arbeitsbedingungen auch neue Anforderungen auf die betriebliche Gestaltung des Arbeitslebens zukommen, die für die Sicherung eines hohen Beschäftigungsniveaus von Bedeutung sind. Es ist davon auszugehen, dass es mit hoher Wahrscheinlichkeit digitalisierungsunterstützt zu einer weiteren deutlichen Ausdifferenzierung und Flexibilisierung von Arbeitszeiten, Arbeitsorten und Arbeitsformen kommt. Diese Entwicklung stellt auch den materiellen ökonomischen Kern der Debatte um »New Work« dar. Insbesondere die nachrückenden Generationen am Arbeitsmarkt bringen vielfältige Skills für den digitalen Arbeitsmarkt mit, die sie zu Treibern neuer Arbeitsformen wie Homeoffice, Workation etc. machen und zu veränderten Präferenzen für Arbeitszeiten und Arbeitsorten führt. Dies löst zusätzlichen Veränderungsbedarf bei den Unternehmen aus. Ihnen stehen dabei grundsätzlich verschiedene Formen der internen Flexibilisierung, der externen Flexibilisierung sowie der räumlichen Dezentralisierung und Virtualisierung von Arbeit zur Verfügung (▶ Dar. 5-3).

**Dar. 5-3:** Dimensionen der Beschäftigung

Je stärker die nachrückenden Alterskohorten den Arbeitsmarkt prägen, umso mehr wirken die drei Parameter Arbeitszeit, Arbeitsort und Beschäftigungsform ineinander und bestimmen die Höhe und Qualität des angebotenen gesamtwirtschaftlichen Arbeitsvolumens. Der *Arbeitszeitpolitik* kam schon in der Bankenkrise

2008/2009 wie auch während der Corona-Krise bei der Bewältigung der Krisenfolgen am Arbeitsmarkt eine herausgehobene Bedeutung zu. Die kurzfristige Anpassung des Arbeitsvolumens an veränderte Wertschöpfungsniveaus erforderte flexible tarifliche und betriebliche Arrangements einerseits und rasch wirksame Instrumente der Arbeitsmarktpolitik andererseits. Durch die Digitalisierung ergeben sich zusätzliche Handlungsspielräume, weil sich Arbeitsort und Arbeitszeit sowie Arbeitszeit und Arbeitsergebnis in vielen wissensintensiven Arbeitsmarktbereichen – in personenabhängigen Dienstleistungs- und Versorgungsbereichen ist dies strukturell weniger der Fall – stärker als früher zeitlich und räumlich entkoppeln lassen. Allerdings bewegt sich diese zeitliche Entkoppelung noch immer im Rahmen des 1994 erlassenen Arbeitszeitgesetzes, das die werktägliche Arbeitszeit der Beschäftigten im Grundsatz auf acht Stunden begrenzt.

Bezüglich des *Arbeitsortes* hatte schon vor der Pandemie die Verbreitung von Homeoffice zugenommen, aber seither ist es zu einer sprunghaft zunehmenden Verbreitung unterschiedlicher Formen des mobilen Arbeitens gekommen (vgl. bidt, 2020). Wo immer dies möglich ist, wird derzeit die physische Anwesenheit durch virtuelle Formate mithilfe digitaler Kollaborationstools ersetzt. Die Arbeitsortflexibilisierung hat zudem positive Auswirkungen auf die Vereinbarkeit von Beruf und Familie. Internet und mobile Endgeräte machen es möglich, Arbeitszeit und Arbeitsort zu flexibilisieren und damit ein neues Gleichgewicht zwischen beruflichen und privaten, insbesondere familiären Anforderungen zu finden. Entscheidend für die Produktivität dieses Trends scheinen neben der Branche die vier Faktoren Vorhandensein von Kindern, Verfügbarkeit von Raum, Sicherung von Privatheit und die Freiwilligkeit der Homeofficenutzung zu sein. Studien aus den USA implizieren eine Produktivitätssteigerung von 5 Prozent in der Wirtschaft nach der Pandemie aufgrund von neu optimiertem Arbeiten. Nur ein Fünftel dieses Produktivitätsgewinns zeige sich in der konventionell gemessenen Produktivität, während die Zeitersparnis durch weniger Pendeln noch nicht erfasst werden könne. Bedeutsam sei auch der psychologisch wichtige Effekt, dass die Möglichkeit zum mobilen Arbeiten nicht mehr ein exklusives Recht für wenige, sondern für den Durchschnitt von Belegschaften darstelle (Smite et al., 2023). Zusammen mit anderen Vorteilen sei deshalb das Arbeiten von zu Hause »gekommen, um zu bleiben« (vgl. Barrero et al., 2021).

Noch etwas komplexer als die »Klassikerthemen« Arbeitszeit und Arbeitsort gestalten sich Prognosen über die Entwicklung der *Arbeitsformen*, die noch sehr viel stärker regulatorisch-gesetzlich determiniert, gleichzeitig aber auch technologisch getrieben werden. Die Fertigungstiefe in Unternehmen ist bei dem vorstehend betriebenen beschleunigten Strukturwandel stets das Ergebnis einer Make-or-buy-Entscheidung. Je nach Branche, Produkt und Qualifikationsniveau sowie Fachkräfteverfügbarkeit arbeiten Unternehmen in unterschiedlicher Intensität mit dem Zukauf von Gütern oder Dienstleistungen statt mit Eigenfertigung. Formen der plattformbezogenen Beschäftigung gewinnen dabei an Bedeutung. Durch neue technische Möglichkeiten können auch traditionell eher unternehmensinterne Arbeiten – wie das Testen von Software, Produktbeschreibungen oder Adressenrecherche am Computer – über Onlineplattformen nicht mehr nur »physisch« an ein einzelnes externes Unternehmen oder an freie Mitarbeiter, sondern auch an Kleinstanbieter von Dienstleistungen im Internet ausgelagert werden. Grundprinzipien für solche Crowd-Lösungen sind deren IT-Basierung, eine Ausschreibung der zu erfüllenden Leistung im Internet und/oder ein wettbewerbliches Zuschlagsverfahren.

Was dies für eine konkrete Wahl von Beschäftigungsformen und damit auch für sozialrechtliche Aspekte bedeuten kann, soll exemplarisch am Beispiel *freier Mitarbeiter* verdeutlicht werden: Mit neuen Technologien verbinden sich zusätzliche Beschäftigungschancen für spezialisierte freie Mitarbeiter, die für die Transformation von Unternehmen erfolgskritisch sind (vgl. Stettes, 2023). Der Einsatz von freien Mitarbeitern stößt aber vielfach auf Schwierigkeiten bei der Abgrenzung zwischen abhängiger Beschäftigung und verschiedenen Formen selbständiger Beschäftigung, z. B. über Werk- und Dienstverträge, Soloselbständigkeit sowie Cloud- und Gigworking:

- *Arbeitsrechtlich* ist das Arbeitsverhältnis in Abgrenzung zur Selbstständigkeit in § 611a BGB geregelt, wonach Arbeitnehmerin oder Arbeitnehmer ist, wer aufgrund eines privatrechtlichen Vertrags im Dienst eines anderen zur Leistung weisungsgebundener, fremdbestimmter Arbeit in persönlicher Abhängigkeit verpflichtet ist. Für die arbeitsrechtliche Einordnung ist entscheidend, ob ein Mitarbeiter in einer Gesamtbetrachtung aus dem Grad der Weisungsgebundenheit und der freien Gestaltung von Tätigkeit und Arbeitszeit in einem persönlichen Abhängigkeitsverhältnis zum Auftraggeber steht.
- *Sozialrechtlich* erfolgt eine Abgrenzung im Rahmen des sog. Statusfeststellungsverfahrens durch die Rentenversicherung nach § 7,1 SGB IV. Dabei wird unter anderem bei Vorliegen der Negativkriterien »Weisungsfreiheit« und »Nichteingliederung in die Arbeitsorganisation des Weisungsgebers« eine selbständige Beschäftigung angenommen. Die gerichtliche Auslegung dieser und anderer Kriterien, z. B. hinsichtlich der Vergütungshöhe, fällt bisher jedoch vielfach unterschiedlich aus.
- Durch die Möglichkeit von digitalbasierten Arbeitsformen – z. B. in Form von Crowdworking, Cloudworking und Gigworking – eröffnen sich zudem noch zusätzliche materielle *technische* Abgrenzungsprobleme, etwa zwischen ortsabhängiger und ortsunabhängiger Plattformarbeit (vgl. Klös, 2019).

Das hier gewählte Beispiel der freien Mitarbeiter soll verdeutlichen, dass Megatrends des Arbeitsmarktes direkt auf die Wahl von Beschäftigungsformen durchwirken können, dies aber auf einer konkreten Ebene einerseits Folgen für die soziale Sicherung haben, andererseits aber auch einen möglichen Anpassungsbedarf in der Arbeitsmarktregulatorik auslösen kann. Dies gilt umso mehr, als die freie Mitarbeit nur eine besondere Form selbstständiger Beschäftigung darstellt. Ganz generell aber ist die selbstständige Beschäftigung in Deutschland im Trend ebenso rückläufig wie die Zahl der Existenzgründungen (vgl. KfW, 2023). Dieser auch sozialpolitisch relevante Befund wird aber bisher in der gesamten »New Work«-Debatte noch nicht systematisch reflektiert, da sie sich ganz überwiegend auf die abhängige Beschäftigung und die sich vor allem durch die Megatrends Digitalisierung und Demografie verschiebenden Kräfteverhältnisse zwischen Arbeitsnachfragern und Arbeitsanbietern konzentriert. Zudem verstellt der vielfach eingenommene Blick nur auf die GenZ auch die breitere analytische Perspektive von Veränderungen der Arbeitswelt entlang der gesamten Erwerbsbiographie und über alle Arbeitsformen hinweg.

### 5.3.4 Arbeitszeiten, Arbeitsorte, Arbeitsformen: einige Handlungsansätze

Vor dem Hintergrund des engen Zusammenhangs zwischen Arbeitsmarktentwicklung und sozialer Sicherung sollen abschließend exemplarisch einige Handlungsfelder diskutiert werden, die zum Teil bereits seit vielen Jahren kontrovers diskutiert werden, aber für die Funktionsfähigkeit des Arbeitsmarktes bedeutsam sind. In diesen Debatten spiegeln sich eine ganze Reihe von Punkten wider, die auch für die Rahmung der Themen Strukturwandel des Arbeitsmarktes und New Work relevant sind und von denen per saldo auch Impulse zu einem noch höheren Beschäftigungsniveau und damit einer verbreiterten Finanzierungsbasis für eine investiv wirkende Sozialpolitik ausgehen könnten:

(1) Um gesellschaftlichen und wirtschaftlichen Anforderungen gleichermaßen gerecht zu werden, muss eine moderne *Arbeitszeitpolitik* die individuellen Bedürfnisse der Beschäftigten und die betrieblichen Notwendigkeiten auch digital ausbalancieren. In diesem Zusammenhang werden bereits in vielen Unternehmen neue Arbeitszeitmodelle erprobt. Die Flexibilisierung der tariflichen Wochenarbeitszeiten ist dabei ein zentrales Thema. Vielen Betrieben geht es in erster Linie um die Möglichkeit zu längeren gesetzlichen täglichen Höchstarbeitszeiten. An diesem Punkt reicht eine tarifliche oder kollektive Öffnungsklausel nicht aus, da gerade die kleinen, vielfach nicht tarifgebundenen Unternehmen (insbesondere auch Start-ups) diese nicht nutzen können. Die Spielräume, welche die EU-Arbeitszeitrichtlinie hier bietet, wurden bei der Umsetzung in das deutsche Arbeitszeitgesetz bisher nicht ausgeschöpft. Im aktuellen Gesetzentwurf der Bundesregierung zur Änderung des Arbeitszeitgesetzes werden ausschließlich neue Dokumentationspflichten der Betriebe bei der Arbeitszeiterfassung statuiert, aber keine Möglichkeiten zur Flexibilisierung der Arbeitszeit, einer Öffnung bei der Tageshöchstarbeitszeit oder für Änderungen bei den Ruhezeiten angegangen.
    Damit wird erneut eine Chance vertan, aus den Erfahrungen mit der befristeten Öffnung der Arbeitszeitvorschriften für bestimmte Tätigkeiten durch eine im April 2020 im Zuge der Pandemievorsorge erlassenen Rechtsverordnung mit längeren Arbeitszeiten, kürzeren Ruhezeiten und erweiterten Möglichkeiten für

Sonn- und Feiertagsarbeit für bestimmte Tätigkeiten zu lernen. Eine Evaluation der Erfahrungen könnte hilfreiche Hinweise dafür geben, ob und ggfs. wie sich diese vorübergehenden Ausnahmen vom geltenden Arbeitszeitgesetz auch über die Krise hinaus als sinnvoll erweisen können. Schon seit längerem wird eine Umstellung des Arbeitszeitgesetzes von einer täglichen auf eine wöchentliche Höchstarbeitszeit diskutiert. Bezüglich der Ruhezeiten könnte eine zusätzliche Öffnungsklausel für kollektive Regelungen vereinbart werden. Die Öffnung des Arbeitszeitgesetzes könnte zum Beispiel im Rahmen von »Regulatory Sandboxes« erprobt werden, in denen unter Berücksichtigung bestehender arbeitswissenschaftlicher und arbeitsmedizinischer Erkenntnislagen branchenspezifische Lösungen ermöglicht werden könnten.

(2) *Arbeitszeitkonten* sollten weiter betrieblich gefördert werden, denn sie spielen in einer sich wandelnden Arbeitswelt eine zunehmend wichtige Rolle. Der Anteil der Betriebe, die solche Konten führen, hat sich von 18 Prozent im Jahr 1999 auf 35 Prozent im Jahr 2016 – neuere Zahlen sind nicht verfügbar – fast verdoppelt, der Anteil der Beschäftigten mit Arbeitszeitkonto ist von 35 auf 56 Prozent gestiegen (vgl. Ellguth et al., 2018). Arbeitszeitkonten setzen allerdings eine Arbeitszeiterfassung voraus und stehen in dieser Hinsicht in Konkurrenz zu Vertrauensarbeitszeiten, die in besonderer Weise von einer Digitalisierung der Arbeitswelt profitieren können. Eine wie auch immer geartete Pflicht zur Führung von Arbeitszeitkonten – insbesondere sog. Langzeitkonten – stellte hingegen einen Eingriff in die Tarifautonomie und in die Gestaltung der Arbeitsverträge durch die Arbeitsvertragsparteien dar.

(3) Die Digitalisierung bietet weiterhin ein großes Potenzial, die Vereinbarkeit von Familie und Beruf zu verbessern, indem Arbeitszeit und private Zeit anders und präferenzgesteuert kombiniert werden können. Die Unterstützung *mobilen Arbeitens* und von *Homeoffice*-Lösungen ist aber primär ein betrieblicher Aushandlungsprozess. Ein Rechtsanspruch auf mobiles Arbeiten, wie er gelegentlich diskutiert wird, griffe hingegen tief in das Dispositionsrecht der Unternehmen hinsichtlich des Ortes und der Zeit der Arbeitsleistung ein. Die Erfahrungen in der Pandemie haben aber die Abwägung über die Vor- und Nachteile von mobilem Arbeiten noch einmal deutlich akzentuiert. Beschäftigte, die mobil in einem digitalen Umfeld arbeiten, haben häufiger die Möglichkeit, ihren Arbeitsalltag flexibel zu gestalten, auch weil mobil arbeitende Beschäftigte überproportional häufig Hochqualifizierte und Führungskräfte sind, die gemeinhin einen größeren Handlungsspielraum bei der Gestaltung ihres Arbeitsalltags haben. Außerdem sind mobil arbeitende Beschäftigte signifikant häufiger mit ihrem Job zufrieden als Beschäftigte, die nicht mobil tätig sind, insbesondere wenn das Ausmaß des Mitgestaltungsspielraums im Hinblick auf die Arbeitszeiten groß ist (vgl. Hammermann/Stettes, 2017). Genau deshalb setzt aber die Förderung mobilen Arbeitens auch einen anderen Arbeitszeitrahmen voraus. Für Unternehmen bedeutet das, gemeinsam mit ihren Beschäftigten auszuloten, wann und unter welchen zeitlichen Voraussetzungen mobiles Arbeiten möglich und sinnvoll ist.

(4) In einigen Großstädten sind *Coworking Spaces* bereits etabliert. Hier können Kreative, Selbstständige und kleine Unternehmen nebeneinander arbeiten und sich miteinander austauschen. Aber auch für kleinere Kommunen bringt die Schaffung von Coworking Spaces Möglichkeiten mit sich, um etwa den kommunalen Leerstand zu verringern und Unternehmen in der Region zu halten. Außerdem können Coworking Spaces in ländlichen Regionen weite Pendelstrecken für Beschäftigte vermeiden, was sich positiv auf die Lebensqualität auswirken und auch das Problem unterschiedlicher Wohn- und Mietpreisentwicklungen zwischen urbanen und peripheren Lagen entschärfen kann (vgl. Bertelsmann Stiftung, 2017). Allerdings ist die quantitative Bedeutung für die Breite des Arbeitsmarktes noch gering, auch wenn die Angebote in bestimmten Konstellationen bereits stark genutzt werden und Coworking Spaces als »dritter Arbeitsort« im Idealfall die Vorteile eines flexibel nutzbaren, wohnortnahen Satellitenbüros mit den Vorteilen des Homeoffice und des betrieblichen Arbeitsplatzes verbinden können. Daher können sie auch für Arbeitgeber attraktiv werden, wenn damit personalpolitische Vorteile einhergehen oder Fixkosten eingespart werden können (vgl. BMAS, 2022). Regionalpolitisch kann deshalb die verstärkte Einrichtung von Coworking Spaces empfehlenswert sein.

(5) Die Verbreitung neuer *digitaler Selbständigkeit* sollte unterstützt werden. Selbständige und Kleinstunternehmen erwiesen sich als eine der vulnerabelsten Gruppen in der Corona-Krise (vgl. Kritikos, 2020). Angesichts ohnehin sinkender Gründungsraten in Deutschland ist jede Unterstützung von Existenzgründung und von Selbständigkeit zu begrüßen. Besonders im digitalen Start-up-Bereich liegen Potenziale für eine modernisierte Ökonomie (vgl. EFI, 2020). Hilfreich dafür ist ein »single point of contact« für Gründungen, um den bürokratischen Aufwand für Gründungen zu reduzieren. Für Existenzgründer – insbesondere im digitalen Bereich – ist zudem wichtig, dass das bewährte Instrumentarium von Werk- und Dienstverträgen in vollem Umfang hierfür genutzt werden kann. Eine verschärfte Regulierung von Werkverträgen (wegen vermuteter Scheinselbständigkeit) und von Zeitarbeit (wegen vermuteter verdeckter Arbeitnehmerüberlassung) würde hingegen den rechtssicheren Einsatz von externen Digitalisierungsexperten durch Unternehmen und Formen der agilen Zusammenarbeit zwischen Stammbelegschaft und externen Experten erschweren.

Das sog. Statusfeststellungsverfahren sollte so gestaltet sein, dass für Auftraggeber und Auftragnehmer rasch Klarheit darüber hergestellt werden kann, ob es sich bei einem Auftrag um eine selbständige oder um eine sozialversicherungspflichtige Tätigkeit handelt. Die Definition von Positivkriterien (z. B. Einkommensgrenzen) zur Begründung von Ausnahmetatbeständen könnte hier mehr Rechtssicherheit und mehr selbständige Beschäftigung ermöglichen. Der Statuswechsel zwischen selbständiger und abhängiger Beschäftigung sollte erleichtert werden. Dazu können auch temporäre Verbünde von Selbständigen oder Arbeitsgemeinschaften zählen. Versicherungsrechtliche Fragen wie etwa die Portabilität und Unverfallbarkeit erworbener Rentenansprüche sowie die

Prüfungen der Rentenversicherung auf Scheinselbständigkeit stehen einem Statuswechsel häufig im Wege, aber auch der Einschaltung von Digitalspezialisten durch Unternehmen. Diese Hemmnisse sollten überprüft und vermindert werden. Gleichzeitig sollten Selbständige einer Vorsorgepflicht für das Alter unterzogen werden. Die im Koalitionsvertrag vorgesehene Altersvorsorgepflicht wäre eine wichtige Flankierung einer Politik, die auf mehr digitale Start-ups und digitale Selbständigkeit setzt. Allerdings müssen die Selbständigen eine Wahlfreiheit über den Vorsorgeweg haben, also etwa zwischen Gesetzlichen Rentenversicherung und privaten Vorsorgearten (»Kassenzwang, aber keine Zwangskasse«). Digital geführte Konten über Altersvorsorge könnten diesbezüglich mehr Transparenz schaffen.

(6) Die Verbesserung der rechtlichen und steuerlichen Bedingungen für *Mitarbeiterbeteiligungen* ist eine wichtige Bedingung für eine breitere Vermögensanlage, für die Gewinnung qualifizierter Mitarbeiter und für die Finanzierung von Unternehmensinvestitionen in der derzeitigen Transformationsphase. Bisher ist die Verbreitung von Mitarbeiterkapitalbeteiligungen in Deutschland – insbesondere in Form von Belegschaftsaktien, Genussscheinen und stillen Beteiligungen – aber mit etwa einem Prozent der Unternehmen noch gering (vgl. IHK München, 2019). Anders als in Großunternehmen dominieren im deutschen Mittelstand mezzanine Beteiligungen und hier vor allem stille Beteiligungen. Genuine gesellschaftsrechtliche Kapitalbeteiligungen sind seltener und vorwiegend als Belegschaftsaktienprogramme nicht börsennotierter Unternehmen ausgestaltet (BMWI, 2020).

In einer stärker von digitalen Unternehmensgründungen geprägten Volkswirtschaft steigt aber der Bedarf an alternativen Beteiligungsformen, etwa durch die Einführung steuerbegünstigter Mitarbeiter-Optionsprogramme. Daher sollte geprüft werden, ob die Optionsprogramme als Kapitalerträge eingeordnet werden könne, die anstelle der progressiven Steuer dem besonderen Steuersatz in Höhe von 25 Prozent unterliegen. Darüber hinaus könnte die steuerliche Bewertung von Mitarbeiteroptionen vereinfacht werden (vgl. DStV, 2020). Die Bundesregierung plant derzeit wohl eine Entschärfung des sog. »Dry Income«, wonach Beschäftigte beim Erwerb einer Mitarbeiterbeteiligung (z. B. in Form von Aktien) einen Vorteil versteuern müssen, obwohl ihnen noch gar keine Liquidität zufließt, weil die Beteiligung noch nicht veräußert werden kann. Weitere Ansatzpunkte sind die Einführung von neuen Formen für einfache und flexible Kapitalbeteiligungen (z. B. die Erleichterung von GmbH-Beteiligungen) mit einer speziell auf diese Unternehmensgruppe zugeschnittenen attraktiven steuerlichen Förderung (etwa im Bereich der Aktienoptionen), eine Besteuerung von Kapitalbeteiligungen anstatt von Gewinnen bei Exit von Start-ups und die Aufhebung des Formzwangs bei Übertragungen (vgl. BMWI, 2020). Zu begrüßen ist, dass ein aktuelles BMF-Eckpunktepapier den steuerlichen Freibetrag für die unentgeltliche bzw. verbilligte Überlassung von Mitarbeiterkapitalbeteiligungen anheben möchte und es für Start-ups einfacher werden soll, Mitarbeiterkapitalbeteiligungen anzubieten, indem die

Voraussetzungen für eine nachgelagerte Besteuerung der Mitarbeiterkapitalbeteiligung verbessert werden.

(7) Die Ausgestaltung der *Arbeitsmarktpolitik* schließlich kann den Strukturwandel und den erforderlichen stärkeren Arbeitsplatzwechsel unterstützen. Erstens können die Kosten des Arbeitsplatz- und Humankapitalverlusts durch Arbeitslosengeld und Kurzarbeitergeld vermindert werden (»passive Arbeitsmarktpolitik«). Diese Option ist insbesondere in der Corona-Pandemie außerordentlich umfassend angewendet worden. Zweitens können die Kosten der Neuqualifizierung und der Mobilität durch Unterstützung von Qualifizierung und Mobilität vermindert werden (»aktive Arbeitsmarktpolitik«). Die Instrumente der BA zur Qualifizierung von Beschäftigten sind durch das »Qualifizierungschancengesetz« und das sog. »Arbeit von morgen«-Gesetz bereits deutlich gestärkt worden. Maßnahmen der aktiven und passiven Arbeitsmarktpolitik können ineinanderwirken (z. B. Kurzarbeit und Qualifizierungsmaßnahmen). Eine temporäre Einkommensabsicherung und Maßnahmen zur Qualifizierung sind dabei teilweise funktionale Äquivalente. Zu achten ist aber darauf, dass das Lohnabstandsgebot zwischen einer bezahlten Erwerbstätigkeit und dem Bezug von arbeitsmarktpolitischen Leistungen gewahrt bleibt.

Bei einem aufnahmefähigen Arbeitsmarkt mit verbreiteten Engpässen bei qualifizierten und auch einfachen Tätigkeiten, wie sie sich derzeit schon deutlich abzeichnen, sollten einerseits die Anreize zu einer Arbeitsaufnahme für bisher nicht Beschäftigte sowie andererseits zur Arbeitskräfte-Reallokation von Beschäftigten verbessert werden, damit arbeitsangebotsseitig die Bereitschaft zu einer Arbeitsaufnahme und einem Arbeitsplatzwechsel und arbeitsnachfrageseitig die Einstellungsbereitschaft weiter steigen können. Scheitert etwa ein Wechsel von einem Arbeitsplatz zu einem anderen Arbeitsplatz an den damit verbundenen Verdienstunterschieden, kann eine befristete und degressiv gestaltete arbeitnehmerbezogene Verdienstsicherung den Wechsel in eine alternative Beschäftigung fördern, falls diese geringer vergütet wird. Ferner könnten befristete und degressive Lohnkostenzuschüsse resp. Eingliederungszuschüsse für aufnehmende Unternehmen die Produktivitätsnachteile während einer Einarbeitungszeit ausgleichen und die Einstellungsbereitschaft erhöhen. Darüber hinaus könnten Abfindungszahlungen der abgebenden Unternehmen – etwa aus Sozialplänen – nicht nur an die ehemaligen Beschäftigten, sondern auch an die aufnehmenden Unternehmen geleistet werden.

### 5.3.5 Ausblick: »New Work« und Sozialpolitik

Die vorstehenden Überlegungen hatten eine erste Annäherung an den Zusammenhang zwischen »New Work« und sozialpolitischen Erwägungen zum Ziel. Dabei wurden im Kern drei Sachverhalte deutlich: Erstens ist die »New Work«-Debatte unbedingt noch analytisch zu härten, bevor sie als ein eigenständiger Trend anerkannt werden kann. Letztlich geht es darum, »das Label aus dem trendorientierten

Beratungsdiskurs herauszulösen und zu einem ökonomischen Grundbegriff zu qualifizieren, an dem sich ein Leitbild-Wechsel in Bezug auf unternehmerisch erbrachte Arbeit zeigen lässt« (Müller-Friemauth; Kühn, 2019, 391). Damit wird zweitens deutlich, dass die »New Work«-Debatte ein Teil der breiteren Arbeitsmarktforschung werden muss, um auch empirisch besser erschlossen werden zu können. Dabei geht es vor allem um die Frage, ob »New Work« nur die *Folge* von strukturellen Megatrends ist oder ob sie nicht selbst ein *Treiber* des Strukturwandels am Arbeitsmarkt ist, der sowohl zu neuen betrieblichen wie auch administrativ-politischen Gestaltungsaufgaben führen kann. Die Beforschung der Entwicklung zum mobilen Arbeiten in der Pandemie und danach etwa zeigte deutlich, wie wichtig eine möglichst gute Evidenzbasierung für neuere Entwicklungen in der Arbeitswelt ist. Drittens würde damit die »New Work«-Debatte auch mit Blick auf ihre Relevanz für die sozialpolitische Flankierung neuer Beschäftigungstendenzen einerseits wie für die Auswirkungen auf die überwiegend beschäftigungsfinanzierte soziale Sicherung andererseits aufgewertet werden können. Dies wäre auch ein nicht gering zu schätzender Beitrag dazu, sich von der Assoziation mit einer gesellschaftspolitisch wenig anschlussfähigen Erstkodierung durch die Arbeiten von F. Bergmann zu emanzipieren.

### Zum Autor

**Dr. Hans-Peter Klös** ist stellvertretendes Mitglied des Europäischen Wirtschafts- und Sozialausschusses. Von 2001 bis 2022 war er wissenschaftlicher Geschäftsführer des Instituts der deutschen Wirtschaft Köln und während dieser Zeit Mitglied zahlreicher Kommissionen auf Landes-, Bundes- und europäischer Ebene. Seine Forschungsschwerpunkte als Autor liegen auf Fragen der Arbeitsmarkt-, Bildungs- und Sozialpolitik.

## Literatur

Barhate, B.; Dirani, K. M.: Career aspirations of generation Z: a systematic literature review, in: European Journal of Training and Development, Vol. 46, No. 1/2, 2022, S. 139-157.

Barrero, J.; Bloom, N.; Davis, S.: Why Working from Home will stick, Working Paper Series, No. 28731, National Bureau of Economic Research, Cambridge 2021.

Berend, B.; Brohm-Badry, M.: Positive Psychologie und New Work – Entwicklungsimpulse für Individuum, Organisation und Gesellschaft, in: Brohm-Badry, B.; Peifer, C.; Greve, J.; Berend, B.: (Hrsg.), Zusammen wachsen. Förderung der positiv-psychologischen Entwicklung von Individuum, Organisation und Gesellschaft, Lengerich 2019, S. 100-110.

Bertelsmann Stiftung: Digitale Zukunft auf dem Land: Wie ländliche Regionen durch die Digitalisierung profitieren können, Gütersloh 2020, https://www.bertelsmann-stiftung.de/fileadmin/files/180423_Endfassung_Digitale_Zukunft_korrigiert__ergaenzt.pdf, abgerufen am 26.01.2024.

bidt – Bayerisches Forschungsinstitut für Digitale Transformation: Digitalisierung durch Corona? Verbreitung und Akezeptanz von Homeoffice in Deutschland, München 2020, https://www.bidt.digital/studie-homeoffice/, abgerufen am 26.01.2024.

BMAS – Bundesministerium für Arbeit und Sozialordnung: Bedeutung von Coworking Spaces als Dritter Arbeitsort in Deutschland, Forschungsbericht 595, Berlin 2022.

BMWI – Bundesministerium für Wirtschaft und Energie: Verbreitung der Mitarbeiterkapitalbeteiligung in Deutschland und Europa, Berlin 2020, https://www.bmwi.de/Redaktion/DE/Publikationen/Studien/verbreitung-der-mitarbeiterkapitalbeteiligung-in-deutschland-und-europa.pdf?__blob=publicationFile&v=6, abgerufen am 26.01.2024.

Brynjolfsson, E.; McAfee, A.: The second machine age: Work, progress, and prosperity in a time of brilliant technologies. WW Norton & Co. 2014.

DER SPIEGEL: Teilzeit, Freizeit, Auszeit. Warum die Generation Z anders arbeiten will – und damit jetzt alle ansteckt, in DER SPIEGEL, Nr. 22, 26.05.2023.

DStV – Deutscher Steuerberaterverband: Stellungnahme S 02/20 zum Thema »Mitarbeiterbeteiligung«, Berlin 2020, https://www.dstv.de/wp-content/uploads/archiv/2020-s02-an
hoerung-mitarbeiterbeteiligung.pdf, abgerufen am 26.01.2024.

Ellguth, P.; Gerner, H.-D.; Zapf, I.: Flexible Arbeitszeitgestaltung wird immer wichtiger, IAB-Kurzbericht, Nr. 15, Nürnberg 2018, http://doku.iab.de/kurzber/2018/kb1518.pdf, abgerufen am 06.05.2020.

Eloundou, T.; Manning, S.: Mishkin, P.; Rock, D.: GPTs are GPTs: An Early Look at the Labor Market Impact Potential of Large Language Models,« Papers 2303.10130, arXiv.org, revised March 2023.

European High Level Group: The future of social protection and of the welfare state in the EU, Luxembourg 2023.

Expertenkommission Forschung und Entwicklung: Gutachten zu Forschung, Innovation und technologischer Leistungsfähigkeit Deutschlands, Berlin 2020.

Frey, C.; Osborne, M. A.: The Future of Employment: How Susceptible are Jobs to Computerization?. University of Oxford 2013.

Frischmuth, Carlos: New Work Bullshit. Was wirklich zählt in der Arbeitswelt, Frankfurt 2021.

Hammermann, A.; Stettes, O.: Freiräume ausloten für mehr Arbeitszeitflexibilität, IW-Kurzbericht, Nr. 81, Köln 2017.

Institut für angewandte Arbeitswissenschaften: GENERATION Z = GENERATION Y? Kennst du einen, kennst du alle? Zahlen I Daten I Fakten, 6. Juli 2022.

IHK München: Wachstumsfinanzierung für Startups. Zukunftsfonds & steuerlicher Rahmen, München 2020, https://www.ihk-muenchen.de/ihk/documents/Recht-Steuern/Positionspapier-Wachstumsfinanzierung-f%C3%BCr-Startups.pdf, abgerufen am 26.01.2024.

KfW – Kreditanstalt für Wiederaufbau Research: Gründungstätigkeit in Deutschland: Zahl der Existenzgründungen 2022 sinkt, KfW Research, Volkswirtschaft Kompakt, Nr. 237, 4. April 2023

Klös, H.-P.: Beschäftigung von »freien Mitarbeitern«: Herausforderungen und Handlungsoptionen, in: Die Wirtschaftsprüfung, Heft 19, 2020, S. 1198-1200

Kritikos, A.: Mehr Wertschätzung für Selbstständige und Kleinstunternehmen, DIW-Wochenbericht, Nr. 17, Berlin 2020.

Lorra, J.; Möltner, H.: New Work: Die Effekte von Leader-Member Exchange auf psychologisches Empowerment, extraproduktives Verhalten und Fluktuationsabsicht der Mitarbeitenden, in: Zeitschrift für Arbeitswissenschaften, 2020; https://doi.org/10.1007/s41449-020-00238-2.

Müller-Friemauth, F.; Kühn, R.: New Work-Challenge – Die schöne neue Arbeitswelt aus zukunftsforscherischer Sicht, in: Hermeier, B.; Heupel, T.; Fichtner-Rosada, S. (Hrsg.): Arbeitswelten der Zukunft. Wiesbaden 2019, S. 391-412.

New Work SE: Generationen-Auswertung des Job-Netzwerks XING – Jung, qualifiziert, wechselwillig: So tickt die GenZ, https://www.new-work.se/de/newsroom/pressemitteilungen/2023_pm_xing_jung_qualifiziert_wechselwillig_so_tickt_die_gen_z, abgerufen am 19.04.2023.

OECD: Employment Outlook 2023. Artificial Intelligence and the Labour Market, Paris 2023.

Smite, D; Moe, N. B.; Hildrum, H.; Gonzalez-Huerta, J.; Mendeza, D.: Work-from-home is here to stay: Call for flexibility in post-pandemic work policies, Journal of System Software, January 2023, doi: 10.1016/j.jss.2022.111552.

Stettes, O.: Solo-Selbstständige und Werkvertragsbeschäftigte als Katalysatoren des digitalen Wandels in deutschen Unternehmen, in: IW-Trends, 50. Jg., Heft 1, 2023, Köln, S. 63-79.
Wallace, Alicia: Nearly 80 % of women's jobs could be disrupted, automated by AI, CNN, Updated 4:25 PM EDT, Thu June 22, 2023, https://edition.cnn.com/2023/06/21/economy/women-employment-ai-disruption/index.html, abgerufen am 26.01.2024.

## 5.4 Gefühlte Beweislast von Homeoffice-Mitarbeitenden

*Meika Schuster/Gisela Gerlach*



### 5.4.1 Homeoffice – Vorteile und Schattenseiten

Seit einigen Jahren vollzieht sich ein facettenreicher Wandel der Arbeitswelt, der durch Megatrends wie die Digitalisierung und zuletzt durch die Corona-Pandemie stark vorangetrieben wurde. Neue Formen der Zusammenarbeit, die unter dem Begriff New Work diskutiert werden, sind geprägt durch eine Flexibilisierung von Arbeitszeiten und -orten (Appen, 2019). Ein wesentlicher Bestandteil dieser flexiblen Arbeitsformen ist die Arbeit im Homeoffice. Während vor der Corona-Pandemie nur 13 % der Mitarbeitenden in Deutschland ihre Arbeit von zuhause aus erledigten (Informationsdienst des Instituts der deutschen Wirtschaft, 2021), hat sich der Anteil der Homeoffice-Mitarbeitenden während der Corona-Pandemie verdoppelt (Ahlers et al., 2021). Studien zeigen, dass die Arbeit im Homeoffice – insbesondere in Form von hybriden Arbeitsmodellen, die einen regelmäßigen Wechsel zwischen der Arbeit zuhause und im Büro vorsehen – Bestandteil der zukünftigen Arbeitswelt bleiben wird (Franken et al., 2021; Informationsdienst des Instituts der deutschen Wirtschaft, 2021).

Die daraus resultierenden Vorteile, die sich sowohl für Mitarbeitende als auch Unternehmen ergeben, sind vielfältig. So lassen sich positive Effekte auf die Produktivität der Mitarbeitenden im Homeoffice feststellen (Delanoeije & Verbruggen, 2020; Martin & MacDonnell, 2012). Eine mögliche Erklärung hierfür ist, dass Mitarbeitende zuhause konzentrierter arbeiten können, wenn zum Beispiel Unterbrechungen durch Kolleg:innen oder der Geräuschpegel im Großraumbüro nicht gegeben sind (Bailey & Kurland, 2002; Bloom et al., 2015; Bundesministerium für Wirtschaft und Energie, 2021). Außerdem bringt die Arbeit im Homeoffice eine höhere Flexibilität mit sich, so kann beispielsweise die Arbeitszeit flexibel über den Tag verteilt werden. Dies ermöglicht den Mitarbeitenden, private und berufliche Belange besser miteinander zu vereinbaren (Grunau et al., 2019).

Die Arbeit im Homeoffice hat jedoch auch Schattenseiten. Die Grenze zwischen Arbeit und Privatleben verschwimmt, sodass es schwieriger sein kann, von der Arbeit abzuschalten abzuschalten (Soga et al., 2022). Weitere Nachteile sind auf die räumliche Trennung der Homeoffice-Mitarbeitenden zurückzuführen. Unter anderem kann es zur sozialen Isolation kommen, wenn der persönliche Kontakt zu Kolleg:innen und Vorgesetzten eingeschränkt ist, was negative Auswirkungen auf die Motivation und Arbeitszufriedenheit haben kann (Golden et al., 2008). Mit der räumlichen Trennung geht einher, dass die Arbeitsleistung von Homeoffice-Mitarbeitenden für Kolleg:innen und Vorgesetzte weniger transparent ist. Dies kann dazu führen, dass Homeoffice-Mitarbeitende sich dem Vorurteil gegenübersehen, sie würden zuhause nicht oder nicht genauso viel bzw. engagiert arbeiten wie im Büro. In einer Befragung der DAK Krankenkasse aus dem Jahr 2020 mit rund 7.000 Beschäftigten in Deutschland berichteten 44 % der Befragten, dass ihr/e Vorgesetze/r eher misstrauisch war, ob im Homeoffice genauso produktiv gearbeitet wird (DAK Gesundheit, 2020). Mit dem Gefühl, dass andere solche Vorurteile haben, kommt die Befürchtung, dass Kolleg:innen und Vorgesetzte denken, man würde zuhause auf der faulen Haut liegen.

Solche Befürchtungen und Ängste können bei Homeoffice-Mitarbeitenden das Gefühl auslösen, beweisen zu müssen, dass sie zuhause tatsächlich arbeiten. Wir haben dieses Phänomen der gefühlten Beweislast im Homeoffice in einer Interviewstudie mit 21 Mitarbeitenden zum Thema Erreichbarkeit und Kommunikation im Homeoffice identifiziert (vgl. Schuster, 2020) und in einer fragebogenbasierten Studie mit 407 Beschäftigten, die regelmäßig im Homeoffice arbeiten, weiter untersucht. Zentrale Erkenntnisse aus beiden Studien fassen wir im Folgenden zusammen. Ziel dieses Beitrags ist es, aufzuzeigen, wie die gefühlte Beweislast im Homeoffice entsteht und wie sie sich auf Homeoffice-Mitarbeitende auswirkt. Darauf aufbauend legen wir dar, wie Unternehmen, Führungskräfte und Homeoffice-Mitarbeitende selbst der gefühlten Beweislast und ihren negativen Auswirkungen entgegenwirken können.

## 5.4.2 Gefühlte Beweislast im Homeoffice: Ursachen und Auswirkungen

In unserer Interviewstudie konnten wir sowohl die Ursachen als auch Auswirkungen der gefühlten Beweislast identifizieren (vgl. Schuster, 2020). Die folgende Darstellung gibt einen Überblick über diese Wirkmechanismen, anschließend werden die einzelnen Zusammenhänge erläutert.

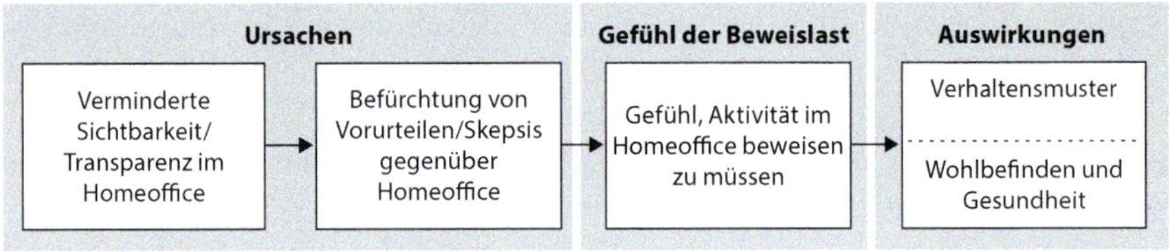


**Dar. 5-4:** Wirkmechanismen der gefühlten Beweislast

### Wie entsteht das Gefühl, beweisen zu müssen, dass man im Homeoffice tatsächlich arbeitet?

Die gefühlte Beweislast hat ihren Ursprung in der verminderten Sichtbarkeit und Transparenz während der Arbeit im Homeoffice. Wenn Mitarbeitende ins Büro gehen, werden sie von Kolleg:innen und Vorgesetzen vor Ort gesehen. Diese Personen nehmen wahr, dass man am Schreibtisch sitzt und arbeitet. Sie sehen, wann man im Büro erscheint und in den Feierabend geht. Lange Arbeitszeiten werden dabei häufig als Indiz für hohes Engagement und eine gute Arbeitsleistung interpretiert. Wenn ein Mitarbeitender vor allen anderen im Büro erscheint und als letzter in den Feierabend startet, wird er als engagiert und fleißig wahrgenommen (ungeachtet dessen, dass man auch im Büro seine Arbeitszeit mit privatem Surfen oder langen Kaffeepausen vertrödeln kann). Befinden sich Beschäftigte dagegen im Homeoffice, ist für Kolleg:innen und Vorgesetzte kaum transparent, ob und in welchem zeitlichen Umfang sie zuhause arbeiten (Downes et al., 2023; Groen et al., 2018). Andere wissen nicht, wann man anfängt oder aufhört zu arbeiten, womit man seine Zeit im Homeoffice verbringt und ob man zuhause tatsächlich am Schreibtisch sitzt. Wie eine Studie der Universität Köln zeigt, ist auch den Homeoffice-Mitarbeitenden selbst bewusst, dass ihre Arbeitsleistung im Homeoffice weniger transparent ist. Bei der Studie mit Homeoffice-Mitarbeitenden im öffentlichen Dienst beschreibt knapp die Hälfte der Befragten (46,6 %) das Gefühl, dass ihre Führungskraft die geleistete Arbeit im Homeoffice weniger wahrnimmt, als sie es im Büro tun würde (Neumann et al., 2021).

Aufgrund dieser verminderten Transparenz im Homeoffice begegnen Homeoffice-Mitarbeitende oftmals dem Vorurteil, sie würden zuhause auf der faulen Haut liegen. Es wird darüber gespaßt, dass Homeoffice-Mitarbeitende eher ihre Kinder betreuen, im Garten liegen oder den Haushalt machen, anstatt ihrer Arbeit nachzugehen. In Karikaturen oder Memes werden Homeoffice-Mitarbeitende gezeigt, die schlafend im Bett liegen und ihre Maus an einem Ventilator befestigen, damit das Chat- oder Videokonferenztool weiter anzeigt, dass sie verfügbar sind. Solche Vorurteile spiegeln sich auch in der Überwachung von Homeoffice-Mitarbeitenden wider, die insbesondere in den Vereinigten Staaten weit verbreitet ist. Laut einer Studie setzen dort acht der zehn größten privaten Arbeitgeber eine Software oder andere Technologien ein, um die Produktivität von Homeoffice-Mitarbeitenden zu überwachen (Christian, 2022; The Guardian, 2022).

Wie unsere Studien zeigen, führen diese allgegenwärtigen Vorurteile dazu, dass Homeoffice-Mitarbeitende befürchten, auch ihre Kolleg:innen und Vorgesetzten könnten solche Vorurteile hegen und Zweifel haben, ob man im Homeoffice tatsächlich arbeitet. Dabei ist es Beschäftigten in der Regel wichtig, von ihren beruflichen Kontakten als motiviert und engagiert wahrgenommen zu werden (Gardner & Martinko, 1988; Leary & Kowalski, 1990). Um solch ein positives Image aufrechtzuerhalten, haben viele Homeoffice-Mitarbeitende das Gefühl, beweisen zu müssen, dass sie zuhause engagiert arbeiten und eine gute Leistung erbringen.

### Welche Auswirkungen hat die gefühlte Beweislast im Homeoffice?

Wenn Mitarbeitende das Gefühl haben, ihre Aktivität im Homeoffice beweisen zu müssen, kann sich dies sowohl auf ihr Verhalten als auch auf ihr Wohlbefinden und ihre Gesundheit auswirken.

**Dar. 5-5:** Verhaltensmuster zur Sichtbarmachung von Engagement im Homeoffice

| Verhaltensmuster | Um zu beweisen, dass sie im Homeoffice engagiert arbeiten, … |
|---|---|
| Demonstrierende Kommunikation | … kontaktieren Homeoffice-Mitarbeitende Kolleg:innen und Vorgesetzte gezielt mit dem Vorsatz, zu zeigen, dass sie gerade arbeiten. |
| Zeitnahe Reaktion | … antworten Homeoffice-Mitarbeitende möglichst zeitnah auf Kontaktaufnahmen von Kolleg:innen und Vorgesetzten. |
| Durchgehende Erreichbarkeit | … versuchen Homeoffice-Mitarbeitende, im Homeoffice durchgehend für Kolleg:innen und Vorgesetzte erreichbar zu sein. |
| Aktiver Verfügbarkeitsstatus | … halten Homeoffice-Mitarbeitende den digital sichtbaren Verfügbarkeitsstatus auf ›aktiv‹. |
| Problematisierung der Nicht-Erreichbarkeit | … liefern Homeoffice-Mitarbeitende Erklärungen, wenn sie nicht für Kolleg:innen und Vorgesetzte erreichbar sein werden bzw. waren. |

*Auswirkungen auf das Verhalten*: Im Homeoffice haben Beschäftigte mit Kolleg:innen und Vorgesetzten nur über elektronische Informations- und Kommunikationstechnologien, wie Laptop und Smartphone, Kontakt. Die Erreichbarkeit und Kommunikation über diese Geräte sind damit die zentrale, wenn nicht sogar einzige Möglichkeit, Kolleg:innen und Vorgesetzten zu beweisen, dass man im Homeoffice engagiert arbeitet. Wir konnten fünf Verhaltensmuster identifizieren, die Homeoffice-Mitarbeitende nutzen, um zu signalisieren, dass sie zuhause tatsächlich arbeiten.

Bei der *demonstrierenden Kommunikation* kontaktieren Homeoffice-Mitarbeitende Kolleg:innen und Vorgesetzte allein zu dem Zweck, ihre Aktivität im Homeoffice zu zeigen. Diese Form der Kommunikation kostet sowohl Sender als auch Empfänger Zeit, bringt aber in der Regel keinen inhaltlichen Mehrwert. Ein Beispiel dafür ist das Versenden von Status-Updates über den aktuellen Arbeitsfortschritt. Außerdem kontaktieren einige Homeoffice-Mitarbeitende ihre Kolleg:innen oder Vorgesetzte früh am Morgen oder spät am Abend, um zu zeigen, dass sie bereits – oder immer noch – arbeiten.

Durch eine *zeitnahe Reaktion* auf Nachrichten von Kolleg:innen und Vorgesetzten versuchen Homeoffice-Mitarbeitende dem Eindruck vorzubeugen, man würde zuhause auf der faulen Haut liegen. So antworten sie im Homeoffice tendenziell schneller auf Nachrichten, um zu signalisieren, dass sie zuhause gerade tatsächlich am Schreibtisch sitzen und arbeiten.

Mit dem Bemühen um zeitnahe Reaktionen geht einher, dass die Homeoffice-Mitarbeitenden versuchen, ununterbrochen im Homeoffice erreichbar zu sein. Mittels einer *durchgehenden Erreichbarkeit* möchten sie sicherstellen, jederzeit auf Kontaktaufnahmen von Kolleg:innen oder Vorgesetzten reagieren zu können, damit kein falscher Eindruck entstehen kann. Aus diesem Grund würden einige Homeoffice-Mitarbeitende beispielsweise selbst in ihrer Pause den Laptop offen lassen oder das Handy mitnehmen, um auch dann für Kolleg:innen oder Vorgesetzte erreichbar zu sein.

Weiterhin achten Homeoffice-Mitarbeitende bewusst darauf, einen *aktiven Verfügbarkeitsstatus* in Messaging-Anwendungen wie Skype oder MS Teams zu halten und Kolleg:innen und Vorgesetzten als ›online‹ angezeigt zu werden. Bei Inaktivität am Laptop wechselt der Verfügbarkeitsstatus auf ›abwesend‹. Ein solcher Status könnte wiederum den Eindruck vermitteln, dass man zuhause anderen Sachen nachgeht, anstatt am Schreibtisch zu sitzen. Obwohl manche Arbeitstätigkeiten auch ohne Computer ausgeführt werden – beispielsweise, wenn man handschriftlich ein Konzept erarbeitet –, bewegt man dann im Homeoffice die Maus, um nicht als ›abwesend‹ angezeigt zu werden.

Außerdem führt die gefühlte Beweislast zu einer *Problematisierung der eigenen Nicht-Erreichbarkeit*. Wenn Mitarbeitende im Homeoffice nicht für Kolleg:innen oder Vorgesetzte erreichbar sind, kann dies ein schlechtes Gefühl auslösen. Unabhängig davon, ob ihre Nicht-Erreichbarkeit aus beruflichen (z. B. wenn man in einem Meeting war), privaten oder technischen Gründen resultiert, befürchten sie, dass ein falscher Eindruck entstehen könnte, wenn Kolleg:innen oder Vorgesetzte sie im Homeoffice nicht erreichen. Daher geben sie diesen Personen bewusst vorher Bescheid, wenn sie für eine gewisse Zeit nicht erreichbar sein sollten, und rechtfertigen, wieso sie nicht erreichbar sein werden bzw. waren.

*Auswirkungen auf Wohlbefinden und Gesundheit*: Das Gefühl, beweisen zu müssen, dass man zuhause tatsächlich arbeitet, zusammen mit den Verhaltensmustern, die als Signal an die Kolleg:innen und Vorgesetzten eingesetzt werden, erhöhen den Stress und erschweren es Homeoffice-Mitarbeitenden, von der Arbeit abzuschalten. Wird Erreichbarkeit selbst in den Pausen oder nach Feierabend als Signal eingesetzt, behindert dies das sogenannte Detachment, also das Abschalten oder Loslassen von arbeitsbezogenen Gedanken. Die Homeoffice-Mitarbeitenden erholen sich in Pausen oder nach Feierabend weniger, es gelingt ihnen weniger gut, Energie zu tanken und mit neuen Ressourcen in die nächste Arbeitsphase oder den nächsten Arbeitstag zu starten. Zudem zeigen unsere Studien, dass das Gefühl der Beweislast und der Versuch, durch die eigene Erreichbarkeit und Kommunikation zu signalisieren, dass man engagiert arbeitet, bei den Betroffenen Stress auslöst. Die Homeoffice-Mitarbeitenden fühlen sich unter konstantem Druck, ihre Leistung zu beweisen, und haben Angst, negativ bewertet zu werden – das erhöht den Stress und beeinträchtigt das allgemeine Wohlbefinden.

Die beschriebenen Auswirkungen der gefühlten Beweislast können außerdem dazu führen, dass gerade die Vorteile des Arbeitens im Homeoffice weniger zum Tragen kommen. Wie eingangs beschrieben, kann die Homeoffice-Arbeit mehr Flexibilität bieten und dadurch eine bessere Vereinbarkeit von privaten und beruflichen Belangen mit sich bringen. Die meisten Tätigkeiten, die im Homeoffice ausgeführt werden, können zeitlich flexibel, also unabhängig von Regelarbeitszeiten, bearbeitet werden (Biron & van Veldhoven, 2016; Delanoeije & Verbruggen, 2020). Diese Flexibilität ermöglicht bei Bedarf, zwischen beruflichen und privaten Tätigkeiten, wie zum Beispiel der Versorgung älterer Angehöriger oder der Betreuung von Kindern, zu wechseln. Unsere Daten zeigen jedoch, dass sich viele Homeoffice-Mitarbeitende aufgrund der gefühlten Beweislast entweder nicht trauen, diese Freiheiten zu nutzen, oder – wenn sie es doch tun – ein schlechtes Gewissen haben. Ein weiterer Vorteil der Arbeit im Homeoffice ist, dass Mitarbeitende zuhause konzentriert arbeiten können. Das Gefühl, seine Aktivität im Homeoffice beweisen zu müssen, kann sich jedoch negativ auf die Konzentration auswirken, zum Beispiel wenn Beschäftigte im Homeoffice ihre Arbeit unterbrechen, um zeitnah auf Nachrichten zu reagieren und so zu beweisen, dass sie am Arbeiten sind.

### Welche Faktoren verstärken oder reduzieren die gefühlte Beweislast?

Wie unsere Daten zeigen, kann die gefühlte Beweislast durch verschiedene Faktoren verstärkt werden. Beispielsweise kann die im Unternehmen und Team gelebte Homeoffice-Kultur sowie die Einstellung gegenüber der Arbeit im Homeoffice die gefühlte Beweislast beeinflussen. Wenn die Arbeit im Homeoffice weit verbreitet ist und als normal angesehen wird, nehmen Mitarbeitende eher eine positive Einstellung gegenüber Homeoffice wahr. Da sie dann auch weniger Vorurteile und Skepsis gegenüber der Homeoffice-Arbeit vermuten, haben sie auch weniger das Gefühl, ihre Aktivität im Homeoffice beweisen zu müssen. Nehmen die Mitarbeitende hingegen wahr, dass man im Unternehmen oder Team wenig offen gegenüber der Arbeit im Homeoffice eingestellt ist und die Arbeit im Homeoffice nicht gern gesehen wird, kann dies die gefühlte Beweislast verstärken. Außerdem kann das Gefühl der Beweislast durch das wahrgenommene Vertrauen seitens der Kolleg:innen und Vorgesetzten beeinflusst werden. Wenn Mitarbeitende wahrnehmen, dass Kolleg:innen und Vorgesetzte ihnen vertrauen, haben sie weniger das Gefühl, dass ihnen ein geringeres Engagement im Homeoffice unterstellt wird – das Gefühl der Beweislast sinkt. Wenn Homeoffice-Mitarbeitenden jedoch mangelndes Vertrauen entgegengebracht wird, kann dies die gefühlte Beweislast ebenfalls verstärken.

### Acht Empfehlungen zur Verringerung der gefühlten Beweislast

Aus den Ergebnissen unserer Studien konnten wir acht Handlungsempfehlungen ableiten, mit denen Unternehmen, Führungskräfte und die Mitarbeitenden im Homeoffice selbst der gefühlten Beweislast und ihren negativen Auswirkungen entgegenwirken können.

1. Klarheit und Konsistenz: Ausgangspunkt einer für alle Beschäftigten klaren und im gesamten Unternehmen konsistent umgesetzten Homeoffice-Kultur ist die Entscheidung der Unternehmensleitung, in welchem Umfang die Homeoffice-Arbeit möglich sein soll und auch tatsächlich gewünscht ist. Dieses Maß an Homeoffice muss mit allen betroffenen Stakeholdern ausgehandelt und in einer entsprechenden Betriebsvereinbarung umgesetzt werden. Hat die Unternehmensleitung selbst eine klare Haltung zu Homeoffice, kann sie alle Führungskräfte im Unternehmen verpflichten, das im Unternehmen gewünschte Maß an Homeoffice in ihren jeweiligen Teams anzubieten und zu fördern – natürlich nur für solche Tätigkeiten, deren Ausführung im Homeoffice technisch und datenschutzrechtlich möglich ist.
   Zu einer klaren und konsistenten Haltung gegenüber Homeoffice gehört auch eine offene Kommunikation. Beispielsweise solle im Recruiting gegenüber potentiell neuen Führungskräften und Beschäftigten offen kommuniziert werden, wie viel Homeoffice im Unternehmen gefördert wird – und wie viel nicht. So können Bewerber:innen abwägen, ob die Homeoffice-Kultur des Unternehmens zu ihren Wünschen und im Falle von Führungskräften auch zu ihrer Führungskompetenz, passt. Dies ermöglicht Bewerber:innen, auch in dieser Hinsicht eine fundierte Entscheidung für – oder gegen – das Unternehmen zu treffen.
   Eine unternehmensweit konsistente Haltung aller Führungskräfte gegenüber der Arbeit im Homeoffice fördert das Vertrauen der Mitarbeitenden, dass die Arbeit im Homeoffice in dem Umfang, der in der Betriebsvereinbarung festgeschrieben ist, auch ohne Vorbehalte akzeptiert ist. Dies sorgt wiederum für eine Reduktion der gefühlten Beweislast.
2. Einstellung gegenüber Homeoffice: In diesem Zusammenhang ist es auch wichtig, eine offene Einstellung im Unternehmen gegenüber der Arbeit im Homeoffice zu fördern. Falls im Unternehmen Skepsis und Vorurteile gegenüber

Homeoffice wahrgenommen werden, sollten diese in entsprechenden Trainings abgebaut werden. Hierbei können insbesondere Führungskräfte dazu angeregt werden, sich aktiv mit ihrer Einstellung auseinanderzusetzen und sich zu fragen: »Welche Einstellung würde ich von meinen Vorgesetzten erwarten? Würde ich mir selbst im Homeoffice vertrauen?« Dabei ist es außerdem wichtig, sich bewusst zu machen, dass den Mitarbeitenden mit der Arbeit im Homeoffice die Flexibilität geboten werden soll, private Aktivitäten in den Homeoffice-Tag einzubauen. Unternehmen, die diese Flexibilität bieten, ermöglichen ihren Beschäftigten eine optimale Gestaltung des Arbeitstages, die sowohl den eigenen Leistungshöhepunkten als auch den persönlichen Bedürfnissen gerecht wird. Dies fördert sowohl die Leistung der Beschäftigten als auch deren Arbeitszufriedenheit und Bindung an das Unternehmen. Aufgrund der Präsenz- und Leistungskultur in Deutschland kann diese Denkweise für manche Führungskräfte eine große Herausforderung darstellen. Daher ist es wichtig, dass Unternehmen diesen Umdenkungs- und Lernprozess anstoßen und durch entsprechende Trainings aktiv eine offene Einstellung gegenüber Homeoffice fördern.

3. Vorbildfunktion: Weiterhin sollten das Management und die Vorgesetzten durch ihre Rolle als Vorbild signalisieren, dass Mitarbeitende die Flexibilität, welche die Arbeit im Homeoffice bietet, nutzen dürfen. Wenn von der Unternehmensleitung oder den Führungskräften im Unternehmen beweisendes Verhalten vorgelebt und signalisiert wird, man sei im Homeoffice rund um die Uhr erreichbar, kreiert das eine Atmosphäre, in der Mitarbeitende überzeugt sind, sie müssten dies auch tun. Wenn Personen in leitender Funktion hingegen authentisch und offen kommunizieren, dass sie zum Beispiel zwischen der Arbeit joggen oder einkaufen gehen, können sich die Mitarbeitenden von der gefühlten Beweislast befreien. Daher ist es wichtig, dass Führungskräfte aller Hierarchieebenen von ihren eigenen konkreten Erfahrungen und Strategien berichten und sich – soweit es die Tätigkeit zulässt – für eine flexible Zeiteinteilung im Homeoffice aussprechen.
4. Vertrauenskultur: Wie bereits beschrieben, kann ein mangelndes wahrgenommenes Vertrauen die gefühlte Beweislast verstärken. Wenn Mitarbeitende das Gefühl haben, dass ihre Arbeitsleistung im Homeoffice unter ständiger Beobachtung steht oder kontrolliert wird, haben sie eher das Gefühl, ihr Engagement im Homeoffice beweisen zu müssen. Deshalb ist es von besonderer Bedeutung, dass die Beziehung zwischen dem Homeoffice-Mitarbeitenden und seinen Kolleg:innen oder Vorgesetzten von gegenseitigem Vertrauen geprägt ist. Führungskräfte sollten ihren Mitarbeitenden gezielt einen Vertrauensvorschuss gewähren und davon ausgehen, dass die Mitarbeitenden ihre Aufgaben im Homeoffice gewissenhaft erledigen und die Intransparenz nicht ausnutzen. Wichtig ist hierbei, dass dieses Vertrauen explizit gegenüber den Mitarbeitenden kommuniziert wird. Wenn sie wahrnehmen, dass ihnen und ihrer Arbeit im Homeoffice vertraut wird, kann dies positive Auswirkungen auf ihre Arbeitsleistung haben, da sie das entgegengebrachte Vertrauen nicht ausnutzen möchten.

5. Ergebnisorientierung: Kolleg:innen und Vorgesetzte sollten dafür sensibilisiert werden, dass die Erreichbarkeit und Kommunikation des Mitarbeitenden nicht als Indikator für die Arbeitsleistung im Homeoffice betrachtet wird. Vielmehr gilt es, die tatsächlich erbrachten Ergebnisse im Blick zu haben und ergebnisorientiert zu führen. Wenn gemeinsam mit dem Mitarbeitenden Ergebnisse und Ziele definiert werden, ist für alle Beteiligten klar, dass die Arbeitsleistung im Homeoffice anhand der erreichten Ergebnisse beurteilt wird und es nicht notwendig ist, zusätzlich seine Aktivität im Homeoffice zu beweisen.
6. Erwartungen transparent machen: Es ist wichtig, dass sich Führungskräfte gemeinsam mit ihren Mitarbeitenden über die Erwartungen hinsichtlich folgender drei Punkte zum Thema Erreichbarkeit und Kommunikation im Homeoffice austauschen.
   Erstens sollte besprochen werden, in welchem Umfang und in welchen Zeiträumen die Erreichbarkeit im Homeoffice gewährleistet sein soll und wie diese in den Pausen und nach Feierabend gestaltet werden soll. Dabei ist zu berücksichtigen, dass eine eingeschränkte Erreichbarkeit sowohl aus beruflicher als auch persönlicher Perspektive Vorteile mit sich bringt. Aus beruflicher Perspektive sind Zeiträume mit eingeschränkter Erreichbarkeit wichtig, damit Mitarbeitende ungestört und fokussiert arbeiten können. Nur so können Aufgaben, die eine hohe Konzentration erfordern, ohne Unterbrechung bearbeitet werden. Aus persönlicher Perspektive sind Phasen, in denen der Mitarbeitende nicht erreichbar sein muss, wichtig, damit die Arbeitszeit im Homeoffice flexibler gestaltet werden kann. Dies ermöglicht den Mitarbeitenden, auch private Verpflichtungen in den Arbeitstag einzubauen, um im Anschluss eine berufliche Tätigkeit fortzusetzen. Konkret können im Team Zeiträume für zwei unterschiedliche Phasen festgelegt werden. In *Erreichbarkeits- und Kommunikationsphasen* sollten die Mitarbeitenden über verschiedene Kanäle (z. B. E-Mail oder Messaging-Anwendung wie Skype oder Microsoft Teams) erreichbar sein. Es können Aufgaben erledigt werden, die Unterbrechungen zulassen. Während sogenannten *Konzentrationsphasen* muss der Mitarbeitende nur in dringenden Fällen über einen festgelegten Kanal (z. B. Telefon) erreichbar sein und kann ansonsten Aufgaben nachgehen, die eine hohe Konzentration erfordern. Es ist wichtig, dass solche Phasen der Nicht-Erreichbarkeit und verzögerten Kommunikation von allen Beteiligten ohne negative Wertung als Signal von Konzentration oder Pause interpretiert werden.
   Als zweiter Punkt ist im Team zu klären, ob man Kolleg:innen und Vorgesetzte darüber informieren soll, wenn man im Homeoffice nicht erreichbar ist. Falls dies gewünscht ist, sollte vereinbart werden, auf welchem Weg man Kolleg:innen und Vorgesetzte informiert, wie zum Beispiel über einen Eintrag im geteilten Kalender oder mit einer E-Mail. Alternativ kann auch die Funktion des Verfügbarkeitsstatus von Messaging-Anwendungen genutzt werden. Damit können Mitarbeitende kennzeichnen, wann sie gut erreichbar sind, wann sie gerade in Konzentrationsphasen sind und nur in dringenden Angelegenheiten gestört werden möchten, oder wann sie gerade Pause machen. Auch hier gilt

jedoch, dass ein Abwesenheitsstatus des Mitarbeitenden nicht als Zeichen von Faulenzen interpretiert werden darf.

Drittens sollte im Team abgestimmt werden, innerhalb welchen Zeitraums spätestens eine Antwort auf eingehende Kommunikation erwartet wird. Dabei kann zwischen verschiedenen Kommunikationskanälen (z. B. Telefon vs. E-Mail vs. Messaging-Anwendung) differenziert werden. Hierbei ist es ratsam, dass verschiedene Kommunikationskanäle bewusst nach der Dringlichkeit und Komplexität der Anfrage eingesetzt werden (z. B. Telefon für dringende Anfragen). Außerdem können Nachrichten, die (keine) schnelle Antworten benötigen, über einen Hinweis besonders kenntlich gemacht werden (z. B. »Dies ist *keine dringende* Angelegenheit und Sie können sich mit der Beantwortung dieser E-Mail Zeit lassen«).

Es empfiehlt sich, zu diesen drei Punkten gemeinsam Leitlinien zu entwickeln und schriftlich festzuhalten. Wenn so die Erwartungen im Team hinsichtlich der Erreichbarkeit und Kommunikation transparent gemacht werden und der Mitarbeitende weiß, dass er nicht dauerhaft erreichbar sein muss und schnell auf Nachrichten antworten muss, kann er sich von den beweisenden Nachrichten im Homeoffice lösen. Wichtig ist, dass nach einem halben Jahr gemeinsam evaluiert wird, welche Punkte gut und schlecht liefen und ob die Leitlinien angepasst werden sollten.

7. Bewusstsein schaffen: Außerdem sollte im Unternehmen ein Bewusstsein für die gefühlte Beweislast im Homeoffice und ihren negativen Auswirkungen geschaffen werden. Das beschriebene Gefühl kann beispielsweise in einem Blog-Beitrag im Intranet thematisiert werden. Darüber hinaus können Führungskräfte im Team mit ihren Mitarbeitenden offen über die gefühlte Beweislast sprechen. Durch einen solchen Austausch kann gemeinsam reflektiert werden, dass dieses Gefühl und seine daraus resultierenden Verhaltensweisen zum Beweis der Aktivität im Homeoffice nicht notwendig sind.
8. Selbstbewusstsein und -vertrauen: Schließlich ist es für Homeoffice-Mitarbeitende wichtig, Selbstvertrauen in sich und die eigene Arbeitsleistung zu haben. Damit kann es gelingen, sich von dem Gefühl, seine Aktivität im Homeoffice beweisen zu müssen, zu befreien. Dann können Homeoffice-Mitarbeitende – im Rahmen der gemeinsam festgelegten Regeln – ihre Arbeit und Erreichbarkeit im Homeoffice so gestalten, wie es für sie aus beruflicher und privater Sicht am besten passt.

   Wenn es gelingt, diese Handlungsempfehlungen umzusetzen, kann dem Gefühl der Beweislast entgegengewirkt werden. So können die Vorteile der Arbeit im Homeoffice, wie eine gesteigerte Flexibilität und konzentriertes Arbeiten, sowohl aus Mitarbeitenden- als auch Unternehmensperspektive erhalten bleiben.

## Zu den Autorinnen

**Meika Schuster** ist seit 2019 Promovendin am Fachbereich Kultur- und Sozialwissenschaften an der Rheinland-Pfälzischen Technischen Universität Kaiserslautern-Landau (RPTU). In ihrer Forschung beschäftigt sie sich mit dem Thema Erreichbarkeit und Kommunikation in flexiblen Arbeitsmodellen, insbesondere im Homeoffice. Vor der Promotion studierte sie sowohl im Bachelor- als auch Masterstudium Betriebswirtschaftslehre mit Schwerpunkt Personalmanagement.

**Prof. Dr. Gisela Gerlach** ist seit 2018 Professorin für Betriebswirtschaftslehre, insbesondere Personal und Organisation, an der RPTU. Neben Studien zur Rolle mobiler Kommunikationstechnologien für die Work-Life Balance von Mitarbeitenden beschäftigt sie sich in ihrer Forschung mit organisationaler Diversität, Personalführung und der Bedeutung sozialer Beziehungen im Arbeitskontext.

# Literatur

Ahlers, E., Mierich, S. & Zucco, A. (2021). Homeoffice: Was wir aus der Zeit der Pandemie für die zukünftige Gestaltung von Homeoffice lernen können (WSI Report No. 65). Düsseldorf.

Appen, K. S. von (2019). New Work, unplugged: Die Arbeitswelt von morgen heute gestalten. Verlag Franz Vahlen.

Bailey, D. E., & Kurland, N. B. (2002). A review of telework research: findings, new directions, and lessons for the study of modern work. Journal of Organizational Behavior, 23(4), 383–400. https://www.doi.org/10.1002/job.144 (Abgerufen am 9.11.2023).

Biron, M. & van Veldhoven, M. (2016). When control becomes a liability rather than an asset: Comparing home and office days among part-time teleworkers. Journal of Organizational Behavior, 37(8), 1317–1337. https://www.doi.org/10.1002/job.2106 (Abgerufen am 9.11.2023).

Bloom, N., Liang, J., Roberts, J. & Ying, Z. J. (2015). Does Working from Home Work? Evidence from a Chinese Experiment. The Quarterly Journal of Economics, 130(1), 165–218. https://www.doi.org/10.1093/qje/qju032 (Abgerufen am 9.11.2023).

Bundesministerium für Wirtschaft und Energie (Ed.) (2021). Das neue Normal? Die Arbeitswelt nach der Corona-Pandemie (Plattform Industrie 4.0 Impulspapier). Berlin.

Christian, A. (2022, June 27). The employee surveillance that fuels worker distrust. BBC. https://www.bbc.com/worklife/article/20220621-the-employee-surveillance-that-fuels-worker-distrust (Abgerufen am 9.11.2023).

DAK Gesundheit (Ed.) (2020). Digitalisierung und Homeoffice in der Corona-Krise: Sonderanalyse zur Situation in der Arbeitswelt von und während der Pandemie.

Delanoeije, J., & Verbruggen, M. (2020). Between-person and within-person effects of telework: a quasi-field experiment. European Journal of Work and Organizational Psychology, 29(6), 795–808. https://www.doi.org/10.1080/1359432X.2020.1774557 (Abgerufen am 9.11.2023).

Downes, R., Daellenbach, U. & Donnelly, N. (2023). Remote control: Attitude monitoring and informal control in distributed teams. Journal of Business Research, 154, 113293. https://www.doi.org/10.1016/j.jbusres.2022.08.057 (Abgerufen am 9.11.2023).

Franken, E., Bentley, T., Shafaei, A., Farr-Wharton, B., Onnis, L. & Omari, M. (2021). Forced flexibility and remote working: opportunities and challenges in the new normal. Journal of Management & Organization, 27(6), 1131–1149. https://www.doi.org/10.1017/jmo.2021.40 (Abgerufen am 9.11.2023).

Gardner, W. L., & Martinko, M. J. (1988). Impression Management in Organizations. Journal of Management, 14(2), 321–338. https://www.doi.org/10.1177/014920638801400210 (Abgerufen am 9.11.2023).

Golden, T. D., Veiga, J. F. & Dino, R. N. (2008). The impact of professional isolation on teleworker job performance and turnover intentions: Does time spent teleworking, interacting face-to-face, or having access to communication-enhancing technology matter? The Journal of Applied Psychology, 93(6), 1412–1421. https://www.doi.org/10.1037/a0012722 (Abgerufen am 9.11.2023).

Groen, B. A., van Triest, S. P., Coers, M. & Wtenweerde, N. (2018). Managing flexible work arrangements: Teleworking and output controls. European Management Journal, 36(6), 727–735. https://www.doi.org/10.1016/j.emj.2018.01.007 (Abgerufen am 9.11.2023).

Grunau, P., Ruf, K., Steffes, S. & Wolter, S. (2019). Mobile Arbeitsformen aus Sicht von Betrieben und Beschäftigten: Homeoffice bietet Vorteile, hat aber auch Tücken (IAB-Kurzbericht No. 11).

The Guardian (2022, September 25). Yes, you should monitor your remote workers: but not because you don't trust them. https://www.theguardian.com/business/2022/sep/25/monitor-workers-at-home-security-cybercrime (Abgerufen am 9.11.2023).

Informationsdienst des Instituts der deutschen Wirtschaft (Ed.) (2021). Hybrid ist das neue Normal (No. 15).

Leary, M. R., & Kowalski, R. M. (1990). Impression management: A literature review and two-component model. Psychological Bulletin, 107(1), 34–47. https://www.doi.org/10.1037/0033-2909.107.1.34 (Abgerufen am 9.11.2023).

Martin, H. B., & MacDonnell, R. (2012). Is telework effective for organizations? Management Research Review, 35(7), 602–616. https://www.doi.org/10.1108/01409171211238820 (Abgerufen am 9.11.2023).

Neumann, J., Seinsche, L., Zeike, S., Lindert, L. & Pfaff, H. (2021). Homeoffice- und Präsenzkultur im öffentlichen Dienst in Zeiten der Covid-19-Pandemie. Köln.

Schuster, M. (2020). Gefühlter Beweisdruck im Homeoffice: Mit angepasster Erreichbarkeit und Kommunikation gegen Vorurteile. Zeitschrift Führung + Organisation, 89(6), 364–371.

Soga, L. R., Bolade-Ogunfodun, Y., Mariani, M., Nasr, R. & Laker, B. (2022). Unmasking the other face of flexible working practices: A systematic literature review. Journal of Business Research, 142, 648–662. https://www.doi.org/10.1016/j.jbusres.2022.01.024 (Abgerufen am 9.11.2023).

## 5.5 Wo bleibt der Mensch in der digitalen (Arbeits-) Welt? Work-Life-Health-Balance als zukunftsorientiertes Handlungsmodell

*Frauke Kempner*

Die digitale Revolution hat die Arbeitswelt in den letzten Jahrzehnten grundlegend verändert. Technologische Fortschritte ermöglichen es inzwischen vielen Berufsgruppen, nahezu von überall und jederzeit zu arbeiten. Dies bringt zweifellos viele Vorteile wie Flexibilität und Effizienzsteigerung mit sich. Doch während wir von den Möglichkeiten der digitalen Welt profitieren, stellt sich die Frage: Wo bleibt der Mensch in diesem zunehmend digitalisierten Umfeld? Eine Antwort auf diese Frage zu finden ist durchaus einen Versuch wert. Nicht nur vor dem Hintergrund, dass der Mensch als Individuum selbst Gefahr läuft, gegen Maschinen und Technik ausgetauscht zu werden, so wie es ja bereits die Studien von Bonin (2015) prophezeiten, sondern es darf auch generell die Frage gestellt werden: Wird die Menschheit die digitale Zukunft überhaupt überleben? Wie wird unsere Zukunft aussehen? Werden wir uns vielleicht alle in den nächsten Jahren in einen Roboter verwandeln, in eine Art Homo digitalis, ohne es zu merken? Oder haben wir das sogar bereits? Die Film- und Fernsehwelt zeigt jedenfalls seit vielen Jahren, dass die Verschmelzung zwischen Mensch und Maschine nur allzu logisch ist. Es stellt sich die Frage, was dieser Gedanke mit uns Menschen macht. Wenn man sich als Mensch jederzeit mit einer Maschine verbinden kann, das Gehirn direkt an Google, ChatGPT oder andere künstliche Intelligenzen anstöpseln kann, gelten für uns dann noch Menschenrechte oder sind wir dann eher ein Fall für den TÜV, sollte mal etwas nicht so ganz geschmeidig laufen? Vor diesem Hintergrund macht es sicherlich Sinn, die Frage nach dem »Wo« zunächst einmal hintenanzustellen und eher nach dem »Wie« zu fragen. Deshalb soll im Folgenden eine Art Denkraum aufgesetzt werden. In einem Denkraum gibt es immer Vordenker und Nachdenker, die im Idealfall in einer Wechselbeziehung zueinander stehen. Mal philosophisch, mal vielleicht etwas spitzfindig aber stets kritisch soll der Frage nachgegangen werden: Wie sieht die digitale Arbeitswelt überhaupt aus und wie kann es der Mensch von heute schaffen, in ihr zu bleiben, zu überleben?

Digital und Menschsein schließt sich per definitionem zumindest erstmal so lange aus, bis wir nicht eine eindeutige Spezies gefunden haben, die genau diesem Mittelding entspricht. Wobei alle Star Trek Fans an dieser Stelle protestieren müssten: denn bereits 1987 wurde mit der Figur des Data genau so eine Spezies gezeigt. Data als Maschine mit menschlichen Zügen strebte immer danach Emotionen zu fühlen, eher Mensch als Maschine zu sein. Heute, mehr als 30 Jahre später, sehen wir uns eher mit dem umgekehrten Fall konfrontiert. Menschen »funktionieren« zunehmend nur noch in einer digitalen Welt, verbringen deutlich zu viel Zeit in virtuellen Umgebungen und durch die Entgrenzung von Arbeit und Privatleben sehen sich immer mehr als eine Art Roboter in ihrem persönlichen Universum gefangen. Nicht ohne Grund fühlen sich heute mehr als 80 % von ihrer digitalen (Arbeits-) Umgebung gestresst. Technostress und Überlastungsfaktoren, die ihren Ursprung in der zunehmend technologisierten Umwelt haben, sind heute die größten Bedrohungsfaktoren der Menschheit. So konnten jüngste Studien vorrangig Stressoren wie »gläserne Person«, Leistungsüberwachung, Reiz- und Informationsüberflutung sowie Unzuverlässigkeit bedingt durch Medien (z. B. kurzfristige Terminverschiebungen oder -absagen via Whatsapp) identifizieren. Mehr als 42 % nutzen inzwischen ihr Mobiltelefon sogar auf der Toilette. Zum Vergleich: in der Generation der 18-29-Jährigen sind es sogar schon 89 %, in der Gruppe der über 60-jährigen immerhin schon ein Viertel. Noch nicht einmal auf dem stillen Örtchen kann der Mensch also inzwischen ohne digitale Medien auskommen. Wie wird dann erst die Zukunft sein? Das ist die Frage, mit der sich die gegenwärtige Menschheit zunehmend beschäftigen sollte. Wie wollen wir als Menschen an der digitalen Entwicklung zukünftig teilhaben? Wir alle sind Zeitzeugen einer neuen Ära. Die Herkunft der Menschheit ist analog, aber die Zukunft ist digital. Die Menschheit befindet sich sozusagen gerade in den Wechseljahren. Wir wechseln gerade das Zeitalter, etwas, was vorher nur alle paar Hundert Jahre der Fall war und demzufolge auch nur verhältnismäßig wenige Menschen bisher mitgemacht haben. Es fehlt an Erfahrungswerten und das führt unweigerlich zu Stress, um nicht zu sagen zu Identitätsstress. In den letzten 30 Jahren konnten wir dem Übergang vom Industriezeitalter zum Informationszeitalter beiwohnen, es sogar aktiv mitgestalten, jedoch besteht zunehmend die Gefahr, dass wir uns dabei selbst verlieren. Jetzt gerade entsteht der digitale Mensch, eine neue Gattung sozusagen und das gab es in der Form noch nie – der Homo digitalis. Wir erleben also förmlich die Geburt eines neuen Menschen, eines modernen Datas wenn man so will... Wie würde er wohl heute aussehen?

Die Schnelligkeit, mit der unsere Welt da draußen an Fahrt aufgenommen hat, zeigt sich inzwischen massiv im Arbeitsleben. Die Einführung neuer Technologien, der Umgang mit ihnen, der Zugang zur globalen Welt und damit der ständige Vergleich mit anderen – anderen Ländern, anderen Unternehmen, anderen Menschen – stresst und verlangt von allen von uns einen neuen Umgang mit dem Faktor Arbeit, mit unserer Gesundheit und unserem Leben. Vor diesem Hintergrund ist der Coachingmarkt in den letzten Jahren rasant gewachsen. Mehr als 30.000 Coaches gibt es inzwischen allein in Deutschland zu den unterschiedlichsten Lebens- und Themenbereichen bei mehr als 300 verschiedenen Ausbildungsgängen. Vor dem Hintergrund, dass der Begriff Coach in Deutschland nicht geschützt ist, wäre es sicherlich auch aus der Forschungsperspektive nicht uninteressant, die einzelnen Methoden kritisch und damit wissenschaftlich zu hinterfragen und auf Wirksamkeit zu prüfen. Das Gute an Life Coachings ist jedoch inzwischen, dass sie auch digital und ohne physische oder sogar menschliche Kontakte möglich sind. Wie das geht? Durch ein Gadget, was inzwischen mehr als 15,5 Millionen Deutsche an ihrem Handgelenk tragen: einen Fitnesstracker bzw. eine Smart Watch. Der Life-live-Coach ist somit Tag und Nacht dabei, gibt Auskunft über Schlaf- und Ruhezeiten, Blutdruck, Wasserkonsum, Zuckerspiegel, Schrittzahl pro Tag, Pulsfrequenz, Stresslevel, Pausen- und Bildschirmzeiten etc. Sensibilität und Eigenverantwortung werden dadurch zunehmend ausradiert, immer weniger Menschen haben noch ein bewusstes Körpergefühl, können in sich hineinspüren, erkennen persönliche Defizite oder hören auf physische Signale. Die meisten Menschen machen heute Sport, um fit zu bleiben, nicht weil sie daran Spaß haben. Zielorientierung und Effizienz ersetzen auch im Privatleben zunehmend emotionale wie auch physische Bedürfnisse, was mittelfristig ein weiterer Aggressionspunkt wird, an dem sich Menschen abarbeiten. Wenn es nur noch darum geht, mithilfe entsprechender Gadgets und Medien nicht nur sich selbst sondern auch die Umgebung permanent zu optimieren – Leistung optimieren, Freizeit optimieren, Familie optimieren – was macht das mit dem Menschen?

In der smarten Welt versuchen wir diesen Optimierungswahn mit unserem Terminkalender zu koppeln. Die remote Arbeit hat dies nicht für jeden unbedingt besser gemacht. Familien-, Frei- und Arbeitszeit verschmelzen zu einer neuen Form der (Über-)Lebenszeit. Mithilfe der digitalen Medien ist es inzwischen möglich von der Toilette aus zu arbeiten oder aus der S-Bahn heraus an Konferenzen teilzunehmen, vernetzt zu bleiben, Jobs zu erledigen, Meetings zu halten oder den häuslichen Thermomix anzusteuern. Verloren geht dabei der Kontakt zur physischen Außenwelt. Das Thema »Vereinsamung« ist daher ein nicht zu unterschätzendes Phänomen der heutigen Menschheit. Trotz vermeintlich vieler Facebook-Freunde und sogenannter Follower, der Möglichkeit, jederzeit im Internet Gruppen beizutreten, sich zu vernetzen, Ansprache zu haben, fühlen sich mehr als ein Viertel aller Deutschen einsam – am höchsten ist der Anteil in der Generation der 12–25-Jährigen. Die smarte Waffe gegen Einsamkeit sind Meetings – zumindest in der digitalen Arbeitswelt. Mehr als 5 Stunden verbringt ein durchschnittlicher Remote Arbeiter pro Woche inzwischen in digitalen Meetings. Davon wird einer Befragung zufolge jedoch jedes zweite Meeting als überflüssig empfunden. Meetings bremsen nachweislich den Arbeitsflow, behindern Produktivität und damit vor allem Zeit zum Denken. Dass diese Arbeitsweise auf Dauer nicht nachhaltig ist, liegt auf der Hand. Nicht nur die Auswirkungen in Form von physischen oder psychischen Begleiterscheinungen wie Technostress oder Videocall-fatigue sind in diesem Sinne zu nennen, sondern auch die ökologische Nachhaltigkeit ist bei virtuellen Meetings alles andere als gegeben. Bei allein 15 Meetings von einer Stunde pro Woche, erhält man einen monatlichen $CO_2$-Ausstoß von 9,4 Kilogramm. Auch E-Mails und Streamen verursachen Treibhausgase: Ein Angestellter mit durchschnittlichem E-Mail-Verkehr täglich produziert genauso viele Treibhausgase, wie eine elf Kilometer lange Autofahrt (Doumayrou et al. 2018). Dazu kommen noch ca. 12 Liter Wasser für die Kühlung der Server. Besonders viel Energie kostet das lange Speichern von Mails im elektronischen Postfach, also sogenannte Karteileichen. Oder um es anders auszudrücken: Jede E-Mail ohne Anhang verursacht bereits etwa 10 Gramm Kohlenstoffdioxid, welches der Klimabilanz einer Plastiktüte entspricht. Wenn man jetzt noch während eines Meetings E-Mails schreibt oder via Teams oder Zoom parallel chattet, was ist dann? Dann haben wir mehr Treibhausgase erzeugt, als unser vermeintlicher Energie-Sparkurs nur leisten könnte (Doumayrou et al. 2018).

E-Mails, digitale Mediennutzung und Meetings gehören zum Alltag der digitalen Arbeitswelt. Sie sind inzwischen die wichtigsten Elemente der Zusammenarbeit geworden, sie vernetzen Menschen und unterstützen Workflows. Aber sie führen auch zu negativen Auswirkungen, die sich z. B. in zunehmendem menschlichen Stress und negativer Ökobilanz äußern. Ein bewussterer Umgang mit digitalen Möglichkeiten kann dazu beitragen, unser Menschsein zu erhalten. Unsere analoge Herkunft kann unsere digitale Zukunft gewinnbringend bereichern – sofern wir uns täglich selbst fragen: wie digital will ich sein? Will ich ein Data werden oder bin ich eher die Hängemattenfraktion und bewahre mir meine analoge Herkunft, indem ich die digitale Zukunft anderen überlasse?

In Bezug auf die Arbeitswelt lässt sich sicherlich festhalten, dass die Menschheit zunehmend in einem fiesen, digitalen Hamsterrad gefangen ist, die immer weniger reflektiert und eingeschätzt wird. Eigentlich ist es deshalb Zeit zu gehen. Es ist Zeit, die digitale Arbeitswelt zu verlassen und sich sinnvolleren Dingen, um nicht zu sagen, lebens- und gesundheitsfreundlicheren Inhalten zu widmen, wie z. B. unserer Freizeit. Kein Wunder also, dass immer mehr Arbeitgeber Probleme damit haben, ihre Stellen zu besetzen. Vielmehr aus der Not heraus geboren versuchen Arbeitgeber deshalb immer mehr durch das Angebot von Spaß und sogenannter Work-Life-Balance Personal zu rekrutieren. Immer mehr Unternehmen betonen das sogar schon in ihren Stellenanzeigen. Doch wie soll das gehen? Die Diskrepanz zwischen den vielfach beklagten »unmotivierten Mitarbeitern« und einem angeblichen Fachkräftemangel auf der einen sowie steigenden Burnout- und Technostresszahlen auf der anderen Seite soll durch mehr Work-Life Balance begegnet werden. Work-Life Balance – oder besser noch die Work-Life-Health Balance – als Schlüssel für mehr Motivation und vor allem mehr Spaß an der Arbeit... Das Problem? Work-Life-Health Balance ist verdammt schwer! Sie wird nicht gelingen, wenn wir uns von digitalen Einflüssen und Optimierungswahn abhängig machen. Sie wird nur dann gelingen, wenn wir uns unserer Herkunft bewusst werden. Unsere Herkunft als Mensch ist die analoge, digitalfreie Zone. Konrad Zuse hat einmal gesagt:

> *Die Gefahr, dass der Computer so wird wie der Mensch ist nicht besonders groß.* Das haben wir ja auch an Data gesehen. *Aber dass der Mensch so wird, wie der Computer, diese Gefahr ist sehr groß.*

Werden wir uns also unserer Herkunft bewusst! Statt immer mehr zu einem Homo digitalis eines neueren Zeitalters zu werden, sollten wir vielmehr unser Selbst, unser Menschsein kultivieren und uns damit von allen künstlichen Intelligenzen dieser Welt unterscheiden. Arbeit, Leben und Gesundheit sind keine Gegenpole. Sie greifen ineinander und wir als Menschen haben es in der Hand: Statt Fitness-Apps dahingehend zu fragen, ob wir gut geschlafen haben, sollten wir mehr auf unsere Instinkte hören. Statt Life Coaches zu befragen und 5 Punkte Pläne auszuarbeiten und unser Glück durch Optimierungswahn zu verfolgen, sollten wir uns mehr darauf konzentrieren herauszufinden, was unser Leben wirklich lebenswert macht. Je digitaler wir sind, umso gläserner werden wir und umso trackbarer werden wir. So sieht dann im schlimmsten Fall auch unser Netzwerk aus: wir suchen uns unsere Partner nach Daten aus, auf Dating-Apps wird es dann heißen: Bankkontostand, $CO_2$-Abdruck, Auto vorhanden, wohnt im Zelt und schläft ausreichend. Je mehr wir unser Leben in die digitale Welt verlagern, desto langweiliger werden wir. Und umso größer ist auch die Gefahr der Vereinsamung.

Nicht ohne Grund geht es bei Social Media heute eigentlich nur noch darum, Aufmerksamkeit und Klickzahlen zu generieren, indem Menschen Dinge tun, die absolut unnatürlich sind, die sich nicht mehr an die Individualität des Einzelnen wenden, sondern die ganz natürlich unnatürlich sind. Das verändert unser Leben. Das eigene, das unserer Umwelt und das unserer Zukunft. Und damit verändert es auch unsere Arbeitswelt. Das Problem der digitalen Arbeitswelt ist, dass über alle Daten und Binärcodes und Informationen etc. völlig vergessen wird, was wahre Arbeit wirklich ist. Was es heißt, sich anzustrengen, mal nachzudenken, was zu erschaffen. Sobald man etwas nicht weiß, wird gegoogelt. Hausarbeiten im Studium werden mit ChatGPT geschrieben und körperlich schwere Arbeit durch Roboter ersetzt. Ganze Berufsgruppen sind förmlich vom Aussterben bedroht. So titelten gerade in jüngster Zeit einige Pressemitteilungen: *Wenn ChatBots Journalist:innen ersetzen... Bild-Zeitung ersetzt Redakteure durch künstliche Intelligenz.* Selbst da muss der Mensch nichts mehr leisten. Alles unter dem Argument der Optimierung und wenn man es auf die Spitze treiben will auch mit dem Argument des Gesundheitsschutzes.

Nicht ohne Grund gibt von der Generation Z in jüngsten Studien zum Thema Berufswahl ein Großteil an, was kreatives beruflich machen zu wollen. Warum? Weil etwas mit den Händen zu erschaffen, förmlich das Resultat der Arbeit zu sehen, in unserer Natur liegt. Das kann im Übrigen auch digital sein, aber es geht darum, selbst zu überlegen, zu basteln, die Ergebnisse der eigenen Arbeit zu sehen. Aber ausschließlich digitales Engagement ist für die meisten Befragten nicht vorstellbar. Ihnen fehle dabei der persönliche Kontakt. Wie auch der Dritte Engagementbericht feststellt, werden bestehende Formen des Engagements durch digitale Tools ergänzt und von jungen Menschen als positive Unterstützung wahrgenommen. Deshalb engagieren sich auch immer mehr im Kontext von freiwilligen

Diensten. Aktuelle Umfragen haben ergeben, dass mehr als 60 % der Generation Z ein freiwilliges soziales Jahr absolvieren, in Vereinen oder Jugendorganisationen engagiert sind.

Dieses Problem haben inzwischen auch Recruiter und damit die Arbeitgeber erkannt. Während Recruiter immer mehr versuchen, leistungsfähige, willige, stets verfügbare und vor allem gläserne Mitarbeiter zu gewinnen, bewegen sie sich immer mehr in die Richtung, Maschinen und keine Menschen zu suchen. Dies ist unter anderem eines der wichtigsten Gründe für den angeblichen Fachkräftemangel. Die fehlende Menschlichkeit in der heutigen Arbeits- und Berufswelt. Mittels KI werden Bewerbungsverfahren immer unpersönlicher, die digitale Arbeitswelt strotzt inzwischen nur so vor automatisierten Intelligenztests, Online-Spielen statt Assessment Centern und digitalen Tools, die angeblich die Fähigkeiten eines potentiellen Bewerbers erkennen. Der digitale Fußabdruck lässt sich heute ganz einfach tracken, alles mal Geschriebene im Netz ist abrufbar. Ein leichtes also für Arbeitgeber, umfassende Informationen über potenzielle neue Mitarbeitende zu gewinnen.

Umso mehr Informationen jedoch da sind desto schwieriger ist es, sich zu entscheiden. Deshalb bleibt Recruitern am Ende des Tages nichts anderes übrig, als sich für den/die Bewerber:in zu entscheiden, der/die sie menschlich am meisten angesprochen hat, sofern es zu diesem persönlichen Kontakt überhaupt gekommen ist. In der digitalen Welt ist genau das, das Menschsein, unser Potential, unsere zukünftige Versicherung, wenn man so will. Jeder Job und jede Arbeit werden in Zukunft von KI, Robotern und anderen digitalen Mechanismen erledigt. Aber das kann uns egal sein, solange es gelingt, unser Menschsein zu bewahren und den Weg von dem WIE bleibt der Mensch in der digitalen Welt zum WO zu beschreiten. WO ist unser Platz, WO bleibt der Mensch ist also eine berechtigte Frage.

Fakt ist: Der Mensch bleibt auf der Strecke, wenn wir nicht gut auf ihn aufpassen! Die Technologisierung, die Geschwindigkeit der digitalen Welt und der damit verbundenen Möglichkeiten übersteigt nicht nur die Fähigkeiten unseres Gehirns, sondern setzt uns auch unnötig unter Stress. Jeder Mensch, egal ob in der Rolle des Arbeitgebers oder des Arbeitnehmers kann sich in der digitalen Welt von dem Anspruch verabschieden, Schritt halten zu können, auch wenn wir noch so viel mit Weiterbildungsmaßnahmen, Ausbildung, Studium etc. trainieren und experimentieren. Wir bleiben immer auf Platz 2, denn wie das Beispiel mit den Fitnesstrackern bereits gezeigt hat: In der digitalen Welt werden wir immer wieder neuen Optimierungszwängen ausgesetzt, die langfristig mehr Schaden zufügen als unsere Gesundheit fördern.

Es ist unsere Entscheidung, ob wir so weiter machen wollen. In der Wissenschaft und Forschung wird sich bereits seit längerem mit genau dieser Frage beschäftigt. Vorlesungen oder Seminare aus dem Kontext der digitalen Ethik rufen zunehmend Ansätze auf den Plan, die sich mit dem Menschsein in der digitalisierten Welt auseinandersetzen. Statt Unternehmen im Sinne des ökonomischen Prinzips weiter zu optimieren, mithilfe der Digitalisierung Prozesse zu verschlanken und Menschen immer weniger Raum zu geben stellt sich die digitale Ethik der Herausforderung, einen Mittelweg zwischen Technik und Menschsein zu finden. Work-Life Health Balance ist dann ein zukunftsfähiges Handlungsmodell, wenn wir es mit uns selbst füttern, wenn wir uns unsere Individualität und unser Menschsein bewahren. Den Blick mehr nach innen zu richten und damit geheimnisvoll zu bleiben, anstatt zu einem gläsernen Menschen im Binärcodesystem zu werden, sein persönliches Profil zu schärfen und vor allem auch mal unzulänglich zu sein – das ist der Schlüssel zu einer wahren Work-Life Health Balance!

Das kann nur dann gelingen, wenn wir uns ein Profil schaffen und mehr auf unsere Instinkte hören, anstatt abhängig von der Technik zu sein. Statt der Technik hinterher zu laufen und uns durch Optimierungswahn zu stressen, sollten wir uns die Hand reichen und versuchen, den eigentlichen Wert zu entdecken, der mit Technik erschaffen werden kann – und das ist nicht Geld, Gewinnmaximierung oder Effizienz, sondern ZuFRIEDENheit, Wissen und Gesundheit.

## Zur Autorin

**Frauke Kempner** arbeitet als Fachdozentin für Digital Leadership & HRM an der SRH Fernhochschule GmbH. Sie verantwortet verschiedenste Module aus dem Bereich der virtuellen Führung und der digitalen Personalarbeit und forscht zu den Themen E-Leadership und Vertrauensbildung in virtuellen Teams. Als Expertin für digitale Kommunikationstools sowie Führungsarbeit im digitalen Kontext berät sie als freiberufliche Trainerin zudem Unternehmen, Ausbildungsinstitute, Hochschulen und den öffentlichen Dienst. Zu ihren Schwerpunktthemen zählen digitale Medien und Digital Management im Bereich Führung und Personalentwicklung.

# 6 Epilog

*Peter Mudra/Matthias Sellinger/Rainer Völker*

## 6.1 Begriff…

Ziel des Buches war es, den Begriff New Work und dessen Bedeutung bzw. Implikationen für die Unternehmenspraxis sowie die Gesellschaft zu beleuchten. Offensichtlich ist eine begriffliche Einordnung zentral, um Bedeutung und Implikationen einzuschätzen. Der Begriff New Work stellt uns vorverschiedene Herausforderungen – er kann als Gestaltungsansatz, als Trend oder gar als gesellschaftliches/politisches Schlagwort verstanden werden. Manche Verwender nutzen das Schlagwort, um damit einen – wie auch immer im Detail definierten – exogenen Faktor für die Behandlung ihres eigenen Sujets zu kennzeichnen. Auch Autoren in diesem Band rekurrieren auf diesen Aspekt. New Work ist allerdings als Gestaltungsansatz entstanden und hier wird das Begriffsverständnis etwas komplexer.

Vielleicht kann man die Problematik folgendermaßen einordnen: Auch wenn New Work ursprünglich nicht als Managementkonzept intendiert war, bietet sich doch an, auf Abrahamson (1996) oder – als entsprechender Protagonist im deutschsprachigen Raum – auf Alfred Kieser (2006) mit folgenden Einlassungen zu verweisen: Von Beratern, von Professoren, aber auch von Seminaranbietern, Fachjournals und -verbänden werden »Managementmoden« geschaffen. Sie werden in eine »Arena« gebracht, dort diskutiert, ausgelotet und häufig verfeinert. Im Zeichen von Social Media sind die Grenzen dieser Arena auch nicht mehr auf einen engeren Kreis von Experten begrenzt. Die entsprechenden Managementkonzepte durchlaufen normalerweise einen Lebenszyklus; in vielen Fällen ähnelt er einem Hype Cycle. Konzepte wie Wissensmanagement, Business Process Reengineering, Qualitätsmanagement, Agilität, Design Thinking etc. sind nur einige Beispiele von vielen solcher Moden. Am Anfang steht oft eine hohe Erwartung bezüglich der Verbesserungsmöglichkeiten durch ein bestimmtes Konzept. Es folgt dann meist eine Phase der Desillusionierung. Danach stellt sich meist heraus, ob das Konzept mehr oder weniger unbedeutend wird oder in einer Phase der Produktivität mündet. Aus den ersten theoretischen Überlegungen zum Thema Wissensmanagement resultieren u. a. Wissensdatenbanken und aus den Grundlagen des Qualitätsmanagements haben sich unter anderem ISO-Normen entwickelt. Oft sind die Konzepte – zumindest am Anfang – recht unscharf formuliert (vgl. Völker 2008, S. 43). Hinzukommt, dass sie oft auch wenig bis gar nicht wissenschaftlich belegt sind. Gerade die Unschärfe tut dem Erfolg keinen Abbruch – im Gegenteil: Das potenzielle Heilsversprechen ermöglicht viele potenzielle Nachfrager.

Zwischen der beschriebenen Vorstellung von Managementmoden unter dem Konzept New Work bestehen Ähnlichkeiten, aber zumindest ein wichtiger Unterschied. Analog zu vielen Managementkonzepten ist der Begriff New Work sehr breit, kann viele Aspekte umfassen und ist bezüglich der einzelnen Aspekte nicht wirklich abgegrenzt. In dem Beitrag von Julia Klier in diesem Buch wird zum Beispiel erläutert, dass McKinsey den Aspekt Future Skills als integralen Bestandteil von New Work sieht. Hinzu kommt dort, dass das Beratungshaus auch von Future of Work spricht und nicht von New Work. Ein zentraler Unterschied besteht jedoch in der Frage, an wen sich New Work richtet oder besser formuliert: Wer sollen in erster Linie die Nutznießer der konzeptionellen Gedanken sein? Bei den hier genannten Managementkonzepten geht es in erster Linie um den Erfolg des Unternehmens und damit vor allem um die dahinterstehenden Shareholder. Bei dem Begriff New Work ist dies zunächst anders zu sehen. New Work ist letztlich von Fritjof Bergmann, wenn man so will, in eine Arena gebracht worden – aber als Leitbild, dessen Umsetzung vor allem arbeitenden Menschen zugutekommen soll. In Deutschland wurden die Grundgedanken von Väth übernommen und schließlich die New-Work-Charta formuliert (Väth 2023). Nun kann man sich natürlich auf den Standpunkt stellen, dass die Berücksichtigung der Leitideen von Bergmann beziehungsweise von Väth Unternehmen und deren Stakeholdern zugutekommen können. Dies ist aber letztlich eine These, die im Rahmen von Marktwirtschaften mit Privateigentum (was auch Kapitalismus genannt werden kann) sicher nicht eindeutig zu belegen ist.

Wie auch einige Beiträge in diesem Band zeigen, ist die aktuelle Auslegung von New Work in der Unternehmenspraxis zum Teil nur noch wenig mit den Ursprungsgedanken von Bergmann verknüpft. Väth (Väth 2023) oder andere weisen klar auf diesen Umstand hin. Insofern, wenn die arbeitnehmerorientierten Leitbildgedanken nur noch wenig im Begriffsverständnis berücksichtigt sind, dann differiert die Intention des New-Work-Konzepts nicht mehr oder zumindest nicht mehr allzu sehr von dem, was Abrahamson oder Kieser mit dem Begriff Managementmoden dargelegt haben. Es geht dann recht ausgeprägt um die Nutzbarmachung von Arbeitsmodellen, Arbeitszeiten u. a. für den Unternehmenserfolg. In der unten stehenden Darstellung haben wir versucht, dieses Charakteristikum des Begriffs zu skizzieren. In Darstellung 6-1 haben wir zum weiteren Vergleich die vom Deutschen Gewerkschaftsbund ausgehende Initiative »Gute Arbeit« (Deutscher Gewerkschaftsbund o. J.) mit aufgenommen. Diese weist unzweifelhaft Arbeitnehmerorientierung und tendenziell eine größere Klarheit der zu bedenkenden Aspekte und Forderungen auf.

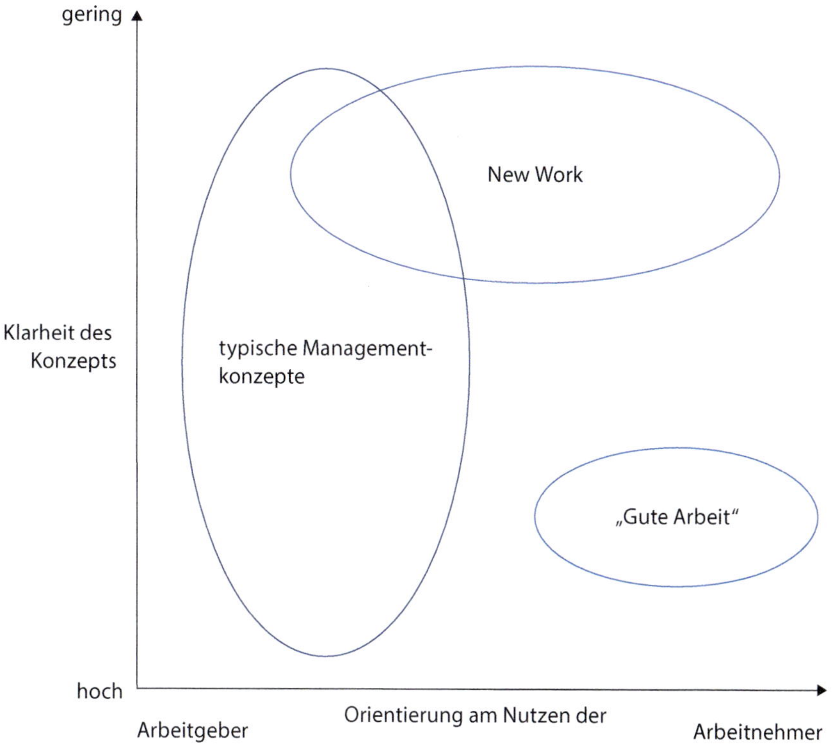


**Dar. 6-1:** Klarheit und Orientierung von Managementkonzepten

## 6.2 ...und Bedeutung

Prinzipiell kann natürlich die Frage gestellt werden, welchen Sinn Konzepte haben, gerade wenn sie schlagwortartig daherkommen und ein hohes Maß an Unschärfe und Interpretationsspielraum bieten. Selbst Alfred Kieser, der letztlich entsprechende Moden und Mythen gerade aus wissenschaftlicher Sicht kritisch sieht, betont jedoch die Bedeutung von solchen Schlagworten bzw. Moden (Kieser 2004): Sie schaffen Aufmerksamkeit bezüglich neuer Probleme und Lösungsansätze. Gerade weil viele Unternehmen mitmachen, sehen sich eher zögerliche Verantwortliche veranlasst, ebenfalls neue Schritte zu gehen. Dies ist letztlich ein Kennzeichen einer Mode: Menschen passen sich an, um nicht negativ aufzufallen und/oder sich abzusichern, indem sie bei etwas mitmachen, was die meisten machen. Durch einen breiten Veränderungsdruck werden Veränderungen angegangen und erzeugt.

Allerdings gilt es, mit einer notwendigen kritischen Distanz an Schlagworte und neue Konzepte heranzugehen. Dabei sind verschiedene Aspekte, die durchaus miteinander verknüpft sein können, zu beachten. Gerade im Kontext von New Work ist offensichtlich zuerst zu klären: Welches Verständnis von New Work wird von einem Berater, Manager etc. herangezogen bzw. propagiert? Dann: Wie belegbar sind einzelne Narrative oder gibt es gar detaillierte wissenschaftliche Fundierungen für die einzelnen Thesen? Handelt es sich tatsächlich um etwas für das Unternehmen Relevantes oder sogar im Zweifel nur um alten Wein in neuen Schläuchen? Und grundsätzlich ist zu beachten: Egal welche Zusammenhänge priorisiert werden – marktwirtschaftliche Gesetzmäßigkeiten gelten nach wie vor. Carlos Frischmuth führt in seinem Beitrag hier aus, welche »Merkwürdigkeiten« z. T. im Gefolge der New-Work-Debatte propagiert werden bzw. auftreten können. Er weist darauf hin, dass bei Arbeitnehmermärkten selbstverständlich die Frage nach Purpose stärker thematisiert wird. Das bedeutet aber nicht, dass sich der »Purpose-Gedanke« von Arbeit umfassend und dauerhaft etabliert hat. Gerade im Zeichen der einsetzenden Rezession wird der Arbeitsplatz an und für sich und die materielle Seite wieder wichtiger. Aber auch ohne schwindende Arbeitnehmermacht lässt sich festhalten: »Die Kohle muss stimmen!« Das zeigen viele Studien, gerade auch für die jüngeren Generationen. Sind die materiellen Fragen geklärt, machen sich Menschen Gedanken über das Unternehmen, für das sie arbeiten. Und erst dahinter wird es entscheidender, wie ein Unternehmen sich definiert und es kommuniziert.« (Schulte 2023).

Mit der genannten kritischen Reflexion des Begriffs New Work sollte es gelingen, Beiträge zu dem Thema adäquat zu beurteilen und zielgerichteter Debatten über Veränderungen der Arbeitswelt bzw. deren Gestaltung zum Nutzen für Arbeitnehmer, Arbeitgeber und/oder der Gesellschaft zu führen. Wir hoffen in diesem Buch einen Teil zu einer fruchtbaren Debatte zum Begriff New Work und seiner Bedeutung beigetragen zu haben.

## Zu den Autoren

**Dr. Peter Mudra** ist Professor für Betriebswirtschaftslehre mit dem Schwerpunkt Personalmanagement und Personalentwicklung an der Hochschule für Wirtschaft und Gesellschaft Ludwigshafen und leitet dort den Studiengang MBA Human Resources Management. Seine Forschungsinteressen sind vor allem auf die Themenbereiche der Personalentwicklungsinnovationen und Zukunftsansätze des Lernens bezogen. Von 2010 bis 2022 war er Präsident der Hochschule in Ludwigshafen.

**Matthias Sellinger** (M. A.) ist Projektleiter am Institut für Management und Innovation der Hochschule Ludwigshafen und Doktorand an der RPTU Kaiserslautern-Landau. Er verantwortet u. a. angewandte Forschungs- und Transferprojekte in den Bereichen Neuproduktentwicklung, hybride Arbeitsorganisation, Innovationsmanagement und Projektcontrolling.

**Prof. Dr. Rainer Völker** ist Leiter des Instituts für Management und Innovation der Hochschule Ludwigshafen am Rhein und Dozent an der Universität St. Gallen. Vor seiner Tätigkeit an der Hochschule war er als Consultant und später in verschiedenen Führungsfunktionen in der Industrie tätig. Er fungiert außerdem als Berater sowie Mitglied in Aufsichts- und Beiräten verschiedener Unternehmen. Seine Forschungsschwerpunkte sind Innovationsmanagement und Nachhaltigkeitsmanagement.

## Literatur

Abrahamson, E. (1996): Management Fashion, in: The Academy of Management Review, 21 (1), S. 254-285.

Deutscher Gewerkschaftsbund (o. J.): Was ist der DGB-Index gute Arbeit? [online] https://index-gute-arbeit.dgb.de/dgb-index-gute-arbeit/was-ist-der-index (Stand: 17.10.2023).

Kieser, A. (2004): Mit dem Trend – oder gegen ihn? in: Harvard Business Manager, [online] https://www.manager-magazin.de/harvard/mit-dem-trend-oder-gegen-ihn-a-7306b439-0002-0001-0000-000032251216 (Stand: 05.10.2023).

Kieser, A. (2006): Moden und Mythen des Managements: und wie man kompetent mit ihnen umgeht, in: Zaugg, R. J. (Hrsg.): Handbuch Kompetenzmanagement: durch Kompetenz nachhaltig Werte schaffen: Festschrift für Norbert Thom zum 60. Geburtstag, S. 65-73, Haupt Verlag, Stuttgart.

Schulte, J. (2023): Experte: »New-Work-Büros sind Bullshit«, in: Capital, [online] https://www.capital.de/karriere/experte—new-work-bueros-sind-bullshit-33797660.html (Stand: 17.10.2023).

Väth, M. (2023): New Work: Weniger Fake, mehr Fakten! in: Capital, [online] https://www.capital.de/karriere/new-work–weniger-fake–mehr-fakten–33351790.html (Stand: 05.10.2023).

Völker, R. (2008): Managementkonzepte beurteilen und richtig anwenden, Carl Hanser Verlag, München.

Zukunftsinstitut (o. J.): Megatrend New Work, [online] https://www.zukunftsinstitut.de/dossier/megatrend-new-work/ (Stand: 05.10.2023).